国家哲学社会科学成果文库

NATIONAL ACHIEVEMENTS LIBRARY
OF PHILOSOPHY AND SOCIAL SCIENCES

国家哲学社会科学成果文库概要
（2017）

全国哲学社会科学规划办公室　编

中国人民大学出版社

《国家哲学社会科学成果文库概要》
出版说明

为充分发挥哲学社会科学研究优秀成果和优秀人才的示范带动作用，促进我国哲学社会科学繁荣发展，全国哲学社会科学规划领导小组决定自2010年始，设立《国家哲学社会科学成果文库》，每年评审一次。全国哲学社会科学规划办公室同时编辑出版《国家哲学社会科学成果文库概要》，由入选成果作者撰写，重点介绍入选成果内容。

全国哲学社会科学规划办公室
2011年3月

目 录

马克思主义·科学社会主义

《马克思主义文化动力思想及其实践研究》概要 …………………… 孟宪平(3)
《青年马克思政治哲学思想研究》概要 ………………………………… 刘同舫(15)

哲 学

《马克思政治哲学研究》概要 ………………………………………… 王新生(29)
《先秦逻辑新论》概要 ……………………………………………… 曾昭式(40)
《当代神经美学研究》概要 ………………………………………… 丁 峻(51)
《科学表征：从结构解析到语境建构》概要 ……………………… 魏屹东(62)
《自然和人：近代中国两个观念的谱系探微》概要 ……………… 王中江(74)
《实用主义政治哲学》概要 ………………………………………… 张国清(84)
《回到〈资本论〉：21世纪的"政治经济学批判"》概要 ……… 白 刚(94)
《马克思政治哲学思想探析》概要 ………………………………… 欧阳英(105)
《斯蒂格勒〈技术与时间〉构境论解读》概要 …………………… 张异宾(114)

理论经济

《中国文化消费提升研究》概要 …………………………………… 毛中根(123)
《大国发展道路：经验和理论》概要 ……………………………… 欧阳峣(133)

社会学

《生产控制的转换：消费社会与经济转型研究》概要 …………… 汪和建(143)
《质性社会学导论：基于本土经验的社会学话语体系
建构》概要 …………………………………………………… 石 英(150)

人口学

《中国健康老龄发展趋势和影响因素研究》概要 …………… 曾 毅 等(161)

民族问题研究

《俄藏西夏历日文献整理研究》概要 ………………………… 彭向前(175)

中国历史

《清华简与古史探赜》概要 ………………………………… 杜 勇(191)
《唐宋家庭经济运行方式研究》概要 ……………………… 邢 铁(201)
《六朝道教古灵宝经的历史学研究》概要 ………………… 刘 屹(209)
《晚清中外条约关系研究》概要 …………………………… 李育民(219)

考古学

《群舒文化研究》概要 ……………………………………… 张爱冰(233)

世界历史

《美国现代化中的环境问题研究》概要 …………………… 付成双(245)
《美国西部牛仔研究》概要 ………………………………… 周 钢(255)
《古希腊铭文辑要》概要 …………………………………… 张 强(264)

中国文学

《中国近代小说史论》概要 ………………………………… 陈大康(271)
《先秦说体文本研究》概要 ………………………………… 廖 群(283)

外国文学

《英语文学中的社会主义思潮研究》概要 ………………………… 魏　莉(297)
《中印佛教文学比较研究》概要 ………………………………… 侯传文(307)

语言学

《汉语词类史稿》概要 ………………………………………… 周生亚(319)
《汉语核心词的历史与现状研究》概要 ………………………… 汪维辉(331)
《梵汉本根本说一切有部律典词语研究》概要 ………………… 陈　明(341)

管理学

《国有控股金融机构治理研究》概要 …………………………… 李维安(353)
《农民收入超常规增长的要素配置与战略协同研究》概要……… 温　涛(363)
《水资源协商管理与决策》概要 ………………………………… 王慧敏(373)

艺术学

《中国戏曲剧种研究》概要 ……………………………………… 朱恒夫(383)

马克思主义·科学社会主义

《马克思主义文化动力思想及其实践研究》概要

孟宪平*

马克思主义文化动力思想是马克思恩格斯关于文化力量的存在形式、发展方式、社会功能等方面的基本立场和观点，也包括列宁、毛泽东、邓小平等对上述方面的继承和发展。本成果对文化力量的理论与实践做出了以下方面的阐释和研究工作。

一、研究的目的、意义及方法

1. 研究目的

（1）分析马克思恩格斯文化动力思想的整体特征和叙事形式，包括它的基点、构成、目标、内容等；分析意识形态的力量、文艺的力量、精神的力量及其实践形式；揭示马克思主义文化动力思想的基本特征和作用机制。（2）分析马克思恩格斯文化动力思想的发展，包括资本主义相对稳定时期的马克思主义者的文化动力思想、苏联社会主义革命和建设中的文化动力思想、中国革命和建设中的文化动力思想、西方马克思主义的文化动力思想；认识马克思主义文化动力思想的一般性和特殊性，理解它在不同时期、不同地区和不同环境中的表现形式，理解这一思想民族化的历程和经验。（3）对经典作家文化动力思想进行专门研究，包括列宁、斯大林、毛泽东、邓小平等的有关思想；对考茨基、普列汉诺夫、拉法格、梅林等的有关认识也给予一定的关注；认识他们对马克思主义文化动力思想阐述内容的衔接与变化，

* 孟宪平，南京师范大学教授，博士生导师。

理解马克思主义文化动力思想谱系的完整性。（4）对西方马克思主义典型人物文化动力思想的研究，包括葛兰西、卢卡奇、拉克劳、墨菲等的观点；对重要文化理论和文化观点的研究，如“文化革命”、文化霸权、文化话语等；认识马克思主义文化动力思想在西方国家的发展趋势。

2. 研究意义

（1）研究马克思主义文化动力思想，是充分认识中国化的马克思主义文化建设的理论与实践问题，也是应对文化领域新情况、新现象的内在要求。（2）研究马克思主义文化动力思想，是应对世界范围内的文化交流形势，提高文化软实力的现实要求。（3）研究马克思主义文化动力思想，是深入理解马克思主义理论的现实任务。（4）研究马克思主义文化动力思想，是回应形形色色非马克思主义文化思潮、解决现实社会中文化问题和价值观问题的需要。（5）研究马克思主义文化动力思想，是澄清当代西方学术研究的思想迷雾，提高马克思主义国际影响力的现实任务。

3. 研究方法

一是把握对马克思主义文化动力思想的整体判识和定位。马克思主义文化动力思想是一个系统的理论体系，要认识和理解它，必须对它的结构、内容、特征等方面做完整的分析。理解马克思主义关于“一切从实际出发”的文化意义，理解“具体问题具体分析”的方法论意义，理解“历史和逻辑相统一”的思想前提。这里的“实际”是不同时期的现实状况，它宏观上决定着社会存在和发展的主题以及实现社会目标的手段；这里的“具体”是体现在实际环境中的运作方式，是在微观层面上的实践方式和路径选择；这里的“逻辑”和“历史”，就是思想与现实关系的体现，思想力求成为现实，现实力求贴近思想，只有二者的统一才是合乎实际的结果。

二是把握对有关经典文本与历史关系的整体判识和定位。文本研究是马克思主义思想研究的基础和前提，这涉及方法论和价值观的定位问题。一些人对马克思主义文本的颠覆性解读，不是捍卫马克思主义，不是用新观点、新材料证明马克思主义文化思想的合理性，而是试图颠覆传统的世界观和方法论；一些研究者在对有关思想的比较研究中，不是关注马克思主义文化思想的创新发展问题，而是试图用西方思想体系框定马克思主义文化思想内容。这种偏差，不仅存在学术认识错误问题，而且存在政治导向错误问题。

立场和方法决定着文本使用的效果，立场决定方法，方法显示立场。研究马克思主义文化思想，首先是坚持唯物主义和唯物辩证法。对文本的研究，不外是解读和创新，前者起着诠释和宣传作用，后者具有发展和完善功能。无论是实践中的作用还是理论上的影响，都不能忽视经典思想产生的历史条件。解读马克思主义文化思想的有关文本，必须放在当时的历史背景中考察，既发挥主观能动性又不能随心所欲地延伸有关思想，既拓展研究空间又不能随意驰骋想象。如果把文本看成客观条件所决定的僵死教条，把文本解读视为简单的复述，或者把文本研究视为以主观意志为转移的事情，会割断文本与现实的关系，这不符合马克思主义方法论。考据学、解释学的研究思路，具有启发意义，但不应取代马克思主义立场、方法和世界观。我们研究马克思主义文本，要着眼于马克思主义辩证法的创造性运用，着眼于用辩证唯物主义立场揭示现实问题，着眼于历史视角中的思维和观点表达。在文本与历史的关系上，虽然文本不能取代历史，但文本是对历史的阐发和反映，研究马克思主义文本必须关注时代背景，以便以原生态的形式再现马克思主义思想的历程和创造活动。

三是把握对文化实践主题与话语关系的整体判识和定位。文化实践的主题依时代变迁而变化，这是任何一个国家、政党和个人不能回避的事实，而主题的变化决定着话语叙事的变化。无视时代主题变化的政党是难以跟上发展潮流的，无视时代主题变化的国家是难以走在世界前列的，无视时代主题变化的学术研究是难以产生思想的光芒的。马克思主义文化动力思想是对当时时代主题的把握，其话语特征和叙事内容都是依照那个时代的主题确定的。离开主题谈论话语权，一则会失去话语灵魂，变得漫无目标；二则会失去话语基础，变得神秘抽象。话语形式是对主题形式的回应，它是统治阶级思想统治的手段，是研究者表述思想的方式。从这个意义上说，话语权就是思想霸权或思想支配权。我们研究马克思主义文化理论，要点在于体现思想的坚定性和理论的创新性。因此研读文本，要找出前后的逻辑关系，挖掘深层的思想结构。

四是把握对马克思主义文化研究路径的整体判识和定位。把“从上往下看”与“从下往上看”结合起来。从上往下看，就是要通过中心向外缘拓展，把内容串接起来；从下往上看，就是外缘向中心归拢，把要点集中起来。精英思想与民众思想结合，统治思想与大众心态结合，处理好马克思主义主流意识形态与大众文化的关系、经典思想与社会文化符号的关系、社会的思想认识与主流文化的关系。比如：宗教是一种社会力量，在政教分离的国家中，它常常被认为是国家政权之外的思想控制形式，以特殊的形式体现着广大信徒的社会政治观念、权威崇拜和社会理想。无视或忽视它的影响，不是辩证的态度。要注意“二分法”与“和合法”之间的互补，要通过整体研究在宏观上把握马克思主义文化动力思想体系，通过分层研究把握马克思主义文化动力思想的结构，通过过程研究把握马克思主义文化动力思想的形成过程，通过个案研究把握马克思主义文化动力思想的阶级性特征，通过比较研究把握马克思主义文化动力思想的变化规律。

二、成果的主要内容和重要观点

马克思主义文化动力思想是关于文化力量的形成机制、作用机理和社会影响的基本立场和观点。从本质上看，人类文化发展包含着共同的轨辙和特殊的演绎，它在形式上迤逦不绝和在内容上蝉联蜕变的重要原因，乃是由文化的力量引起的。文化由强盛而至衰竭，由弱小而至强大，都是能量的聚集或流衍的过程。不论是原生态的文化还是次生态的文化，其中都蕴含着一种能量，但这个能量的大小和方向却不完全一样。马克思主义文化动力思想以其特定的语境和叙事对人类文化变迁做出自己的解释，它把文化力量放在无产阶级革命的背景中来分析，放在资本主义社会发展的大环境中来考量，放在人类社会的历史长河中来评骘，显示出深邃见解和宏远期待。其中，关于一般意义上的文化力量的认识，是对人类文化演进方式和演进通则的探索；关于无产阶级文化力量与资本主义文化力量的性质及作用方式的比较，是对文化发展的特殊形式的判断；关于资本主义与共产主义文化力量的消长分析，是思想认识上的独造；关于未来社会的文化发展及其影响，是对社会关系总体走向的深刻认识和理解。对马克思主义文化动力思想及其实践的认识，本成果是按照总说和分述的思路来安排内容的，包括绪论和九章正文，各部分叙事是结合当下文化强国建设的有关内容展开分析的。

绪论部分是关于马克思主义文化动力思想的研究理路的分析以及本成果的基本写作意向。对于已有研究成果，是以学人之思来关照和比对的，通过总结和分析，理解学术思辨与现实需求衔接的状况，认识本成果研究对象的“所指”与“能指”，分析本成果所规定的研究逻辑和研究思路，意在提升研究成果的现实价值。学界的有关研究，有予夺之思，有褒贬之说，有鉴诫之辩，其在形态、量态、质态、对象、方法、原则、祛魅、解魅、开新等方面所做的工作，尽管在形式上未能殚其体统，但在内容上却期待辨其旨归，这是后续研究的线索和启示。本成果设定的基本目标是：把握好对马克思主义文化动力思想的整体判识和定位，把握好对有关经典文本与历史关系的整体判识和定位，把握好对文化实践主题与话语关系的整体判识和定位，把握好对马克思主义文化研究路径的整体判识和定位。这需要在博览中提取要点，在披阅中归纳论点，在对比中显示观点，将马克思主义文化动力思想的逻辑结构呈现出来，从中认识人类文化发展的规律、共性和个性，并以笔者自己的理解评说有关内容。对马克思主义文化动力思想的研究，不可能总括万殊、包吞千有，关于文化符号、文化边界、文化型构、文化叙事、文化自信等方面的讨论，充满现实色彩并有明显的“主观”意向，是个人体悟与研究的结果。但是，“体悟”不是“妙悟”，“研究”不是“终究”，尽管信心满满，甚至希望思有雅度，立言籍册，但思力有所不逮，能力有所不称，其中必有困于方法而安排不当者，有歉于才识而论说不及者。本成果观点不敢说自开新路，但不愿意拾人牙慧、蹈袭陈迹，故不自量力，绨句绘章，揣合低印，冀求剪弃浮词、切中真谛。

第一章是对有关概念的厘析，是马克思主义文化动力思想叙事的逻辑起点，涉及文化的多元表征及概括形式。文化自产生以来就被打上多元表征的印记，因为与文化有关的主体要素和客体要素都是多元的。由于实践的多样、生活的多彩、交往的多元等，文化边界、文化内涵和文化叙事不断变化，人们对文化含义的认识也在社会实践中曲折延宕。在文化静态表征、动态表征、能量表征、差异表征影响下的“创造说”“本质说”“交往说”“文化说”，都是试图揭示文化内涵的叙事形式。作为特定空间中发展起来的历史范畴，体现了独特性和多元性的统一、稳定性和变迁性的统一、传统性与现代性的统一，每一对关系的调整都意味着文化概念的重新审视。“文变染乎世情，兴废系乎时序”，不同民族的生产方式与生活方式变迁会孕育出不同文化形式，同一民族的生活环境变迁和文化运动也造成形态各异的文化表现。“万物皆流变”，变化中的相对固定，运动中的相对静止，是人们能够审视和研究文化概念的自然基础。流溢着时间穿梭痕迹的文化元素，寄寓着空间转换印记的文化符号，保留着历史沧桑的文化成分，镌刻着现代创造精神的文化型体，都会对文化概念的“变”与“不变”产生影响。研究马克思主义文化动力思想，需要对现有的文化概念做一个较为全面的审视，去谬衍消沉之见，用进取鸿裁之言，删铺张陈词，除陆沉之思，循规律以显史实，倡真言以明哲理，求因果之嬗递，明思想之演绎。

第二章是马克思主义文化动力思想的理解维度和立论基础，其中提出的文化范畴论、文化边界论、文化符号论和文化动力论，是本成果理解和研究马克思主义文化动力思想的视角，也是认识马克思主义文化动力思想的起点。文化范畴的影响因素包括几种三组要素：（1）形态、量态和质态；（2）对象、原则和方法；（3）问题、偏离和原因；（4）主体、客体和中介；（5）祛魅、解蔽和开新。文化元素的结合和排序方式不是自发的，而是由人的实践能力和认识创造决定的。文化的类型、质态和量态都是多样的，文化范畴与文化形貌、文化模式以及文化结构具有密切关系。对文化范畴的洞悉有利于确立合理的研究范式，主要是：走出非此即彼的“决定论”迷局，确立辩证的思维范式；走出刻意求全的“一统论”迷局，确立科学的逻辑范式；走出缺少内涵的“截语式”迷局，确立系统的抽象范式；走出盲目追风的“赶潮式”迷局，确立稳态的结构范式。文化符号是一种知识沉淀、秩序规定和能量积累，认识文化符号的学理意蕴、社会功能、逻辑关联、意义链接，是理解马克思主义文化动力思想的符号形式和逻辑规定的前提，高度数字化、符号化的空间里，认识马克思主义文化动力思想的符号意义，对于坚持主流价值观是不可缺少的。文化边界是解释马克思主义文化动力思想的应有之义，文化的价值边界、思想边界和话语边界体现了马克思主义文化动力思想的防御功能和守望意识。其现实意义在于，增强马克思主义主流意识形态的说服力，形成高度的价值自觉和文化自觉。文化力量论与文化自信的生成是联系在一起的，我们研究马克思主义文化动力思想，不能缺少必要的信心支撑。现实生活中，文化软实力的出场，文化软实力理念的浮现，反映出人们对文化力量理解的不断深化，这里的要点在于：从马克思主义经典著作中寻找文化动力依据，为提高国家文化软实力寻找原动力，增强中国特色社会主义文化建设的理论自觉和理论自信；从文本出发揭示马克思主义关于文化力量的运行规律，推动社会主义核心价值体系建设大众化、常态化，发挥先进文化的作用；从现实出发探寻文化软实力转化为经济硬实力的路径和方法，增强中国特色社会主义文化建设的实践效能。

第三章是马克思主义文化动力思想的叙事方式及话语转换，包括唯物辩证法规定的文化动力思想的叙事方法、社会实践和现实场景决定的话语格调、生活世界中无产阶级与资产阶级的行为在场、世界历史语境中的文化力量及人的发展。马克思恩格斯是从社会生活的深层结构揭示文化动力的内在要素的，其话语基础、话语内容、话语环境和话语向度都包含着具有鲜活生命力的思想元素。物质生产、精神生产和人的活动及其价值，是马克思恩格斯文化动力思想的叙事要点，这个叙事结构中的基本要素相互渗透，体现出理论上的承续和逻辑上的贯通。尽管马克思恩格斯的文化动力思想是一个不断深化的动态过程，其价值诉求却始终如一，并且随着认识的深化把人的解放和未来社会发展问题推向深入。他们用社会实践和历史生成相结合的分析范式表达了文化动力思想的叙事策略，其话语目标不仅在于解释世界、认识本质，更在于改造世界、提升主体，以社会实践论消解意识决定论，以历史生成论消解本体还原论，进而以人的解放和社会发展设定话语格调。马克思恩格斯的文化动力思想本身就是一种力量，它不以说教形式放纵自己的思维，而是尽可能切中所指涉的问题，深入社会结构探寻文化的现实影响，把最本质的内涵表现在思想和语言层面上。本章中叙述的第二国际时期文化动力思想叙事的变异及质疑，是文化动力思想叙事的别样表达，是当时思想文化领域的话语变异，它既是对资本主义新变化的回应，又是对马克思恩格斯文化动力思想的叛逆。本成果中关于列宁、斯大林文化动力思想叙事及其实践，包括对“文化革命”的正能量及其作用的认识，对意识形态的叙事和话语畸变的认识，对民族分裂主义、自由主义等的消极作用的认识。当代中国，文化动力思想的语境转换和叙事方式都有很大变化，新时代规划的文化图景、以人为本中体现的文化力量、价值自觉和文化自信中的软实力表达，是最基本的内容和表现。

第四章是马克思主义意识形态动力观与主流意识形态建设。意识形态的力量是统治阶级必须关注并力图将之付诸实践的事情，不论是被称为“洞穴现象”的虚假意识，还是反映统治阶级目标的意识形态，都可以成为现实社会的重要力量。乌托邦意识形态、资产阶级意识形态、无产阶级意识形态、宗教意识形态，都曾在社会发展中产生影响。马克思恩格斯的意识形态动力观分析了意识形态的社会特征、能动特征、边界特征和一统特征，阐述了意识形态力量的群体性、独占性、意向性和相对独立性，把意识形态力量的作用途径描述为社会实践、社会教育、社会变革和制度贯彻等方面。本章把社会主义意识形态力量的作用前提归结为三个方面：一是坚定马克思主义意识形态的主导地位，二是保持思想一致和辩证法，三是把马克思主义上升到“定理”和“公式”的高度。这三个方面影响着马克思主义意识形态力量的未来走向和共产党人的意识形态建设使命。在当代中国，马克思主义意识形态建设及其作用，是与中国特色社会主义理论和实践紧密联系的，坚持中国特色社会主义道路，就是真正坚持社会主义，坚持中国特色社会主义理论体系，就是真正坚持马克思主义。当下的主流意识形态力量表达中，存在着散光现象、游移现象、疏离现象、自贬现象，造成价值观上有体无魂、有魂无体、魂不附体、体魂俱失，在思想理论宣传中，话语表达的力量还不够，叙事形式的影响还不够，中国故事的讲述方式还不灵活。为克服这些问题，要把加强主流意识形态建设贯彻到党的建设的全过程，贯彻到改革开放和群众路线的全过程，贯彻到文化软实力建设的全过程，贯彻到对外传播的全过程。

第五章是马克思主义科技动力观和当代技术创新问题。每一时代的技术发展都是人类的创新成果，每一次技术创新都是社会发展的巨大推动力。从原始社会后期科技含量极低的时代，到随着近代社会发展而出现的蒸汽机时代，再到电气时代，都以不同的方式将人的创造能力展现出来。每一个以技术革新为标志的时代，都对社会发展的走向提出新的问题和假设，都对人的发展提出新的疑问和挑战，历史在充满期待和悖论中演进着。马克思恩格斯对科技力量的一般特征的分析，主要体现为科技力量的一般形态、精神品格、多重悖论及其渗透功能。科学技术力量与资本、社会生产、辩证思维的互动，构成资本主义生产的基本动因，也造成了一系列异化，包括社会主体异化、劳动产品异化、交往行为异化、人和自然关系异化。要实现技术力量的理性回归，需要正确认识科学技术力量对无产阶级历史命运的影响，正确认识造成科学技术力量异化的社会根源，辩证看待社会发展中的科学技术使命。大数据时代，运用科技力量加强网上思想文化阵地建设，是时代提出的新课题。理解网上思想文化阵地的边界特征和形貌结构，分析其理论形态，揭示其机理，深化认识网上思想文化的双重属性、变异问题及动力机制，揭示网上思想文化阵地建设理路的基础，是网上思想文化阵地建设的基础和前提。推进网上思想文化阵地建设，要求遵循网上文化发展规律，发挥主体的自觉能动性，正确处理网络内外的关系、网上网下的关系、国内治理和全球共治的关系以及共性和个性的关系。

第六章是马克思主义精神动力观与当下精神力量的表达，主要论及精神动力观的基本特征，包括精神动力的自觉能动性、精神动力的目的性、精神动力的动机性、精神动力的运行特征。马克思主义把精神动力的承载寄托在广大群众身上，变为精神动力推动下的群众的历史创造、精神动力推动下的群众的社会实践、精神动力推动下的群众的力量、精神动力推动下的群众的利益追求、精神动力推动下的群众的发展愿望。精神可转化为物质，精神之花育出物质之果。马克思主义主张认识世界和改造世界，把二者看成不分离的方面，不仅重视物质向精神转化，也重视精神向物质转化。在精神动力与时代精神的表达中，本成果认为全球化时代更新了人类的精神维度，也带来了一系列的价值追问，促使当代中国在发展理念、发展道路、发展模式等方面探索创新；新科技革命改变了人类社会的精神模式、风险程度和生命伦理，对当代中国社会发展提出了新的挑战；世界社会主义运动经历了“高岸为谷，深壑为陵”的巨大变迁，激发了人们对社会主义思想理论的思索。精神动力对民族自信精神的弘扬要求表现在，把握传统文化的教化和规范功能，把握传统文化辩证取舍标准，把握传统文化的世界贡献，把握开物成务和创新发展问题。精神动力对改革开放精神的阐扬，要求思想贴近现实，现实趋向思想，思想和现实与时俱进。精神动力的实践主体及责任包括党员干部的引领责任、广大群众的实践责任、知识分子的学术责任、宣传机构的普及责任。

第七章是马克思主义文艺动力观与当代中国文艺发展方略。马克思恩格斯的理论中，文艺的动力及功能可以概括为：社会发展状况的重要标度、社会精神传承的重要方式和孕育美的规律的重要载体。文艺及其遗产的价值影响力受到社会主体认识的影响，无产阶级文艺遗产与资产阶级文艺遗产的影响力在不同时期是有差别的。马克思主义经典作家都要求发挥无产阶级报刊文艺的力量，这是由无产阶级报刊文艺的宣传作用、论战功能、鼓动作用和协调作用决定的。在当代中国，保持文艺力量的群众特征，构造体现中国特色和中国气派的文艺作品，是体现文艺的党性及战斗精神、人民性及唯物特征、时代性及服务方向、民族性及中国特色的重要方面。文艺话语的选择，要在格调上有理想，在形式上有灵活，在内容上有真意。文艺工作者要有思想定力，要有意志定力，要有忧国忧民的情怀，不能沉醉于吟风弄月，对现实“水皱春池事不干”；要在实际工作中始终坚持信仰追求与文艺追求的统一，积极自觉地把马克思主义立场、观点、方法贯穿于自己的研究工作中，把追求价值作为人生信仰的归趋和奉以行止的生活准则。

第八章是马克思主义关于宗教文化力量的批判性阐释与当代中国的宗教政策。分析了马克思主义对宗教文化力量的虚幻性的阐释，认为宗教是异化的和神化的力量、虚幻的和超验的力量、主观的矛盾性力量、特殊形式的意识形态力量；分析了马克思主义对宗教文化力量的社会性的阐释，包括宗教文化对政治国家的影响、宗教文化对民族关系的影响、宗教文化对科学技术的影响、宗教改革对社会生活的影响。本章对中国特色社会主义的宗教政策及其实践做了较为翔实的分析，从现实出发提出的做好宗教工作的基本思路是：在“积极引导宗教与社会主义社会相适应”的实践中，体现“和”的精神，显示出自觉、尊重和融洽；体现“和”的内涵，显示人心和善、家庭和睦和社会和谐；体现“和”的基础，显示和而不同、互相包容、求同存异；体现“和”的愿景，显示各美其美、美人之美、美美与共。

第九章是对当代国外马克思主义文化动力思想的思考。关于意识形态力量的多样化解释，包括早期西方马克思主义的意识形态动力观、结构主义的马克思主义意识形态动力观、人本主义的马克思主义意识形态动力观、犬儒主义的意识形态动力观、文化马克思主义的意识形态动力观；对日常文化及大众文化的力量的认识，包括日常文化的力量与社会行为、文化工业和大众文化的力量、亚文化的力量和消费主义行为、“文化革命”的力量与文化使命、文化权威的力量及文化霸权；在理性思维与文本解释中的技术力量中，叙述了理性的力量和启蒙的力量，文本的影响及话语的链接作用、关系、接合及介入及其影响，现代科学技术的力量。西方马克思主义的有关认识是以现代社会发展为基础展开的，这与马克思恩格斯的认识环境有很大差别，其结论自然也不完全一样。

三、成果的学术创新、应用价值以及社会影响和效益

1. 学术创新

（1）目前学术界还没有完整分析“马克思主义文化动力思想”的论著，本成果是较早的系统研究马克思主义文化动力思想的著作，论题和内容都是创建性的。（2）提出“文化四论”，即文化范畴论、文化边界论、文化符号论、文化力量论，以笔者自己的认识和理解阐释了现代文化哲学关注的重要问题，并把它们放在马克思主义文化语境中考察，有一些新观点。（3）对马克思主义文化动力思想叙述及话语内涵的表达有不少新意，较为全面地梳理了这种话语叙事的脉络和内在联系，分析了马克思主义文化动力思想谱系的延伸与延异现象。（4）对于马克思主义文化动力思想的当代实践的认识，一些观点比较独到，如当下的意识形态建设使命与主流意识形态力量的表达、文艺粗鄙化现象及其治理、网上思想文化阵地的型构模式及建构方式、大数据时代的科技力量发挥与人的发展、精神力量的时代表达，都是笔者认真思考的结果。

2. 应用价值

（1）通过对历史观点的现实透视，弄清有关思想的来龙去脉，并对后来出现的新观点、新思想加以甄别判识，形成具有现实意义和实践特征的体系，深入认识马克思主义文化动力思想的实践精神，具有重要的应用价值。（2）以高度的理论自觉开展马克思主义文化动力思想及其谱系的研究，形成符合社会主义文化建设方向的观点，体现马克思主义文化动力思想的历史与逻辑的统一，具有一定的价值。（3）客观认识西方马克思主义文化动力思想中可靠的和客观的结论，支持它们对马克思主义文化动力思想的合理性解读和结构，澄清混乱的思想观点，也有较高的价值。（4）用历史唯物主义和辩证法设定话语色调，把马克思主义文化动力思想放在工人阶级解放的大时代中来理解，放在关乎社会发展前途的高度来看待，放在人的自由全面发展视野中来认识；从“生活世界”中揭示无产阶级文化与资产阶级文化的存在环

境，以及革命胜利后的社会主义国家广大群众的行为在场，用“世界历史”语境描述共产主义社会及人的全面发展，具有明确的方法论价值。

3. 社会影响和效益

加强马克思主义文化动力思想的理论和应用研究，是提高合目的性与合规律性的重要路径，本成果为社会主义文化强国建设提供理论论证，是增强文化建设的针对性、现实性和说服力的积极探索。本成果观点对于深入认识文化软实力在经济、政治发展中的作用，助推社会综合发展，提高社会主义文化建设的科学性和有效性，会有一定的社会效应，对于政府决策会有一些帮助。研究马克思主义文化动力思想是哲学社会科学建设的重要内容，也是马克思主义理论工程建设的重要部分，本成果中的一些结论可以为有关研究提供参考和借鉴，也可以作为高校思想政治教育的重要内容。

《青年马克思政治哲学思想研究》概要

刘同舫*

一、研究的目的、意义及方法

1. 研究目的

(1) 挖掘青年马克思实现人类自由的精神旨趣。自由是人类发展的永恒主题，如何实现和维护自由，一直是政治哲人们构想“社会秩序”的理论基点。作为犹太人的青年马克思，通过“犹太人问题”洞悉了启蒙运动以来近代政治哲人们构想的安全、自由和平等社会秩序的裂隙，由此超越了启蒙哲人的政治自由理念，并指明通达人的解放与自由的另一种路径——“哲学共产主义”。本成果通过重审“犹太人问题”与“哲学共产主义”思想之间的关系，挖掘了青年马克思通过“共产主义运动”实现和护卫“人类自由”的精神旨趣。

(2) 推进青年马克思政治哲学思想研究。以“人类自由”为出发点和立足点，以“哲学共产主义”为终结点和逻辑结论，把青年马克思的博士论文《德谟克利特的自然哲学和伊壁鸠鲁的自然哲学的差别》《论犹太人问题》《黑格尔法哲学批判》及其“导言”和《1844年经济学哲学手稿》等作为核心文本，以“宗教批判—政治批判—哲学革命”命题之间的层层推进关系作为论述对象，以“人的解放”为统领，厘清“犹太人问题”以及“人类自由”与“哲学共产主义”之间的内在关系，分析青年马克思以“共产主义运

* 刘同舫，浙江大学教授，博士生导师。

动”实现和护卫“人类自由”的精神旨趣，展现和总结“哲学共产主义”的实现方式，由此达到推进青年马克思政治哲学思想研究的目的。

2. 研究意义

研究的理论意义主要包括以下几点：

（1）有助于提高对马克思思想的整体性认识。从政治哲学层面及历史文化维度，依据文本解读马克思关于“犹太人问题”与“哲学共产主义”、人类解放之关系的论述，梳理宗教批判、政治批判和人类解放的关系，有助于推进对青年马克思思想的整体研究与深入探究，提高对马克思思想的整体性认识，凸显青年马克思思想在马克思全部思想体系中的作用与价值，消解青年马克思思想与晚年马克思思想对立的观点。

（2）有助于站在历史的高度把握马克思的思想史意义。从思想史之视域重读经典文本，专门梳理青年马克思政治哲学思想，以结构化、规范化的手法厘清青年马克思政治哲学的整体发展逻辑，有助于站在历史的高度把握马克思的思想史意义，彰显马克思思想在人类文明发展史中的深刻价值。

研究的实践意义主要包括以下几点：

（1）有利于更加坚定对共产主义的信仰与追求。研究马克思以“犹太人问题”为出发点所展开的政治解放批判、现代性批判、资本主义制度批判，对我们理解当今人类精神文化富有启发意义，有利于帮助我们认清资本主义的自由民主制在解决人类不同宗教和文明冲突问题上的局限性，使我们更加坚定对共产主义的信仰与追求。

（2）有利于明确中国特色社会主义的历史定位和未来发展方向。研究青年马克思政治哲学思想的内在逻辑，可以帮助我们在“世界历史”语境中，从马克思人类解放的思想高度，总结和反思中国社会发展的历史经验与教训，并深度透视相关现实问题，以进一步明确中国特色社会主义的历史定位和未来发展方向。

3. 研究方法

（1）历史与逻辑相统一的方法。本成果既运用逻辑分析方法进行关联与整合，又运用历史分析方法进行纵向梳理，力图使之理论化、系统化。

（2）比较研究的方法。本成果对马克思关于“犹太人问题”的解决方式与摩西、斯宾诺莎等人的相关理论进行比较研究；对马克思和鲍威尔关于

“犹太人问题”的批判进行比较研究；以青年马克思政治哲学思想为参照，对西方学者的相关阐释进行比较研究，凸显青年马克思政治哲学思想的真理性。

（3）跨学科研究的方法。鉴于青年马克思政治哲学思想的宏观性与复杂性，本成果在马克思主义的框架下，贯通西方马克思主义、中国化马克思主义，兼收并蓄哲学、政治学、人学、文化学等多学科的研究方法和基本理论，试图多角度、多层面综合分析与辩证探讨相关问题，形成学科交叉优势。

二、成果的主要内容和重要观点

1. 主要内容

（1）“犹太人问题”的实质性与《论犹太人问题》的超越性。对于“犹太人问题”与“哲学共产主义”思想之间的关系这一青年马克思政治哲学核心问题的研究，国内学界更为关注“犹太人问题”与近代社会秩序的关系，相对淡化了犹太血统、犹太—基督教对马克思政治哲学的影响，而国外学界则倾向于强调犹太人的特性、政治神学以及普罗米修斯拯救行动的潜在力量。国内外研究的不足之处在于：泛化马克思思想的内容及其发展过程，相对忽视细节阐释和论证结构分析，且对问题的论证缺乏深入细致的文本释读支撑。包含着宗教与政治内涵的“犹太人问题”在中世纪以前的欧洲社会尤其德国就已普遍存在，它反复困扰着欧洲各国历代统治者，具有浓厚的历史色彩。“犹太人问题”的实质是“人的解放”问题——犹太人在自由民主制中只是获得了形式的解放，而没有获得实质的解放。这一解放局限性折射出启蒙运动以来整个近代西方文明的困境。“犹太人问题”、犹太人解放不单是犹太人这个群体的问题，它已成为整个人类解放的问题：如何从市民社会的实际需要、自私自利、金钱至上中解放出来，从资本主义的生产关系和所有制形式中解放出来。青年马克思所理解的“犹太人问题”，趋于宏观性与整体性，是关系到整个人类共同命运的问题。

正是为了彻底解决“犹太人问题”，青年马克思走进“哲学共产主义”的理论深处展开对未来的想象。马克思《论犹太人问题》一文在其早期的文本脉络中起着承上启下的作用，且凝练地囊括了早期相关重要文本的思想。

它既通过深化对黑格尔国家哲学的批判第一次提出了人类解放，又通过对犹太人的现实生活和犹太教的思想传统的批判揭示了市民社会的犹太精神本性及其解放的途径，得出犹太人的解放就是社会从犹太精神中解放出来的结论。《论犹太人问题》一文不只是一部单纯的论战作品，也是马克思为在自由民主制下忍受歧视、排斥与苦难的犹太人，以及所有生存处境与犹太人类似的人撰写的一部摆脱政治奴役的著作。如果说在《旧约·出埃及记》中摩西曾带领犹太人走出埃及，建立神权国家，而在《神学政治论》中斯宾诺莎曾带领犹太人走出神话和迷信的精神奴役并融入现实社会，那么在《论犹太人问题》中，马克思则试图带领全人类走出现实政治世界的一切利益与价值冲突，超越自由民主制的解放限度与束缚走向人类解放，超越政治自由走向真正的人类自由。

（2）从哲学救赎到世俗拯救的提升。青年马克思对“犹太人问题”的研究与批判是直接从对政治解放的批判开始的，但我们不能因此忽视宗教批判在马克思关于“犹太人问题”论述中的理论地位。如果将“博士论文”作为马克思学术生涯的起点，那么马克思在“博士论文”中所高扬的哲学对宗教的批判和哲学的拯救行动就是其社会批判理论甚至是马克思整个理论大厦的基点。马克思在“博士论文”中，一方面生动地描绘了德谟克利特和伊壁鸠鲁两者研究方式、生活方式的不同，映现出两个不同的思想家形象；另一方面也详述了两者学说上的差异与对立，着重强调原子脱离直线而偏斜的理论，把伊壁鸠鲁同德谟克利特两种思想的实质区别开来，深刻揭示了伊壁鸠鲁的自由意志哲学能够挣脱众人的意见与宗教精神的限制，甚至能够征服世界，实现绝对自由的本体论意义。青年马克思的哲学是一种自我意识哲学，自我意识是青年马克思的理论立足点，青年马克思实现和守护人类自由的责任及其救赎方式是依靠自我意识哲学来完成的。马克思阐述了自我意识哲学如何实现对世界的救赎，揭示了伊壁鸠鲁“救赎方式的哲学”对宗教批判的完成。

然而，青年马克思在“博士论文”中对宗教的批判总体上还囿于“青年黑格尔派”的思想传统，力求通过宗教批判使人们的思想摆脱宗教的“监护”，从而推动社会进步。但此后马克思敏锐地意识到这一批判方式的局限性——将自我意识哲学作为宗教批判的前提和归宿不能消灭宗教，对宗教的彻底批判要走出自我意识哲学的视野，推进到社会现实层面。《莱茵报》的工作使青年马克思从对自我意识哲学的赞扬者逐渐转变为主张实际地解决具体经济、政治问题的现实主义者，同时开始清理自身与“青年黑格尔派”的思想关系，并通过宗教批判审理了“天国”与“尘世”、思想与现实的根本关系。正是通过深入研究宗教问题的本质，马克思提出了解释与批判宗教现象的新原则，戳穿“天国”与“尘世”的秘密，回答了“尘世”如何创造“天国”的问题，彻底完成宗教批判。宗教批判的完成是展开其他批判的前提，也是解决人的解放问题的第一步。当马克思扫清了宗教障碍之后，他便深入到对政治、法与市民社会的批判领域。可以说，宗教批判构成了马克思人类解放理论的逻辑起点。

（3）直抵问题本质的批判与演进。人类解放必须通过一条超越政治解放、政治自由的途径来实现。完成了宗教批判的马克思由此展开了对政治解放的批判与超越，并呈现出“三重论域”——对德国制度、黑格尔法哲学、“犹太人问题”的批判，体现了青年马克思直抵问题本质的批判精神与演进逻辑。

首先，德国制度的问题是：落后的德国如何应对法国大革命带来的现代性原则，如何处理德国的国家哲学与现实政治之间的巨大裂痕。青年马克思在批判德国国家制度的基础上所提出的解决之道超越了英法的现代性道路，他既不认为德国可以置身于法国、英国的现代性道路之外，也不认为德国仅仅依靠法国、英国现代性的政治解放就足以解决自身问题。青年马克思的批判和解决之道具有超越政治解放的使命，他在历史批判的高度上关注“人”的问题，从而在实现人类进步性的批判视野中来审视德国的政治制度和政治现实。也正是通过对德国制度的审视与批判，青年马克思设想了一个能够让德国获得彻底解放的代表阶级，这个阶级的特殊性让其承担了最特殊的任务——让德国人的解放真正演化成为人的解放与全人类的解放。

其次，黑格尔的法哲学在思辨中构筑了观念与现实的“圆融体系”，由此在政治上完成了政治国家与市民社会的和解，在哲学上达到了主体性与客观性的和解。但青年马克思觉察到这一“圆融体系”的破绽，他通过论述德国的政治以及国家与黑格尔法哲学之间的关系，深刻地阐明了有关法权和政治的批判对准黑格尔法哲学的原因，通过拆解黑格尔构筑的观念与现实的

“圆融体系”，批判了黑格尔虚构政治国家与市民社会的统一方式，指认了黑格尔国家形式主义的困境，重构了哲学与城邦、哲学与现实的关系逻辑。

最后，青年马克思对人类解放思想的阐述缘于“犹太人问题”。人类解放必须通过一条超越政治解放、政治自由的途径来实现。完成了宗教批判的青年马克思以“犹太人问题”为中心展开了对政治解放的批判与超越，由此进入到对市民社会的解剖之中，走上了超越自由民主制的解放限度的轨道。这一解放“轨道”将“犹太人问题”置于理论关切的核心，以此展开对政治国家与市民社会之关系、市民社会本身逐层深入的批判性研究，最终直抵市民社会私有财产权的本质内涵。正是通过对私有财产权的批判，马克思指出了人类解放的社会形式——无产阶级要求否定私有财产。

（4）哲学的革命与共产主义构建。在青年马克思的理念中，哲学不再只是传统的思想体系，不再只是解释世界的理论精神，它必须成为“救赎意志”，必须指向“尘世的现实”，在征服世界的过程中实现心灵的绝对自由。哲学必须生成世界，使世界成为哲学的世界，在其生成过程中，人们使哲学成为现实从而消灭哲学，哲学的消灭就是哲学世界的实现。这一哲学的世界在青年马克思的理论构思中就是宏远精致的“哲学共产主义”的构筑，其最崇高的目的在于：通过哲学与无产阶级相结合的共产主义运动来否定私有财产、消除异化，使异化的人在对象性世界中重新获得完全的自我；通过个体与类本质的“整全”合一，使人的本质得以复归。

首先，在青年马克思设想的感性个体与社会存在的真正的融合中，“社会力量”重新吸纳异己的“政治力量”，建构没有压迫与剥削的新“社会组织”，由此超越了私有制造成的利己主义精神，超越了感性个体摆脱死亡必然性存在的样式。人类解放与人类自由必将成为现实世界的本质属性，“犹太人问题”也随之而消亡，从而使犹太人真正能够超越自由民主制的限度，实现解放的梦想，并为市民社会走向真正的人类社会提供了可能。

其次，青年马克思洞悉到哲学作为一种救赎方式能够令个体摆脱客观性的压迫和枷锁，并逃离痛苦、死亡和无意义等经验性局限的束缚。哲学之所以可作为改造物质现实和救赎受难人类的力量，缘于哲学的性质已从“爱知”转化为“真知”，拥有对现象世界科学的、独断论的解释，也缘于哲学的命运将与那些最需要它的受压迫、受歧视、受奴役的无产阶级的救赎方式相结合。马克思对受难无产阶级的设想不是意识的思辨，而是对历史现实的描绘，不是对拯救世界“选民”的拣选，而是对解放者的确认。

最后，通过对《1844年经济学哲学手稿》的文本思路与理论论述的解读可以看出，青年马克思已展开了对共产主义的哲学式刻画，完成了一曲关乎人类解放的哲学叙事。在这一“哲学叙事”中，人类过去的历史是人的“异化”史，未来的历史将是实现人的“解放”的过程史，这一解放进程将是异化过程的反转，是人把被异化出去的本质力量收回自身的存在之中的过程。青年马克思的“哲学共产主义”彰显了克服“主奴辩证法”的自觉力量，从而超越了过去与现存的异化秩序，重构出“存在与历史”的形成过程，切断抽象思辨带来的自然存在与超验存在的关系，让人民摆脱“被创生”的观念，以此进入“社会主义”这一“整全”视域和状态，最终实现人的解放。

（5）理论走向、实践价值与救赎之道。青年马克思通过对“犹太人问题”的研究，从宗教批判、政治批判走向市民社会批判，并以建构“哲学共产主义大厦”的方式实现了护卫人类自由的理论批判目的，最终完成了对“社会主义”的哲学证成。这一哲学证成逻辑展现了青年马克思政治哲学的理论走向，彰显了其实践价值和救赎之道。

关于理论走向。一方面，通过哲学方法论革命走向历史唯物主义。青年马克思哲学方法论革命的问题意识源生于反思德国制度建构的历史性困境和寻绎德国社会解放的可能性路径这一理论诉求。在这一问题意识中，马克思通过借鉴和转变费尔巴哈批判黑格尔哲学体系所运用的“颠倒法”，实现了从思辨理性的神秘方法走向纯粹经验的实证方法的哲学方法论革命。正是沿着这一理论路径，青年马克思显示了“颠倒法”所展现的本质性意义，开辟了哲学革命的独特路径，并通过“纯粹经验的实证方法”重建了人类社会的普遍性规范。另一方面，通过对近代政治哲学的批判走向“真正的民主制”。在青年马克思的政治哲学构想中，对现存秩序局限性的最终克服，从哲学观层面而言是“社会主义的人”的出场，从政治观层面而言则是“真正的民主制”的实现。青年马克思对于以古典自由主义理论为核心的近代政治哲学的批判是一种总体性批判。总体性批判的理论图景既是青年马克思对于资本主义社会及奠基于这一社会基础之上的国家批判，又是他对古典自由主义在本体论、认识论、道德论和政治理论等各个层面的种种不同表现的全面批判。在青年马克思批判近代政治哲学的时候，近代政治哲学中那些进步的因素依然得到了积极性评价，并被充分吸纳成为推动“人的解放”的重要力量。

关于实践价值。面对以“资本逻辑”的负面效应为表现形式的当代中国现代性问题，能够从青年马克思的政治哲学思想中寻找根本的解决方法，这就是通过共产主义运动瓦解资本逻辑、消灭私有制，从而实现人的解放。中国特色社会主义道路的探索，是中国共产党人在深刻领会和把握马克思人类解放理论叙事结构的基础上，立足本国国情，研究前人的学术探究和借鉴他国的实践经验创造性地开辟的实现马克思人类解放理论的全新方式。中国特色的社会主义道路，既坚持人的解放这一共产主义运动的最高价值目标，将其作为改造社会现实的根本尺度，又辩证地看待最高理想与当前现实的差距，稳健地采取合理性和合目的性的建设方略，通过具体的现实实践活动不断实现“人的本质的现实生成”。

关于救赎之道。青年马克思的人类解放方案在现时代的历史实践中遇到了现实的阻力与障碍。在马克思看来，资本主义的时代的经济比政治更根本，阶级界限比民族国家界限更根本，资本出于自身的逻辑将突破以往一切神圣的界限，无产阶级也将随资本诞生于世界各地并能够联合起来。而一百多年的历史实践却显示，经济权力与民族国家的政治领导权并不是简单的对应关系，资本的运作必然会受到民族未来利益的束缚，工人的民族归属感也会成为全世界无产阶级联合起来的障碍。但是，这并不能否定马克思的绝妙设想，相反，马克思提供的一套彻底解决人类苦难的革命方案使其在历史的长河中依然独具魅力，其科学话语是激励人类不断突破局限、超越自身的救赎原动力。

2. 重要观点

马克思从“博士论文”、《黑格尔法哲学批判》及其“导言”、《论犹太人问题》直到《1844 年经济学哲学手稿》的思想理路，是在对历史进步的价值追求上，经由宗教批判、政治批判最终走向了对“哲学共产主义”的构思。其中，《论犹太人问题》承接“博士论文”、《黑格尔法哲学批判》的宗教异化批判和政治异化批判余绪，揭示了犹太人在自由民主制国家被歧视、被排斥的命运，首次提出“人类解放”的革命理想以图彻底解决“犹太人问题”，堪称是继摩西《旧约·出埃及记》、斯宾诺莎《神学政治论》之后的又“一曲”犹太人乃至劳苦大众走向解放的“出埃及记”。承续这一革命理想，在《〈黑格尔法哲学批判〉导言》和《1844年经济学哲学手稿》中，马克思构想通过哲学与无产阶级的结合，在共产主义革命运动中消灭哲学和消灭无产阶级，提出了超越自由民主制的解放限度的道路。

本成果的重要观点如下：

（1）青年马克思通过层层深入的研究，将宗教、政治问题还原为物质、世俗问题，还原为人的本质和社会权力的异化问题，洞悉了人类苦难的根源，并以共产主义理论重建人类社会秩序。

（2）基于一定的政治原则建立的自由民主国家有其自身的局限性，这一局限性透过“犹太人问题”充分暴露出来：犹太人在自由民主制中只是获得了形式上自由，并没有获得实质性自由。

（3）青年马克思以宗教批判方式来阐述“犹太精神”，以“日常的犹太人”解释“安息日的犹太人”，青年马克思的“日常”视角指向了“市民社会”的物质生活常态，揭示了人类生活的第一根源。

（4）青年马克思对政治解放的批判呈现出“三重论域”——对德国制度、黑格尔法哲学、“犹太人问题”进行批判，体现了马克思直抵问题本质的批判精神。

（5）人类解放作为共产主义最崇高的目的，是人的本质的复归，是个体与类本质的合一，是共产主义运动对人类异化的克服以及通过人的“整全”肯定人类自由的过程。

（6）西方学者基于各自理论立场的争议与回应是青年马克思政治哲学思想的理论延伸；当代中国应坚持马克思人类解放政治哲学的理想性，开创建设具有中国特色社会主义发展的现实道路。

三、成果的学术创新、应用价值以及社会影响和效益

1. 学术创新

（1）以文本学的深度解读模式建构性地分析马克思早期经典文本。本成果尝试运用多种研究方法，通过细致的文本研究，系统化、结构化地阐述青年马克思政治哲学思想的内在逻辑及其发展演变的基本脉络和历程。本成果

从政治哲学的视角入手，以《论犹太人问题》为核心文本，以“宗教批判—政治批判—哲学革命”命题为论述对象，结合《德谟克利特的自然哲学和伊壁鸠鲁的自然哲学的差别》《〈黑格尔法哲学批判〉导言》《黑格尔法哲学批判》《1844 年经济学哲学手稿》等马克思早期重要文本的相关论述，以“人的解放”为统领，厘清了“犹太人问题”与“哲学共产主义”的内在关系，深入挖掘了马克思通过“共产主义运动”实现和护卫“人类自由”的精神旨趣。

（2）融合问题意识、理论意识和学术史意识，重新定位和理解马克思早期政治哲学思想。本成果以“人类自由”为立足点，从青年马克思的哲学革命、社会权力异化理论的维度来论证“犹太人问题”与共产主义、人类解放之间的深刻关联。从政治哲学视角和历史文化维度考察青年马克思的思想，凸显了马克思对犹太民族精神气质以及人类历史命运的关注；指出作为犹太人的马克思，通过“犹太人问题”洞悉了启蒙运动以来近代政治哲人们构想的安全、自由和平等社会秩序的裂隙，并超越了启蒙哲人的政治自由理念，指明通达人的解放与自由的另一种路径——“哲学共产主义”；“哲学共产主义”从理论层面阐述了人类从奴役走向自由、从异化走向“整全”、从资本主义走向“社会主义”的解放路径，是由马克思完成的一曲新“出埃及记”。

（3）立足文本的细读和内在逻辑的梳理，厘清马克思早期文本的核心主旨，阐明了马克思“哲学共产主义”大厦的本质。本成果通过细致梳理探明，在马克思早期的重要文本——“博士论文”、《论犹太人问题》《〈黑格尔法哲学批判〉导言》及《黑格尔法哲学批判》中，主要勘明了阻碍人们通往自由之道的原因，引导人们摆脱偏见与错误；而作为马克思早期最伟大的著作《1844 年经济学哲学手稿》，则在于教导人们通过“共产主义运动”获得真正的解放与自由。在马克思看来，通过共产主义的革命运动，世上所有之人，包括流散于世界各地的犹太人，都能够克服异化状态，进入“社会主义”的“整全”视域和状态，成为“社会主义的人”，最终实现人的本质、完成人的解放。

2. 应用价值以及社会影响和效益

（1）作为观察当代问题、解决当代问题的立场、观点和方法的价值。本成果既有助于厘清马克思早期政治哲学的阐释，促进中国解放问题向深度与广度的发展，又有助于用马克思政治哲学的宏观整体思想来指导当前社会人的解放，还有助于把握政治哲学的思想史意义。早期马克思政治哲学研究的当代价值突出地表现在其作为观察当代问题、解决当代问题的立场、观点和方法的价值上。

（2）本成果的主要内容发表于《哲学研究》《教育研究》《哲学动态》等权威核心刊物上，社会评价较高，被引用和下载次数较多；项目负责人多次在学术会议上进行主题发言，与同行专家进行学术交流与学术探讨，本成果的观点与学术上的创见得到了学界的认同，产生了一定的学术影响与社会影响。

（3）本成果的有关内容已经直接转化为教师教学参考材料和学生学习材料，并渗透于博士生、硕士生及本科生的教学与讲座中，在相关的研究生课程建设中发挥了作用。

哲学

《马克思政治哲学研究》概要

王新生*

一、研究的目的、意义及方法

政治哲学是当代西方哲学中的显学，而在当代西方政治哲学中，马克思政治哲学则占有重要的位置。一些西方学者甚至认为，政治哲学是马克思本人哲学思想中的核心内容，而马克思主义哲学的核心论域就是政治哲学。在当代西方马克思主义研究中，政治哲学问题比其他问题受到更多的关注，但当代西方政治哲学是以自由主义为价值基点的，这一背景下的马克思政治哲学只是作为自由主义的对立物存在的，它自身的逻辑并未得到真正的关注和呈现。近年来，政治哲学已成为我国哲学研究中的热点，马克思政治哲学的研究也方兴未艾。但是，无论是在西方还是在中国，关于马克思政治哲学的基本理论、基本方法的研究仍非常欠缺。在自由主义政治理念影响日盛的今天，以马克思的唯物史观为基础发掘他的政治哲学，对于发展马克思主义哲学而言，无疑具有重要的意义。

国外关于马克思主义政治哲学的研究虽然庞杂，但其主线始终是沿着马克思主义与自由主义在政治哲学核心问题上的争论展开的。这样一条主线，既存在于批评马克思主义的各种政治哲学理论之中，也存在于各种当代形式的马克思主义理论之中。自 19 世纪末叶始，马克思主义与自由主义的双峰对峙就一直是政治哲学理论和政治实践发展的主线，二者的争论涉及自由、

* 王新生，南开大学教授，博士生导师。

平等、民主、权利、国家、阶级斗争、意识形态等一系列问题。20 世纪后半期以来，随着罗尔斯、德沃金等“平等主义的自由主义者”的出现，平等问题逐渐成为两种政治哲学争论的焦点。在最近几十年中，新自由主义、社群主义和批判理论在西方政治哲学中形成了三足鼎立之势。其中，以哈贝马斯为代表的批判理论对以罗尔斯为代表的新自由主义的批评，被视为马克思主义传统在当代的重要延续。同时，一些被泛泛地称为“马克思学”的研究，也把马克思政治哲学的研究推向突出的位置。例如，“分析学派的马克思主义”关于马克思主义是否有其正义观以及有怎样的正义观等问题的讨论，引发了关于马克思正义理论的热烈讨论。此外，拉克劳和墨菲等“后马克思主义”则代表了西方马克思主义政治哲学研究的最新进展。他们以“激进多元的民主理论”对抗自由主义，探讨以实践为基础、以领导权为核心、以反本质主义为特征的政治本体论，试图在此基础上重构马克思的民主理论。这些研究为马克思政治哲学的研究提供了国际学术背景。

我国关于马克思政治哲学的研究虽然起步较晚，但近十多年来已经颇有成效和影响。概括地说，这些研究成果体现在三个层面上：第一个层面是关于马克思政治哲学一般问题的研究，主要涉及马克思主义政治哲学的学科定位等问题，如关于马克思主义政治哲学与唯物史观的关系等问题的研究；第二个层面是关于马克思等经典作家和西方马克思主义者政治哲学思想的研究，如关于马克思、葛兰西等人的市民社会观念等问题的研究；第三个层面是基于中国经验对马克思主义政治哲学中重要问题的研究，如关于公平与效率关系、公共领域、市民社会等问题的研究。可以预料，一方面，今后一个时期内，我国马克思政治哲学的研究将会继续沿着上述方向推进；另一方面，建构马克思政治哲学理论体系所涉及的重大问题、重要理念、方法论等的问题，将会成为今后一个时期研究的重点。我们必须对这些重大理论问题做出回答。

从理论层面看，政治哲学是一种特殊的领域哲学，有其独特的问题域和论辩方式，如果将马克思政治哲学简单等同于唯物史观，就会遮蔽它独特的致思方式，马克思政治哲学也无法与其他政治哲学进行有效的沟通和对话。从现实层面看，当代中国的社会转型特别是构建和谐社会的需要，对于从政治哲学理论上把握这一转变提出了急迫的要求，许多现实问题等待马克思主义从政治哲学的角度给予解答。在这两种需要的推动下，近年来我国关于马克思政治哲学的研究已经蓬勃兴起，但是一些关键性问题研究的滞后已经成为制约其进一步发展的瓶颈。例如，在何种意义上可以说马克思拥有一种可以与其他政治哲学进行对话的政治哲学？在马克思的整个理论中，如何为他的政治哲学进行理论定位？马克思的唯物史观与他的政治哲学的关系是怎样的？马克思拥有一种正义理论吗？如果马克思拥有一种正义理论的话，这种正义理论的具体内容是怎样的？他是怎样讨论正义问题的？马克思本人并没有对政治哲学进行过系统的研究，那么今天我们是否可以依照他的基本理论和方法，建构马克思的政治哲学呢？本成果通过系统回答这些问题，建构马克思政治哲学的基本理论和基本方法，以期在基本理论层面推动我国马克思政治哲学研究的进一步发展。

二、成果的主要内容和重要观点

本成果的主要内容和重要观点可以通过以下几个方面分述。

（1）马克思与政治哲学的关系问题。在这一问题中，本成果首先从政治哲学的学术传统和作为一个现代学科的政治哲学两个方面，讨论了何为政治哲学的问题。尽管试图为政治哲学下一个清晰明了的定义的做法太过轻率，但是考察这两个方面的问题，仍然能够帮助我们理解何为政治哲学这一问题。一方面，在分析人类社会活动的基础上对政治活动共有特征的揭示，将帮助我们理解以这种活动为研究对象的政治哲学的某些特征。另一方面，在历史性地考察政治哲学这种理论活动传统的基础上，揭示它与其他理论活动（特别是与其相近的理论活动）的区别，将帮助我们理解政治哲学独有的理论特征。就是说，当我们从政治哲学这种理论活动和它所涉对象这两个方面对政治哲学进行了理论上的定位之后，我们也就大致回答了政治哲学是一种什么样的理论。本成果在对政治哲学进行了最一般的考察之后，讨论了何为马克思政治哲学以及马克思与政治哲学的关系问题，对国内外试图否定马克思有政治哲学和将马克思的政治哲学等同于唯物史观的观点进行了回应。我们认为，如果将马克思关于政治的思想直接视为他的政治哲学，那么在历史唯物主义和马克思政治学理论之外就不再需要建立他的政治哲学，因为前两者本来就是历史唯物主义和马克思政治学理论的内容。我们力图证明，唯物史观并不单纯是关于社会历史事实的描述性理论，不能将唯物史观理解为只是以科学认知的方式考察问题的认知理论，而是应当把它看作同时包含着以规范性方式考察问题的历史观和方法论。马克思政治哲学就是以规范性的方式考察问题的理论维度和理论内容。马克思创立唯物史观的过程就是他哲学方法论形成的过程，这一过程也同样是他的政治哲学及其方法论的形成过程。在唯物史观中，事实与价值、历史尺度与价值尺度的统一是考察一切问题的方法论基础，因而也是马克思政治哲学的方法论基础。只有在这一方法论基础上，马克思政治哲学的批判性与建构性、事实性与价值性、理想性与现实性的统一才能得到合理的说明。

（2）马克思政治哲学的理论定位问题。马克思并不是一个以单一的方法对某个单一领域进行研究的学术家，他的著述涉及不同的方法和不同的领域。马克思及其后继者所建立的马克思主义理论更是一种复合性的社会理论，其中不仅包括不同的理论学科，所涉及的方法也不是单一的。因此，当我们要为政治哲学在马克思的整个理论中进行定位的时候，我们遇到的问题是：马克思关于社会生活及其历史的全部理论究竟包含哪些可以分别成为独立研究内容的组成部分？它们是怎样构成的？这些问题涉及社会科学方法论问题，也涉及社会科学与哲学的关系问题。针对这些问题，本成果对下述观点进行了论证：马克思关于社会生活及其历史的理论，我们可以一般地称之为“马克思主义社会历史理论”。在学科划分的意义上，可以将其区分为三个方面的内容：一是作为总的方法论的唯物史观；二是作为具体认知科学的历史学、社会学、政治学等；三是作为规范性理论的道德理论、政治哲学等。它们分别以不同的方式、从不同的学科视角考察社会生活及其历史，从而构成了马克思社会历史理论的完整体系。毫无疑问，唯物史观中所体现的科学认知进路是马克思考察社会政治生活及其历史的基本方式。正是因为如此，历史唯物主义才能被称为“科学的”，马克思的社会主义理论才能区别于它之前的其他社会主义理论。然而，唯物史观恰恰是建立在一定价值立场之上的，即建立在对人的本性、理想社会等问题的规范性把握之上的。如果说马克思以规范性理论的方法所确立的价值立场是一种“应是”的话，他的唯物史观则只是以科学认知的方式对这一“应是”进行了“为何是”的系统论证罢了。这二者之间的差异并不是应当予以消除的思想矛盾，而是规范性理论与认知理论在考察社会政治生活时方法和维度上的差异。从方法论上看，马克思是通过对黑格尔关于“法”“市民社会”“政治国家”以及它们之间关系的批判性考察，通过对现实政治制度及其与社会生活之间异化关系的深入分析，才进入到对资本主义经济关系的深刻把握，进而创立了唯物史观的。马克思在阐释这些问题上所体现的思想方法，以往人们多从唯物史观的认知进路的单一向度上加以理解，这就无法将其与作为规范性的政治哲学统一起来。本成果在深入分析了马克思理论中科学认知进路与规范性理论进路关系的基础上，揭示了作为规范性理论的政治哲学所依赖的方法论，为具体研究马克思政治哲学奠定了基础。

（3）马克思政治哲学是一种现代性政治批判理论。马克思直接的批判对象并不是一般的人类社会政治生活，而是现代社会政治生活。马克思对社会和政治的研究，不是要对一般的社会结构进行解剖，而是要将资产阶级社会作为解剖对象。他是通过对资本主义这个“历史上最发达和最复杂的生产组织”的解剖而获得关于社会生活的一般认识，获得社会历史发展规律的认识，因而他的政治批判和他的整个批判一样是一种现代性批判。在这个意义上我们可以说，马克思政治哲学是一种现代性政治批判。那么，在马克思的现代性批判理论中，他的政治批判是一种怎样的批判，处于怎样的位置？我们立足于政治哲学与哲学的关系问题，考察了现代性政治批判与现代性批判的关系，对这些问题进行了回答。马克思是这样理解自己的理论任务的：现代社会已经深陷于它为自己构设的困境之中，因此理论的任务便是向人们指明，怎样正确地认识这一困境，通过什么样的政治道路才能走出这一困境。这是马克思的整个理论关注的根本问题。本成果提出，自 19 世纪以来，许多重要的社会政治理论的核心问题都是对现代性困境的揭示、反思和批判。对于这些思想家来说，现代人的生存困境是理性的偏执所导致的后果，因此对现代性困境的消除最终要依赖于对人的“理性的全面性”的理解和恢复。但是，走出现代性困境绝不是一个单纯的理性自身的问题，“理性的全面性”的恢复绝不是在理性自身或者作为它的代表的哲学中完成的，而是一个社会过程。马克思对现代性的反思，包含在他对“政治解放”的限度和“人类解放”愿景的阐释之中，也包含在他关于现实生活的科学分析之中。这就使马克思政治哲学不同于自由主义以及其他理论，使马克思政治哲学成为与其他政治哲学相竞争的一种独特的政治哲学。在此理解基础上，本成果考察了现代性问题和现代性困境及其原因，以及思想史上走出现代性困境的诸种政治哲学方案：保守主义的政治哲学方案、无政府主义的政治哲学方案、自由主义的政治哲学方案和马克思的政治哲学方案。在不同的政治哲学方案中，马克思和黑格尔的政治哲学都属于“自由主义批判模式”。他们都承认合理化和祛魅是现代性无可逆转的成就，但不认为人类应当生存于一个无法体认生存意义和分裂的世界之中，即不甘心接受一个不完美的世界。他们都认为，人类不应当屈服于现代性为我们塑造的世界，应该而且能够达到一个完美的世界。这是马克思和黑格尔相同的地方，也是他们与自由主义不同的地方。但马克思反对黑格尔“向回撤的”保守主义取向，将黑格尔归之于国家的那种决定力量重新归还给市民社会，从市民社会中寻找决定国家的力量，寻求对政治国家的解释，因而他的政治哲学方案是全新的。黑格尔的政治哲学试图克服自由主义的局限性，马克思的政治哲学则是对黑格尔的再超越。在理性主义的思路下批判现代性，无法跳出闭锁的理性，也就无法设计出一个走出现代性困境的政治哲学方案。在此思路下，或者以非理性对抗理性的统治，或者更彻底地推进理性对世界的统治，除此之外别无他途。马克思政治哲学是在克服了这种哲学局限性之后，才寻找到属于它自己的走出现代性困境的政治哲学方案的。

（4）马克思对市民社会幻象的政治哲学批判。在现代性生成和成长的过程中，工具化的理性是通过怎样的社会化过程实现了世界的合理化，从而以工具理性统治了世界的呢？这个问题已经超出了理性自我发展范畴，仅仅通过哲学的逻辑推演是无法得到清楚的说明的，必须从经济学、社会学、政治学等社会科学的视角对市民社会加以考察。马克思通过费尔巴哈和亚当·斯密等人的中介，创立了一种新的考察问题的方式——历史唯物主义。这是一种将规范与认知、哲学与科学有机结合起来而形成的全新的考察问题的方式。与单纯的经济学、社会学、政治学的“科学的”考察方式相比，与以往的哲学特别是黑格尔的哲学相比，这种考察方式将总体性的、综合性的考察建立在科学考察的地基之上，避免了理性主义的自我呓语，有效地揭示了市民社会这个现代性生成的社会机制。通过这个方法论，马克思不仅从规范性的视角揭示了资本主义社会的道义缺陷，描绘了可欲的道义目标，而且从科学认知的视角揭示了自由主义所描画的市民社会幻象，揭示了它是通过怎样的经济和社会过程走向衰亡的。这就使他的现代性批判超越了黑格尔，超越了理性主义哲学。唯物史观创立的过程，正是马克思通过对物质利益的考察否定黑格尔的理性国家观的过程，而这一过程是在对亚当·斯密等人所构想的市民社会幻象的批判中实现的。不理解在现代性进展过程中理性是怎样通过市民社会设置了自己的现实“肉身”，就不可能理解现代性的现实内容和它的现实困境，也就不可能理解为什么马克思会说，他是通过对市民社会的批判而创立唯物史观的。同样地，不理解上述这一切，也就无法理解马克思是怎样设计走出现代性困境的政治哲学方案的。在这方面本成果考察了三个方面的问题，第一，早期自由主义怎样从现代社会的一系列变化出发，依据合理化、工具化的理性，虚构了一个市民社会的幻象。第二，马克思怎样在揭露这一幻象的基础上发现了唯物史观的基本原则：市民社会决定国家。第三，在这一过程中，马克思提出了一种理解政治的历史唯物主义的原则：政治是以经济为基础的社会生活决定的，政治问题是社会问题的集中体现，因此对政治的解释应当从对社会的解释尤其是从对经济的解释出发；政治制度的改变应当立足于经济制度的改变，并在此基础上改变整个社会生活；根据同一原理，未来的社会是经过市民社会的充分发展走向国家消亡、社会统合国家的无阶级社会，而不是以黑格尔所谓的国家统合市民社会为终局的王权社会，也不是自由主义试图维持现状的国家与市民社会的分裂。

（5）马克思立足于人类社会的政治哲学。对于启蒙运动之后的哲学而言，在政治正义的限度内寻求对人和社会的终极解释，已经成为替代宗教解释世界的现代方案。可是，这一现代方案不仅取消了终极自由，而且取消了对终极自由的渴望，从而自构了伦理困境。马克思建立了在历史的实践中超越政治正义的政治哲学，从而确立了一种颠覆现代性的“替代性方案”。正是这一政治哲学的确立，为马克思“改变世界”的新哲学找到了一个全新的立足点，为他走向实践哲学建立了基本通道。马克思的政治哲学是他实践哲学最典型的表现形式。长期以来，人们没有充分地意识到马克思的政治哲学与他的实践哲学之间所具有的那种逻辑的内在一致性，没有意识到政治哲学才是他实践哲学最重要的具体内容。导致这种忽视的一个重要的原因即在于没有真正理解马克思关于“市民社会”与“人类社会或社会化的人类”所做的区分。在马克思的语境中，将它们解读为“资本主义社会”与“共产主义社会”并没有错，但是如果不揭示出它们各自所代表的社会关系类型及其所具有的伦理精神之间的差异，就仍然难以避免对马克思思想的流俗理解。自由主义之失，即在于它仅仅将自己对自由的追求困囿于政治正义的“策略性目标”之中，失去了“对终极自由的渴望”，甚至失去了对它的想像能力。这就从根本上否定了以好的生活方式为目标的超越性正义的合法性，将正义限制在策略性活动的范围之内。自由主义就是这种现代性意识的代表性的意识形态，是现代性意识固化了的理论形式。在马克思哲学中，哈贝马斯所谓“生活方式的最高的善”即“每个人的自由而全面的发展”，是自明之好，而非策略性目标。在马克思看来，这种自由已经超越了“自由”这一概念的个人含义而与“解放”相关联，即在消除对自由个人化理解的社会条件的基础上达到真正的自由。这一解放过程是建立在生产发展基础之上的历史过程，它依赖于消除因相互的分离而将人异化为非社会化的个人的社会条件，因而是唯物主义的。

（6）马克思正义理论的两个层面和四重辩护。正义理论是政治哲学的核心问题。国内外许多学者认为，在马克思的全部理论中并没有正义理论。关于马克思是否有正义理论的疑问与他正义理论的特殊性有关。本成果提出，马克思正义理论的特殊性在于他对正义概念的使用和讨论正义问题的方式不同于流行的正义理论。流行的正义理论将私有制作为前提，将正义理解为这一前提下的“应得”，马克思从否定私有制的前提出发，将正义理解为超越于应得正义之上的一种社会生活状态，因此他所使用的正义概念是涵盖“应得正义”含义的高阶正义概念。在此概念基础上，我们可以将他的正义区分为超越性正义和现实性正义两个不同的层面，因而也就需要对这两个不同层面的正义理论进行区分。我们从四个方面为马克思的正义理论进行了辩护：一是从马克思正义理论的立论前提出发，指明他的正义理论有着一个不同于其他政治哲学的特别入口；二是从马克思立足于“人类社会”对“市民社会”的批判出发，阐明了他在正义问题上不同于其他当代政治哲学的根本关切；三是从马克思的历史主义出发，分析了他正义理论的层级性；四是从正义概念的高阶含义与低阶含义的区分出发，分析了马克思的正义理论与其他正义理论的概念区别和架构差异，并在此基础上阐释了建构适应于社会主义市场经济的马克思主义正义理论的路径和意义。同时，我们通过与自由主义正义理论的比较，展现了马克思的多层正义原则和他为这些正义原则进行辩护的方式，并在此基础上考察这些辩护是怎样在当代得到延续的。我们认为，在马克思的正义理论中，正义原则是一个序列。第一，马克思认为，与资本主义相适应的正义原则是“权利原则”，只不过这一原则的正义性需要将作为私有财产的资本的“出身”的可疑性问题悬置起来，否则就无法合理说明这一原则。第二，马克思用以批判资本主义正义原则的“贡献原则”是与他在《哥达纲领批判》中提出的所谓“共产主义第一阶段”相适应的正义原则。第三，适应于马克思所说的“共产主义社会的高级阶段”的正义原则是“需要原则”。对于马克思来说，正义原则不是从抽象人性中推演出来的超历史规范，而是受生产制度制约的历史性原则，因此对它们的理解只能从生产制度的历史变化中寻找根据。这样，对生产制度历史性变化的科学认知，就为阐释正义原则的历史性和相对性提供了认知基础，因而也就使价值尺度与历史尺度的统一成为可能。

（7）马克思正义理论的当代建构问题。在马克思政治哲学中，并不存在一个横亘在权利正义与超越性正义之间的僵硬边限。既然“历史”是它们之间的张力空间，生产力的发展是张力的消融剂，人的自由的发展过程便是在生产力发展基础上张力不断消解的过程。马克思政治哲学虽然强调超越性正义，但并不否定权利正义的历史价值，在特定的历史条件下，它甚至认为必须为这种正义的建构而努力。因此，我们就需要并且可能从马克思的原则和方法出发，考察当今中国社会转型期的公平正义问题，建构当代马克思主义正义理论。本成果提出，当代中国正义理论的建构将会在自由主义、中国传统文化和马克思主义这三种思想资源的共同推动下进行，但它们的作用却是完全不同的。马克思主义兼具对市场制度下的社会生活进行规范和对资本的逻辑进行批判的双重功能，是与社会主义市场经济这一创造性的制度实验相一致的当代中国正义理论建构的基础和核心。由于马克思主义经典作家并未考虑过如何为市场经济制度的正义性进行规范和辩护，建构当代马克思主义正义理论便需要对如下两个问题做出回答：第一，马克思作为一个以否定市场制度和批判资本的逻辑为目标的思想家，其理论中是否可能包含关于市场制度之正义性的正义理论？第二，如果将马克思哲学理解为以科学认知的方式揭示社会历史之本质与规律的科学，其中是否可能包含作为规范性理论的正义理论？与自由主义不同的是，对于以市场制度为基础的现代社会而言，经典马克思主义是一种“革命理论”，是一种致力于消灭市场制度的批判性理论。也就是说，它所谓的批判性不是立足于改良资本主义市场经济，而是立足于将其摧毁。在这样一种前提下，马克思主义经典作家不仅从来没有考虑过如何为任何形式的市场经济制度的正义性进行伦理的辩护，而且把自己关于正义的理解建立在完全不同于自由主义的理论基石之上。因此，对于当代中国马克思主义正义理论的建构来说，首先必须回答的问题是马克思正义理论何以可能。马克思的正义理论将正义原则看作一种历史性原则。他关于未来理想社会的正义原则无疑是美好的和合乎人性的，但是在当前的社会历史条件下，那些使得“权利原则”发挥作用的社会条件仍然存在，与“需要原则”相匹配的社会物质条件的积累还需要相当漫长的历史过程。在这种情况下，充分发挥市场经济在发展生产力中的作用，通过发展市民社会而保障个人的合法权利，从而在整个社会事业发展的过程中逐步实现更高层面的正义理想，无疑是符合马克思思想的一种理性选择。清楚地认识到这一点，对于当今中国平稳有序地进行市场化改革，对于在这一改革中保障社会的公平正义，都具有极为重要的意义。

三、成果的学术创新和社会影响

本成果的创新之处主要体现在以下几个方面：第一，本成果对马克思政治哲学进行了清晰而独特的理论定位，对马克思政治哲学方法论进行了创新性的研究，提出了一系列的新观点。这些观点涉及一些纵深的理论问题，对于理解马克思政治哲学的特质，对于建构马克思政治哲学的理论体系，均具有重要的意义。第二，本成果关于马克思政治哲学与唯物史观关系问题的理论解释，深入到了规范性理论与描述性理论的关系问题，深入到了哲学史上关于“是”与“应是”关系问题的讨论，为理解马克思全部社会政治理论中认知之维与规范之维的关系，并在此基础上阐释马克思政治哲学相较于其他哲学的独特性，提供了一种解释路径。第三，本成果从现代性问题及其困境出发，对现代性理论进行了深入的考察，将马克思政治哲学定位于现代性政治批判理论，将近代以后的各种政治哲学理解为试图走出现代性困境的不同政治哲学方案，将马克思的政治哲学理解为与保守主义、无政府主义、自由主义不同的政治哲学方案。这就将这些政治哲学放置在同一个学术语境之下，拓宽和刷新了马克思政治哲学的研究路径。

本成果所提出的一系列观点得到我国学界的认同。本成果的重要观点以学术论文的形式先期在《中国社会科学》《哲学研究》《中国人民大学学报》《哲学动态》《光明日报》等报刊上发表，其中一些被《新华文摘》《中国社会科学文摘》等转载，还有部分论文被翻译为英文。多项与本成果相关的论文和著作获得天津市社会科学优秀成果奖和教育部人文社会科学优秀成果奖。

《先秦逻辑新论》概要

曾昭式*

一、研究的目的、意义及方法

自梁启超开启先秦逻辑研究以来百余年间，中国逻辑史研究倾向于以西方的演绎、归纳、类比理论比附中国逻辑（主要是先秦名家、墨子和荀子等的逻辑），此观念一直统领至20世纪90年代，虽有批评者，但不成为中国逻辑史研究的主流观点。之后引领中国逻辑史研究的观点为南开大学崔清田团队的先秦“推类”逻辑；近十年又出现多元研究的倾向，如中国的数理逻辑、形式逻辑、符号学、语言哲学等思想。本成果认为“以欧西新理比附中国旧学”研究固然不对，但是“推类”逻辑仅仅概括先秦逻辑的局部特征，也存在局限性。推进中国传统逻辑研究，需要解决两个问题：第一，必须有一个适宜不同逻辑传统的广义逻辑观；第二，不同文化的逻辑必须是独立的。如果按照有效性推理才是逻辑来划界，先秦没有这种逻辑。本成果基于《工具论》和“非形式逻辑”理论，放大逻辑边界，将逻辑学视为论证结构与规则之学，依此来研究先秦逻辑的类型和特征。

基于这种目的，本成果提出了先秦逻辑“正名—用名”论证类型，体现出一种价值逻辑特征，并给出了论证。所以，本成果对于准确把握中国传统逻辑学科前沿发展状况、积极推进中国传统逻辑学科建设和创新而言，是一项基础性的重要工作；对于中国逻辑史学科建设与发展可以起到重要促进作

---

* 曾昭式，中山大学教授，博士生导师。

用；本成果对于建立中国学术，中国学派，不断推进学科体系、学术体系、话语体系建设和创新，对于当下中国文化建设等有着重要的借鉴意义。

称“中国逻辑”，涵摄中国逻辑与西方逻辑、印度逻辑的不同，这就涉及中国逻辑是什么的问题。回答此问题自然撇不开经典。经典解释涵摄经典、解释者、经典解释作品三大对象，简言之，经典为欲解释的文本，经典解释作品为解释者的文本，而解释者是由经典到经典解释作品的桥梁，形成一个什么样的基于经典的新作取决于解释者，所以解释者解释方法尤为重要。解释大概有两种方法，一为点石成金（此“石”“金”为二物，无贵贱之别），二为砌石为墙。前者由石变金，石已无自性；后者虽为石墙，但有石在。“点石成金”方法的运用，如梁代慧皎所著《高僧传》卷四讲“以经中事数，拟配外书，为生解之例，谓之格义”，此“格义”指借用中国传统思想释佛典，此法运用是便于讲佛经。梁启超“娶美人以亢我宗”的做法便为“点石成金”，因为新生儿是另外一个生命，绝不是父亲，如“金”不是“石”。陈寅恪“了解之同情”的做法有似“砌石为墙”，因为其中既有对传统的释义，又有创作，而且此创作没有失去文本。西方学者提出的“扎根理论研究法”（grounded theory）作为一种质性研究方式，有似这种提法。本成果的研究借鉴“文本田野”“整体史”方法，采用了“砌石为墙”方法，开展“了解之同情”研究。

二、成果的主要内容和重要观点

1. 主要内容

本成果研究先秦逻辑“正名—用名”论证类型。除导言外分六章，即：第一章“先秦道家逻辑”，包括“《老子》的‘正名—用名’逻辑”“黄老道家的‘正名—用名 ’逻辑”“《庄子》的‘正名—用名’逻辑”三部分内容；第二章“先秦儒家逻辑”，包括“《论语》的‘正名—用名’逻辑”“《孟子》的‘正名—用名’逻辑”“《荀子》的‘正名—用名’逻辑”“《韩非子》的‘正名—用名’逻辑”四部分内容；第三章“先秦名家逻辑”，包括“先秦名家逻辑研究概述”“《尹文子》逻辑研究”“《公孙龙子》逻辑研究”三部分内容；第四章“先秦墨家逻辑”，包括“墨家逻辑研究述评”“墨子的‘正名—用名’逻辑”“《经》《说》的‘正名’理论”“《大取》《小取》的‘用名’理论”四部分内容；第五章“《经上》《经说上》《经下》《经说下》释义”；第六章“先秦易学逻辑”，包括“易学逻辑研究述评”“《易传》逻辑的‘正名’理论”“《易传》论证”“《左传》‘易占论证’”四部分内容。兹将“正名”“用名”理论概述如下：

（1）“正名—用名”论证类型下的“正名”。

“名”概念的哲学功能要求回答：名是什么。先秦诸子对这一问题的回答涉及“道、物、实、名”等范畴之关系，先秦诸子对“名”与“道”“物”“实”关系的认识可简单描述为：“物”为现象，包括自然、社会、人生诸象。“道”为“物”之“道”（理、质、性、“指”）。如果说物是现象，那么“道”则为本质，为物之所以为物之理。“实”为对象，对“物”之认识结果。“名”为“实”之称谓（反映“实指”）。但是，不同学派关注点不同，不过唯一关注相同点是名之“价值”所指。

《老子》里的“名”大致分为两类，一类是与“道”相关的概念群，另一类是与“物”相关的概念群。前者为不可名，后者则相反，《老子》重点讨论的是前者。《老子》第一章言：“道，可道，非常道；名，可名，非常名。无名，天地始；有名，万物母。常无，欲观其妙；常有，欲观其徼。此两者同出而异名，同谓之玄，玄之又玄，众妙之门。”此段内容涉及三组概念：“可”与“常”“有”与“无”“道”与“物”，其落脚于“道”与“名”。以老子的理解，“道”是一个抽象的东西，隐藏于宇宙万物背后，是“无”，而这种“无”又无处不在，贯通一切，因为它决定万物之存在，它是万物之本质，是万物之所以存在之理，无法“名”。而具体物则可名。道虽不可名，但是，老子又用“名”的方式言道，此所言之“道”包括：无物之道、自然之道、社会政治之道、君王之道。例如老子言宇宙之道为“无”“玄牝”“一”“忽恍”，自然之道为“精”“大”“朴”，社会政治之道为“善”“德”，君王之道为“无为”“孤、寡、不穀”“啬”“玄德”等。简言之，老子之“道”包括无宇宙、有宇宙之集合体，而一旦名后，便成为对象化本身，为有，其背后虽有“道”而不足称“道”或者一旦称“道”便失“道”。《庄子》与《老子》相同，道无名，物可名，道与物关系是本质与对象关系，物之所以为物在于物有为物之理（道）在，一旦确立了不同物，该物即为对象化的“实”了，便可以名谓之。就“道”与“物”关系而言，如庄子认为，物依赖于道，道覆盖和托载万物。从《庄子》诸篇看，我们可以这样描述“道”与“物”关系：世界原无，万物得道而有，为德，成各种样态。这种“道”无所不在，它渗透成形之物，也渗透社会人生各领域：国君之道、君子之道、养生之道、人与人相处和自处之道、面对人之生死之道等。就“道”“物”与“名”关系而言：道不可名，物可名。因为道是无，是宇宙一切背后之理，故而不能名，不能说；而物可以名、可以说。关于道为什么不可名，物为什么可名，在《知北游》和《则阳》有详细论述。《知北游》关于道不可名思想的论述是通过寓言和重言形式来表达的，知向无为谓、狂屈、黄帝请教得道的寓言得出：知“道”不说，说的不知“道”，道不可能靠说而得，德不可能靠说来达到。道是不能讲仁、义、礼的。只有达到无为的境界，达到无所作为的境界方可得道。因为，《庄子》看来，天地之美却无法用言语表达，四时运行的规律却无法评议，万物的自然变化用不着加以谈论。孔子向老聃问道的寓言亦表达难以言表之道，道不能论，论者仅是道之皮毛，谈论道，实际上并不是真正的道。泰清请教无始寓言也表达了道不可能听到，听到的就不是道；道不可能看见，看见了就不是道；道不可以言传，言传的就不是道。有形之物之所以具有形体是因为由无形的道而生，因此道不可以称述。《则阳》关于道不可名的话如“万物殊理，道不私，故无名”。物可名的观点如“言之所尽，知之所至，极物而已”。道不可名与物可名的话如“有名有实，是物之居；无名无实，在物之虚”。有名有实构成物的具体形象，无名无实为道。所以道不可以用“有”来表达，“有”也不可以用无来描述，道之所以称为“道”，只不过是借用了“道”的名称而已。

孔子、孟子只关心反映其政治主张、社会秩序之“名”的规定性。“儒家思想”之名的规定性，包括“仁、义、礼、智、信”“政治社会秩序”“君君，臣臣，父父，子子”“日常生活”等，这种规定性必须遵守，这是孔孟正名的目的所在。例如，孔子要求“君使臣以礼，臣事君以忠”（《论语·八佾》），“君”“臣”之“实”必有差别，其“名”必正，他批评季氏没有按照自己身份行事而违反名的规定性，即便使用酒器也要符合要求，甚至称呼也因角色不同而有不同之名。孟子亦如孔子，讲“心”，讲“仁政”，讲“大丈夫”等等，都有规定。荀子把名分为四类，其研究“散名”仅是《正名》篇中部分内容，《荀子》著作中大部分还是与孔、孟一样，关注于儒家学说主张之阐发。荀子正是为了“解蔽”，才“正名”，只有坚持正道，做人、做事、治理国家才有效，所以，他要剔除邪说，用心辨物、用心悟道，通过辩说以明正道，以正道统一、引导百姓思想与行为，成就君王之业。《荀子》在《正名》前诸篇，大致涉及君子之道、治国之道、荀子四论、“解蔽”这四方面内容。其中，在君子之道部分是对君子方方面面的具体要求，“正名”讲君王如何制名，重点是讲如何吻合荀子之主张而达到名实一致。

《公孙龙子》关于“物、指、实、名”之关系的讨论集中在《指物论》《名实论》篇里。《指物论》探讨“物”与“指”关系，《名实论》讨论“物”“实”“名”等概念之关系（“天地与其所产焉，物也。物以物其所物而不过焉，实也。……夫名，实谓也”）。天地和其所产的东西叫物，这些东西是世界经验可感知的实际存在，它通过“指”方能表现出来，即“物莫非指”。《指物论》强调，“指”只能是指物，指不能自指（“物莫非指，而指非指”），它只能通过物方显自己，而天下并没有“指”，但是所有物又必须通过“指”方为物。即，为人们所感觉的东西，为“物”；相互分离而独自自藏的是物的背后为指；与物为指，为物指；一经与物为指，不同于自藏的指。如何区别不同的物，就要“物以物其所物而不过”，何以“物其所物”，靠“指”。当“物以物其所物而不过”时就是“实”，实通过“名”来展现，因为，“夫名，实谓也”。名怎样称谓实？“此”“彼”非或不在“此”“彼”时就不能称谓“此”“彼”。这样可以看出，“物”与“实”关系明确，“实”“名”“指”三个概念关系为：“指”是“实”的质，是把不同的“实”区别开来的属性。“名”是表“实”的，有不同的“指”，便有不同的“实”，自然有不同的与之对应的“名”，所以，“天下无指者，生于物之各有名，不为指也”。但是只是不同“实”背后的“指”，才有不同的“名”。

在《墨辩》里的“物”包括社会习俗、生活习惯、社会规范、生活常识、科学知识、伦理问题、价值取向等内容，这些方面内容的讨论体现在《经上》《经说上》《经下》《经说下》《大取》里。在《经上》《经说上》里论人、论物、论人如何识物。在《经下》《经说下》里区分不同情形下事物的差异，从空间、时间的相对性讨论“物”之间长短、上下、今日与来日的关系等。《大取》则重在讨论如《小取》言：“处利害，决嫌疑”，文中围绕着爱与利、利与害、义与利、厚与薄等方面从不同角度进行讨论，通过断决利害，来解决疑惑，实际上是从墨家自己价值取向出发，明确“名”所指之“实”，即物。

(2)“正名—用名”论证类型下的“用名”。

在用名问题上，反映了先秦逻辑凸显其宣扬价值主张之功用。作为老子、孔子时代，还没有多少论争对象，所以他们“用名”时只在自己的论说里，如，《老子》对“玄牝”“忽恍”概念的使用都有其观念的诉求，老子通过深远暧昧中的精气（“恍忽”）来确定万物之源，这本身就是一种论说，表达老子对自然社会人生的认识。孔子通过与学生对话的方式确立其“仁、义”等“名”之意义，反映其价值主张和伦理规范等，此不例证。

如何正确用名体现于论证中，即用名、立辞为自己主张提供辩护。在先秦诸子争鸣中，既有用名、立辞而直接参与论辩的情况，又有围绕着“用名”而提出了先秦逻辑论证理论的。就前者而言，例如，孟子在考察历史的基础上，基于“尧、舜既没，圣人之道衰”“周公相武王诛纣，……天下大悦”“孔子惧，作春秋”，面对圣王不出现，诸侯放纵恣肆，隐居不仕的人横发议论，杨朱、墨翟的言论充塞天下的情况，孟子为了捍卫古代圣人的思想，批驳杨朱、墨翟的学说，排斥荒诞的言论，使邪说不能产生，使邪说不危害事业，不危害政治，便站在儒家立场，批驳杨朱、墨翟之言。还如《庄子·天下》篇对诸子之评述；荀子《非十二子》批评十二子错误之“说”，主张“上则法舜、禹之制，下则法仲尼、子弓之义，以务息十二子之说”等等。就后者而言，《庄子》区分了“论”“议”“辩”的不同，提出了“寓言”“重言”“卮言”三种论式；《公孙龙子》有了“白马非马”论证；《墨辩》有了不同的辩式；《荀子》区分了圣人、君子和小人说辩之差异，建构了名学理论体系等。这些理论无不渗透着价值取向，体现中国传统逻辑的价值特征。兹论述如下：

“六合之外，圣人存而不论；六合之内，圣人论而不议。春秋经世先王之志，圣人议而不辩。”（《庄子·齐物论》）所谓六合指天、地、东、南、西、北，依此，这里的“六合之外”自然是指“道”，不可论，不可说，所以圣人只能“存而不论”；“六合之内”便为宇宙界或自然界了，对于自然界的一切（包括社会人生）只能顺应本然而论；至于“春秋经世先王之志”，可议而不能辩（庄子所说的“辩”指争论，庄子非辩指儒墨己是他非的争论）。但是，庄子并没有做到，庄子在《寓言》里所讲的“寓言”“重言”“卮言”三种论式无不浸染着其主张，其对“寓言”的要求为“与己同则应，不与己同则反；同于己为是之，异于己为非之”，明显渗透个人情感。“重言”的要求是借有见解有才德之长者、先人的言论来论说（“重言十七，所以已言也，是为耆艾。年先矣，而无经纬本末以期年耆者，是非先也。人而无以先人，无人道也；人而无人道，是之谓陈人”）。《庄子》里的“重言”大致有如下几种类型：虚构一个人的言语作为论证之理由，或用真人虚构一个事件为论证之理由，或用真人真事为论证之理由等，这些人事是庄子所选择的，其中自然包含着庄子的价值取向。《庄子》对“卮言”的要求虽为言必与物本性一致，问题是在一篇论说文中，按照“寓言十九，重言十七，卮言日出，和以天倪”之规定，“卮言”包含“寓言”“重言”，这样，“卮言”论式也包含着庄子之价值。

“白马非马”论证是公孙龙“正名”理论的核心例证。公孙龙本欲谈抽象意义上名与名之间关系，但其选取生活世界上的具体对象之名而构造一个常识错误的命题“白马非马”，以期论证“白马非马”背后之理。公孙龙之苦心也是顺应中国传统文化中论证之需要，因为中国传统文化不关心分析性论证，更多的是切于生活经验和与此相关的价值宣扬的论证类型，这也是公孙龙引来众多批评的重要原因。并且，公孙龙诸多例证本身亦包含着中国传统文化中诸多观念，如在《通变论》里用他那个时代的“材”与“不材”、颜色词、五行相生相克理论作为分类的标准，而非西方之“类”概念。（“马”与“羊”“牛”属于“材”类，所以“羊合牛非马”为正举；“鸡”属于“不材”类，所以“牛合羊非鸡”为狂举。“‘青以白非黄’为正举、‘白以青非碧’为狂举”涉及中国古代颜色词理论、方位词理论和五行相生相克理论，“青、白、黄”为正色词，分别代表“东、西、中”或“木、金、土”，所以文中出现“木贼金”“不相胜”等命题。“碧”则为非正色词，这就是正举、狂举区分的依据。）如果说“白马非马”论证是为了引起人们关注自己主张的话，而用生活世界经验知识为论证材料则是为了让人们接受自己的理论。其宣扬自己主张之目的如《迹府》言“正名实而化天下”，所以《名实论》最后一句话要求“明王”：“审其名实，慎其所谓”。

《墨辩·大取》讲“立辞”要“以故生，以理长，以类行也者”。“立辞”是要成立一个观点，给出一个主张，用现代话语说，要给出一个命题，命题的给出必有理由，这样理由与主张之间就成为一个论证，该论证后期墨家称之为“说”，《小取》言“以说出故”，所以，证明主张之“故、理、类”，实质上是“明故”。“故”有“大故、小故”，“说”解释了两个理由，“小故”与“大故”，即“立辞”得以成立的“故”包括没有该理由就不能“立辞”的“小故”和有理由必能证成“立辞”的“大故”。从这里所举“体也，若有端”和“若见之成见”两例看，线由点成，点不是线，是说明没有某理由不能“立辞”，有之则不足以“立辞”之“小故”的；而称“见必有之所以为见之理在”说明“大故”之“有之必然”特征。《经上》《经说上》“故”经条之后便为论证“故”的产生过程：人—物—实—名—辞（围绕着“名”所体现的哲学与逻辑功能，其中“名—辞”段体现逻辑功能）。“大故”“小故”讲故的种类及其特征，如何明故，“明故”要“以名举实，以辞抒意”（《小取》），“名、辞、说”构成了墨辩之“辩”，而“正名”是基础，正名在于正确地把握与恰当使用“名”所反映的“实”。后期墨家研究名有两种类型，一种为反映“实”的不同类别之“名”（包括逻辑意义下之“名”：“名、言、谓、辩”等），另一种为不同语境下意义转化之“名”。所以，“明故”就是正确识名、恰当用名。在正确识名、恰当用名时不仅仅是讲“名”指什么“实”问题，更要针对社会问题“处利害，决嫌疑”，这是墨子著作里更关注的问题。在《墨子》里，墨子提出“言有三表”，这也是后期墨家学者所关注的问题。《大取》围绕着爱与利、利与害、义与利、厚与薄等方面从不同角度进行讨论，通过断决利害，来解决疑惑，实际上是从墨家自己价值取向出发，明确“名”之所指，并据此用“名”，即“明故”，为辩服务。这也是“摹略万物之然”，此“万物”是社会人生伦理等问题，“然”为墨家之主张。“理”是“明故”之规则，“类”依“故”之特征而定，所以《经下》开篇便讲“类以行人，说在同”。“推类之难，说在之大小”。《小取》却特别强调，在运用不同论辩形式时既要注意“行而异，转而危，远而失，流而离本”之情形，还要关注不同语境下名与实的多重关系。进而把握“名”之不同意义。《大取》区分不同语境下“名”的不同意义，比较不同语境下“名”的差异，因为墨家逻辑之特征是“明是非之分，审治乱之纪，明同异之处，察名实之理，处利害，决嫌疑焉。摹略万物之然，论求群言之比”。

荀子的“名、辞、说、辩”理论基于正儒家之名，去“邪说”之需要。他把其时代学说分为邪说和非邪说两类，十二子思想为邪说，张扬这些学说者为“小人”之说辩，舜禹之治与孔子、子弓的学说为非邪说，宣扬这些理论为“君子”和“士”之说辩。荀子正名之原因是乱世邪说遍野，危害国家，目的是正“道”之名，包括“制名、用名、说名、论名”。如何“制名、用名、说名、论名”？荀子《正名》篇把名分为两类，一为沿袭旧名：刑名、爵名、文名，二为制定新名：散名（“后王之成名：刑名从商，爵名从周，文名从礼。散名之加于万物者，则从诸夏之成俗曲期，远方异俗之乡则因之而为通。”（《正名》））。制名是定名，定名能辨明不同事物，只有统一之名，思想方能交流与沟通，百姓才能依名而行，这是君王功业的基础，关系到国家长治久安，所以不能乱造名、玩弄辞藻、奇谈怪论而使名混乱。制名之法：首先要按照事物本质区分不同事物，然后以名命之。命名原则：第一，命名的约定俗成性，名称相宜在于约定俗成，名称代表某物亦要约定俗成；第二，平铺直叙；第三，注意同名异实及其物的变化情况。反对“用名以乱名”“用实以乱名”“用名以乱实”（《正名》）三惑，并给出反驳三惑的方法，即用“所为有名”“所缘以同异”“约定俗成”（《正名》）来验证。在荀子观念里，君王通过命名来分辨事物、思考来把握事物、说明来了解事物、论证来理解事物。因为听名有知“物”、组词有用“物”之功能，说辩以名与辞为基础，说辩是心对道的反映，心主宰道，道是治国的根本原则。那么，如何通过名辞说辩达到治国之效呢？《荀子》从说辩方式、说辩之士君子态度、说辩者言辞要求来具体讨论，得出：名是反映实的，一旦名正确反映实，则通过名就可以分别事物同异、明确贵贱，通过名之组合，形成一个断定。此断定必须恰当，而名、辞是说、辩的基础。说、辩不是制造邪说，不是胡言乱语，说、辩是通过语言表达心对道的反映，以成君王之道，以治理天下。

《周易》论证亦为“正名—用名”论证类型。

2. 重要观点

（1）本成果提出广义的逻辑观：逻辑是研究论证结构与规则的，论证结构可以不是形式语言所表达的逻辑形式，自然语言论证也有其结构与规则，自然语言论证必须考虑具体内容而满足论证的实用目的，这样“形式真假”

概念仅适用于形式逻辑，中国传统逻辑就是不同于形式逻辑的一种价值的逻辑，价值判断之真假取决于论证者的价值取向，作为这种价值的逻辑，其价值观构成论证结构之规则。论证结构由前提和结论（也称理由与主张，或“因、喻”与“宗”，或“故、理、类”与“立辞”）组成，规则为对前提的要求、对由前提到结论的要求，亚里士多德三段论实际上讨论的是两个直言命题所构成的前提的逻辑常项关系，这是一种纯形式的类与类之外延关系，其规则由逻辑常项所决定；三段论所讨论的小项、中项和大项必须在直言命题的逻辑常项中，正是因为如此，三段论特征是“必然的得出”，否则便为错误的推理。先秦逻辑讨论重点不在论证结构，而是“正名”“用名”问题，即一旦厘清了“名”，正确的用名便是一个好论证。

（2）提出了中国逻辑史研究的“点石成金”和“砌石为墙”两种方法，主张用“砌石为墙”方法研究中国传统逻辑的方法。

（3）提出先秦逻辑的“正名—用名”论证类型。对先秦逻辑（包括中国传统逻辑）的称谓有名学、名家、名辩学、名学与辩学等。一方面，在这些称谓下的研究包含西方逻辑式的研究；另一方面，这些称谓本身不能在学科意义下使用，“名学”名称难以涵摄“说辩”理论，“名家”易引歧义，“名辩学”概念模糊，“名学与辩学”割裂“名学”与“辩学”关系，出现中国逻辑名称的困难。本成果认为直接称谓“先秦逻辑”，其类型为“正名—用名”论证，“正名”是确立名之所指；“用名”指在说辩的不同论式中正确用“正名”之名的内容，论式主要包含“譬”式、“述”式和“引言”式论证三种。

（4）提出先秦逻辑的价值性特征。“正名”体现“名”的哲学功能，“用名”体现“名”的论证功能。“正名”“用名”必然带有价值色彩，而且此价值之名为先秦诸子关注之重点。说先秦逻辑是价值逻辑表现在两个方面：第一，“名”概念的哲学功能归属于先秦逻辑领域；第二，在论证中之用“名”没有脱离具体之“实”，此名不是抽象符号（a、b…）而是生活世界中诸种现象之反映，而先秦逻辑论证理论更多有传道之偏向所以此种论证是一种基于价值观的实践论证。

（5）确立“中国传统逻辑”的范围与研究对象。因为本成果把逻辑视作思想论证结构与规则之学，所以，中国传统思想论证有两种：一种是中国传统思想论证结构与规则理论；另一种是中国传统思想论证的应用，我们称之为实践逻辑。这两种论证都是中国传统逻辑的研究对象。本成果以先秦逻辑为案例开展中国逻辑史研究与中国逻辑写作，可以应用于整个中国传统逻辑的研究，不会出现中国逻辑秦汉中绝的观念，此范式可以应用于如经典解释结构的研究、中国易学、医学、科学思想中论证结构的研究等。

三、成果的学术创新、应用价值以及社会影响和效益

本成果如上述之先秦逻辑系统理论，不仅成为中国传统逻辑研究的一种范式，而且这种研究是中国传统逻辑研究的拓宽与深化。这种范式有益于中国逻辑史研究的新开展，起着新的引领作用，现已有多名博士生以此范式开展中国传统逻辑研究。本成果将成为中国逻辑史研究领域的教学、研究资料，对于我国中国逻辑史研究、教学事业以及人才培养有着重要作用。

本成果扩大了先秦逻辑研究的文献，不再是诸多学者拿名家、墨家、荀子的部分文献以及这部分文献中的部分内容来谈中国逻辑，本成果对“先秦逻辑”特征的概括适宜于包括先秦在内的所有的文献，因为有思想，必然有其思想论证的结构，先秦逻辑就是研究这些文献里的关于论证的理论与实践论证。此研究可以适用于中国所有经典所含的论证结构。

本成果前期成果在《中国社会科学文摘》作为一种重要学术创新观点进行过转载推介。《新华文摘》网刊、中国人民大学复印报刊资料《逻辑》等刊物对本成果多篇前期成果做了全文转载。

《当代神经美学研究》概要

丁 峻*

一、研究的目的、意义及方法

1. 研究目的

本成果通过对当代神经美学之认识论、方法论、基本概念、重要范畴、思想范式、实验标准、理论学说及关键事据的系统梳理、辩证分析和科学评价，进而揭示其合理性、独特性、有效性及不足之处，为发展与创建中国特色的神经美学之新型认识论、标识性概念、核心范畴、高阶思想模型与理论框架等提供建设性的思想启示。

2. 研究意义

（1）学术价值：有助于充实美学概念，拓展美学的研究方法，提升美学研究的理论范式及思想框架，促进美学新学科在我国的发展与进步。

（2）思想价值：有助于深化人们对审美行为之心脑机制的科学认识，形成用以观照“心脑关系”、调节情感思想与行为的审美价值观和认知与完善自我及对象的审美思维观。

（3）应用意义：有助于形成更合理有效的审美教育观及审美教育学和普通教育学的新型理论与方法论，借此推动审美文化、人文科学与心脑科学的主体性贯通与有机整合，提高我国公民的审美素质、人格道德修养、思维创新能力和行为实践创新能力。

* 丁峻，杭州师范大学研究员。

3. 研究方法

（1）思想方法：分解—综合法；中介逼近法；上行—下行法；事实—逻辑比照法。

（2）学科技术方法：1）艺术美学的理论旁证法；2）艺术神经科学的功能还原法；3）艺术心理学的“中介法”；4）艺术认知神经科学的心脑具身表征法；5）神经哲学的间接实证法。

4. 研究思路

（1）路径研究。自下而上地考察神经美学的事据内容，追溯相应概念，辨析其观点的合理性，研判其方法的特异有效性，据此形成综合性基本认识。

（2）思想研究。目标分解—内容综合。系统梳理有关艺术现象活动的神经对应物之文献成果，深入概括形成神经美学的“艺术—大脑”审美观；全面考释有关艺术行为的认知科学理论成果及实证资料，从中抽绎提炼形成神经美学的“艺术—心灵”审美观；围绕有关审美认知现象的主要心理内容，辨析与之相关的神经对应物，据此形成贯通人类“心—脑—艺术”时空的全息审美认知观。

（3）理论建构。概念—范畴—事实层面的匹配整合性与系统转换性研究。建立中介概念和桥梁理论框架，据此整合上述结果、重构三大系统的核心概念与关键事据，进而形成具有“艺术—心灵—大脑”一体化特点的神经美学认知理论（评价性理论）。

（4）评价性研究。运用上述的评价性理论，检视与研判神经美学的概念、方法、事据与理论，深入揭示神经美学的认识论优势及缺陷，为未来的神经美学及美学原理、艺术美学和审美教育学的发展提供有益的思想启示。

二、成果的主要内容和重要观点

1. 成果的主要内容

本成果系统研究有关神经美学及认知科学的多学科及交叉学科文献，纵横分析与比较神经美学的基本概念，严格检视神经美学的方法论及实证标准的合理性、独特性与有效性；精细研判并客观评价神经美学的思想范式、理论学说及核心事据，深入揭示神经美学的认识论合理性与局限性、总结其独特价值与应用启示；超越感性时空与经验维度，充实、扩展与完善神经美学的概念—范畴层次，建立中国思想特色的当代神经美学理论框架，探索完善神经美学的思想之道，据此形成我们对之进行合理借鉴与学术应用的建设性思路。

2. 成果的重要观点

（1）神经美学的独特优势及知识贡献。

神经美学的独特优势：一是神经美学所采用的有关审美行为的神经电生理学实验、神经成像术观测和神经化学定量分析等新技术，有助于提升美学研究的客观性品格；二是神经美学所体现的多维度、多层次、多形态、多要素和多阶段的思想路径，有助于充实与改善美学研究的方法论；三是神经美学有关人类审美活动之中心脑体相互作用的时间位相—空间序列的经验性描述，有助于深化当代及未来美学研究的认识论框架。

神经美学的知识贡献主要有以下几点：

一是神经美学的研究者所采用的有关审美行为的神经电生理学实验观测，为我们提供了用以鉴察人的审美情感反应、审美知觉判断、审美记忆加工和审美意象输出的精准细微的脑电指标。

二是神经美学的研究者所采用的有关审美情感、审美想象和审美意识的神经成像术研究，为我们提供了用以探究与比较不同脑区在审美情感活动、审美想象活动、审美意识体验和审美表达活动等方面的结构性特征、功能性指标及其信息变化模式，诸如伊莎贝尔·C. 波恩（Isabel C. Bohrn）及隆志大西（Takashi Ohnishi）等关于主体实施审美判断、审美想象和审美情感体验的主客观数据比较及特定脑区定位研究。

三是神经美学的研究者所采用的有关审美活动所牵涉的大脑神经化学物质变化的实证研究，为我们深入、具体和细致标定人类审美的正负情感、情感反应强度、映射审美表达活动的分子神经生物学反应模式等客观内容提供了精准的定量数据。

（2）理论范式。

神经美学主要从空间形态维度探测大脑加工艺术信息的中观结构与功能，明显缺少基于整体维度的系统辨识和基于微观维度的精细辨识。因而，它需要转换思想范式：一是需要深入探究高阶心理与高阶神经网络之间的深层对应关系（譬如艺术认知与审美认知层面的神经网络塑造机制及其映射方式）；二是需要深入辨析不同脑区所独有的审美心理功能；三是需要系统揭示人的审美情感影响审美思维、审美理念影响身体行为的心脑路径。

（3）学术贡献。

神经美学在探索艺术与审美创造的大脑机制方面取得了开拓性的成果，为美学研究提供了新思路，有利于提升美学研究的客观化品格。其部分理论得到了认知神经科学及神经影像学最新实证研究的间接印证，有力表明了它的认知价值：1）前额叶背外侧正中区负责加工审美对象；2）前额叶腹内侧正中区负责加工审美情感；3）眶额皮层负责加工审美观念。

（4）发展趋势。

一是今后 3～5 年将会出现神经美学与认知科学的深层交叉趋势。

二是今后 5～10 年，神经美学将会出现研究范式的高阶转换趋势：从目标分解走向内容综合研究、从“艺术审美—大脑功能辨识与结构定位”到“艺术审美—认知功能辨识与结构分析—大脑功能辨识与结构定位”、从脑区的单一性功能结构分析走向多重性功能结构分析、从注重探讨基于模式化的大脑外向认知荷载系统在审美过程中的复杂反应走向同时兼顾模式化的“大脑外向认知荷载系统”和非模式化的内向认知的“大脑内向认知荷载默认系统”。

三是未来的神经美学将会逐步形成并不断充实与完善自己的独特性、具有更高精准度和灵敏度、具有更高信效度的检验标准系统。

四是未来的神经美学将会逐步充实与完善自己的特殊性学科概念—范畴体系，诸如审美的“认知中介—神经中介”、审美活动的复合性多层级“神经网络表征体”及“神经化学表征体”“脑电表征体”等等；进而据此逐步形成自己用以贯通美学、艺术学和心理学等共轭学科的高阶链条理论，譬如有关审美对象得以形成的神经网络模型、审美主客体相互作用的大脑对应系统、用以标记审美意象及其审美价值的大脑复合神经动力学网络等。

（5）存在问题及其根源所在。

认知科学既是目前的神经美学研究所孜孜以求却未能达致的重要目标，也是影响神经美学深入发展并形成自己的相对完善的认识论、方法论、检验标准系统和解释性框架的主要症结所在。其根本原因在于，认知科学是贯通神经科学与美学的桥梁学科与中介知识系统；它能够同时解释审美现象的神经基础以及脑体活动的审美动因，因而有助于神经美学整合相关学科的概念与方法、逐步形成自己专属的学科标准。

然而，现当代的西方神经美学研究却偏离了“审美客体—审美主体的认知反应—审美主体的大脑反应—审美主体的身体反应—审美主体的本体表达和对象化表达活动”这个逻辑序列，也偏离了“审美主体的自下而上—由上而下的完整认知反应—审美主体的大脑反应—审美主体的身体反应—审美主体的对象化审美表达产物”这个逻辑序列：

1）仅仅从审美认知的神经现象学层面考察审美主体对外源性审美对象的心脑体反应，尚未虑及审美主体对自我（客体性自我、对象性自我）的审美感知、价值完善及价值体验这个二度创造的间接产物、间体形态的价值表征，更缺乏对审美移情—共鸣过程及其逆向转换（即审美价值的具身化认知）过程中审美主体对自我的二度创设及其多层级价值形态的机制阐释——客体性自我（包括现实性的客体性自我和理想性的客体性自我）、主体性自我（包括现实性的主体性自我和理想性的主体性自我）。与之同时，现当代的西方神经美学对人在审美活动中所形成的审美价值之根本来源、本质属性、核心内容与人本价值缺乏认知理念，仅仅将审美价值等同于审美对象或审美客体的审美价值，此种客体性的审美价值过于笼统、模糊和抽象，根本无法表征审美主体在审美认知活动中所体现的价值创新、价值体验和价值体用等本质特点。

2）仅着眼于考察审美主体自下而上的审美感知觉活动，忽视了更为重要的由上而下的审美认知内在产出过程及其对人的感知觉状态的重塑效应。

3）跳过“审美主体的认知反应”，意欲直接从大脑相关区域的单一性功能激活/提升状态确定人类审美心理活动的物质机理，由此导致了事实论据碎片化、功能辨识单向性、结构定位孤立化、机理解释机械化、实验数据平均化而非个性化等系列弊端。

其深层原因，主要在于神经美学的研究者缺少对美学特别是美学原理性研究成果的高阶思想参照，缺少包括认识论、概念剖析、范畴建构和系统整体论之功能辨识方法论等理性内容，从而导致迄今的神经美学研究过分注重局部性、单一性、唯象性、经验性和微观性观测，忽视了大脑亚区及各种神经网络之间的动态性功能连接及其复杂的相互作用效应。

（6）发展目标。

神经美学需要着力改进与创新以下内容：1）超越还原论、发展整体论的认识论，借此催生用来支撑上位理论的“桥梁理论”与支柱学说。2）弱化自下而上的研究方法，强化自上而下的高阶方法。3）创制用以衔接“艺术—心灵—大脑”之多元一体化世界的系列中介概念。4）逐步建立用来检验神经美学理论学说的独特标准。

（7）建设性思路。

1）思想范式转型。

未来的神经美学研究需要实现思想范式转型——从二元主义的主客体相互作用之单一性、单向度和直接性的机械唯物论范式向多元化、双向性和中介性的科学认识论范式转换，借此实现神经美学对人类审美活动之心脑机制的深化、细化和理论化目标。

2）概念发展目标。

基于科学实证和理论旁证，逐步建立人类审美认知的中介概念，其中包括审美间体、价值中介体和第二客体等相关内容，据此形成中国特色的当代神经美学之标识性概念体系。

3）方法论发展目标。

基于“审美主体—审美间体—审美客体”三位一体的美学认识论坐标，逐步建构适合认知神经美学的双元一体化的思想方法论和技术方法论体系，其中包括有关双元客体的审美认知—元认知方法论，以及有关认知神经科学的功能成像与功能仿真计算之技术方法论内容，以便据此揭示人类审美认知的大脑之谜。

4）标准完善目标。

未来的神经美学研究需要进一步充实与完善其用以判断与检验经验事据的特异性、更高灵敏度及更高信效度的客观标准，其中包括用以表征审美主体的情感高峰体验的复合性大脑指标（高频低幅同步化脑电波谱—神经递质·激素·立早基因—脑磁图谱—功能核磁共振图谱—认知神经科学量表数据），等等。

5）理论发展目标。

一是增加有关先验意识自然化的审美行为驱动理论。二是逐步建构用来支撑上位理论的“桥梁理论”与支柱学说。三是创立与充实有关审美元认知的自我参照系及具身化理论。四是发展与完善有关审美认知的协同互补性系列理论，其中包括：审美主客体工作记忆理论，审美价值涌现及具身化体验的大脑奖赏理论。五是据此形成中国特色的当代美学之系列理论模型，其中包括：用以表征审美主体、审美间体、审美客体之相互作用的SIO模型，用以表征审美主客体与审美间体的价值交集域和独立域的集合论模型，审美价值得以形成并催生美感的叠层维恩模型，用以表征八大内在表征体相互作用的科层式模型，审美主客体意识及其工作记忆的神经网络映射模型，人类审美认知—元认知的心理模型，人类审美认知—元认知的大脑模型。

（8）应用性启示。

1）神经美学的概念应用与民族性创新。

目前，神经美学的概念体系建构相对缓慢，因为它来自神经科学、心理学、美学和艺术学等多门学科的知识杂交与方法合取，同时也包含了对母体学科的概念借用，譬如各种指称大脑特定结构的神经解剖学术语、指称人类的各种认知活动的心理学概念、指称人类审美思想与审美行为的美学概念、指称艺术创作—表演—鉴赏现象的艺术学概念等。我们需要借取这些移用而来的临时性思想工具，以此来深入了解人脑与审美信息刺激之间的间接关系。

同时，我们还需要基于神经美学在中国发展的民族审美意识结构、民族审美心理特质、民族审美偏好及其价值取向、民族艺术的独特形式—程式等而进行神经美学的概念创新。

2）神经美学的方法论应用与本土化创新。

当代西方的神经美学围绕（某个）心理（侧面）—大脑（局部结构），采用互证法，用以验证审美心理—审美行为的大脑对应物及神经基础。进而言之，这种研究对于揭示某种单一的审美心理成分或审美行为环节及其所对应的大脑的某个局部结构之部分功能来说，的确是合理、有效和正确的。为此，我们需要基于对神经美学的逆向互证方法论的合理借鉴，逐步发展出

“自下而上法”与“自上而下法”相结合、左右侧结构功能互补比较法相参照的本土化新方法，借此推动神经美学在我国新世纪的快速发展。

3）神经美学的标准应用与东方式创新。

神经美学在实验方面采用分解与定量研究——属于还原论的研究范式，因而有助于我们深刻认识人脑与审美信息刺激之间的间接关系——而非直接联系；因为人脑并非被动接受刺激并做出模式化机械反应的装置。尽管神经美学为人们辨识人脑与审美信息刺激之间的间接关系提供了不少参照性标准，包括特定脑区的血糖代谢率、耗氧水平、脑电活动的强度（振幅与频率、潜伏期等）、神经递质—激素—立早基因的释放或表达水平等，但是我们需要基于对审美过程中神经美学所揭示的人脑与审美信息刺激之间的间接关系来寻找位于两者之间的中介变量及其特殊作用——对审美信息刺激和对大脑特定网络的有所不同的认知反应。

因而，我国的研究者在建立及扩展中国的神经美学之研究标准时，就需要兼及神经表征体、认知表征体、体象动作言行表征体。其中，认知表征体又包括对象性情感表征体、本体性情感表征体、对象性知觉表征体和本体性知觉表征体、审美想象表征体、审美价值表征体、审美工作记忆表征体、自我审美意识—世界审美意识表征体等。在这些表征体背后，我们可以逐步深入锚定它们的神经生物学及神经生理学对应物；通过判决性实验来界定这些神经生物学及神经生理学对应物的临界性上下限阈值，即能据此形成东方式的注重心性体用的神经美学的新型检验标准系统。

4）神经美学的理论应用与中国式创新。

在这方面，本成果提出了原创性的“审美认知的思想间体”神经模型及“本体审美工作记忆”理论，以此作为阐释审美主客体如何进行相互作用及其衍生产物、完满的包含主客体而又超越主客体的审美对象及审美价值的创生机制、审美主体如何体验完满的自我等重大而又复杂的美学难题。

三、成果的学术创新、应用价值以及社会影响和效益

1. 成果的学术创新、应用价值

（1）评价观念创新。

一是基于审美情感之对象性投射—返身性投射观，对人的审美情感反应

及其脑区活动特征进行了充实与深化判析；二是基于上行—下行维度，对审美知觉—审美判断活动的综合性质进行了肯认与深化；三是基于审美活动的意象创造观念，肯认并深化外源性审美对象及其引发的心脑效应，特别是确立了审美主体最终所面对的、经由二度创造而形成的一系列新型审美对象；四是基于神经迭代—认知递归理论，揭示并纠正了神经美学有关审美体验的片面性认知观和实证解释论。

（2）概念—范畴创新。

本成果体现了作者所建立的若干原创性的美学范畴及高阶概念，诸如“审美间体”“主体性自我—客体性自我”“移情投射—具身/返身投射”“现实性外源客体—理想性外源客体”“审美体验的七阶内容”（意识性体验—认知性体验—情感性体验—知觉性体验—身体运动性体验—本体感觉性体验—客体感觉性体验）等，进而据此分析、评价和探究神经美学的相关内容。本成果的概念—范畴研究体现了对神经美学之核心范畴与系列支柱概念的理性批判与扬弃创新，建立了包括审美认知的主体—客体—间体系统及其互作用范式、审美价值的本体表征—对象表征及心理表征—神经表征—行为表征、审美体验的本体具身—镜像化—对象化形式、审美认知的六大主体性工作记忆系统等系列内容，从而有助于充实与深化未来国内外神经美学的知识结构与思想框架。

本成果建立了“审美间体—神经表征”、审美认知的三大“本体工作记忆”、审美的“知觉表征”“客体性情感表征”“本体性情感表征”、审美的感性—知性—理性—体性—物性价值观、审美情景的具身表征—离身表征及其神经结构功能基础。这体现了本成果对西方神经美学的概念借鉴和民族性创新的思想努力。

（3）研究方法更新。

本成果的方法论—标准研究体现了大跨度前沿学科交叉性整合性研究的特色：神经美学与认知科学的关系研究既是目前的神经美学研究孜孜以求却未能达致的重要目标，也是影响神经美学深入发展并形成自己的独特标准的主要症结所在。现有的神经美学研究尚未形成神经美学与认知科学的知识共轭贯通系统。本成果在神经美学与认知科学的关系研究方面建立了相互链接的中介表征体，深入辨析与验证了用以贯通并维系艺术活动与大脑系统的人类艺术认知心理机制，进而在审美认知的四大层面（感性具身与表象体验—知性具身与概象体验—理性具身与意象体验—体象转换与物象创生）深入系统地揭示了人类的审美体验—审美想象—审美意识—审美创造—审美价值得以生成的大脑机制，借此形成了认知神经美学这个新型交叉性分支学科的思想框架，为建构神经美学的学科框架与专业标准奠定了基础，有助于借此推动美学研究的科学化、人性化和多元一体化进程。

笔者揭示了人类全新的审美认知的心脑范式及其神经网络表征体，包括具有兼容性互补性与灵活切换性的人脑自由漫游式的低耗能审美认知范式（以大脑的中线—默认系统为基础）与任务荷载—逻辑分析式的高耗能审美认知范式（以大脑的上行网状激活和感觉—运动系统为基础）之双元框架，可望形成审美认知的特异性标准体系框架，从而有助于充实与完善神经美学研究的思想范式与标准体系。笔者创制了用于贯通“审美主客体世界”及人的心脑体系统的中介间体分析方法。

本成果在充实现有的神经美学之研究标准方面，一是建立了用以辨析审美中介体的哲学认识论和现象学美学之思想表征体标准。二是据此形成了用以判断审美认知与元认知之双元对象的心理表征体标准。三是进而形成了用以辨识审美认知与元认知之双元对象的神经信息表征体标准。四是建立了人脑审美认知的双元一体化全息对偶标准（即模式化的“大脑外向认知荷载系统”和非模式化的内向认知的“大脑内向认知荷载默认系统”），从而有助于提升今后的神经美学研究的数据判断与检验的信效度、理论解释力和预见力。

（4）解释框架创新。

本成果建立了有关审美认知的全新解释框架，包括“主体进行双重审美移情及判断客体自我与外源性客体审美价值的大脑皮层神经基础”等十二项内容，其中包括有关大脑审美奖赏系统包含六大装置的复合迭代效应之解释性框架、有关大脑皮层亚区多重审美功能的解释性框架等。体现了作者所建立的有关神经美学的全新解释框架：一是有关大脑审美奖赏系统的解释框架——基于神经迭代—集合—增益—递归效应、八大体验层级和六大神经装置的模型；二是对大脑皮层亚区多重功能的解释框架——双四环模型。

（5）理论表征创新。

本成果的理论研究初步形成了以下思想成果：一是在理论表征的概念创

新方面形成了以客体性自我（认知性主体/元认知性客体自我）为代表的标识性概念；二是在理论表征的范畴创新方面形成了以“审美主体—审美间体—审美客体”为代表的核心范畴；三是在理论表征的原理创新方面形成了以审美认知—元认知的“桥梁—中介原理”、三大“支柱理论”和四大协同互补性理论为代表的完形化的思想体系；四是在理论表征的模型创新方面形成了以“审美主体、审美间体、审美客体之相互作用的SIO模型”和“审美价值得以形成并催生美感的叠层维恩模型”等八大形式为代表的新型交叉学科思想表征体。

笔者建立了用于评价神经美学的认知参照系，创制了审美认知的三元映射原理、间体模型及“主客双向创造—双元价值体验”之高阶思想理论，其中包括“审美主客体与间体相互作用的共时空镜像模型”“审美主客体与间体的价值交集域和独立域模型”“审美价值得以形成并催生美感的叠层韦恩模型”“大脑加工审美信息的迭代—增益—集合—递归模型”“八大内在表征体相互作用的科层结构模型”“表征大脑皮层亚区多重功能的双四环模型”“格式塔美形成—美感发生—具身转化的神经网络对应体模型”“音乐认知经验重塑人脑及主客体价值关系的功能辐射模型”等。

本成果形成了下列的高阶原创性知识，其中包括有关“审美间体”、“认知性主体/元认知性客体自我”及格式塔审美意象之发生机制、工作原理和审美效用的神经模型，人类审美的“认知工作记忆—元认知工作记忆”理论，审美价值（美）得以产生的“登山”模型，多重美感得以滋生的“蹦极”模型，等等。这些思想探索有助于人们以全新的视阈理解并破解人类自古以来萌生的重大而又超级复杂的美学难题、心智奥秘和思想迷津。

（6）应用思路创新。

一是建构了三大发展目标，二是勾勒了四大应用路径，三是提出了五大操作性对策。

2. 社会影响和效益

本成果前期形成的初步性社会影响是，其核心内容（前期成果论文）《当代西方的神经美学实证研究》被中国人民大学复印报刊资料《美学》2015年第3期全文转载。本成果在研究过程中公开发表的主要论文被期刊及著作、网络引用28篇次，共计被下载104次。

《科学表征：从结构解析到语境建构》概要

魏屹东*

一、研究的目的和意义

本成果运用认知历史分析、语境分析和案例分析方法，在全面系统梳理和分析科学表征文献的基础上，旨在澄清表征概念的起源、含义、用法、与相关概念的区别及其理论演变，弄清各种表征理论的主张及其缺陷，消解关于表征的实在论与反实在论、内在论与外在论、自然主义与功能主义、结构主义与推理主义、图像论与语义论之争，以模型与表征代替理论与真理，以语境框架整合不同表征理论，以语境叠加模型解释表征关系的形成与知识获得过程，以认知多样性消解不同表征观点之间的分歧与争论，最终提供一种新的解释纲领来解决“科学表征问题”，在一定程度上推进了科学表征的研究。

二、成果的主要内容和重要观点

科学表征不仅是近十几年来科学哲学中的一个核心问题，也是科学认知与知识创新的关键所在。科学表征包含了科学认知的构成、划界和规范等问题，成为各种实在论与反实在论争论的焦点。本成果在分析表征概念、理论发展及其争论的基础上，对科学表征的各种说明理论诸如图像论、相似论、同构论、结构主义、结构经验主义、经验结构主义、自然主义、功能主义、

* 魏屹东，山西大学教授，博士生导师。

语义论、语用论、推理主义等进行了系统性梳理和批判性分析，发现科学表征具有认知多样性，提出一种以语境实在论为框架的语境同一表征观及语境叠加模型，给出了解决科学表征问题的新方法论。

本成果主要由四部分构成，分别论述和分析了表征理论的演变、科学表征问题的形成、解决科学表征问题的实质说明和紧缩说明，最后提出解决此问题的语境策略与模型。

第一部分是关于表征的渊源与进路，包括第 1～3 章。

第 1 章讨论了表征概念的起源、用法与理论发展及其与“表象”概念的异同，其中涉及康德、黑格尔、海德格尔和叔本华关于表象的观点。笔者发现不同历史阶段的表征概念的含义不尽相同，但认知性和指向性无疑是它们的共性。“表征”一般被认为是心灵呈现客体和知识的方式。心灵作为表征者，通过感觉、感知、意象等把它之外的客体以命题、公式、图像等方式呈现于心中，然后以文字、符号形式表达出来形成知识。古代心灵哲学家把表征分为感觉表征、内在表征和概念表征；现代心灵哲学家关于表征的观点有纯的、强的和弱的表征主义，窄内容与宽内容的表征主义，还原与非还原表征主义，显在和潜在表征主义。在人工智能和认知科学中，表征是关于知识的表达，它是数据结构和解释程序的联合，能够引起知识行为，并表现出承载性、语义性、意向性、解释性和中介性特征。在科学哲学中，表征是指用一个事物（模型、图像等）描述另一个相关的事物（世界、现象等）。它不仅构成了科学创造的核心部分，而且成为科学哲学的一个核心概念，成为各种实在论与反实在论争论的焦点。表征不仅在科学解释中起重要作用，影响了关于自然律、时间和空间因果的争论和关于真理问题的讨论，而且是关于科学建模和理论化的哲学反思的关键。

第 2 章论述了表征的隐喻及其衍生的理论。表征的根隐喻主要有两种：一是逻辑隐喻，二是比例模型隐喻。前者具有解释思想序列的保真性、解释的系统性、表征的抽象性和描述性特征，后者具有易操作性、结构同一性、可测量性、易理解性和对框架问题的免疫性特征；前者通常会遇到框架问题，后者则对框架问题有免疫性。它们是表征的认知根源，说明了认知的直觉性和因果性。认知科学家常常以这两个隐喻为前提，试图通过机械化形式实现人的认知和思维过程。这些也正是科学哲学家极为感兴趣并质疑的结症所在。他们要么持表征主义立场，要么持反表征主义立场。前者认为智能行为如知识表达依赖表征；后者则认为智能行为无须表征，例如意会知识。这种争论目前仍在持续。

第 3 章论述了科学表征问题的形成与争论。科学表征是否能够成为一个不同于一般表征的特殊问题，学界出现了分歧，但认为科学表征有其特殊性是主流观点，于是产生了所谓的“科学表征问题”。该问题蕴含了三个具体问题：一是构成问题，即是什么构成了模型与世界之间的表征关系；二是划界问题，即如何区分不同表征；三是规范问题，即在什么框架下的描述才是正确的表征。模型作为主要表征方式有多种，如探测模型、唯象模型、计算模型、解释模型、检验模型、理想化模型、比例模型、数学模型、图像模型、类比模型等，这些名称构成了模型的分类学，同时也产生了模型的分类、本体论、认识论和语义学问题。本体论问题要回答模型是什么，认识论问题要回答模型如何描述世界，语义学问题要说明模型如何承载意义。显然，模型在科学认知中起到十分重要的中介作用，是科学认知的主要表征方式，一般分为物理的、数学的、命题的、图像的等类型，它们描述了目标系统或客体的某些方面，而它们本身并不是目标系统的一部分。在表征的意义上，模型不仅是心理表征的一个特殊方面，也是实构与虚构、具象与抽象的统一体，表现出假设生产性、理想化与近似性、聚焦性、目标重设性的特征。科学表征问题及模型表征引发了关于科学表征的实质说明与紧缩说明的争论。相应于这两种说明，在方法论上表现为还原分析方法和整体实践方法。两种说明和方法的对立，使得有人从认知科学和艺术的表征方式入手，提出可能解决“科学表征问题”的路径，但笔者认为问题仍然存在，如艺术的虚构表征与科学的假设表征的同一性问题。

第二部分是关于科学表征的实质说明，包括第 4～9 章的结构主义、语义论、语用论、结构经验主义、经验结构主义、自然主义。实质说明是语义观念、结构观念与实践方法的结合。它倡导科学表征的相似观与同构观，认为表征是实质的和可还原的。具体说，若 A 表征 B，则意味着或者 A 与 B 相似，或者 A 与 B 同构或部分同构，而且 A 的属性能够还原为 B 的属性，也就是能够通过前者解释后者。根据这种说明，语言描述是在语言使用中实现的，模型表征是在建模实践中操作的。

表征结构主义源于数学结构主义。结构主义认为科学理论或模型是对表征的最小理解，反映了科学说明的一个从描述到再现的过程，或者从表达到表征的过程，其中结构是必不可少的，无论是结构经验主义还是结构实在论，都体现了一种结构主义的科学方法。各种结构主义的共同点是承认表征关系中的两个客体或系统具有“共有结构”，正是这种“共有结构”才使得表征成为可能。结构主义强调严格数学意义上表征关系的同构或部分同构，因与科学实践有出入而遭到质疑与批判。

科学表征的语义论最早由萨普斯提出，由范·弗拉森发展为语义纲领。其后唐尼斯和伦敦学派对语义论进行了批判并提出拯救语义论的两个策略，莫里森对语义论做了进一步修正。语义论认为科学理论由（数学）模型家族构成，这个模型家族包括经验模型以及阐述经验模型与经验系统之间联系的假设集。虽然科学理论是模型的集合、表征是同构或者相似的观点受到众多的批判，但是语义观仍阐明了科学表征的某些方面。这就是有人积极为语义观进行辩护的部分原因。

结构经验主义是笔者对吉尔科学表征观的概括。针对语言实体与世界间的二元关系，特别是指称与真理间的语义关系研究，吉尔提出了一个基于行动者概念的 SXWP 表征模型，即“主体 S 使用工具 X 表征世界 W 为了目的 P”，认知表征过程体现为一个等级结构：原则性模型→表征模型→具体假设和概括←实验和数据模型←世界。这是一个包括自上而下和自下而上策略的认知过程，科学家使用模型与世界某些方面的相似性来形成假设和概括，进而产生科学理论。

科学表征的语用论是康特萨在修正苏雷兹的推理主义基础上发展的一种说明理论，提出了解决结构主义面临问题的方案：区分三种表征概念（指代、认知表征和可靠认知表征）；准确理解表征的结构概念；使用认知表征的说明概念。指代和替代推理虽然是必要的，但对模型表征系统都是不充分的，推理概念不是表征的一个实质性说明。如果相似和同构能够被看作科学表征的说明，那么它们似乎就是可靠的。这两个说明也绝不是科学表征的两个仅有的实质性说明，肯定还有其他的说明方式。他提出并论证关于科学模型作为目标系统的认知模型的主张，认为这种观点能够回答“根据什么某一模型表征某一系统”的问题，而且是适当的和实质性的。

范·弗拉森的“经验主义的结构主义”被笔者称为“经验结构主义”。一方面，他赞成结构的语义论，认为表征关系不是模型与世界间的直接关系，而是像“夹心蛋糕”那样由多种模型（理论的、数据的）形成的结构关系。另一方面，他强调科学表征关系更是一种嵌入关系，即经验现象嵌入某种抽象结构（理论模型），模型是根据同构得以描述的。采用这种图景，就可以避免结构经验主义面临的最严重的挑战，即“抽象实体（数学结构）如何表征真实客体（自然客体）”的问题。抽象数学结构表征世界不是直接表征世界本身，而是表征另一个抽象数学结构，数据模型（如测量）才与世界直接联系。

自然主义表现为20世纪80年代兴起的“目的语义学”，由密立根和帕皮诺创造性地提出，并尝试运用生物功能的概念给出一种心理表征的语义属性的自然主义解释，目的是说明一个完全物理的行动者的内在状态如何能够真实地表征它们周围的世界。“指代性意向图标”是其核心概念，位于生产者机制与消费者机制之间的一个结构，这两个机制能够依据生物学功能术语得到描述，即这个图标被假定以一种特殊的方式映射到世界。命题范式、认知语义学的概念空间及其隐喻特征、表征的张量网理论，是对自然主义的表征观的进一步拓展。

这些不同的实质说明策略在方法论上有所不同。结构主义强调数学意义上的一对一映射，认为表征就是A映射B；语义论强调集合方法，主张表征就是用A的集合表征B，A的语义同时加载到B上；语用论强调表征工具的替代推理作用，认为表征是有效的、可靠的替代认知；结构经验主义强调经验的结构化或模型化，主张使用模型描述自然世界，反对将抽象模型看作可能世界；经验结构主义强调表征结构的经验适当性，认为表征是抽象结构与现象世界的同一，测量是其主要表征方式；自然主义强调生物学方法的作用，认为表征是基于生物功能的意向图式，目的在其中起重要作用。这些不同的表征说明理论都在某些方面合理地解释了科学认知的表征机制，但都引起了争论。“科学表征问题”也正是在这些质疑与回应中不断发展的。

第三部分是关于科学表征的紧缩说明，包括第10～14章的格赖斯主义、结构语义论、推理主义、功能主义以及作为抽象表征的理论建模。紧缩观是图像论及其关于表征与建模关系的探讨与哲学分析方法的结合，本质上是一种紧缩说明策略。根据这种策略，表征是一个不可还原的概念，可以通过分析方法包括形而上学分析，弄清其与世界的关系。若 A 表征 B，则意味着 A 指代并规定 B，或者 A 推出 B，但是 B 不能还原为 A。例如一幅图像，它指代并规定它所描述的对象，但是该对象不能还原为它的图像。同样，一个模型并不是它表征的目标客体本身，只不过是其所描述目标客体的一个代理，因而表征过程是分析的和非还原的，方法上是分析的而非综合的。

格赖斯主义有三个策略：第一，根据其他更基本的表征类型解释某些表征类型应该是经济的和自然的，这个方法被称为“通用格赖斯主义”。它是吉尔的科学表征观的概括，认为在许多种类的表征实体中，大多数的表征态是从表征的一个特许核的表征态引出的。这种表征方法的优点是：我们不需要单独的理论来说明艺术的、语言的甚至烹饪的表征，所有类型的表征能够以统一的方式被解释为源于某种更基本的表征类型。这是一种科学实在论的表征观。第二，根据通用格赖斯主义的方法，可以将科学表征置于与其他表征类型的依赖关系网中来考察。在科学实践中，科学家大致使用实体如语言、图像、心理状态等来表征由模型表征的非常相同的目标。这种表征目标的一致或巧合是可以说明的，如果科学表征从语言表征获得它们的表征态，或者相反，或者科学表征和语言表征从其他某第三类表征获得它们的表征态。如果这些表征方式不是以通用格赖斯式方法被指明的，它们同时具有一致的表征目标倒是令人惊奇了。第三，在区分基本表征与衍生表征的基础上，科学表征包括在混合表征中，认为将科学表征看作一种导出性表征而不是基本表征是合理的。“通用格赖斯主义”为我们提供了一种思路，即科学表征是基于某种更基本的表征，笔者将此观点称为表征的一元论或元表征观。在最普遍的意义上，格赖斯主义寻求一种最基本的表征。从辩证的观点看，有普遍性就有特殊性，被称为“特殊格赖斯主义”的“基于意向的语言学”，也试图说明科学表征问题。

结构语义论是弗丽嘉的表征观。他认为模型是获得和组织科学知识的核心，它以这样或那样的方式表征其目标系统，模型＝结构＋物理设计＋匹配过程，但如何表征会遇到三个难题：本体论难题（模型是哪类客体，其结构在集合论意义上是虚幻客体、实际客体、描述体、方程还是别的什么东西）、表征难题（模型是根据什么表征目标系统的）和表征策略难题（模型是以何种方式表征的）。一个是本体难题，两个是语义难题。理解科学建模包括两个过程：一是分析什么是模型系统；二是理解它们如何被用于表征超越它们自己的某物。建模是设计模型的过程，假设的目标系统具有虚构性，类似于文学作品的虚构。他后来提出一种 DEKI 说明，即将科学表征看作“表征充当某物”，实质是用表征代替某物，如用模型代替原型。

苏雷兹的推理主义反对将科学表征还原为同构和相似的自然主义倾向，认为同构和相似只是科学表征的常见但非普遍的方式，不是构成成分，主张在方式和构成间做出区分，提出一种科学表征的紧缩概念，强调它必须满足两个必要条件：科学表征本质上是意向的，能够进行替代推理和推论。他在此基础上建立了科学表征的推理模型：A（源系统）表征 B（目标系统）当且仅当 A 的表征力指向 B，且 A 作为有能力的知识主体能够做出关于 B 的明确推论。尽管他的表征推理观也遭到了不少批评，但毕竟提出了一种不同于同构与相似的另一种表征观。

波内奥罗从概念、客体、自然律、理论、模型、思想实验这些概念入手，通过考察康德以来的哲学史，分析科学表征的不同形式和过程，提出了功能主义表征观。他认为“表征”是一个具有悠久历史和不同含义的哲学术语，哲学家在谈论这个概念时都是以一种特殊的方式解释其意义——知识的、政治的、法律的和艺术的、心灵的和科学的，在使用这个概念时其所指意义不尽相同，因为从古希腊文到拉丁文，从拉丁文到现代其他哲学语言的翻译过程，导致了表征概念意义的巨大差异。在他看来，概念是表征和规则，理论是世界的假设表征，模型是世界的虚构表征，思想实验是世界的理想表征。

根据紧缩说明策略，科学认知基本上是一种建模过程，科学理论基本上是模型的集合。有模型的认知是一种表征，无模型的认知也是一种表征。模型认知是一种抽象间接表征，无模型的认知是一种抽象直接表征。本质上，模型在科学实践中是作为一种替代系统和延展认知出现的。根据表征的推理观，间接表征和替代推理是基于模型的一个认知策略。建模作为认知活动，不过是由一个延展认知系统执行的从假设到结论的推理。同时，模型也作为一种认知人造物、作为语用的共享特征和作为语用限制案例。模型的这些功能和特征奠定了其在科学认知活动中的核心地位。在科学实践中，建模就是科学家使用模型对真实世界现象所做的一种间接理论探究。这个探究过程可分为三个阶段：第一阶段是建立一个模型，第二阶段是分析、提炼和澄清这个模型的属性及动力学特征，第三阶段是适当评价这个模型与世界的关系。如果这个模型与自然世界足够相似，那么模型的分析也间接是这个自然世界现象属性的分析。建模因此涉及间接表征，或者说对自然世界的分析经过模型这个中介。

概言之，将模型看作一种认知人造物有助于我们理解模型能以许多其他方式给予我们知识，而不仅仅是通过某类已确立的抽象表征功能。模型具有物质的记号工具和表征的意向关系双重功能。记号工具被认为是一个物质地构造的历史人造物，它引导我们思考复杂的文化地构造的人工链条，这种链条是我们获得关于世界的知识的中介。表征的意向关系将记号工具与被表征的客体连接起来，它告诉我们任何记号工具本身都不是表征的，表征是多样的、意向的，是人类行动在具体活动中发生的一个过程和结果。

第四部分是关于科学表征的语境建构，包括第 15～18 章，这是本成果的原创部分。实质说明和紧缩说明之间的分歧表明：在科学表征问题上，无论是结构主义还是自然主义，功能主义还是经验主义，语义论还是语用论，等等，它们本质上都是与语境相关的，但这两种说明恰恰忽视了这一点，因而都难以合理说明科学表征问题。这是因为表征是负载内容的，其内容的含义是由其特定语境决定的，离开语境谈论表征是不能说明表征如何负载意义的，尽管语用过程构成语境，但缺乏表征关系的语境同一性说明。这里的语境同一性包括两个方面的意思：其一，对于一个问题或事件或事实的表征，这种表征无论是命题的还是模型的，形式的（如逻辑的）还是非形式的（如自然语言的），都必须在一个特定的或明确的语境中进行，这是同一语境内的表征问题。若语境不明确，就会产生错误表征或不可靠表征，进而产生分歧和争论。其二，表征关系至少涉及两个物体，对这两个物体的概念化形成的语境，在大多数情况下是不同的。若要形成有效的表征关系，两个概念化的物体的语境必须形成交叉或者重叠，即形成一个统一的解释基底，否则就不能构成表征关系，这是不同语境间形成一个语境的表征问题。这是笔者对科学表征问题进行语境建构的根本原因。因为说到底，人的任何解释都是依赖语境的，任何说明都是特定语境中的说明。科学表征理论作为一种说明和解释也不例外。

科学的表征主义本质上是一种实在论，它要求被表征的对象是真实的而非虚构的；表征本身又是特定语境中的两种客体（表征客体和被表征客体）之间的描述关系的再现。在这两种意义上，基于特定语境来探讨科学表征关系就是一种必然的要求。语境实在论恰好适应了这种要求。语境实在论有四个纲领：（1）本体论纲领：人类行为或事件是一个不断变化着的实在的、积极的、能动的和发展的环节；现实是作为积极、持续和变化的实在，它是开放变化过程的不完善、非决定的事实；变化发展不是某种自相矛盾、瞬息万变或有别于静态、稳定和结构有序的东西；实在是建构或生成持续过程中的存在。（2）认识论纲领：人类活动或事件不是孤立于社会的，而是植根于意义与关系的社会历史语境之中的。要理解人类行为及其意义，就必须研究它的“语境”——人类行为得以展开的社会政治和历史条件。（3）方法论纲领：事件是边界开放和不断变化的，人对宇宙的最终探求是受语境制约的，获得的知识是相对的和暂时的。人类行动概念化的实质是：它由它的语境解释和建构。科学表征和科学认知是语境化的，脱离语境的表征和认知是无根据的，也是不合理的。（4）价值论纲领：科学认知不是纯粹的、无偏见的理想探索过程，而是负荷语境因素的、“被污染”的社会文化过程。研究者不可能超越他们时代的文化边界，而是建构社会知识的积极参与者。事实也不是表征外在客观实在的绝对的、静态的形式，而是在具体的社会、历史语境中发展的。这些语境不仅能够影响什么东西被当作事实，而且能够引起研究过程本身。

在语境实在论框架下，笔者提出语境叠加模型。语境叠加是指：A 表征 B 当且仅当 A 与 B 在它们构成的新语境 C 中语境地关联，即 A 的语境 C_a 与 B 的语境 C_b 交叉或重叠，在它们构成的新语境 C_{ab} 中语境地关联。更具体地说，A 表征 B，当且仅当，S 在其与 A 和 B 构成的新语境 C_{ab} 中对 B 进行探究性重构。形式化表征为：（A→B）$\in C_{ab}$（S：A→B）。其中“→”代表指向性的表征关系，S 是行动者，A 是源客体，B 是目标客体，$\in$ 的含义是归于或意味着，C_{ab} 代表 S，A，B 共同构成的语境。接着给出了表征的语境分类学，根据语境叠加模型给出了“如果—那么”推理有效的三个条件：一是前提对结论的语境包含是具有同一语境下的蕴含关系；二是“如果—那么”三段论推理的有效性基于大小前提各部分在同一语境下的蕴含关系；三是对有效性的检验需分析预设语境与实存语境的关系。根据这三个条件建构出说明“如果—那么”推理的语境模型及语境层次模型。

基本粒子发现的语境分析是其中一个典型案例研究。它表明：科学的创造及其表征是与语言和逻辑密切相关的。语言的形成先于逻辑，逻辑的产生早于科学的发生。科学史表明：近代科学是基于语言和逻辑而产生的。技术不同于科学，科学在于发现，技术在于发明。技术和科学在创造性方面也有所不同。创造性是科学家运用语言和逻辑加上已有科学知识，通过记忆、想象和综合分析来凸显的；原始性创造既需要丰富的想象也需要强烈的动机。语言、逻辑和科学起到语境的基底作用，想象和动机起到内在的心理作用。而且，科学知识的产生体现了科学共同体内部的相互作用，与传统微观的个人认知过程有所不同，它从宏观意义上体现了一种社会知识表征。社会表征理论重返人文主义话语形态，凸显了特定文化共同体的社会表征，会因新事物的突现而发生重构，揭示了社会表征在变革社会中的自我调节机制。在笔者看来，社会表征主要还是一种语境预设，即个体的存在与认同植根于一种集体性并为社会所塑造。社会表征概念本身也有两个缺陷：一是偏重表征的内容和结构，忽视了社会性表达。因为表征在现实社会中通常不是中立的，而是与种种权利纠葛在一起的。二是重视社会、历史、文化的主体间性，但未触及个人层面动态和多元化的认知过程。

表征说明理论的多样化说明，科学表征具有多样性，笔者将这种多样性归纳为图像认知、指代认知、替代认知、推理认知、结构认知、模型认知、隐喻认知和语境认知。图像认知是一种相似认知，指代认知是一种概念指称，替代认知是一种假设替换，推理认知是一种理性建构，结构认知是一种结构映射，模型认知是一种假设推理，隐喻认知是一种比附类比，语境认知是一种意义显现。这些不同的认知方式共同构建了科学表征的整体说明。

最后一章总结性地给出了语境同一性的方法论原则，并对表征关系做了语境同一性审视。方法论原则包括：(1) 本体原则：语境是一切待解释问题的基底，谈论或解决特定问题必须在特定语境中进行。(2) 意义制约原则：

每个概念、命题以及由命题组成的理论体系都有其语境，先前的理论构成后继理论的语境，它们的语境就是它们的语义域或意义的限制边界。（3）基本表征关系原则：表征是中介客体与目标客体形成的二元关系；这种表征是依据从目标客体获得的一组基于语境的经验证据确立的。（4）主体原则：表征过程是使用者使用中介客体刻画目标客体的认知过程；在此过程中，使用者作为主体起主导作用，具体说，是使用者在自己的语境框架下将两个客体关联起来。（5）范畴化原则：在基本表征关系中，中介客体和目标客体均是使用某种语言描述的客体，即概念化客体。（6）语境关联原则：中介客体与目标客体在特定语境中的关联是构成表征关系的必要前提，即谈论表征问题首先须在同一语义域进行，否则会产生不可靠的或错误的表征。（7）中介指涉原则：为了彰显意义，表征须通过概念、命题、理论、模型、思想实验这些中介客体适应性地指涉目标客体，从而形成充分的表征关系。（8）同一差异原则：表征结果由于两个客体关联程度和适应程度不同可能是可靠的、不可靠的甚至虚假的。这些原则是进行科学表征语境建构的依据。

依据这些原则，笔者给出了科学表征的语境同一性说明，认为概念作为指代其背后的规则是它与目标客体的共同语境，这构成表征关系的语境同一性；科学理论作为定律集与它所刻画的目标客体是在同一语境中实现的；模型作为推理工具与其所表征的目标客体是基于同一语境的，该语境是模型的设计语境与目标客体的测量语境关联形成的。模型可进一步分为原理模型、客体模型和语境模型，原理模型是保持理论的特征结构的模型，客体模型是理想化的虚构客体，语境模型是一种用于捕获表面没有关联性的观察事实的网状结构。思想实验作为假想表征，与描述的目标客体是在同一可能世界语境中设想的。

综上，科学表征是关乎科学创新和知识创造的大事，是科学知识表达和理解的关键环节。围绕何为表征、如何表征、如何给表征以意义以及科学表征与一般表征的区别等问题，历史上出现了关于表征的种种理论。综观这些理论，笔者发现它们都忽略了语境及其同一性在建立表征关系中的作用。于是，建立基于语境的表征说明和解释模型就成为本成果的重要目标。因此，本成果的最后一部分给出了科学表征问题的一种新解答，在理论上将科学表征问题向前推进了一步。

三、成果的学术创新和应用价值

本成果的学术创新体现在五方面：(1) 系统全面梳理和分析了各种关于表征的说明理论及其各自的优缺点，指出它们不能合理说明科学表征问题的根源所在。(2) 在批判分析这些理论的基础上，在语境实在论框架下建立了语境叠加模型，发现表征的认知多样性特征。(3) 提出语境同一性表征观，认为表征关系就是不同语境交叉形成同一语境的结果，这是表征关系成立的充要条件。(4) 用表征阶数划分了表征的不同类型：自然表征、物理表征、自然语言表征、数学表征和心理表征，基本解决了表征的划界问题。(5) 基于语境解释或解决了所争论问题和多命题的悖论或不自洽问题。本成果的应用价值在于，语境叠加模型可以合理解释甚至解决表征关系的可靠性问题，以及两个或多个命题产生的悖论，如“如果—那么”推理的怪论或悖论。

《自然和人：近代中国两个观念的谱系探微》概要

王中江*

一、研究的目的、意义及方法

本成果整体上属于近代中国哲学和思想领域中的观念史研究的一部分。哲学思想在不同时代的革命性转变，直观上就能看出的是哲学术语、话语和言说方式本身发生了明显的变化。没有比中国古典哲学向近代哲学的转变更能反映这种变化现象的了。它是一个古老的巨大传统同另一个巨大的西方哲学传统相遇之后相互比较和相互融合的结果。此前它曾遇到过佛教的大规模"入侵"并被改造。人们现在不时批评说古老的中国哲学传统被西方哲学改造得面目全非，但不要忘记这个古老的中国哲学传统，实际上一直也在改编、重组着所遇到的西方哲学。中学被西学浸透和西学被本土化是一个双向的过程，想象一个原本"自身"从不变化的固有的哲学和文化，除了封闭之外不能为它带来任何的转化。即使是文化翻译，按照钱锺书的说法，它也是让一部好的作品在另一种语言中脱胎换骨。

整体上说，近代中国哲学话语、言说方式和范式的转变，是在三个方面展开的：一是翻译和传播西方哲学，产生了许多哲学新思潮；二是翻译了许多哲学新术语、新概念，同时也对中国古代哲学和术语进行重新解释和转化；三是建立不中不西、亦中亦西的哲学理论，提出了一些新的哲学和范式。近代中国早期（20 世纪 30 年代之前）的哲学家，主要是在前两个方面

---

* 王中江，北京大学教授，博士生导师。

展开其哲学活动的；后期（20 世纪 30 年代之后）的哲学家则走向了哲学理论和体系的建构。

人们对近代中国哲学和思想这几大方面的研究，在第一方面和第三方面取得的成绩最突出，其问题的广泛和研究的深入有目共睹，如围绕像进化论、实证主义、科学主义、新实在论、新儒家和文化保守主义等重要问题，大家所展开的研究既系统又深入，成果最多，积累也最多。相比之下，学界对第二方面即近代中国哲学和思想中的新名词、新术语和关键词等的研究，则比较薄弱。特别是对具有相对性的“自然”和“人”这一对概念，还没有做出系统的研究。这种薄弱性，同人们对古代中国“天”“人”观念和“天人关系”的研究相比也能看出来。也许是因为古代中国哲学中的“天人观”源远流长、博大精深，而现代中国哲学中“自然与人”学说的发展历史比较短暂，不像古代那么悠久，国内外学者对中国古代哲学中的“天人观”进行了许多研究，发表了众多论文，也出版了不少专门性的著作。但迄今还没有专门研究近代中国的“自然”和“人”这两个观念的成果。本成果正是基于以上的背景和现状，运用观念史、跨文化对话和比较的方法，经过许多努力和探索完成的。

二、成果的主要内容和重要观点

本成果以问题和人物为线索，除了前言、结束语和附录，共分六篇十五章。其主要内容和重要观点如下。

1. 主要内容

“自然”和“人”作为近代中国观念史的一个领域，既追寻其观念的历史演变过程，又探讨其思想构造和形态。为了既从整体上把握观念的主要特性，又展现不同阶段和不同哲学家的复杂表现，本成果主要包括了以下一些彼此相关的内容。其中一个重要的方面，是以“自然”和“人”这两个观念在东西方自身传统中的各自特性为出发点，探析近代中国是如何将东西方传统中的“自然”和“人”这两个观念结合起来，建立起既有东西方传统的基础，又不同于东西方已有传统的近代中国的“自然”和“人”观念的。

可以肯定，近代中国哲学中的“自然”和“人”这两个观念，既非单纯中国传统的产物，也非纯粹西方的产物，它是中西两种传统在近代中国交汇、融合和转化的结果。近代中国思想家一开始用来表示科学和技术对象（实体、客体及现象）的术语不是“自然”，而主要是物、物理、质力、公理等术语，使用“自然”是从清末开始的，到了民初就非常普遍了。传统中国“人”的观念，也因西方“人”的观念特别是西方近代“人”的观念的引入而发生了转变。

在东西自然和人的观念融合中，一方面，近代中国的“自然”和“人”，同中国古代的“自然”、“天”和“人”保持着关联。另一方面由于“自然”又是 nature 的译语，它容纳了古代哲学中“天”的自然意义，过滤掉了它的神性意义；它容纳了古代中国自然的自发性意义，同时又将其实体化。“人”是中国古代固有的词汇。在古代中国历史中，“人”的观念往往同更具体的“民”的观念有密切的关系。但相比之下，“人”是一个更广义的概念，比如在“天人之际”“天人合一”的用法中，“人”作为人类共同体中的一方，作为中国世界观整体关系中的一方，它同整个天地和万物相对应（它有时也作为天、地、人“三才”之一使用）。而“民”更多的是作为社会、政治生活中的“君民关系”中的一方被使用。

相对于“人”的“天”、“天地”、“物”和“万物”，不管如何，它们往往是用来表示客观的“实体”、现实的“实有”，并相当于西方实体意义上的“大自然”和“自然界”；中国的“天”特别是道家的“天”还具有其非外力作用而由其自发生作用的意义，这也同西方的“自然”有契合之处，这正是严复在接受日本对“nature”的“自然”译名之前，都将它理解和解释为中国的“天”的主要原因。这两种意义上的“天”，在清末之后，都同西方的“自然”合流并融合到了一起。也正是因为这样，新文化运动之后的中国哲学家们，在使用“自然”观念讨论自然与人的相分和统一的同时，也使用“天”的概念来主张“天人相分”和“天人合一”。比如胡适、冯友兰、金岳霖、张岱年等都是如此。因同西方实体“自然”概念的融合，中国“天”的概念，也发生了一些变化，比如它被充分物质化和对象化。同样，中国原有的“自然”概念也发生了变化，如它原来主要不是被用作客观“实体”本身，而主要是被用作客观“实体”的存在方式、活动方式，被用作“实体”的特性、本性。但在清末之后，它作为 nature 的译名，首先被用作客观的“实体”，被用来指称一切现实的存在和现象。中国古代用作客观实体的天、天地、物、万物等，从此之后也都可以用“自然”一语来承担了，虽然这些术语在不同程度上仍然还被使用。总之，正是通过东西方的融合，近代中国造就了“自然”和“人”的新观念，并建立起了“自然”与“人”的关系的新形态。

在变化迅速的近代中国思想史中，“自然”和“人”这两个观念经历了不同阶段的发展和变化。本成果的另一个重要内容，是从近代中国历史的不同阶段出发，以不同时期的人物为主线，探讨“自然”和“人”这两个观念在近代中国的演变及其不同的谱系。当然，由于每个阶段的时间并不长，同一人物往往处在几个不同的阶段上，产生了前后明显交叉的现象。

这一演变过程是从晚清开始的，并一直持续到20世纪40年代末。在自强新政时期（1861年至1895年），人们的思想观念主要是围绕“格物”新学展开；与此相应，产生了以“物”和“物理”为中心的对象化的“自然”；“人”的观念也开始向认识“物理自然”的“理智”方向发展；在这个时期中，作为客观实体意义上的“自然”概念还没有出现。在一般称之为自强新政的这个时期，伴随着政治上的自强新政路线，开明的精英们承袭魏源的“师夷之长技以制夷”的思维方式，并运用“中体西用”这一思维框架，追求通过科学、技术和商业来实现国家的富强。其所说的“格致学”既包括了科学领域，也包括了技术领域；它是对物和物理的认识，又是对物和物理的利用，其重要性不断被人们所强调。为发展格致学的新型教育机构也陆续产生了，一些青年学子选择格致学而放弃科举之路，虽然这仍然是少数。不管如何，人们的思维方式和价值观正在发生变化，人生的选择有了不同的新的机会。

在制度革新时期（1895年至1915年），“自然”和“人”的观念开始向多方位转变。一方面两者延续着“物理自然”和“理智人”的概念；另一方面“人”的概念也开始同“民德”和“民力”结合起来了。以严复为代表的“民智”、“民德”和“民力”概念，以梁启超为代表的“新民”概念，引人注目；革命派特别是章太炎倡导通过“主体革命”造就一种“革命主体”的“人”。在这一时期中，作为nature译名的“自然”概念开始被中国接受和使用，中国古典中的“自然”被实体化，作为万物、物质世界、自然界的“自然”观念，迅速传播。其中日本起了中介的作用，这不仅是指这一译名实际上是由日本的学者翻译并传入中国的，而且指中国留学生翻译了大量的日文著作，这些著作已广泛使用作为“自然界”等意义的新的“自然”一词了。如王国维 1902 年翻译并出版了日本近代哲学家桑木严翼的《哲学概论》，书中对“自然”界定说：“自然者，由其狭义言之，则总称天地、山川、草木等有形的物质的之现象及物体也。其由广义言之，则包括世界全体，即谓一切实在外界之现象为认识之对象者也。”① 蔡元培 1903 年翻译出版的《哲学要领》② 说“自然即物质世界之义”③。此前一直坚持用“天”“天然”理解和解释 nature、natural 的严复也对日本的译名让步了，并开始使用“自然”的译名。他在 1900 年之后的译著和论著中，已广泛使用“自然”以及“自然”的合成词如“自然现象”“自然公例”“自然律令”“自然规律”等词汇。这一时期，虽然人们比较多地强调和推动中国的政治革新，但人们也开始注重“人”的观念的革新，如严复和梁启超等。人们不仅注重认识“自然”和利用“自然”的重要，而且开始强调科学精神和思维对认识“自然”和利用“自然”的重要。

政治革新之后的新文化运动时期（1915 年至 1920 年前后），正如这一名词所意味的那样，它强调人们思想观念、伦理道德、价值观等的重要性，认为如果只是制度进行革新，而人们的意识、精神、价值观和思维方式没有相应的改变，那就不会有人们所期待的良好效果。如陈独秀将人们的伦理觉悟看成是一切觉悟中最重要的觉悟。在这一时期中，由于“科学”概念的广泛使用，“自然”作为人们认知和利用的主要对象，就高度地同“科学”结合了起来，“物质自然”的意义也开始突出出来，虽然“格致”的概念仍然还在使用。认识“自然”和利用“自然”的目的，除了追求和实现国家的富强这一早先人们强调的目的，现在人们开始强调它是人的理智发展所需要的，它也是改善人们的物质生活所需要的。“人”的概念主要体现为“新人”等。个人、个性、人格的概念受到关注和讨论。新的伦理、新的价值等都被

---

① 桑木严翼：《哲学概论》，见谢维扬、房鑫亮主编《王国维全集》（第 17 卷），浙江教育出版社、广东教育出版社 2010 年版，第 262 页。

② 此书是德国哲学家科培尔（Raphael von Koeber，1848—1923，或译为戈培尔、克伯）在日本文科大学授课内容，蔡元培据日本人下田次郎所译的日文版（《哲学要领》，南汇堂，1897 年）译出。

③ 高平叔：《蔡元培全集》（第一卷），中华书局 1984 年版，第 179 页。此书中还有“自然界”“自然神教”等用语（第 205、215 页）。

赋给了“人”。在当时发生的东方精神文明、西方物质文明的二元论中，一些人强调人的物质生活对人的精神发展的重要性，认为一个贫穷的社会很难让人们发展出丰富的精神生活，也很难让人们发展出普遍高的道德水准；与此不同，一些人看到西方技术文明和工业文明发展带来的问题，特别是看到残酷的第一次世界大战的恶果，对物质文明开始表现出忧虑并进行反思，认为东方特别是中国传统的文化精神，对医治物质文明的病态能够发挥作用。由此，两派对人的发展目标也有了不同。但无论如何，由于这一时期输入了大量的西方思潮，也由于这一时期人们对传统文化有了更多的批判性反思，“自然”和“人”的观念就得到了空前的多方面发展。

在哲学和文化的体系化时期（20世纪20年代至40年代末），不同的哲学体系和学说将“自然”和“人”的概念理论化、系统化，产生了有关“自然”和“人”的各种学说。如在新儒家熊十力、梁漱溟、贺麟那里，“自然”的概念被精神化和人文化，“人”的概念被心灵化和伦理化。如受柏格森的影响，梁漱溟认为，自然生命的进化，一方面是借助于物质的过程，另一方面是克服物质的过程，它是人类心灵和精神生命不断向上的进化过程。其他的生命在进化中都不能体现出宇宙的创造精神，它们都刻板起来停滞不前，只有人类代表了宇宙生命的创造性。原因是其他的生命都不会用心思，只有人类能够用心思。能用心思，人类就能够不断地创造和翻新，不断地成己、成物和创造文化。梁漱溟认为中国的儒、道哲学走的都是生命的路线，它们将天地万物的生命自然与人的生命自然贯通起来。人类发挥他的自然本性，就是最大限度地充实他原有的可能性。梁漱溟从中西医来比较东西对待人的生命的不同方式。在实在论和唯物论哲学中，“自然”和“物质”被看成是最高的实在，“人”既是自然的一部分，又是改造自然和社会的主体，“人”的“实践性”被突出了出来。新实在论者金岳霖一方面在知识论和逻辑学上力求推进现代中国哲学的发展，以改变中国传统知识论和逻辑学的薄弱；另一方面又力求重建形而上学领域，为中国传统的“道”注入活力，为中国传统“天人合一”的世界观和价值观注入活力。

2. 重要观点

从近代中国思想家对“自然”和“人”这两个观念的整体认识和建构出发，本成果探讨近代中国“自然”和“人”这两个观念的整体性意义及其基本形态。对近代中国的“自然”概念提出了的重要看法和观点：一是认为近代中国的“自然”不同于古代中国传统“自然”观念的主要的地方，是它被实体化为客观的物理世界——或者被看成为“物”，或者被看成为“物质”，或者被看成为事物内在的因果法则，等等。二是认为“自然”被作为科学和技术的对象高度对象化和工具化。三是认为“自然”被看成是物理世界的内在根据，被看成是宇宙和万物何以如此的内在原因和机制——“世界自己造就自己”。四是认为“自然”是指宇宙、万物的广延性和变化等。五是认为“自然”是指人的精神和价值的来源，是人生观和人文的参照物。

在近代中国“自然”观念的这些意义中，前几种同西方近代在科学影响下的“自然”概念具有类似性。在西方近代，“自然”是整个实在和现实的总和，宇宙都是由自然物构成的；世界和宇宙都是“自然”的结果，一切事物和现象都可以用“自然”的原因来解释，没有“超自然”的原因和力量，也无须假定其他终极的实体或根据；“自然”现象具有规则性和齐一性，它是可以被认知的，科学的经验方法是认识自然的最有效方式。人类是自然活动的结果和自然世界的一部分，精神和意识是大脑的活动和过程的产物，没有独立的精神实体。

同近代中国的“自然”观念类似，近代中国“人”的观念也是在许多面向上展开的，特别是它被高度分化和专门化。面对“人”，且不说科学和技术领域，仅在社会和人文等领域，如哲学、伦理学、宗教学、社会学、政治学、法律学、经济学等，各自关注“人”的方面也不同。哲学探讨人的本性，伦理学关注人的伦理和道德价值，宗教关注人的信仰，社会学关注人的性别、婚姻、生育，政治和法律关注人的权利和义务，经济学关注人的物质消费和满足，等等。就像探讨近代中国的“自然”观念一样，本成果对“人”的观念研究也只关注它的某些方面，着重从它在近代中国的最一般意义上来认识它。就此对近代中国“人”的观念探讨也提出了重要的看法和观点。一是对“人”的起源的新解释。这是哲学进化论和达尔文的物种进化论两种解释的混合物。按照这种解释，人既不是神创的，也不是什么万物本体创造的，它是自然演化（天演和进化）、自然选择的产物，也是生存竞争或互助的产物。二是认为近代思想家将“人”划分为不同的“种族”，从种族的概念中衍化出了“别种”“优生”和种族优劣、种族竞争的种族主义，也产生了通种、合种的种族融合主义。当然，“种族”概念从现在来看存在歧视的问题。三是认为近代思想家从演化论出发，对人的本性提出不同的解释，要求解放人性，强调满足人的自然欲望和本能，强调人的物质生活和快乐，批评传统伦理观念对人的“自然性”的压抑。四是认为近代思想家主张人在宇宙中的演化主要是人的心灵和伦理价值的进化，是人的人格、人的个性和人的精神的进化。五是认为近代思想家将人高度理智化和知识化，将人看成是认识自然和控制自然的主体。

整体上，近代中国“自然”和“人”这两个观念的建构十分复杂。概言之，中国近代的“自然”和“人”的观念，一方面表现为“自然与人的分化”，另一方面表现为“人与自然的统一”。“自然”与“人”的分化，是通过科学、知识和技术将“自然”和“天”客体化和工具化，相应地“人”作为认知和技术的担当者而被主体化。这既是“人”的启蒙和工具理性的发展过程，是“人”的理智和知识的发展过程，也是“人”的实践、技术的发展过程。通过这些过程，“人”从“自然”和“天”那里获得了自由和自主。有别于此，“人与自然的统一”是通过形而上学和本体论将“自然”和“天”生命化、人文化，以此使“人”从“自然”和“天”那里获得根源性的意义和价值。这是“人”的价值理性的发展过程，是“人”的价值观和伦理观发展的过程，也是新的意义上的“天人合一”“自然与人统一”智慧的重建过程。

三、成果的学术创新、应用价值以及社会影响和效益

1. 学术创新

本成果从近代中国思想的整体以及它同社会的关系的视野出发，探讨近代中国“自然”和“人”这两个概念同近代中国主要思潮、世界观的关系以及对社会变化的影响。这是对“自然”和“人”这两个观念进行的社会史考察，也是对它们同近代思潮关系的研究。在近代中国的整个思想语境和社会空间中，“自然”和“人”的观念既有进化论意义上的，也有各种实在论意义上的；既有机械主义意义上的，也有有机主义和人主义意义上的。揭示它们的这些不同意义，是本成果重要的学术创新。

在西方机械主义的世界观中，“自然”被纯粹看成是质力相互作用的实

体及其表现，“自然”被纯粹量化为数量的关系和因果关系的实在，“自然”被纯粹作为科学和技术的对象。受此影响，从清末开始引进进化论的严复（虽然他还主张社会有体机概念）到民国初年的一些科学主义者，如胡适、吴稚晖、丁文江、王星拱、陈独秀等，都以不同方式展示了类似的机械主义的自然观。一些对于这种将自然物质化、科学化的立场，问对“自然”持人文、生命和精神立场的人提出了疑问和批评，这些人有梁启超、张君劢、杜亚泉、梁漱溟、方东美、贺麟等。他们的人文自然观，是在抵制机械主义、科学主义单一的自然观中发展和建立起来的。人文的自然观者不像机械主义者和科学主义者那样独断，他们赞成对自然进行科学的研究和技术的利用，他们只是反对将自然单一化为科学和技术的对象，反对将自然完全物质化、数量化。

如果说近代中国科学的和机械的自然观，主要是接受西方近代以来的机械主义和科学主义世界观，那么与此类似，清末民初以来中国的人文自然观，也受到了西方浪漫主义和生命主义哲学以及它们对科学和机械自然观批评的影响。民国初年中国的这两种自然观的对立，从源头上都来自西方内部的对立，它是人文自然观思潮对科学自然观思潮的反动，它是从西方的“自然之两岔”（怀特海语）到西方的自然之有机观的变化。民国初年以来中国自然观上的东西文明二元论，不仅将西方近代兴起的浪漫主义、生命主义以及抵制机械主义和科学主义的思潮掩盖了，而且将近代中国形成的机械主义和科学主义也忽略不计了，并且还导致了一个一直到现在都很严重的误解：一说到西方的自然观，它就被单一化为“自然”之两分、“自然”与“人”的分裂的立场；一说到中国的自然观，它就成了“自然”与“人”的合一的立场。仅仅通过对近代中国自然观复杂演变及其同西方的关系的分析，就可知这种安逸的二元论无法成立。

近代以来中国的“自然”和“人”的观念，程度不同地都伴随着近代中国的进化论思潮。其中一些重要的体系化哲学，程度不同地都受到了进化主义哲学的影响。如不同类型的生命主义哲学、实在主义哲学，在一定程度上都称得上是进化主义哲学。前者可以举出梁漱溟、朱谦之、熊十力等人，他们都是从进化论来看待“生命”“生存”“心灵”的发展过程；后者可以以张东荪、金岳霖、张岱年等人为例，他们都设定了世界的客观实在性。在张东苏那里它是“架构”，在金岳霖那里它是“道”（即“式”和“能”），在张岱年那里它则是“物质”。三位哲学家设定的实在不同，他们确定的宇宙进化的基础自然也不同，但他们都从进化的视角来看待实在的进化思想。近代中国对“人”的观念的建构最引人注目的地方之一，就是引入19世纪西方兴起的生物学和哲学上的进化论和进化世界观，对人类的由来和起源提出不同于传统的解释。

与此同时，近代中国的“自然”和“人”的观念，又同近代中国社会的历史过程和变化相互作用、相互影响。近代中国哲学中的“自然”和“人”的观念，既是近代中国社会及其变迁的产物，又对近代中国的社会变迁起了助推的作用。从清中期以后的自强新政到清末的变法到革命，从新文化运动到之后的国家分裂和统一运动，近代中国“自然”和“人”的观念发生着各种变化。这些变化，至少可以说是一个不断扩大和丰富的过程，特别是在学术的学院化、学者的角色专门化之后，人们对“自然”和“人”的认识和探讨，也越来越多地结构化和系统化，启蒙意义上的“自然”和“人”，更多地变成了学术意义上的“自然”和“人”。

2. 应用价值以及社会影响和效益

本成果属于基础性研究。本成果能够弥补现代中国哲学研究中的不足，扩大现代中国哲学研究的视野，揭示古代“天人观”在现代中国哲学中的转变和发展轨迹，把握中国哲学思想学说的不同构造和特征。

如何制止人类生存环境和生态的恶化，建立人与自然的良性互动，这既是全球的问题，也是中国可持续发展的战略问题。“自然”与“人”是现代中国思想发展和转型中的一个重要问题，研究近现代中国思想家融会和贯通东西方文化而对“自然”与“人”关系的新认识和提出的一系列新的观念和学说，对于中国建立“自然”与“人”之间的良性和谐关系，既能提供重要的智慧和启示，也具有一定的指导性意义。

《实用主义政治哲学》概要

张国清*

一、研究的目的、意义及方法

1. 研究目的

本成果旨在系统地呈现既作为体系又作为对话的、发展着的、充满生机的一种哲学——实用主义政治哲学。本成果通过确立实用主义政治哲学主题和体系框架，追溯实用主义（pragmatism）得以发展的英美哲学、欧洲哲学资源和美国社会政治条件，把实用主义政治哲学放在20世纪人类社会政治巨变的宏大背景中进行考察，展示实用主义与其同时代其他的哲学流派在政治哲学领域的争论和对话，肯定实用主义对美国社会政治发展所起的引领作用，肯定实用主义对中国现代化的积极影响，肯定实用主义对现代西方政治哲学的基本贡献。本成果填补了中国国内对实用主义政治哲学有专题和专人研究而无系统研究的空白，对实用主义政治哲学做出系统全面的诗史性展示，在实用主义政治哲学同当代其他哲学流派的比较研究中凸显其价值。本成果对一些重要政治哲学问题的研究，由跟踪走向对话和超越，形成中国学者在相关专题上的见解和主张，不仅推进实用主义政治哲学研究，而且推进当代政治哲学研究。笔者试图证明，实用主义者不仅在学院哲学领域促进了学术发展，而且在实践哲学领域做出了实际贡献。

2. 研究意义

实用主义是一种推崇实践、实验的科学方法。在社会政治领域，实用主

* 张国清，浙江大学教授，博士生导师。

义推崇自由民主的生活方式。实用主义既有意识形态的维度，代表着美国主流社会的基本价值观念；它也有非意识形态的维度，代表着美国主流哲学家对重大社会政治问题的基本见解。实用主义是美国的原创哲学，曾经主导20世纪美国人的生活，影响20世纪世界范围的人们包括中国人的生活。它在今天仍然深刻地影响着美国及其他国家人们的生活。实用主义政治哲学是实用主义的重要组成部分，甚至是其最核心的部分，但在当代政治哲学中，实用主义受到了低估和误读。本成果修正哲学界尤其是理论界对实用主义政治哲学的误读，是有意义的学术工作。

实用主义政治哲学研究是一直有着一定关注度的专题。国外对实用主义政治哲学的研究主要集中于：(1) 哲学史研究（实用主义和美国精神、实用主义的自由主义、新实用主义、实用主义和后现代主义、实用主义和女权主义）；(2) 人物研究（杜威、胡克、罗蒂、韦斯特）；(3) 专题研究（实用主义文化哲学、协商政治学、政治学理论、精英和民主、希望政治学等）；(4) 比较研究（实用主义政治哲学与保守主义、自然主义、马克思主义、自由主义政治哲学）。其中，罗蒂、波斯纳、韦斯特等人同哈贝马斯、泰勒、沃尔泽、桑德尔、德沃金的对话和争论丰富了实用主义政治哲学主题，拓展了本成果研究的空间。中国国内研究者比较关注杜威和罗蒂，重视其同自由主义的联系，对实用主义同（美国）马克思主义和新左派关系的研究不多，忽视实用主义对苏格兰启蒙运动、黑格尔哲学和达尔文进化论的继承以及对政治学、法学和文学批评的广泛影响。

由于皮尔士、詹姆斯和杜威的贡献，实用主义成为美国主流哲学，后因分析哲学的兴起而衰落，但自20世纪70年代以来，在奎因、普特南、罗蒂、伯恩斯坦、布兰顿和韦斯特等人努力下，新实用主义崛起。罗蒂、费什、韦斯特，加上法学领域的实用主义者波斯纳，同罗尔斯、哈贝马斯、德沃金、沃尔泽、桑德尔、纽斯鲍姆的对话和论战在当代西方政治哲学领域中有一席之地。国外学者集中研究了杜威、胡克、罗蒂和韦斯特的政治哲学，但缺乏对实用主义政治哲学的总体把握。中国国内学者集中研究了杜威和罗蒂的政治哲学，但对实用主义政治哲学尚缺乏全面深入的研究。

本成果尝试对美国实用主义政治哲学做系统而全面的研究。我们选取杜威、胡克、罗蒂、波斯纳、韦斯特等实用主义者的社会政治思想作为研究对象，探讨实用主义政治哲学的产生条件、实用主义和美国精神的关系，围绕民主、自由、公民权利、人类团结、人的成长、同情、希望和想象力等实用主义哲学家关注的政治哲学概念，探讨实用主义的民主思想、协商和对话理论、希望政治学和文化政治学，探讨实用主义和保守主义、自然主义、马克思主义、自由主义、后现代主义、女权主义的关系，揭示实用主义对中国政治哲学和中国现代化进程的已有影响和未来可能影响。

总而言之，本成果尝试探究实用主义政治哲学的来源、主张、发展和贡献，揭示它与其他政治哲学流派的关系，探讨它对中国政治哲学和中国现代化进程的影响，通过探索实用主义社会政治思想，评估实用主义在社会、政治、文化、教育等公共话题领域做出的专业贡献，对政治哲学界就“实用主义政治哲学究竟有多大价值或多么宝贵?”的疑问做出积极回应。

3. 研究方法

本成果广泛搜集第一手资料，总结国内外学者已有成果，参照当代政治哲学主要议题，围绕实用主义不同发展阶段两个中心人物杜威和罗蒂，重点研究杜威、胡克、罗蒂、韦斯特的政治哲学思想，厘清实用主义在不同阶段政治哲学思想的变化脉络，比较实用主义与同时代其他哲学流派的异同，挖掘合理性，揭示局限性，对实用主义政治哲学给出总体评价。

本成果采用的具体研究方法为：（1）哲学史研究方法，追溯实用主义政治哲学基本概念的起源和演变，探索基本含义；（2）比较研究方法，考察实用主义政治哲学基本主张及其在不同语境中所产生的学术与社会的后果，探讨实用主义政治哲学与其他政治哲学流派的异同；（3）个案研究方法，对实用主义政治哲学家个人开展个案研究，重点研究杜威、胡克、罗蒂和韦斯特的政治哲学，并在同罗尔斯、哈贝马斯、伯林等人政治哲学的比较研究中来探索前者的学术贡献。

二、成果的主要内容和重要观点及对策建议

1. 主要内容

本成果主要由四部分组成，除了“导论”和“结束语”外，共 26 章。

（1）第一部分“实用主义政治哲学：主题、立场和方法”，确定实用主义政治哲学的框架和主题，讨论实用主义的一般哲学主张、实用主义政治哲

学的形成，主要涉及詹姆斯对重大政治议题的考察，杜威实用主义的政治哲学转向，胡克有关科学研究方法的“去意识形态化”努力以及对正统派马克思主义的批判，罗蒂新实用主义政治哲学的后现代转向。

(2) 第二部分“实用主义公民社会和民主理论”，主要包括杜威公民教育理论，杜威民主理论及其实现途径，杜威和罗尔斯的民主社会理论比较，胡克改良主义民主理论，罗蒂、哈贝马斯和利科在协商民主论题上的对话和讨论，罗蒂有关后哲学文化及公共生活的论述，这一部分核心议题是实用主义民主政治理论。

(3) 第三部分“实用主义自由、平等和正义理论”，探讨实用主义者与其他哲学流派在有关自由、平等和正义等政治哲学议题上的对话和争论，研究罗蒂的偶然人性理论和相对主义正义观，考察罗蒂和波斯纳在实用主义哲学和法律方面的争论，评价德沃金和波斯纳有关公民权利和利益最大化之间或效率和正义之间的争论，评析内格尔平等的自由主义理论。

(4) 第四部分“实用主义族群、民族和国家理论”，考察杜威、胡克、罗蒂、詹姆斯、怀特、内格尔、韦斯特等实用主义者在种族、民族、国家、全球正义、宗教、文化政治、差别政治等专题上的见解、争论和对话。由于现代政治哲学议题的开放性，实用主义者同其他流派的哲学家在有关社会、政治、法律、文化等领域多有争论，这些其他流派的哲学家主要有罗尔斯、哈贝马斯、德沃金、沃尔泽、德里达、福柯、瓦蒂莫、利科、佩迪特等。鉴于罗尔斯正义理论在当代西方政治哲学中占据的核心位置，本成果对实用主义者与罗尔斯在一些专题上的争论进行比较研究，以揭示实用主义与当代政治哲学的相关性。

2. 重要观点

是什么促成了美国的长期发展和繁荣？这是值得认真思考的问题。美国人推崇的实用主义哲学，尤其是实用主义政治哲学，也许是其答案之一。

(1) 实用主义是源于英国经验主义和欧洲大陆实证主义的美国本土哲学。它借鉴自然科学方法，探索意义和真理问题，拒绝形而上学思辨哲学，以明晰概念、追求确定性知识或真理为主要目标。

(2) 实用主义政治哲学是实用主义的核心组成部分，是对现当代西方哲学的重要贡献之一。实用主义政治哲学是杜威、胡克、罗蒂、韦斯特等实用主义者围绕自由、民主、正义、真诚、忠诚、合作和团结等话题展开专门讨论而取得的重要哲学成就，也是后来的哲学家应当努力继承的重要遗产。但是，学术界对这一主张存在重大争议，本成果对实用主义政治哲学做出全面梳理和系统总结，检验和评估实用主义在政治哲学上的成就与得失，回应学术界关于实用主义对政治哲学无甚贡献的质疑。

（3）实用主义政治哲学不是一种局限于一隅的地方之见，而是世界哲学的有机组成部分。实用主义者提供了看待社会政治现象的一种独特方式。他们在政治哲学领域的主要贡献在于，以经验、实验和实践的方式对待人的社会政治活动，以建设、改良和变革的态度对待社会基本制度的演进，在既尊重又跨越政治制度、生活习惯、文化传统和宗教信仰等边界的意义上，承认人类存在方式的多样性，最大限度地培养所有人“都是自家人”的意识，把合作、团结、共存、共享作为人类生活不可动摇的目标。

（4）实用主义继承英国启蒙运动、黑格尔哲学、达尔文进化理论和马克思社会发展理论的思想成就，把民主作为一种优先的现代生活方式来倡导，严格区分公共生活和私人生活，重视社会实验和教育，成为美国重要高校的主流哲学。

（5）杜威和罗蒂是实用主义政治哲学的核心人物，胡克、普特南、韦斯特、费什和波斯纳等实用主义者从不同学科或不同专业背景在同自由主义、马克思主义、新左派、保守主义、后现代主义等哲学流派的碰撞和对话中，发展了实用主义政治哲学。

（6）实用主义存在着内部争论，但在政治哲学上存在核心主张的一致性或连贯性。真理、效用、民主、自由、真诚、忠诚、成长、团结是它在不同阶段强调的核心概念，体现了美国人民的创造精神，其倡导的民主价值体现了广泛的人民性。

（7）现实世界的社会政治问题是实用主义者思考的重要对象。从詹姆斯开始，实用主义者就表现出了对现实社会政治问题的强烈关切，这种关切在杜威那里达到高潮，实用主义政治哲学因此取得了重要成就；进入 20 世纪 50 年代，实用主义在分析哲学兴盛下走向衰落。1971 年，罗尔斯《正义论》的出版引发政治哲学的复苏，新实用主义的思想成就仍然有待评估，系统地开展实用主义政治哲学专题研究是有价值的。

(8) 在实用主义政治哲学发展过程中，詹姆斯拓宽了实用主义的学术视野，把科学研究、宗教体验和社会公共生活纳入其中。他对多元世界的阐述，对霸权政治的批判，在今天仍有很高的思想价值。作为百科全书式哲学家，杜威从关注知识论、方法论和逻辑转向关注社会、政治、教育和文化问题，引发了实用主义政治哲学转向。胡克把科学研究当作政治事业来对待，是冷战时期“意识形态终结论”的先导者。他主张科学研究应当“去意识形态化”，否定科学研究及其成果具有阶级属性，强调真正的科学成果具有中立性或客观性，无关于研究者的特殊社会地位或政治身份。胡克是美国最早的马克思主义研究者和批评者，他比较了杜威的实验主义和马克思的辩证唯物主义，发现两者有许多共同点。胡克对马克思主义美国化和实用主义化做出了贡献。罗蒂则批判杜威和胡克对科学方法的坚持，提出在一些公共问题上须以民主政治手段取代科学理性的无休止争论。罗蒂改变了人们对政治、社会、文化等公共话题的既定理解，论证了后哲学的文学文化的可能性，开启了实用主义政治哲学的后现代转向。

(9) 实用主义不像康德哲学那样强调主体自律，它更多是历史主义的、文化相对主义的、情感主义的，对原理和原则的重视远不如罗尔斯的正义理论。实用主义强调公共领域的开放性，强调公民参与和均等机会，模糊专家和普通公民的界限。它推崇社会的点滴进步和逐渐改变，尤其强调人类进步当中偶然的叙事的重要性，特别强调文学艺术在推进人类团结方面、在增进人类自由方面所起的积极作用。它主张，哲学家在其中扮演的角色是微不足道的。实用主义政治哲学的重心是社会的、政治的，也是人民的，其核心是民主哲学。

(10) 实用主义政治哲学是一个看似松散实为严密的思想体系，对哲学，也对政治学、法学、文学批评产生广泛影响。系统总结实用主义政治哲学的思想成果，挖掘杜威、罗蒂、胡克和韦斯特以外其他实用主义者的政治哲学思想，一定程度上改变国外学术界研究实用主义政治哲学的不足。

(11) 在公民社会和民主政治理论方面，实用主义者进行了开创性研究。杜威对现代民主危机进行了实地考察和理论探索，提出了现代民主危机的化解之道，主张人民大众在基层社区开展参与式民主。他的民主理论成为实用主义政治哲学的重要组成部分，也是杜威留给世人的主要遗产。胡克也对民主政治进行了深入研究，对民主和专制的关系做了实际考察。他对马克思和杜威的政治理论进行了比较研究，强调两者基本政治目标的一致性，认为杜威政治理论更加符合美国实际。胡克既捍卫马克思思想的科学性，又批评马克思个别论断的不合理性，批评了正统派马克思主义，认为社会革命不是通往社会主义的唯一道路，通过社会改良同样可以实现社会主义的目标。罗蒂则同哈贝马斯和利科围绕协商民主展开争论，在承认协商民主的必要性时，强调保留私人空间的重要性，认为用民主方式无法解决私人偏好争端。罗蒂提倡后哲学文化，推崇正义诗学，主张不用理性科学标准也能评价人类社会生活和政治生活，把民主问题理解成要借助于人的想象力而非理性能力来解决的问题。

（12）实用主义政治哲学存在三大弱点。第一，实用主义虽然有世界大同主义的情怀，却没有对民族和国家观念做过全面深入的研究。实用主义哲学家一向不擅长于讨论民族和国家这样的政治哲学问题。无论是杜威的《公众及其问题》，还是罗蒂的《筑就我们的国家》，以及胡克对民族和国家的讨论，就总体而言，实用主义者对民族和国家的哲学解读都不甚清晰明了。他们对种族和肤色的敏感高于对民族和国家的敏感，这也许与美国是一个多种族而非多民族的移民国家有关。实用主义者对民族和国家及其学说的轻视，成为实用主义政治哲学的最大短板。第二，实用主义者大多不擅长于讨论阶级、阶级斗争或阶级冲突、社会冲突这样的政治话题。即使有所涉及也大多停留在常识性层面。实用主义哲学指导下的社会政治见解平常而不深刻，他们只从一些国家经济发展状况来分析社会政治变革的可能性。只有韦斯特多少借鉴了马克思有关阶级和阶级斗争的理论，但主要把它应用到了种族和族群政治研究中，并没有专门论证阶级和阶级斗争问题。胡克是最著名的研究马克思学说的实用主义者，但他从马克思那儿只读出了社会改良思想，而没有读出政治革命理论。实用主义者更擅长于讨论社会、社区、社群、公民、公众等公民社会话题，没有强烈的民族国家意识。实用主义从一开始就是一种基层的地方性的实验性哲学，其政治哲学也是关于社会差别或文化差异、族群冲突和认同困境之类的哲学。第三，实用主义政治哲学显得比较松散，缺乏系统性或条理性，缺乏专注性，几乎没有一位实用主义者就政治哲学中的特别论题保持持久兴趣，即使像杜威这样的实用主义者，他对民主问题的关注也是时断时续。没有人像罗尔斯那样对正义问题保持数十年如一日的关切和研究。虽然罗尔斯谈论的话题在实用主义者那里多有出色的论述，但是只有他做出了系统、全面的哲学论证。实用主义哲学家们以自己的松散、随意、不精确衬托出了罗尔斯正义理论的严密、审慎和周全。这也是实用主义政治哲学研究在方法论上的一大弱点。

（13）实用主义曾经影响中国现代化进程，同马克思主义有着复杂的联系，今天仍然对中国社会政治文化有着广泛影响力。忽视杜威和罗蒂的实用主义政治哲学思想，20 世纪政治哲学将是不完整的；忽视杜威和罗蒂等实用主义哲学对中国哲学的实际影响，20 世纪中国哲学也将是不完整的。回顾中国近百年革命、改革、开放和建设的历史，除了中国古典哲学和马克思主义哲学以外，实用主义是影响 20 世纪和 21 世纪中国社会政治变革和发展的第三大哲学流派。实用主义政治哲学是影响现代和当代中国政治社会发展的重要思想力量，它甚至已经多少内化在中国人民的社会政治实践中了。在 20 世纪初，像马克思主义学说一样，作为一种密切关注社会政治议题的哲学理论，实用主义一登陆中国大陆，便受到中国先进知识分子和中国社会各界的热烈欢迎，为 20 世纪前半个世纪中国新文化运动和思想解放提供了理论指导，对现代中国产生了深远影响。即使到了今天，实用主义同马克思主义也可以形成某种互相补充的关系，实用主义哲学，尤其是它的政治哲学，可以为中国的进一步改革开放提供理论参考，仍然影响着中国人民的社会政治实践，对中国社会政治文化有着广泛的影响。就此而言，应当感谢杜威和罗蒂，正是他们提供的新哲学思想，在一定程度上促成了中国社会政治的良好转变，改变了封闭、愚昧、教条和专制的中国。随着中国变得更加富强、民主、自由和文明，中国人民对实用主义哲学的好感也将增强起来。因为实用主义者对中国人民大多表示友好和充满善意，表示强大、自由和民主的中国，不仅符合中国人民和美国人民的根本利益，而且是人类文明进步的重大成就。

3. 对策建议

中国哲学和政治学界要重点研究美国等资本主义发达国家的政治哲学和政治学思想成就，探讨美国等资本主义发达国家能够长期发展与繁荣的哲学思想根源和政治制度根源，研究实用主义哲学尤其是其政治哲学对美国等资本主义发达国家长期发展和繁荣所起的积极作用，批判借鉴其思想成就，为新时代中国特色社会主义长期发展和繁荣服务。

三、成果的学术创新、应用价值以及社会影响和效益

1. 学术创新

（1）第一次系统全面史诗般地展示实用主义政治哲学，填补国内对实用主义政治哲学有专题和专人研究而无系统研究的空白。根据掌握的第一手资料，确立实用主义政治哲学的体系框架、主题、立场和方法，对从詹姆斯到韦斯特的实用主义政治哲学做出全面系统的研究，重点研究杜威、胡克、罗蒂和韦斯特的政治哲学。

（2）第一次为国际学术界提供了一个全面系统的实用主义政治哲学研究版本。国际学术界虽有对实用主义政治哲学研究，但没有提供一个系统、全面、权威的版本。本成果填补了这一国际学术空白。

（3）本成果是在罗尔斯对正义理论的出色研究基础上进行的，通过实用主义同当代政治哲学重要流派的比较研究来凸显实用主义的价值。这不仅将推进实用主义政治哲学研究，而且将推进当代政治哲学研究。

（4）本成果对一些重要政治哲学问题的研究由跟踪走向对话和超越，形成了中国学者在相关专题的独特见解和主张，提升了中国政治哲学研究水平。

2. 应用价值

（1）本成果区分了作为意识形态的政治哲学和作为学院专业研究对象的政治哲学。本成果主要围绕作为学院专业研究对象的实用主义政治哲学开展研究。如此研究的优势是：笔者能够直接参与国际学术界有关实用主义政治哲学的学术讨论，改变中国国内学术界对实用主义庸俗化、简单化、意识形态化的评价；探讨实用主义政治哲学对今天中国政治社会现实变革的理论借鉴意义，评估其在不同社会实践领域的可能价值；改变中国学术界断定实用主义在政治哲学领域无甚作为的印象；表明杜威和罗蒂作为美国实用主义政治哲学两大中心人物，对现代民主社会建设、美国基层民主建设可能性、后现代社会更加符合人性的人类生存方式多样性及其合理性做了哲学论证。

（2）开展作为学术研究的政治哲学研究，是学者的学术任务，涉及是非

的事实判断。开展作为意识形态的政治哲学研究，是理论界的政治任务，涉及正确与否的价值判断。前者是后者的论证依据，后者是前者的逻辑结果。这样的研究策略，对开展其他西方政治哲学流派研究也有借鉴价值。

(3) 虽然实用主义政治哲学存在理论缺陷，但是其基本贡献值得肯定，对发展当代中国马克思主义政治哲学有借鉴价值。实用主义者针对一些重大社会政治议题的讨论和理论成果，对解决中国政治文明建设过程中遇到的困难有重要启示意义。

3. 社会影响和效益

(1) 除了中国古典哲学和马克思主义哲学，实用主义是影响 20 世纪和 21 世纪中国社会政治发展和变革的第三大哲学思潮。作为启蒙遗产，实用主义哲学已经融入现代以来的中国政治文化之中，并将继续对中国现代化进程产生深远影响。本成果系统阐明了实用主义同中国现代化进程的相关性。

(2) 实用主义政治哲学对中国现代化进程的积极影响将通过本项成果研究及影响而得到显现。简单否定或拒斥实用主义政治哲学的学术成就，等于无视美国作为世界霸权国家在政治哲学领域取得的巨大成就。纠正对美国实用主义及其政治哲学的错误判断和错误评价，是中国学术界必须认真面对的工作。笔者的研究将对此做出贡献。

(3) 本成果总结了实用主义在政治哲学方面的思想成果，呈现了杜威、罗蒂、胡克和韦斯特等实用主义者同其他哲学流派的争论和对话，将改变中国国内学术界忽视实用主义政治哲学研究的状况，改变国外学术界低估实用主义政治哲学的学术贡献的状况。

(4) 本成果首先是一项单纯的学理性探索，但也可能对当代中国政治社会实践产生一定影响。这样的影响既有思想上的，也有行动上的。

《回到〈资本论〉：21世纪的“政治经济学批判”》概要

白　刚*

一、研究的目的、意义及方法

1. 研究目的

本成果在国内外已有研究和解读成果的基础上，充分运用历史梳理、文本解读、理论反思和现实关注相结合的研究方法，在历史与现实、理论与实践、文本与思想的交汇与张力中，认真研读马克思的《资本论》及其相关手稿，力图深入挖掘《资本论》的“政治经济学批判”所蕴含的深厚的“历史唯物主义”和“政治哲学”意蕴，深切把握《资本论》真实的“理论性质”和“实践智慧”。作为“工人阶级圣经”和共产主义的“助产婆”，《资本论》在本质上就是通过“政治经济学批判”来否定资本主义私有制及其生产方式，建立最佳的政治秩序和生活方式从而实现人的自由个性全面发展的革命著作和战斗檄文。正是在《资本论》的“政治经济学批判”的语境中，马克思既开出了“历史唯物主义”之维，也开出了“政治哲学”之维。本成果正是在“历史唯物主义”之维和“政治哲学”之维交汇的“政治经济学批判”的语境中，既挖掘和发展了《资本论》的哲学思想，还原和凸显了《资本论》的“理论形象”，又扩展和深化了《资本论》的当代研读，揭示和凸显了《资本论》的“时代形象”，并在此基础上，丰富和完善了马克思的“革

* 白刚，吉林大学教授，博士生导师。

命家形象”。作为“政治经济学批判”，《资本论》真正是人类追求自由解放的“圣经”和走向新文明的“助产婆”。在资本全球化的今天，《资本论》拥有了最为广阔的“希望空间”。

2. 研究意义

本成果揭示了《资本论》独特的哲学史意义和世界历史意义，进而论证了《资本论》比起那些试图根据后来事态的变化而使其发展的哲学和经济学理论来，反而更适应于今天的资本全球化的事态，更有利于世界历史的重新书写和人类文明新形态的建构。《资本论》值得拥有人们对它的所有期待。《资本论》虽然是19世纪的产物，但它已穿过20世纪，走进了21世纪。面对今天“金融资本的狂欢”，《资本论》及其“政治经济学批判”的伟大理论和实践意义必将重现人间。作为“政治经济学批判”的《资本论》才是真正的“21世纪的《资本论》”。在21世纪，我们既需要“回到马克思”，更需要“回到《资本论》”，《资本论》就是我们走向未来的“守夜明灯”和不断前进的“精神坐标”。

3. 研究方法

（1）文本解读。文本解读是研究的基础。本成果既对《资本论》及其手稿、通信和相关论著等经典文本进行深入研读，又对关于《资本论》的研究成果的相关文本进行研读。

（2）思想史研究。研读文本是为了获得新的思想起点。本成果既将《资本论》放到西方哲学传统这一“纵”的思想史中，又将《资本论》放到当代哲学视野这一“横”的问题域中，在思想史的“纵横交错”中对《资本论》的历史唯物主义和政治哲学思想进行阐释。

（3）现实问题关注。《资本论》的“政治经济学批判”，既体现在对商品、货币和资本本质的批判性揭示中，又体现在对“资本主义生产方式以及和它相适应的生产关系和交换关系”的批判性反思之中。本成果回应资本全球化向《资本论》提出的重大现实问题，不仅是阐释《资本论》“政治经济学批判”的现实基础，而且是对《资本论》“政治经济学批判”之当代意义做出阐释的现实基础。

二、成果的主要内容和重要观点

本成果分上、下两篇共十章，其主要内容和重要观点概述如下：

上篇主要是围绕“作为历史唯物主义的《资本论》”这一主题展开，重点是研究和阐释《资本论》的“政治经济学批判”与历史唯物主义的真实内在关系。揭示出《资本论》既“运用”又“证明”了历史唯物主义，并在探索资本主义社会发展的特殊规律中使历史唯物主义落到了实处。

作为“政治经济学批判”，《资本论》对资本主义社会的把握，既不是从抽象的“精神”出发，也不是从抽象的“物质”出发，而是从具体的“商品”这一“可感觉而又超感觉的物”出发。而这一可感觉又超感觉“物”的最集中代表，就是资本主义社会里统治和支配一切的“资本”。在资本主义社会里，资本之为资本不仅是由于其作为物质资料的“实体内容”，更是由于其作为社会关系的“形式规定”。商品只是资本主义社会的“细胞”，而资本却是理解资本主义社会的“座架”，是解开现代社会秘密的一把“钥匙”。正是借助资本这一座架和钥匙，马克思的历史唯“物”主义才破除了“普遍永恒资本”的幻象，才揭开了“物与物”背后所掩盖的“人与人”之间真实的“社会关系”，才把资本这一“幽灵般的怪物”还原为了“现实的个人”。“资本”就是马克思关于资本主义社会中“物”的概念。而资本作为“幽灵附体”的怪物，实际上就变成了资本与形而上学“结盟”的作为资本主义社会里最高和最终统治原则和力量的“资本逻辑”。资本逻辑既表现为作为“实体形态”的资本主义私有制，又表现为作为“关系形态”的资本主义生产关系，还表现为作为“观念形态”的资本主义意识形态。资本逻辑实际上就是三大形态之间相互勾连、相互支撑、相互拱卫的“实体—关系—观念”的新“三位一体”。作为以资本增殖为最终目的的资本主义社会的生产和交换体系及运转的总体性统治力量的新“三位一体”，资本逻辑在根本上主宰和控制着资本主义社会的发展和命运。

马克思在《1844年经济学哲学手稿》中，就开始了对资本主义的“政治经济学批判”。但这时马克思的批判逻辑是以“异化劳动”为核心的“异化逻辑”，这一逻辑还是一种政治经济学批判的“人道主义”，还缺乏对资本主义深刻、全面的经济—历史分析。到了《资本论》里，马克思的批判逻辑转变成了以“拜物教”为核心的“资本逻辑”。资本逻辑作为马克思政治经济学批判的“科学抽象”，比异化逻辑更客观、更理性，借助于它，马克思实现了对“资本主义生产方式以及与其相适应的生产关系和交换关系”的深刻解剖和批判。从《手稿》到《资本论》，马克思并未用“资本逻辑”否定“异化逻辑”，而是实现了从异化逻辑到资本逻辑的“合理推进”。异化逻辑只有发展到资本逻辑才能获得其全部意义，而资本逻辑也只有借助异化逻辑才能完成其历史使命。作为通过对“资本主义生产方式”的研究来“揭示现代社会的经济运动规律”的《资本论》，它的逻辑不是“从具体到抽象”和“从抽象到具体”意义上的研究逻辑和叙述逻辑，而是用来解决当前问题的“逻辑”。这种逻辑有生产逻辑、资本逻辑和人本逻辑三重内涵。生产逻辑作为资本主义生存的“普照光”，是基础性逻辑；资本逻辑作为资本主义运转的“平衡器”，是统治性逻辑。但《资本论》作为“政治经济学批判”，其最终的追求是从“资本的独立性和个性”到“现实的人的独立性和个性”的转变，其生产逻辑和资本逻辑必须上升和服从于总体性的人之“自由个性”解放的人本逻辑，方能真正完成和呈现其“政治经济学批判”之“工人阶级圣经”和共产主义“助产婆”的完全的和真实的伟大革命意义。实际上，《资本论》具有生产逻辑、资本逻辑和人本逻辑这“三重逻辑”，因而《资本论》也就是哲学批判、政治经济学批判和空想社会主义批判这“三大批判”的统一。

《资本论》与辩证法是密不可分的，辩证法是《资本论》的活的灵魂。以黑格尔为代表的德国观念论，它的作为“神秘形式”的概念辩证法，用概念的逻辑来表达世界，让世界服从于概念的逻辑并按概念的逻辑展开。古典政治经济学的实证辩证法虽然反对抽象的概念思辨，但又过分依赖对经济范畴的实证分析，用经济范畴的普遍性和永恒性来论证资本主义生产方式的普遍性和永恒性。在此意义上，德国观念论和古典政治经济学的辩证法都变成了表达“必然性逻辑”的“意识形态”。而马克思《资本论》的“政治经济学批判”作为“合理形态的辩证法”，通过汲取“概念辩证法”的“合理形式”和“实证辩证法”的“现实内容”，在分析和批判资本主义经济矛盾中批判和突破了概念同一性的意识形态牢笼，最终实现了对德国观念论和古典政治经济学的双重超越，揭示出了构建“新社会”的可能，因而它的辩证法是表达“可能性逻辑”的。在《资本论》的“政治经济学批判”这里，辩证法既不仅是研究方式和叙述方式的统一，也不仅是抽象与具体的统一，实质上更是“辩证法的革命”与“革命的辩证法”的内在统一。正是《资本论》

辩证法的“革命”，推动辩证法的起点由“物”变为了“关系”，辩证法的本质由“非批判性”变为了“批判性和革命性”，辩证法的范式由“资本政治经济学”变为了“劳动政治经济学”。由于《资本论》，辩证法的面目焕然一新了，辩证法在《资本论》这里获得了其最新形态和完全意义，《资本论》就是马克思的“新辩证法”。

作为“政治经济学批判”，马克思的《资本论》在哲学、经济学和政治三个方面都实现了伟大的“革命”。在古典政治经济学的视野中，资本是为了获利而积蓄起来的“物质资财”，所以资本仅被理解为自然的、永恒的和非历史的“可感觉物”。对此，马克思批判古典政治经济学家们只看到了资本的“物质”方面，却忽视了使资本成为资本的“形式规定”。而在“政治经济学批判”的视野中，马克思的《资本论》对资本本质的理解，正是通过抓住这一“形式规定”，运用哲学现象学的“抽象力”，将资本视为“可感觉而又超感觉”的“社会关系”，使资本这一“隐形者显形”，最终揭开了资本之谜。可以说，在政治经济学批判与“现象学”相结合的意义上，马克思的《资本论》实现了哲学的革命。通过“政治经济学批判”，马克思在“劳动的二重性”的基础上完成了对古典政治经济学劳动价值论“两个教条”的富有内容的批判和超越，使“资本和劳动的关系”第一次得到了科学的说明，从而实现了从“劳动价值论”向“剩余价值论”的转变，最终找到了解开资本主义生产方式之谜和经济学最复杂问题的“钥匙”。在此意义上，《资本论》不是用“劳动价值论的逻辑”来解释“剩余价值论”，而是用“剩余价值论的逻辑”来解释“劳动价值论”。正是借助“剩余价值论的逻辑”，《资本论》才实现了经济学的伟大革命。从《共产党宣言》到《资本论》共同的思想主题就是“革命”，这一革命的共同目标就是摆脱资本的统治而实现人之“个性自由”。但《共产党宣言》作为这一主题和目标的宣传性和纲领性的文本，侧重的是表明其政治主张，还缺少严格、细致和深入的政治经济学分析与论证。而《资本论》作为“政治经济学批判”，侧重的是对资本这一资产阶级统治无产阶级的“政治形式”根基处的阐释和解构，其革命要求和政治主张是奠定在对资产阶级政治经济学的深刻剖析和全面批判的基础上的，因而其革命主张和自由目标要比《共产党宣言》更具现实性和可能性。在根本而重要的意义上，从《共产党宣言》到《资本论》，就是反抗“资本统治”的

“最高级自由革命”。

《资本论》既“运用”了历史唯物主义，又“证明”了历史唯物主义。从《德意志意识形态》到《资本论》，马克思的历史唯物主义实质上就是通过批判“意识形态”以确立历史唯物主义的“完整观念”，揭示“资本之谜”以确立历史唯物主义的“现实基础”，破解“历史之谜”以建构“关于现实的人及其历史发展的科学”而确立起来的。正是在对资本主义的“意识形态之谜”和“资本之谜”双重破解的基础上，马克思揭开了“历史之谜”，从而建立了“关于现实的人及其历史发展的科学”，最终实现了历史唯物主义从“观念”到“现实经济事务”的展开。作为“政治经济学批判”的《资本论》，在对古典政治经济学、德国古典哲学以及空想社会主义彻底批判和超越的基础上，真正把唯物主义和历史结合了起来，既历史性地解释了资本主义的历史命运，又历史性地解释了共产主义的历史前途，实现了对“历史之谜”的“政治经济学解答”。作为对资本主义社会“历史之谜”解答的《资本论》，其实质就在于对“资本逻辑”这个资本主义社会的内在灵魂和最高原则的否定和批判。正是通过对资本逻辑的形而上学本质的剖析和诊断，《资本论》展开了对资本逻辑的“意识形态幻象”和“现实运作”的双重瓦解和批判，从而实现了对超历史的形而上学和非历史的资本主义神话的双重“终结”。在实质而重要的意义上，历史唯物主义在《资本论》这里是作为“资本逻辑批判”而存在的。

下篇主要是围绕“作为政治哲学的《资本论》”这一主题展开，重点是研究和阐释《资本论》的“政治经济学批判”与政治哲学的真实内在关系。揭示出《资本论》作为批判和否定资本主义私有制及其生产方式，建立最佳的政治秩序和生活方式从而实现人的自由个性全面发展的革命著作和战斗檄文，本质上就是“政治哲学”。

《资本论》虽然有这样那样的缺点，但它却是一个“艺术的整体”。作为一个“艺术的整体”，《资本论》可以有各式各样的解读，但说到底，它既不是单纯的经济学著作，也不是单纯的哲学著作，更不是单纯的科学社会主义著作，而是三者有机结合的真理，把握这一真理必须从“政治哲学”去解读《资本论》。以1971年罗尔斯《正义论》的发表为标志，陷入危机的西方政治哲学重新走向了复兴。在这一复兴过程中，作为“政治经济学批判”的马克思政治哲学越来越受到重视。《资本论》作为“政治经济学批判”，是哲学批判、经济学批判和空想社会主义批判这“三大批判”相统一的“政治哲学”著作。正是通过“政治经济学批判”，《资本论》展开了对作为“观念政治论”的西方政治思想传统的无情的批判和超越，实现了当代政治哲学的“劳动政治论”转向，变革了当代政治哲学的研究范式。在此意义上，马克思的《资本论》早于罗尔斯的《正义论》而实现了政治哲学的“轴心式转折”。作为政治哲学著作，《资本论》最为彻底和深刻地表达了马克思强烈的“政治关怀”：通过“政治经济学批判”追求无产阶级的自由解放。《资本论》把求解放的理论和为自由的斗争结合了起来，将“古典政治经济学”变成了“革命的政治经济学”。从根本而重要的意义上来说，我们唯有从政治哲学来解读《资本论》，才能理解、把握《资本论》批判和变革资本主义政治制度、追求劳动者自由解放的真实意蕴和认清马克思作为“革命家”的鲜明形象，也才能把握和凸显《资本论》作为哲学、经济学和科学社会主义三者一致的“艺术整体”。唯有从此视野出发，我们才能真正挖掘和把握马克思《资本论》的真实意蕴和当代意义。

《资本论》既是一部经济学著作，又是一部政治哲学著作。作为二者的统一，《资本论》还是一部“自由”之作。《资本论》既是“自由观”的革命，又是马克思追求自由的“守夜明灯”。作为终生都在为自由而斗争的“自由之子”，马克思对“自由”及其实现有着相互关联的“三部曲”。在博士论文时期，马克思追求的是摆脱“宗教神权”统治的抽象的“精神自由”，也即通过“服务哲学”来唤醒“自我意识”而实现的“哲学自由”；在《莱茵报》时期，马克思追求的是摆脱“封建王权”统治的具体的“新闻出版自由”，也即通过“出版立法”来保障政治权利而实现的“政治自由”；在《资本论》时期，马克思认识到仅仅摆脱“神权”和“王权”的统治是不够的，还必须追求彻底摆脱“资本”这一支配一切的“经济权力”统治的人之“个性自由”，也即通过“政治经济学批判”来消灭资本主义的私有制而重建“个人所有制”，从而实现人之个性全面发展的“最高级自由革命”。作为马克思思想直接理论来源的德国古典哲学和英国古典政治经济学，它们共同的理论取向就是追求人之为人的“理性自由”。但古典哲学受其“观念论”影响，看重的是“精神自由”，其自由仍然是“虚化”的；古典政治经济学受其“经验论”影响，看重的是“经济自由”，其自由仍然是“物化”的。在二者之间自由还存在一个需要弥合和超越的“张力”。在《资本论》中，马克思通过“政治经济学批判”，既超越了自由的“虚化”，又超越了自由的“物化”，进而建构了每个人全面发展的“自由王国”，最终走向了自由的“现实化”。在《资本论》中，马克思通过“政治经济学批判”，揭示并否定了资本主义“财产权”背后所体现的“虚假自由”和“商品交换”所掩盖的“形式自由”，在扬弃这些“自由”所依赖的资本主义私有制的基础上，通过“重建个人所有制”而实现人之“自由个性”全面发展的“真实自由”。在此过程中，《资本论》展开了对“自由问题”的批判的和革命的“政治经济学”解答，实现了从“资本”而深入“自由”的超越和转变。

《资本论》就是马克思的“正义论”。作为对“资本主义生产方式以及和它相适应的生产关系和交换关系”的研究，《资本论》根本追求的是一种超越资本主义生产方式，建构一个“自由人的联合体”，探寻人类从资本的囚笼中获得解放之可能性的“正义论”。《资本论》的“正义论”关注的不再是“物”的形式上的“分配正义”，而是消灭雇佣劳动制的“人”的实质上的“生产正义”——“自由合作生产”促进人的全面发展。但这一正义仅靠“改良”资本主义不公平的分配方式根本无法实现，而是必须通过彻底“变革”资本主义生产关系，重建“个人所有制”才能真正实现。《资本论》完全可以作为批判和超越资本主义“正义”而构建共产主义正义——“超越正义”的“正义论”来阅读。正是《资本论》的这一“超越正义”的“正义论”，实现了对自由主义正义之原则、制度和基础的三大批判，从而也是一种“批判正义”。作为追求和建构最好的政制和实现幸福生活的“正义论”，本质上是一种实践哲学。但在进入20世纪“分析的时代”之后，正义理论逐渐失去了其“哲学王”的荣耀和地位而陷入了危机。随着20世纪70年代罗尔斯《正义论》的出版，当代正义理论又逐渐走向了复兴。但这一复兴只不过是近代自由主义的一种“主观主义”的复兴，只是达到了自由及正义的“概念”，而要想真正把当代政治哲学所追求和建构的正义“理想”落到实处，还必须回到马克思作为“政治经济学批判”的《资本论》，在深入资本自我运动的内在逻辑中剖析和解构“资本逻辑”，找到其自我否定的新趋势，实现当代正义论的“客观主义”转向。

由于“政治经济学批判”,《资本论》成了早在现代性上升时期就开始反思和批判现代性的著作。资本逻辑作为现代世界里支配一切的最高原则和体系，实际上体现的正是现代性的本质和逻辑，但这一本质和逻辑却具有“解放”和“奴役”并存的内在矛盾和困境。《资本论》的政治经济学批判，与当代西方现代性批判理论有着共同出发点——现代性矛盾。《资本论》正是通过对现代社会最主要的三大经济范畴——商品、货币和资本的“政治经济学”分析和批判，揭示出了其“物与物”背后所隐藏的深刻的“人与人”之间颠倒的社会关系，从而瓦解了资本主义现代性的内在根基，实现了从资本的自由向现实的个人的自由的转变。从中世纪神学一统天下挣脱出来的现代性，本质上就是消解“神圣形象”的“上帝的世俗化”过程。在这一过程中，近代哲学通过消解人在“神圣形象”中的自我异化，使现代性之“主体性的自由”在观念上得以确立。但现代性在消解“神圣形象”的同时，又确立了“非神圣形象”，人刚摆脱“神圣形象”的统治，又陷入了“非神圣形象”的统治，现代性还只是“半截子”的现代性，它仍未完成。而真正使人摆脱“神圣形象”和“非神圣形象”的双重异化和统治，最终获得自由个性彻底解放的，正是马克思通过“政治经济学批判”实现的扬弃和超越资本主义现代性的“超现代性的现代性”。《资本论》内在而又超越的批判本性，使其成为一种不同于西方现代性批判理论的独特的“超现代性”批判理论。

在《资本论》中，马克思通过“政治经济学批判”揭示出了“劳动”、“资本”和“时间”这些最基本的概念在资本主义社会化大生产条件下的“双重空间”本质：劳动是“价值增殖过程”与“协作生产”的空间，资本是“资本的文明面”与“个人受抽象统治”的空间，时间是“工作日的缩短”与“人类发展”的空间。在此意义上，《资本论》的“政治经济学批判”就是“空间政治经济学批判”,《资本论》最终追求的就是以“人的独立性和个性”取代“资本的独立性和个性”，建构一个“自由王国”的“希望空间”。同时，《资本论》的“政治经济学批判”实现了“政治经济学”和“哲学”领域的双重革命，从而真正推进了西方哲学传统从“解释世界”到“改变世界”的转变，在哲学史上开创了哲学“现实化”的新向度和新视野，因而具有深刻的世界历史意义。《资本论》通过对“资本之谜”的揭示而揭开了“世界历史之谜”,《资本论》就是马克思世界历史理论的集中体现和世界历史的“资本”表达，它开启了无产阶级走向自由解放的世界历史的新进程，具有深刻的世界历史意义。作为“政治经济学批判”，《资本论》实现的不仅是批判和超越德国古典哲学和英国古典政治经济学的哲学和经济学的革命，更是从“解释世界”到“改变世界”的世界观的革命。《资本论》的世界观革命，实际上就是剖析和解构资本主义的“私人化”生产方式，发展和建构共产主义的“合作化”生产方式的变革。通过世界观的革命和生产方式的变革，《资本论》从根本上推动了人类社会从“必然王国”向“自由王国”的迈进和人类文明新形态的变迁。《资本论》就是世界历史的“重新书写”和人类文明新形态的“助产婆”。所以，《资本论》才是真正“21世纪的《资本论》”，它就是中国特色社会主义现代化建设的伟大“助产婆”。

三、成果的学术创新、应用价值以及社会影响和效益

1. 学术创新

本成果的创新之处主要有三点：其一，在国内外关于《资本论》的文本解读和思想研究的基础上，进一步挖掘《资本论》的历史唯物主义和政治哲学思想，揭示《资本论》之“政治经济学批判”的“历史唯物主义之维”与“政治哲学之维”交汇并存的理论特质，推进和完善马克思《资本论》之为“政治经济学批判”的“时代精神精华”和“文明活的灵魂”的“**理论性品格**”。

其二，在当代资本全球化和全球性“金融危机”中，发挥《资本论》之“政治经济学批判”对当代资本主义之生产方式和运动规律的揭示以及对资本主义之根深蒂固的“资本与劳动”对立“病症”的剖析和诊断，论证资本主义的等价交换的价值规律必然要走向剥削的剩余价值规律，丰富和发展了马克思《资本论》之为“政治经济学批判”的“对现存的一切进行无情批判”的“**批判性品格**”。

其三，在当代“金融资本狂欢”的“政治—经济”实践中，保持和发挥《资本论》之“政治经济学批判”与现实之间的张力，深入阐发《资本论》作为“工人阶级圣经”和共产主义“助产婆”的现实意义，为当代政治实践和社会发展提供有效的理论资源，推动政治进步和人的自由解放，发挥和凸显马克思《资本论》之为“政治经济学批判”的缩短和减缓社会变革“阵

痛”的**“现实性品格”**。

2. 应用价值

本成果适合大学、社科研究院所和党校以及政府机关从事哲学、经济学、政治学和马克思主义理论等相关专业教学和研究的教师、理论工作者、研究人员以及广大本科生和研究生阅读。

3. 社会影响和效益

本成果围绕《资本论》的“政治经济学批判”所展开的《资本论》与历史唯物主义以及政治哲学的关系研究所取得的系列研究成果，一些已在《哲学研究》《马克思主义研究》《马克思主义与现实》《学术月刊》《江海学刊》《文史哲》《光明日报》等报刊公开发表，其中10多篇论文被《新华文摘》《中国社会科学文摘》《社会科学文摘》以及中国人民大学复印报刊资料《哲学原理》《马克思列宁主义研究》《哲学文摘》等转载。本成果关于《资本论》的相关研究内容，也在国内产生了较好的学术影响，得到了学界同行的一定认可，有些观点被吉林大学贺来教授、清华大学王峰明教授等知名学者引证或评述。本成果在今天资本全球化时代，对阐发《资本论》的历史唯物主义和政治哲学思想以及凸显其“政治经济学批判”把握和透视当今时代的伟大理论和现实意义，发挥了重要的推动作用。

《马克思政治哲学思想探析》概要

欧阳英*

马克思政治哲学思想是马克思对于政治问题进行深入哲学思考的重要思想结晶，体现了马克思独特的政治思想智慧与政治哲学贡献，是马克思主义政治哲学的理论源头与思想保证，也是社会主义实践的重要思想指南。本成果主要从历史、变迁与价值三个部分展开问题的研究与探讨，力求做到还原马克思政治哲学思想自身的“总体性”。

一、研究的目的、意义及方法

马克思政治哲学思想是理论性与实践性的统一。针对马克思政治哲学思想的研究，存在两方面的重大问题：一是“是什么”的问题，二是“怎么做”的问题。本成果的总体目的就在于，通过严谨的研究真正搞清楚马克思政治哲学思想在“总体上”究竟是什么，从而真正实现以马克思政治哲学思想为依据更加科学而有效地指导社会主义实践。

马克思没有留下“大写的”政治哲学著作，这是不争的事实。本成果具体研究目的，是从历史、变迁与价值三个方面将马克思政治哲学思想较为完整地呈现在人们的面前，从而帮助人们更加全面地理解马克思政治哲学思想自身的历史发展，其在马克思之后究竟随着时代变化而发生了哪些重要变化，以及其究竟具有什么样的重大的理论价值与当代意义。

本成果的研究意义，是通过全面、系统地分析与诠释马克思政治哲学

* 欧阳英，中国社会科学院哲学研究所研究员，博士生导师。

思想自身的推进进程、随着时代的发展而发生的形态变迁，以及在西方政治哲学发展史中所呈现的理论价值，帮助人们在理解马克思政治哲学思想时真正拥有一个宏观的理论大视野，避免因理解不全面而带来的认识偏差，以及帮助人们在运用马克思政治哲学思想时真正做到客观、准确与有的放矢。

本成果的主要研究方法是总体性还原法。本成果认为，除了马克思政治哲学思想的自身原因之外，长期以来针对马克思政治哲学思想，人们缺乏系统性与完整性的理解与把握的重要原因还在于马克思唯物史观研究所造成的路径依赖，也就是说人们常常只是将马克思政治哲学思想纳入马克思唯物史观中加以考察，只是将其视为马克思唯物史观的重要组成部分，而忽略了马克思政治哲学思想自身的总体性存在。因此，本成果力求采用总体性还原法，积极肯定马克思政治哲学思想自身的总体完整性，并依此对马克思政治哲学思想的总体真相加以探析与把握。

卢卡奇曾经充分肯定了总体性方法的重要性，并将马克思哲学的方法明确概括为总体性，认为，“总体范畴，整体对各个部分的全面的、决定性的统治地位，是马克思取自黑格尔并独创性地改造成为一门全新科学的基础的方法的本质”。但是需要提到的是，本成果在此并不是单纯地强调总体性方法的重要性，而是力求进一步明确还原马克思政治哲学思想总体性的重要性，也就是说，希望让人们充分认识到，马克思政治哲学思想自身就是一个总体性的存在，人们无须在唯物史观的总体性下去理解马克思政治哲学思想的存在。倘若马克思政治哲学思想只被人们认为是归属于唯物史观的局部或部分，那么，我们实际上是无法真正做到使用总体性方法去把握其本质的。因此，针对马克思政治哲学思想，如果我们希望对其加以总体性的把握，一方面需要利用总体性还原法去深入还原它的总体性，即从唯物史观研究路径依赖中走出来；另一方面则需要坚持总体性原则，而对其进行总体性的分析与把握。这两方面是既相互联系又相互区别的。

本成果还使用了历史主义方法与文本研究方法。本成果认为，马克思政治哲学思想自 19 世纪中叶创立开始一直延续至今，已经拥有了长达一个半多世纪的历史，其间的思想发展可以说是没有间断的，这是人类政治哲学思想史上的一大奇迹。因此，针对马克思政治哲学思想，人们可以采取历史主义方法，进行长时段的历史分析与研究。也就是说，可以不拘泥于马克思本人，而是以马克思本人及其后继者的思想发展为线索，梳理出其中的思想发展脉络与走向，用历史的发展来讲明马克思政治哲学思想的时代价值、历史价值与理论价值。此外，在具体把握思想内容时，本成果使用的是文本研究方法，以尊重文本自身的基本阐述为主要原则，而不添加过多的个人的价值判断。

二、成果的主要内容和重要观点

由于本成果所确立的研究主题是力求做到还原马克思政治哲学思想自身的“总体性”，因此，本成果的主要内容是：梳理马克思政治哲学思想的宏观与微观历史发展脉络；挖掘马克思政治哲学思想本质；分析马克思政治哲学思想在马克思生前及身后的形态变迁历史；揭示马克思政治哲学思想的理论价值。

本成果共分为上、中、下三篇。在上篇中，本成果着重分析了马克思政治思想自身的发展历史以及马克思关于政治本质的特殊理解。在梳理马克思政治哲学思想的宏观与微观历史发展脉络时，本成果认为，从整体上看，马克思政治哲学思想并不是一次成型、一蹴而就的，其发展本身经历了大跨度的思想演进过程。这个过程中存在着四次重大的思想转折：从法到市民社会；从市民社会到经济基础；从经济基础到阶级斗争；从阶级斗争到资本问题。这四次重大转折既是马克思政治哲学思想实现完整理论建构的重要环节，又是马克思政治哲学思想完成对于西方政治哲学开拓性发展的重要保证。

在深入挖掘马克思政治哲学思想本质的过程中，本成果认为，《黑格尔法哲学批判》、《德意志意识形态》、《共产党宣言》和《资本论》是马克思政治哲学思想四个重要发展阶段的重要成果代表，也是对其思想本质加以挖掘的重要文献资料。特别是《黑格尔法哲学批判》，它是马克思关于政治哲学思考的重要起点，但长期以来我国学术界对于它的研究存在着严重不足，而且这种不足可以说已经严重影响了我国学术界与思想界对于马克思政治哲学思想本质的理解。特别是其中出现的“市民社会”概念，在西方学术界已是约定俗成的，但在我国却产生了严重的歧义与争论。在马克思那里，“市民社会”就是经济基础，这是他后来在《德意志意识形态》中明确强调的。倘若将马克思的“市民社会”理解为“公民社会”，实际上是对马克思思想的误读。

在关于政治哲学的思考逐渐走向深入的过程中，马克思对于政治本质的追问也在不断走向深入。从总体上看，马克思关于政治本质的认识包括四个层面，即政治与国家、政治与上层建筑、政治与阶级、政治与经济。马克思关于政治本质的认识是上述四个层面的统一。正因为马克思是从四个层面理解政治本质的，所以他向人们展示了关于政治本质的立体型画面，使人们建立了关于政治本质理解的开放性理念。

在中篇中，本成果深入分析了马克思政治哲学思想的形态变迁历史。马克思政治哲学思想很早就不再由马克思本人专属。在马克思生前及身后，马克思政治哲学思想均得到人们的不同理解，其中不仅包括恩格斯、伯恩斯坦、考茨基、卢森堡等人，也包括列宁、斯大林，还包括西方马克思主义、存在主义的马克思主义、科学主义的马克思主义等，甚至包括当代的后马克思主义。针对这些不同的理解，一方面可以将它们视为见仁见智，另一方面也可以将它们视为对马克思政治哲学思想加以发展基础上所发生的马克思政治哲学思想的形态变迁。本成果深入探讨了对于马克思政治哲学思想的不同理解所具有的不同的重要意义，并且将这些理解区分为两大历史阶段：一是早期阶段，二是多元化发展阶段。

马克思政治哲学思想形态变迁早期阶段的特殊性在于，它是由作为马克思的思想合作伙伴的恩格斯所开启的，且其发展过程与恩格斯的政治哲学思想及其对马克思政治哲学思想的理解之间有不可分割的内在联系。这一点无论是从第二国际的理论家们（如伯恩斯坦和考茨基）的思想中，还是从列宁、斯大林的思想中，都可以看到。因此，在分析马克思政治哲学思想形态变迁早期阶段时，一定要注意恩格斯的特殊影响力。

马克思政治哲学思想形态变迁的早期阶段是与恩格斯有着紧密关联的，同时“列宁式”与“斯大林式”马克思主义政治哲学也在其中逐渐得到形成。正是由于上述背景的存在，进入 20 世纪 20 年代之后，主张回到真正“正统的马克思主义”成为马克思主义研究的新口号，马克思政治哲学思想也由此重新以新的方式进入人们的视野。在这一过程中，马克思政治哲学思想研究也开始走出共产国际小圈子的关注范围，而受到更为广泛的学者们的关注，迎来不同学者的不同理解与诠释，形成了马克思政治哲学思想形态变迁的多元化发展态势。马克思政治哲学思想形态变迁的多元化发展，所反映出来的是人们的理解与诠释模式的差异性，因而人们应该以平等的方式对待它们，一视同仁地看待它们的存在价值。“他山之石，可以攻玉”，对于马克思政治哲学思想形态变迁多元化发展的理论结果加以仔细分析，不仅有助于更加深入地把握它们在理解与诠释模式上的差异，还有助于借助他人的理解以实现对于马克思政治哲学思想更加深入的理解与把握。更进一步说，这里所存在的就是一个“元理解”问题，即对理解加以理解的问题。

20 世纪 20 年代以来在欧美发达国家形成的有别于苏联马克思列宁主义的各种马克思主义思潮，我国理论界统称之为西方马克思主义，其中的政治哲学思想即为西方马克思主义政治哲学思想。面对新兴的马克思主义政治哲学理论形态的大量涌现，有学者认为它们所反映出的是马克思主义经历了深刻的分化。其实，如果我们打破马克思主义是“铁板一块”的认识模式的话，就会发觉马克思主义本身是不存在“分化”问题的。从客观上说，无论是马克思政治哲学思想，还是马克思主义政治哲学思想，都是一个开放的体系，无数的理论生长点都寓于其中而等待着人们去发掘，因此，从中生长出来的任何形态的马克思主义政治哲学思想都是有其存在理由与存在可能性的。

在下篇中，本成果探讨了马克思政治哲学思想的理论价值。首先，本成果深入地分析了马克思政治哲学思想的理论突破。由于坚持从四个维度审视政治的本质，因此，马克思提出的关于政治本质的四种理解模式不仅具有开放性特质，而且摆脱了以往单一理解模式的局限性。此外，这种开放的政治理念也带来了政治理论上的巨大革命，使得人们对于市民社会、上层建筑、阶级斗争、经济决定论等问题形成了新的认识。在我国，虽然关于“马克思主义政治哲学”的提法早已有之，但真正意义上的马克思主义政治哲学研究却是近十多年的事情。其原因主要在于，长期以来马克思主义唯物史观与马克思主义政治哲学之间的关系一直没有得到理顺。唯物史观被恩格斯赞许为马克思一生中两个伟大发现之一，在马克思主义学说中占有极为重要的地位。也正因为如此，原来人们总是在唯物史观的背景中理解马克思主义政治哲学，唯物史观由此简单地成了马克思主义政治哲学存在的必要前提，而马克思主义政治哲学反过来说只不过是唯物史观的重要组成部分。上述情况，不仅出现在对马克思主义政治哲学的理解之中，而且存在于对马克思政治哲学思想的理解之中。在这里我们希望进一步论证的是，从前面对于马克思政治哲学思想发展历史的清理中可以看到，在马克思那里其政治哲学思想与唯物史观之间所具有的互为前提的关系：一方面，马克思在形成自己独特的政治哲学思想的过程中孕育出关于历史唯物主义的想法，从而引发了其唯物史观的形成，实现了社会历史领域的重大理论突破；另一方面，马克思唯物史观的形成帮助其政治哲学思想走向成熟，使之日臻完善，马克思政治哲学思想最终作为西方政治哲学史上新的政治哲学形态脱颖而出。同时，马克思政治哲学思想有着与唯物史观相结合的特殊性，因此从西方政治哲学史的角度来看，马克思政治哲学思想也具有里程碑性质，它促使西方政治哲学朝着更具现实性、历史性与道德性方向发展。

其次，本成果深入探讨了马克思政治哲学思想的当代意义。本成果的重要观点是，马克思政治哲学思想的巨大贡献使之成为20世纪西方许多政治思潮的重要开启者，无论在当代意识形态理论中，还是在新保守主义与新自由主义中，我们都能看到马克思政治哲学思想的重大影响力。对于当代意识形态理论，本成果认为无论是西方马克思主义的意识形态理论还是后马克思主义的意识形态理论，都只是对马克思政治哲学思想中有关意识形态问题思考的另样解读。这些解读的深刻之处就在于它们将马克思对于意识形态阶级性的理解引向深入，使人们看到了任何意识形态都不是单面性的，任何意识形态都会与其他的东西之间建立起一种联系。如与科学技术建立联系，即形成了马尔库塞所谓的“科学技术即是意识形态”思想；与国家之间建立的关系，即形成了阿尔都塞的“意识形态的国家机器”思想；与领导权之间建立的关系，即形成了拉克劳/墨菲的“链接理论”；等等。对于新自由主义，本成果主要分析了马克思政治哲学思想与罗尔斯思想之间的内在联系，认为马克思关于阶级的分析，帮助罗尔斯重新分析并理解了正义问题。马克思意识到，阶级消灭之后，仍然存在匮乏问题，所以提出共产主义社会还需要消灭匮乏，使物质极大丰富，以便有能力做到“按需分配”。因为马克思的解决方案以推翻现存社会为前提，所以我们将其理论称为“超越的”。与马克思相比，罗尔斯的正义理论是“内在的”，因为这种理论既不要求取消财产的私有制，也不要求改变现存的社会秩序。在罗尔斯看来，政治哲学应该具有理想性，也应该具有现实性。政治理想应该是可欲的和值得追求的，也应该是可行的和能够实现的。罗尔斯认为，在现存的制度框架内，按照正义原则来调整政治法律制度和社会经济政策，就可以限制人们之间的冲突，建立起一个正义的社会。为此，罗尔斯提出了他的两个正义原则，以指导立法和制定社会政策。概言之，如果说以自由为前提马克思追求的是社会革命，那么罗尔斯追求的则是公平的正义。对于新保守主义，本成果主要分析了马克思政治哲学思想与诺齐克思想之间的内在联系。新保守主义所追求的是古希腊柏拉图、亚里士多德的政治共同体的古典传统，其理想的实践样式是古罗马帝国。马克思认为只有建立世界性国家，打破国与国之间的界限，才能保证人类的解放与自由。但是，在诺齐克看来，人类只有通过建立“最小国家”才能保证正义的实现，保证人类解放与自由的实现。

本成果认为，马克思政治哲学思想具有不容忽视的当代意义。本成果首先分析了马克思政治哲学思想对于世界政治文明进程的影响。马克思政治哲学思想在当代的积极“在场”，并非因为其具有预言的功能，而是因为其审视问题的理论视野、思辨方法和价值诉求仍然具有极其广泛与强烈的现实意义。随着人类历史的发展，人类政治生活发生了深刻的变化，对各种具体问题的看法可能会随着历史发展而加以重新审视，但马克思对社会历史发展走向的判断仍然有效。在当今时代，资本已全面走向世界市场，人们在体验逐渐丰富起来的物质生活的同时，仍然为远非丰富的精神生活而感到烦恼，仍然为并非理想的政治生态环境而感到困惑，表层的从众与深层的孤独共存，现实生活与马克思所设想的“人的全面发展”的生活尚有不可忽视的距离，但是，马克思政治哲学思想的社会功能远未穷尽，其对资产阶级社会的多重批判在当今时代仍有不可忽视的现实意义。

本成果还认为，马克思政治哲学思想巨大的理论魅力使之成为20世纪西方马克思主义政治哲学的重要基础，同时它的世界性眼光也帮助西方政治哲学走出狭小的地域性，拥有了更为广阔的发展空间。在东方，马克思政治哲学思想已在不断的实践磨砺中发展成为中国特色的马克思主义政治哲学。

三、成果的学术创新、应用价值以及社会影响和效益

本成果的主要学术创新包括：第一，从唯物史观与马克思政治哲学思想之间入手，强调应该建立关于马克思政治哲学思想的独立研究体系，恢复马克思政治哲学思想的“总体性”，而不能像以往那样只是在唯物史观的框架内探析马克思政治哲学思想，或者只是过多地关注马克思唯物史观与政治哲学之间的内在关系。第二，重新解释了马克思政治哲学思想自身的历史发展阶段，强调其中存在着四次重大的思想转折。第三，强调马克思关于政治本质的追问包括四个层面，即政治与国家、政治与上层建筑、政治与阶级、政治与经济，而且这四个层面是有机统一的，围绕这四个层面，人们已经建立起人类关于政治本质理解的开放体系。第四，强调马克思政治哲学思想的形态变迁经历了早期阶段与多元化发展阶段。早期阶段的成果包括恩格斯、伯恩斯坦、考茨基、列宁与斯大林等人的政治哲学思想成果。多元化发展阶段的成果包括：以卢卡奇、科尔施、葛兰西等人为代表的早期西方马克思主义政治哲学；以霍克海默、阿多诺、马尔库塞、哈贝马斯以及霍耐特等人为代表的法兰克福学派政治哲学；以萨特、列斐伏尔等人为代表的存在主义的马克思主义政治哲学；由德拉·沃尔佩的实证主义马克思主义与阿尔都塞的结构主义马克思主义所组成的科学主义的马克思主义政治哲学；以福柯、德里达、德勒兹、鲍德里亚、齐泽克、拉克劳等人为代表的后马克思主义政治哲学。第五，从西方政治哲学史出发，重新诠释了马克思政治哲学思想的本质，指出它是现实性、历史性与道德性的统一。第六，从政治哲学角度重新诠释了“马克思主义”的重大的认识论意义，认为“马克思主义”的提出实际上标志着一个新的资本主义政治认识体系的问世，它的提出迅速打破自由主义、保守主义、民主主义、功利主义等传统资本主义政治认识体系在当时一统天下的局面。“马克思主义”作为一种新的资本主义政治认识体系就是关于现代社会的一种解释，这种解释反映了马克思对于现代社会本质的一种根本认识，它所强调的是资本在现代社会发展中的核心作用以及重要影响力。“马克思主义”作为一种新的资本主义政治认识体系经过了长达一个多世纪的历史检验之后，仍然彰显着难以磨灭的理论光彩，继续指导着人们对于当代社会本质的认识，这一点充分反映了其巨大的理论生命力。

本成果的应用价值在于：第一，马克思主义是中国共产党人的指导思想，马克思主义政治哲学是马克思主义哲学的重要组成部分，马克思政治哲学思想则是马克思主义政治哲学的思想源头。由此可见，对马克思政治哲学思想展开系统与完整探析的意义是重大的，它不仅有助于人们更加深入地理解与把握马克思主义政治哲学的本质，而且有助于人们对马克思主义政治哲学进行更为广泛与准确的运用，避免因认识上的偏差而出现实践上的重大失误。第二，中国政治文明建设的重要指导思想是马克思主义政治哲学思想，因此深入探析马克思政治哲学思想无疑对中国政治文明建设大有裨益。

本成果的社会影响和效益在于：第一，帮助人们对于马克思政治哲学思想的总体性思想体系有一个更为明确的认识；第二，帮助人们在理解马克思政治哲学思想时真正有一个宏观的大视野，不仅要注重马克思政治哲学思想自身的发展，而且要注重其变迁的历史及重大的理论价值；第三，帮助人们在运用马克思政治哲学思想时能够真正做到客观与准确，避免因理解上的不足而带来的认识上的偏差与实践上的失误。

在当今中国，随着政治哲学不断得到广泛而深入的研究，我们研究马克思政治哲学思想的视野也更加宽厚与宏大。本成果对马克思政治哲学思想加以总体性的探析，无论是从提供新的理论研究视角的角度，还是从为马克思政治哲学思想的发展提供新的理论生长点的角度，应该说都是有所裨益的。

《斯蒂格勒〈技术与时间〉构境论解读》概要

张异宾*

一、研究的目的、意义及方法

贝尔纳·斯蒂格勒（Bernard Stiegler，1952—　）是当代法国哲学家，解构理论大师德里达的得意门生，蓬皮杜艺术中心研究与创新学院院长。其主要代表作包括《技术与时间》（三卷，1994—2001）、《象征的贫困》（二卷，2004—2005）、《怀疑和失信》（三卷，2004—2006）、《构成欧洲》（二卷，2005）、《新政治经济学批判》（2009）、《休克状态》（2015）、《自动化社会》（第一卷，2015）等。斯蒂格勒深受马克思、海德格尔和德里达等思想大师的影响，提出了一套原创性的技术哲学和社会批判理论，在当代西方左翼思潮中具有重要学术价值与现实影响。然而，自《技术与时间》第一卷中译本问世至今已经有十几年了，国内关于斯蒂格勒及其著作的研究仍然鲜有人问津，仅有少量的专题论文。特别是《技术与时间》一书，作为斯蒂格勒对自己哲学基础——技术义肢存在论的最早阐述，构成其数字化资本主义批判的前期线索，对于理解斯蒂格勒的当代资本主义批判理论尤为重要。

本成果研究的目的和意义：本成果旨在通过对斯蒂格勒代表作《技术与时间》的系统解读，揭示斯蒂格勒技术哲学与社会批判思想的理论背景、核心线索和当代意义，进而理解其新的数字化资本主义批判理论。因此，本成果的研究将为国内学界科学定位和深入理解斯蒂格勒的哲学思想提供重要参

* 张异宾，南京大学教授，博士生导师。

考，进而推动从技术维度出发，深化资本主义社会批判理论的创新探索。本成果不仅具有学术补白和思想史拓新的意义，并且自觉紧扣当代社会现实，展现信息革命以来，资本主义依托文化工业、数字化技术和网络互联机制，不断转换和深化其剥削机制的内在过程，从技术维度深化历史唯物主义的社会批判理论，具有较强的现实针对性和启示意义。

本成果所用的研究方法：首先，本成果自觉坚持历史唯物主义的基本立场、观点和方法，坚持从历史性视角出发，分析斯蒂格勒思想的支援背景和发展逻辑，在思想史视野中对其理论得失做出恰当的评析和定位，并且基于历史唯物主义的基本观点，对斯蒂格勒理论中的缺失与不足之处予以明确的回应和批判。其次，本成果注意理论与实践相结合，一方面注重从社会历史发展的客观条件出发来理解理论的进展，另一方面注重阐发理论的进展对于理解社会实践、批判当代资本主义现实所具有的实际意义。最后，本成果还原创性地运用了构境论的基本思想和方法，自觉保持解读者与原作者思想之间的客观差异与对话关系，着力分析概念背后的思想史线索，呈现文本细节的逻辑变化，展现文本与思想史、作者与解读者之间的多重互文关系，重新激活思想的可能性空间，推动文本阐释基础上的理论创新。

二、成果的主要内容和重要观点

本成果的主体部分是对斯蒂格勒代表作《技术与时间》的系统解读，附有对其最新思想进展即数字化资本主义现实批判的前沿阐释。

本成果上篇的内容和观点：本成果上篇是对《技术与时间》第一卷的解读。第一卷是斯蒂格勒技术哲学的原初理论构境，他后来走向现实资本主义批判的所有关键性学术构序——构式质点都出现在这一部分的讨论中。第1～2章说明了斯蒂格勒撰写第一卷时的学术构境背景，即从德里达的延异观念到胡塞尔的现象学，再到海德格尔论技术座架的两面性和法兰克福学派的激进社会批判线索，最终在对西方技术哲学的评论和对海德格尔存在论的深境中回到整合性的构序起点。第3章讨论了斯蒂格勒将德里达的延异概念延伸到人的存在起源的思考中，即后种系生成中的义肢性技术存在，不同于人类存在者自身的生命种系起源，技术被视作人类历史存在的第二起源，由人的生物实在之外的义肢性文码记忆构成了一种后种系生成中的“被发明”，这种在自然遗传进化终止之后出现的广义文码就是技术，也是人类历史存在在自然中的延异式到场。第 4 章进一步展开讨论了技术延异存在中出现的义肢性工具模板和符码记忆中构成的先行时间，这种时间区别于物理时间，表现为人类历史存在的双重延异：生物遗传性的断裂中技术的外化演进与工具在行动发生中的先行到场。第 5 章则是对斯蒂格勒技术哲学中的核心构境点——第三持存概念与历史建构关系的最初说明，即技术义肢的记忆延异就是增补性的人类社会历史，其中，“谁”（主体）与“什么”（技术）的转导关系是核心构序线索。而这个作为人类原初缺陷增补的技术——第三持存却在现象学和存在论的原初时间结构中缺失了。这是斯蒂格勒在胡塞尔和海德格尔的思想构境中读出的逻辑空白，也是斯蒂格勒全部技术哲学新的构境激活点。

本成果中篇的内容和观点：本成果的中篇是对斯蒂格勒《技术与时间》第二卷的研究，它的复境主体是聚焦斯蒂格勒如何将第三持存论入境于现代科学技术对人类生存的深层构式，特别是他的技术哲学中表现出来的批判性特征。第 6 章是斯蒂格勒对现代摄影与电影的生产和现象学分析，由此说明历史描述的镜像特征，摄影、电影和电视一类新型的模拟技术其实就是拉康那个面对个人伪自我建构的静止镜子的技术升级版。这种新型的数字化镜像比镜子反射更使人入迷，因为在这种已经失去了真实依托的超真实成像中，人类历史存在会真的在这面巨大的电镜中不知不觉地死亡和终结。第 7 章有一个倒叙加跳跃的历史构境，从镜像反射到字母拼写文字对存在不在场的第三持存增补逻辑，再从种族记忆到去与境化的知识—技术—自动编程的延迟时间，以彰显人类历史迷失在中断式重复的延异中。第 8 章是对斯蒂格勒最早的社会批判理论的概述，它集中于当代资本主义以信息、网络技术为核心的记忆工业布展的新型权力，即信息编程化所重构的康德意义上的先天综合构架所建构的信息存在论与信息商品化，这种信息革命所带来的“非领土化”将导致一切传统社会权力的深刻改变。第 9 章的思考主要围绕着模拟—数字信息存在中的事件化和光速在场体验而展开，以说明全新的实时事件化的当下历史建构。这种以光速传递方式实现的存在论转换彻底改变了历史呈现方式，历史不再是事后的记载，而是在新型的时间客体中被当下建构。第 10 章讨论了存在在远程在场中的非实现化问题，远程登录的在场性同时消解了空间意义上的领土和现实关系中的人的在场状态。这是一种全新的消除延迟事后性的电子记忆的政治经济学，在所谓在线的真实时间建构中，存在的延异本质被遮蔽起来。

本成果下篇的内容和观点：本成果下篇的讨论对象是斯蒂格勒《技术与时间》的第三卷，其主题为数字化资本主义与存在之痛，这是对第二卷中已经开始的对当代技术与资本同谋关系的曝光的进一步展开。第 11 章的思考点为电子化第三持存中的意识畸变问题，即远程登录的电子蒙太奇所构式的数字化“伪我们”，这也是数字化构架中的个性化沦丧——思想的无产阶级化，通过对个体内部结构的数字化虚假重建，人的个性化进程被彻底摧毁，最终导致远程登录式的不在场的在场中发生的存在之痛。第 12 章从胡塞尔的时间客体论出发，讨论了电子故事欲背后的奴役。其真相是，新的技术先验构架取代了康德时代的传统观念综合模式，今天的数字化生存对人的最内在的支配和座架是从看不见的电影式的先天意识构架开始的。而第 13 章则集中揭露了这种新的先天综合意识构架的典型——好莱坞文化殖民的隐性逻辑，在电影蒙太奇的拼接中使人的意识发生无意识的改变，从而无我地认同资本他者的时间，而远程登录的电视传播，则大大加剧了这种资产阶级意识形态隐秘控制的精神灾难。第 14 章讨论了斯蒂格勒对康德和胡塞尔两位大师的批评，一是对作为康德先天观念综合现实基础的先在的文化工业构架的提示，二是对胡塞尔的意向填充幻象中市场意识的前摄与后提的说明。他的新结论为，数字化资本主义新时代的本质是“意识犹如电影”，即资产阶级通过数字化蒙太奇手段深刻改变了人们的意识结构，使其更加臣服于市场和股份制的资本逻辑。第 15 章到第 16 章主要围绕斯蒂格勒的宏大愿景，即在马克思之后续写数字化资本主义时代的《资本论》，重新解读资产阶级的现代性：被重构的接受方式中的“伪我们”即意识流的臣服性接受，当数字化的幻象处于统治地位，个性化中的真实欲望就已经彻底死亡。其中，康德的先天综合判断的图式论被外移到第三持存的人工记忆中，正是这种幻象共同体建构起了支配所有人的大写的“伪我们”。在电影—电视的时间客体流的流逝中，大写的“伪我们”的商业推销和政治意识形态深深嵌入到所有人的意识流蒙太奇中。第 17 章是对数字化资本主义本质的概括。斯蒂格勒的观点是对资产阶级制造和释放出来的魔鬼般的电子象征符号的批判，它的核心为全球记忆体系中的文化熵增。数字化资本对全球的占领，这种占领的本质恰恰是魔鬼般的象征符号成为统治，而象征符号则正是依托了网络信息技术建构了全新的数字化存在论现实。

本成果附论的内容和观点：在 2001 年完成上述三卷《技术与时间》之后，斯蒂格勒没有继续已经预告的第四卷，而开始直接面对当代资本主义全面批判这一更为宏大的思考主题，在更加复杂的交叉学科视位中获得了自己对于当代资本主义社会存在的全新认识。斯蒂格勒将自工业资本主义发展起来的技术时代指认为人类纪（Anthropocene）。这是一个由于资产阶级的疯狂掠夺导致熵增的社会。他认为，特别在马克思去世之后的一个半世纪以来，传统生产和消费的工业模型受到数字资本主义的挑战。作为数字资本主义社会基础的后工业技术体系本身就是一系列复杂义肢中的记忆装置，它不再以工人的劳动时间为剥削对象，而是以所有人的时间记忆为塑形对象，人类的记忆被卷入系统的工业化生产过程，以此构成新的人类记忆的后种系生成。并且，数字资本主义进程已经进入“非经济”的剥削方式，那就是包括消费者在内的普遍的人的第三阶段的无产阶级化（proletarietization）。这种无产阶级化是所有人失去知道怎样做的知识的“废人化”，不再拥有可以自给自足的知识，也失去了生活的知识。现代人生活中的所有社会组织器官和交往娱乐生活都被数字化技术的先天综合所重新塑形，斯蒂格勒断言，在不久的将来，我们的感觉将被模拟现实的数码显像、触觉传感器所取代，一种新型的数字化机器式的“狮身人面兽”将根本改变生命存在的再组织。技术对遗传的直接操纵会使制造被克隆的“假人”成为可能，这将是人类本身毁灭的开始。

针对数字化资本主义世界中发生的新情况，斯蒂格勒提出要接着马克思的批判线索建构一种“新政治经济学”，续写数字化资本主义条件下的新的《资本论》，其核心内容就是要关注数字资本主义对人类的意识进行编码的政治经济学批判。他提出要发动一个逆人类纪（Neganthropocene）的进程，也就是将被数字资本主义畸形塑形的当代技术颠倒过来，积极地建设一种巴塔耶式的新的经济模式——贡献式的经济，在不打破资本主义生产方式的情况下，以废除技术私人占有的方式，让创新性的技术从资产阶级商品价值构式中彻底摆脱出来，这种新经济的参加者通过对技能的投放以及在团体中的参与，实现一种知识共产主义。关于上述斯蒂格勒对当代数字化资本主义现实的最新批判，本成果围绕 2016 年他的“南京课程”的讲义文本进行了概要说明，将其作为附论放置在本成果最后。

三、成果的学术创新、应用价值以及社会影响和效益

本成果的学术创新：本成果在研究方法和研究观点方面，表现出鲜明的原创性和创新性。研究方法创新层面，本成果坚持和发展了构境论的思想方法，依托广阔的思想史背景和跨学科的理论视角，对斯蒂格勒复杂的理论支援背景做出了创新阐释，对其所使用的诸多理论概念进行了深入解析，对其理论逻辑的演变过程给出了清晰梳理。本成果坚持体现解读者和原作者之间必要的思想间距，突出文本解读中的思想对话关系，将斯蒂格勒的理论置于当代社会现实基础之上，在历史唯物主义的比照视野之中予以独创性的评析。基于这种方法，本成果对斯蒂格勒的核心思想进行了别开生面的读解，既充分阐明了斯蒂格勒思想的理论价值，又指出了其思想中存在的缺失与含混之处，有助于推进思想史阐释基础上的社会批判理论再创新。

研究观点创新方面，本成果提出了若干重要的创新观点。例如，本成果提出，斯蒂格勒的思想与胡塞尔、海德格尔和德里达具有深层的学术链接，从根本上脱离了西方技术哲学的固有专业学术传统；他关于技术的义肢性存在、第三持存与人类历史中的记忆延异等观点达到了存在论的哲学深度，读出了前述思想大师理论中的逻辑空白，使其技术哲学思想自成一体，富有启发性；斯蒂格勒在法兰克福学派批判线索的基础上，最早直接将技术哲学批评与对资本主义的政治批判链接起来，从对摄影、电影和电视的分析推进到揭示当代资本主义以信息、网络技术为核心的记忆工业布展的新型权力，在存在论层面提出技术对于人的生存场景的反复重建这一深刻转变，批判了资本逻辑在光速到场和网络互联状态下对主体的数字化建构和瞬间征服；斯蒂格勒还在对电子技术的分析中，推进了拉康关于主体的否定性的关系存在论思想，揭露数字化时代远程登录下的在场状态与电子蒙太奇对“伪主体”的建构过程，这也是个性化被彻底摧毁和思想的无产阶级化的过程。在数字化构架之下，康德的哲学认识论革命翻转为一种激进的社会认识论批判，数字化“伪主体”的形成正是个体真实欲望的彻底死亡，这是对数字化资本主义

本质的批判。以上这些重要的理论判断，呈现出了一个全新的斯蒂格勒的思想形象，也为国内学界把握斯蒂格勒的当代资本主义批判理论提供了一个全新的基础。

本成果的应用价值：首先，本成果是国内第一部关于斯蒂格勒思想研究的专著，具有学术补白价值。其次，本成果揭示了斯蒂格勒技术哲学的存在论基础，即技术义肢存在论。以此为基础，推动了技术哲学的创新阐释，更确切地说，开辟了将现象学和历史唯物主义等思想资源相结合，从技术的向度理解人类历史性存在方式的崭新哲学路径。再次，本成果对斯蒂格勒的当代数字化资本主义批判理论所做的基础性和前沿性分析，勾画出了斯蒂格勒资本主义社会批判理论的基本构架，对于深化理解斯蒂格勒相关思想具有重要的导引价值。最后，本成果在与斯蒂格勒进行思想对话的过程中，基于历史唯物主义和历史构境论的思想立场，提出了许多关于技术与人类社会发展、数字化资本主义的原创观点，对于推进国内马克思主义社会批判理论具有重要的学术意义。

本成果的社会影响和效益：本成果对斯蒂格勒的分析不仅具有学术补白和理论拓新的价值，而且对于理解当代社会现实，深化资本主义批判，进而探索数字化时代主体解放之路具有独特的启发和指导意义。首先，本成果的研究有助于准确理解数字化时代社会发展对于人的主体存在状态的改变，警惕资本主义通过网络和数字化技术实现对人的新的更深奴役。其次，本成果的研究有助于在当代技术革命的背景下探寻反对数字化资本主义，实现人类解放的现实道路。区别于传统欧洲左派批判理论只是一味地否定资本主义现实，而一旦谈及现实解放道路时却立刻语焉不详的特点，斯蒂格勒对当代资本主义的批判最为可贵的方面在于，他总是积极地探求新的现实解放的可能性，并结合其理论主张进行了知识共享平台等方面的实践探索。最后，本成果通过对《技术与时间》的解读，突出强调了斯蒂格勒关于雅努斯神的双面性的思想，展现出将当代技术的奴役翻转为拯救的可能的乐观主义态度，既给出了个体层面警惕和克服资本新型奴役的具体建议，又展现出宏观的历史感和现实感，从而使本成果不仅对于专业研究者具有价值，对于一般读者也具有启发意义。

理论经济

《中国文化消费提升研究》概要

毛中根*

一、研究的目的、意义及方法

1. 研究目的

本成果以中国特色社会主义文化消费科学内涵为基点，研究文化消费与经济社会发展的关系、文化消费提升的核心要义、文化消费发展的国际经验和文化消费调控机制等问题。我们期望准确把握文化消费发展的时代命题，积极借鉴国外文化消费发展经验，掌握我国文化消费在扩大数量、提高质量、提升满意度等三个方面的发展规律及途径，揭示我国文化消费调控机制，探索中国特色社会主义文化消费提升的理论体系。

2. 研究意义

第一，提升文化消费有利于充分发挥文化消费的经济效益，促进文化生产力的解放，推动文化大发展大繁荣，服务于经济结构升级。

第二，提升文化消费有益于充分体现文化消费的社会效益，促进人与社会共同进步，服务于全面建成小康社会。文化消费提升既提高人的认识、升华人的情感、增进人的自由，促进人的自由全面发展；又提高国民文化素质、文化修养与文化自律，促进社会全面发展。

第三，提升文化消费有助于充分彰显文化消费的意识形态效益，增强文化凝聚力和引领力，增强文化自信。文化产品的消费对人们的思想产生影

* 毛中根，西南财经大学教授，博士生导师。

响、教育与引导作用。在提升过程中，可有效增强人们的自我身份认知、强化社会主义核心价值观和增强共筑中国梦的精神动力，不断巩固文化的凝聚力，增强文化自信，让习近平新时代中国特色社会主义思想深入人心。

3. 研究方法

本成果以文化消费提升的理论归纳为逻辑起点，通过多种方法的结合与相互转化，形成中国特色文化消费发展模式和理论体系。用文献研究法来准确把握文化消费的理论背景，明确研究的着力方向；用调查研究和统计分析方法来确定国内外文化消费发展的历程；用规范分析、定性分析与理论研究来界定文化消费提升的概念范畴与内涵；用实证分析与量化模拟来保障研究的可行性；用整体研究和重点分析相结合的方法，以保证研究力量的高效率使用。

整体来说，本成果在综合运用社会科学和自然科学传统研究方法的基础上，借鉴融合最新分析工具和方法，共同为理论分析、模式研究和路径探索提供技术平台，以实现研究目标。

二、成果的主要内容和重要观点

1. 主要内容

文化消费提升具有推动经济发展、促进社会和谐与提升人的自由全面发展的功能。文化消费提升，既包括经济层面上通过文化消费数量扩张而产生的促进经济增长和增加社会福利的效果，又包括社会层面上通过文化消费质量和满意度提高而产生的增加居民幸福感与构建和谐社会的效果，还包括国家层面上通过文化消费结构调整而产生的弘扬传统文化与建设社会主义文化强国的效果。

第一，文化消费提升的要义及重要功能。文化消费是指为满足人民群众精神文化需要，采取不同的方式消耗文化产品和服务的过程，主要是对享受资料和发展资料的消费。文化消费提升是文化消费数量增长基础上的文化消费质量优化以及文化消费满意度提高，它既要求文化消费的经济功能充分发挥，又强调文化消费的社会功能充分彰显。理解文化消费要正确认识发展个人文化消费与提供公共文化消费相互补充的关系；增加文化消费总量与提高文化消费质量相互促进的关系；提升通俗文化消费与推广高雅文化消费相互转化的关系；满足文化消费需求与引导文化消费需求相互配合的关系。文化消费提升，对于经济健康发展、社会和谐发展和人的自由全面发展具有重要意义。

第二，文化消费发展演进及现实困境。改革开放后，我国文化消费逐渐兴起，文化消费整体规模日益扩大，但文化消费结构不甚合理，文化消费发展城乡和地区间不平衡，与经济发展不同步。1992—2001 年进入快速发展阶段，虽然文化消费结构层次较低，城乡差异较大，但文化消费总量有了一定发展，呈现出个性化多元化等特征。2002—2011 年经历持续繁荣时期，文化消费日益活跃，并向高品质、多样化和个性化发展，文化消费结构不断优化升级。2012 年以来进入发展的新时代，文化消费迎来新的发展机遇。

进一步，在文化消费保持较高速度增长的同时，文化消费内部又呈现出热点轮动、全面开花的趋势：以电影电视剧欣赏、艺术表演观赏为代表的传统文化消费强势复兴；以艺术品鉴赏、动漫消费为代表的小众化消费趋于大众化。在现代科学技术推动下，文化消费与其他领域消费融合发展的态势越来越强，形成新的消费热点与形式：文化消费与旅游消费的融合愈加明显；文化消费与信息消费的融合不断加深；传统的观赏式文化消费向体验式文化消费转化；个性化、定制型的文化消费被不断开发出来。

与此同时，文化消费在人均 GDP 达到 3 000 美元时出现高速增长的“国际经验”在中国失效。可能因为消费行为特别是文化消费行为的变化滞后于经济增长，且我国人均 GDP 达到 3 000 美元与“国际经验”中的 3 000 美元不具有可比性。中国特色社会主义进入新时代，文化消费迎来新的发展机遇。城乡居民文化消费需求收入弹性由富有弹性转变为缺乏弹性，文化消费正在成为“迫切性消费需求”，预示着文化消费增长的拐点即将到来。

在经济发展新常态背景下，文化消费提升，适应了消费需求向个性化、多样化发展的趋势，是我国经济高质量增长的新突破口：有利于产业转型与升级，推动产业结构优化；服务于增长动力向创新驱动转变，增强经济增长的可持续性；有益于市场向质量型、差异化竞争的转变，提高资源配置效率；有利于缓解经济增长的资源环境约束，促进绿色发展。

第三，文化消费的增长因素及机理分析。基于居民消费选择的角度，重点剖析居民收入结构、社保制度改革、家庭特征、文化产业集聚等对文化消费增长的影响。

居民收入是影响文化消费增长的主要因素，但城乡居民不同类别收入对文化消费增长的影响效果不同。城镇居民文化消费对持久性收入反应敏感，对暂时性收入反应不敏感；农村居民文化消费对持久性收入和暂时性收入均反应敏感。城镇居民文化消费对工资性收入反应敏感，农村居民文化消费对工资性收入、经营性收入和财产性收入均反应敏感。消费者家庭特征影响文化消费增长：收入、财富、家庭规模、户主受教育程度对家庭文化消费有显著促进作用；户主年龄和赡养率对家庭文化消费具有显著抑制作用。城镇居民医疗保险制度改革具有文化消费增长效应：城镇居民医疗保险制度改革具有显著的消费增长效应，但文化消费增长只在高收入健康家庭中得以体现。文化产业集聚带来的外部规模经济效应、竞争优势效应、低成本效应、创新效应和共生效应通过不同途径对文化消费的主体、客体和消费环境产生影响，文化产业集聚对城镇居民文化消费产生显著正向作用。

第四，文化消费质量的内容及提升思路。从人均文化消费水平、文化消费占总消费支出的比重、文化消费与收入的匹配度、文化消费的内部结构、文化消费的差异以及文化消费的成本与消费效果等六个维度对文化消费质量的内涵进行刻画，构建了文化消费质量的描述性评价指标体系。测度发现，2001 年居民文化消费质量指数较低，只有 0.141 分；随着全面小康社会加快建成，我国居民文化消费质量指数迅速提升，2015 年为 0.819 分。

进一步，以北京市、湖北省、新疆维吾尔自治区和吉林省为例，对东、中、西以及东北地区代表性省、直辖市或自治区文化消费质量指数进行测度，并对各地区结果进行比较分析，得出结论：（1）以北京市为代表的我国东部地区文化消费质量整体水平最高，但随着我国经济发展步入新常态和统计口径变化，2014 年北京市文化消费质量指数有一定波动。（2）以湖北省为代表的中部地区文化消费质量整体水平稍落后于东部地区，略高于全国整体水平，且中部地区受 2008 年全球性经济危机的影响较小，波动较小。（3）以新疆维吾尔自治区为代表的西部地区文化消费质量整体水平最低，波动最大。（4）以吉林省为代表的东北地区文化消费质量整体水平与全国整体水平相当，但吉林省文化消费质量指数整体波动较大，且与东部地区不同的是，从 2014 年开始，吉林省文化消费质量指数增速明显加快。

第五，文化消费满意度的量化体系与指数构建。文化消费满意度是为满足精神文化需要，居民或者消费者对消耗文化产品和服务过程中所产生的主观满意情况。本成果以主观满意度评价为主、客观为辅，主客观结合：客观角度方面，构建反映文化消费状况的客观指标体系，收集各个方面的数据，基于客观数据建模和比较；主观角度方面，构建居民对文化消费状况满意程度的指标体系，基于大众对文化消费状况的积极评价及其改进诉求，通过纵向和横向的比较，反映文化建设方向。并从完备性、精度性、有效性、简易性和可比较性的角度出发，构建了包含教育、旅游、健身休闲和文化娱乐四大类的文化消费满意度量化体系。在全国各省（自治区、直辖市）行政机构所在地即省会城市（香港特别行政区、澳门特别行政区、台湾台北市除外）采用“随机抽样为主，配额抽样为辅”的方式进行抽样调查，每个抽样总体最低样本量不低于 385 个基本调查单位（户），总共抽取样本容量为 11 000 户，实际获取有效调查样本 9 308 份。

结果表明，文化消费满意度的高低既直接与区域经济发展水平和居民收入存在关系，又与居民的文化消费体验有关。个体特征（职业、年龄、文化程度等）作用于文化消费体验，现阶段居民能够用于消费体验的时间以及时间的弹性需要重点关注。同时，通过大规模的文化消费满意度调查进一步明确量化文化消费满意度需正确处理好完备性与操作性的矛盾、个体对宽泛对象的选择模糊性以及分离区域预期对主观满意度的影响。

第六，文化消费提升的国际比较及经验。我国城乡居民文化消费总量位居世界前列，虽然人均文化消费增长迅速，但与经济合作与发展组织各国相比仍有较大差距，甚至低于同为金砖国家的俄罗斯。美国、英国和日本既是经济强国，也是文化消费大国，其文化消费发展经验对提升中国文化消费有重要借鉴意义。

美国、英国和日本的文化消费发展经验表明，国民收入水平提高、低收入家庭收入增加、失业率降低、文化产品和服务价格降低等措施有助于提高居民文化消费能力；经济环境、社会环境、技术环境和政策环境的提升有助于改善居民文化消费环境；居民受教育程度提高、闲暇时间增加、文化产品质量和创新性提高有助于提升居民文化消费意愿；社会保障体系完善、生活预期明朗以及互相学习和模仿消费能稳定居民文化消费预期。

第七，文化消费调控机制分析。文化消费调控传导机制可以概括为政策工具→传导中介（产品特征、产业特征、消费者特征、市场特征）→微观主体行为→政策效果。按照调控手段从输入端到输出端的传导流程，文化消费调控工具通过产品特征（品种、质量、价格）、产业特征（供给力、美誉度、新业态）、消费者特征（消费能力、消费意愿、消费品位）、市场特征（消费环境）作用于文化消费总量、文化消费结构，进而实现文化消费政策调控效果（经济增长、产业结构优化、满意度提升）。

文化消费政策对产品特征的作用，主要通过调节企业收益和成本等来影响企业决策，进而影响文化产品数量、质量和价格。文化消费政策对消费者特征的作用，主要通过引导社会风尚转变居民的消费理念；通过收入再分配、财政补贴等优惠政策提升居民文化消费能力；通过培育消费热点开发消费者需求。文化消费政策对产业特征的作用，主要通过政策引导来培育产业主体、塑造产业组织形式、打造产业品牌、发展产业新模式等，来促进文化产业综合竞争力，优化文化产业供给结构。文化消费政策对市场环境的作用，主要依靠强化市场主体责任、规范消费市场秩序、保障消费者合法权益等方面来明晰市场主体的责权利。

传导中介的作用具体表现为产品数量增加、质量提高和价格合理等供给特征优化，消费者购买能力提升、消费动机增强等消费者特征改变，将促进文化消费和调整文化消费类别，进而提高文化消费在总消费中的占比，并优化文化消费内部结构，提高文化消费质量，提升文化消费满意度。

第八，文化消费的提升机制与路径选择。从能力提高、环境优化、意愿增强、预期改善等方面分析文化消费的提升机制；从文化消费理念、文化消费动力、文化供给思路、文化市场繁荣、文化人力资本、文化资金投入等方面提出文化消费提升的路径选择。

2. 重要观点

第一，文化消费发展具有复杂性和动态性的特征。文化消费提升是通过文化消费数量扩张、结构优化和层次提升实现经济社会发展多重目标的过程。其中，多重目标可能包括经济可持续发展、促进社会结构转型、人力资本优化、实现产业结构升级、提高居民幸福感和满意度等。我国文化消费经历了兴起与发展阶段，目前文化消费发展步入新时代。在特定经济社会发展背景下，文化消费有其自身发展规律。我国文化消费发展较快，但依然存在巨大缺口和内部结构不甚优化等问题。加强文化消费提升，将进一步解放与发展文化生产力，促进人的自由全面发展、增强经济实力与推动社会进步。

第二，文化消费与个人特征、文化消费与文化供给、文化消费与社会分层均存在交互作用。(1) 文化消费与个人特征存在交互作用。文化消费是满足精神需求的主要途径，具有鲜明的个人色彩，文化消费的差别很大程度上取决于消费者个人特征的差别。心理特征、个性特点、经济特征对文化消费具有显著影响，收入与文化消费之间存在正相关关系，不同收入对不同文化产品的需求存在差别性影响；年龄、教育水平、性别等个人特征也对文化消费具有显著影响。文化消费选择反过来又会影响个人特征演变。例如电影、音乐和书籍可以有效传递思想，对年轻消费者的性格变化产生显著推动作用。(2) 文化消费与文化供给存在交互作用。一方面，文化产品的特征决定了其受众；另一方面，文化消费还会在一定程度上决定文化产品供给的类型与数量，并以产业间关系、人力资本形成、就业水平等为中介对经济运行施加影响。(3) 文化消费与社会分层间存在交互作用。通常认为处于不同社会阶层的个体具有不同的文化消费特征，但社会阶层与文化消费之间的关系往往呈现出复杂的动态特征。从静态视角来看，某个社会群体中的个体应该具有类似的文化偏好，但社会发展导致社会阶层的动态性和社会成员的跨阶层流动，同一社会群体中的成员往往体现出个体文化的异质性偏好。进一步，文化消费对社会阶层的形成与区分具有重要影响。社会经济环境的动态性导致文化本身也存在极大的可变性，新文化的出现甚至可能导致社会群体分化。

第三，文化消费扩张有其内在机理，一般性的消费影响因素在其中表现出特别性。文化消费增长是文化消费提升的基础，收入、财富、家庭特征、社会保障以及产业集聚等一般性的消费影响因素均对家庭文化消费产生显著影响，但城镇居民文化消费仅对持久性收入和工资性收入反应敏感，农村居民则对各类收入均敏感；家庭规模、户主受教育程度对家庭文化消费有显著促进作用，户主年龄和赡养率则反之。城镇居民医疗保险制度改革具有显著消费增长效应，但这种消费增长效应并不表现为文化消费的大幅增长，文化消费增长只在高收入健康家庭中得以体现。

第四，文化消费质量的测度是研究文化消费提升的宏观学理基础，文化消费质量在我国呈现出时间上的动态性和空间上的差异性。从六个维度对文化消费质量的内涵进行刻画，构建了文化消费质量描述性评价指标体系。测度发现，2001—2015 年我国居民文化消费质量指数总趋势表现为持续上升。2001 年居民文化消费质量指数较低，随着全面小康社会加快建成，居民文化消费质量指数迅速提升，但居民文化消费质量的提升空间还较大。

第五，文化消费满意度的测度是研究文化消费提升的微观学理基础，受个体特征、产业特征和宏观环境等多方面影响，表现出主观量化的局限性、对象模糊性和个体随意性。应坚持以主观满意度评价为主，客观为辅，采取主客观结合研究的方法。同时，通过大规模调查进一步明确文化消费满意度量化需要正确处理好完备性与操作性的矛盾、正确处理好个体对宽泛对象的选择模糊性以及进一步关注区域预期对主观满意度的影响。分析结果表明，提高文化消费满意度既要加快经济发展，提高居民收入，也要加快落实与完善带薪休假制度，保障居民有充足的消费时间，还要完善需求表达机制，实现菜单式文化惠民工程，让政府“送文化”与居民“要文化”有机结合。

第六，各国均高度重视文化消费发展，从宏观政策、产业政策、公共服务、市场环境等多角度出台政策，为我国文化消费提升提供有益借鉴。国际经验表明：提高消费能力、改善消费环境、增强消费意愿和稳定消费预期是文化消费提升的重要途径。需要从提高居民收入、降低文化产品及服务价格、改善文化消费环境、提高居民受教育程度、增加闲暇时间、鼓励文化产品和服务创新以及稳定居民消费预期等方面来提升中国文化消费。

第七，文化消费调控是一个复杂化系统，文化消费调控工具主要以产品特征、产业特征、消费者特征和市场特征四种类型为传导中介，进而作用于微观主体行为，来扩大文化消费数量和优化文化消费结构，实现文化消费提升。文化消费调控目标是通过文化消费提升来促进经济发展和实现民生幸福，因而必须坚持以人民为中心原则，突出消费政策对人的关怀和尊重。文化消费调控主要针对供给侧，因而需要大力发展文化事业和文化产业、改善市场环境。文化消费调控的关键是开启良性循环，因而要采取一系列政策措施刺激文化消费，畅通消费与产业发展相互作用机制，从而开启文化消费提升与产业发展的良性循环。

三、成果的学术创新、应用价值以及社会影响和效益

1. 学术创新

第一，从经济学视角切入研究文化消费，深度解析社会主义文化消费的内涵。在充分借鉴现有文化消费内涵的研究成果之上，本成果提出社会主义文化消费的内涵，并要正确处理好四对关系。

第二，厘清文化消费提升的理论内涵，构建文化消费提升的“三位一体”理论框架。本成果科学界定文化消费提升的理论内涵，建立文化消费数量扩大、质量提高和满意度提升三位一体的理论框架。数量扩大是文化消费提升的基础，在数量扩大的基础上，质量提高与满意度提升共同构成文化消费提升的体系。

第三，借鉴国际经验与剖析文化消费调控机制，提升我国文化消费。“他山之石，可以攻玉”，积极借鉴文化消费发展国际经验是形成政策路径的重要参考。同时，文化消费的调控机制将最终决定政策路径的实现程度。

2. 应用价值

第一，创新性地运用数量工具分析文化消费提升，验证文化消费提升的一般性规律。科学界定文化消费质量与文化消费满意度，厘清相关研究中的模糊认识，并提供一整套文化消费质量数字化、形象化和具体化的分析工具；构建文化消费满意度指标体系，将理性意识与人文关怀有机结合，探讨提升文化消费满意度的实现途径，并指明文化消费满意度构建的关键问题。

第二，积极借鉴和剖析发达国家文化消费发展经验，指明提升文化消费的共性启示，服务于我国文化消费提升。虽然我国的文化消费提升有其独特的经济社会发展基础和背景，但各国文化消费提升具有一般性规律。发达国家文化消费的发展经验，为我国文化消费提升提供了经验参考。

第三，厘清文化消费政策的调控机制，明晰文化政策发挥作用的内在机理，服务于文化政策效果的更好发挥。文化消费政策通过一系列的传导机制作用于文化消费。对文化消费传导机制的研究，有助于更准确地制定文化消费提升政策。在此基础上，提出文化消费提升的政策路径。

3. 社会影响和效益

2014 年以来，本成果研究项目组对文化消费提升进行了广泛而深入的研究，多次举办学术研讨会，深入探讨文化消费提升路径与机制。项目组参与调查、编制和发布了“四川省消费者信心指数暨民生满意度指数”和“全国中心城市民生指数”，这些调查为研究文化消费质量提高和文化消费满意度提升提供了较为丰富的第一手数据资料，有力推进了相关研究工作。

本成果研究项目组取得较为丰硕的研究成果，在《统计研究》、《数量经济技术经济研究》、《经济学家》、《改革》、《南京大学学报》、《南开经济研究》、《管理科学学报》和 *Applied Economics Letters* 等期刊公开发表中英文论文近 20 篇，在科学出版社、西南财经大学出版社出版著作 2 部。

本成果部分研究成果获教育部第七届高等学校科学研究（人文社会科学）优秀成果三等奖、四川省第十七次社会科学优秀成果二等奖等奖项。

本成果部分研究报告被《教育部简报（高校智库专刊）》、《人民日报（内参）》、《光明日报》和四川省社科规划办《重要成果专报》等采用刊发。

本成果部分研究报告获省部级以上领导肯定性批示，为地方政府决策提供了有益参考。

《大国发展道路：经验和理论》概要

欧阳峣*

一、研究的视角及方法

随着“金砖国家”的崛起，发展中大国在世界经济格局中的地位愈益重要，这个重要群体需要经济学理论关注；怎样通过经济转型跨越中等收入陷阱，已经成为新兴大国面临的紧迫问题。正如张培刚先生所说，发展经济学应该把发展中大国作为重要研究对象，如果不使占世界人口很大比重的发展中大国走向富裕，发展经济学就谈不上成功。为此，我们依托国家社会科学基金重大项目“发展中大国的经济发展道路研究”（15ZDB132），进行了比较系统的科学研究。这项研究对于促进发展经济学的新发展具有重要的理论价值，对于推动发展中大国的经济转型具有重要的实践意义。本成果是这项研究的最终成果。

本成果的研究视角：

（1）比较优势和规模优势有机结合的视角。以往的学者（如林毅夫）对发展中国家发展道路的研究主要采取比较优势的视角，后来的学者（如欧阳峣）对大国经济发展理论的研究主要采取规模优势的视角，而发展中大国兼有发展中国家和大国双重含义，因而需要将比较优势和规模优势有机地结合起来，从两者的耦合中分析特殊性机理，提出发展战略和模式。

（2）典型模式和转型路径有机结合的视角。国外学者在20世纪中期提

---

* 欧阳峣，湖南师范大学教授，博士生导师。

出了几种发展中国家经济发展的典型模式，其中，既有成功的经验又有失误的教训，如大推进模式、增长极模式和进口替代模式等。发展中国家从20世纪末期开始战略转变，同样也有成功的经验和失误的教训，因而需要将典型模式和转型路径有机地结合起来，从发达大国和发展中大国经济发展的成功经验中总结和概括典型模式，从面临的困难和问题中寻求转型的路径。

（3）大国道路和中国经验有机结合的视角。如果说美国道路是发达大国经济发展的成功范例，那么中国道路就应该是发展中大国经济发展的成功范例，中国自改革开放以来的经济发展取得了举世瞩目的成就，被称为“中国奇迹”或者“东方奇迹”。许多国内学者试图总结和概括中国经验，所谓大国道路应该是从大国经济发展的成功经验中总结和概括出来的，属于上升到理论层次的内容。因而需要将大国道路和中国经验有机地结合起来，以中国经验的内涵充实大国道路的内容，以大国道路的内涵引导中国经验的完善。

本成果的研究方法：

（1）理论分析方法。运用发展经济学的理论等，分析发展中大国的比较优势和规模优势，厘清它们影响经济发展的特殊机理，提出相应的发展战略和模式。

（2）比较分析方法。主要是进行同类比较和异类比较，前者是在发展中大国之间进行比较，寻求带有共性的特点和机理，提炼出在所有研究对象中有普遍性的结论；后者主要是在发展中大国、发达大国、发展中小国之间进行比较，寻求既不同于发展中小国又不同于发达大国的特点和机理，形成发展中大国独有的特殊性机理的结论。

（3）案例分析方法。选择典型大国的案例进行重点剖析，在研究发达大国时选取美国的案例进行分析，在研究发展中大国时选取中国、印度和巴西的案例进行分析。

（4）统计分析方法。以往对发展中大国经济的研究以及对大国经济的研究，均存在由于缺乏全面和系统的数据分析而导致可靠性不足的问题，本成果收集发展中大国的系统数据，进行比较全面的统计分析，从而增强研究结论的可靠性和科学性。

二、成果的主要内容和重要观点

经过比较系统的研究，本成果提出了发展中大国经济发展道路的框架。

综合整理本成果，可以得出以下结论：

(1) 发展中大国的国际地位在发生变化，在世界经济格局中影响力愈益增强。发展中大国拥有"发展中国家"和"大规模国家"双重含义，可以定义为"人口数量、国土面积和市场潜力很大，劳动生产率和国民人均收入较低，二元结构明显，目前仍在追赶发达大国的国家"。通过构建综合评价指标体系，遴选出 13 个国家为发展中大国，即中国、印度、俄罗斯、巴西、墨西哥、印度尼西亚、巴基斯坦、尼日利亚、埃及、埃塞俄比亚、伊朗、刚果（金）、南非。进入 21 世纪后，发展中大国的经济快速增长，其综合影响力显著高于其他发展中国家，具体地说，发展中大国的初始条件使其在世界经济格局中有着重要的自然影响力，发展中大国的经济贡献使其有着重要的经济影响力，发展中大国的产业水平使其有着重要的产业影响力，发展中大国的经济实力使其有着重要的区域影响力，发展中大国积极推动国际经济秩序变革使其有着重要的治理影响力。过去那种发展中国家在国际经济格局中处于被动的、受支配地位的局面正在逐步改变，特别是随着"金砖国家"的崛起，发展中大国对世界经济增长的贡献增大，参与国际经济治理的自觉性增强，从而逐步改变了贫穷落后的形象和被动挨打的局面。

(2) 发达大国工业化成功的经验事实，可以在大国效应模型的框架下得到比较合理的解释。以大国效应模型分析欧洲大国的发展经验，发现人口规模对经济发展具有正向影响，近代欧洲作为一个群体登上历史舞台，形成庞大的经济体，推动了工业革命的发生；通过水陆交通建设降低运输成本，加上健全的契约精神和法制系统，改善了国内市场环境；通过发展新技术和新产业，吸纳过剩的劳动力和过剩资本，引导了动力机械工业的发展。从美国的工业化道路看，通过土地扩张获得了发展所需的自然资源，通过国外移民获得了发展所需的人力资源，其主要特征是依靠充裕的人力资源和自然资源开始工业化，以国内统一市场拉动工业经济长期快速发展，从模仿发达国家技术逐步走向自主技术创新，建立相对完整的产业部门支撑国民经济发展，通过区域推移实现全国经济的均衡发展。比较英国、德国和美国的工业化及其产业政策，它们有着共同的特点，主要是利用国家政权力量为产业发展营造有利的外部环境，通过立法手段促进公平有序的市场竞争，以科学技术变革推动产业振兴和发展，通过多种途径保持充沛的人力资源，建立和完善金融机制以为产业发展提供融资渠道。

（3）发展中大国的经济发展优势，表现为比较优势、后发优势和规模优势的统一。从全球价值链的视角对“金砖国家”制造业和服务业各行业的显现比较优势进行测算和跨国比较分析，发现发展中大国在不同行业的比较优势有所不同，劳动密集型制造业比较优势突出的是印度和中国，资本密集型制造业比较优势突出的是巴西和印度，知识密集型制造业比较优势突出的是俄罗斯和印度。从技术差距、要素禀赋和市场需求结构等视角分析 13 个发展中大国的后发优势，结果显示发展中大国的后发优势存在显著的国别差异，主要是源于市场需求潜力和动态竞争优势的异质性；后发优势对发展中大国经济增长存在显著的正向作用，释放后发优势的关键在于根据本国的要素禀赋结构和技术差距，提升要素供给与有效需求的匹配能力，实行能够充分发挥比较优势的动态技术赶超策略；基于国家规模及其大国效应分析大国优势，主要表现为分工优势、互补优势、适应优势和稳定优势；通过国家规模和经济增长关系的计量检验分析，可以看到在中国这个典型大国，资源禀赋要素投入是经济增长、资本存量和人力资本的内生变量。同时，大国经济具有典型的多元结构特征，在经济发展过程中应该匹配国内不同层次和维度的生产供给和消费需求。总之，发展中大国应该统筹考虑自身的比较优势、后发优势和规模优势，寻求三种优势的聚合点。

（4）基于“大国效应”的大国发展型式，应该有利于发挥大国经济优势。从发展动力的特征看，运用美国、中国、俄罗斯、印度和巴西的数据进行统计分析发现，国内需求对经济增长的贡献率始终占据主导地位；通过构建居民消费影响经济增长的阈值效应模型，运用中国的数据进行检验证实，发现当居民消费规模达到一定程度时，它对经济增长的效应明显扩大。从对外贸易的视角看，国际经验表明内需驱动出口型式对大国出口增长绩效的影响高于小国，大国国内需求的庞大规模和多层性是本土企业培育高层次竞争优势进而实现贸易结构转型的重要源泉。而本成果发现目前中国的情况有背离大国经验的特征，应该修正由内外部经济环境变化导致的外需导向出口型式无法持续的经济行为，回归内需驱动出口的大国型式。从经济开放的次序看，发达大国和发展中大国存在不同的倾向，发达大国往往倾向于推动金融开放，发展中大国往往倾向于推动贸易开放；虽然贸易开放和金融开放的关系，就如同封闭的宏观经济系统中实体经济和货币经济的关系在国际经济活动中的拓展，但由于经济开放在带来收益的同时也会形成相应的成本，所以不同国家将根据自身的经济发展水平理性地选择开放的次序。贸易开放有利于发挥“比较优势”，金融开放过度则容易导致经济和金融被动，在经济发展程度较低的阶段倾向于选择贸易开放，在经济发展程度较高的阶段倾向于选择金融开放。从基础设施建设的视角看，市场规模的扩大是大国经济优势的重要来源，交易成本的降低是影响大国经济优势发挥的重要因素。运用中国数据的实证分析发现，基础设施建设可以促进市场融合，使企业拓宽市场边界，有利于大国效应的发挥，原因在于基础设施建设降低了运输成本，使整体市场规模在没有基础建设的市场更大，从而促进大国经济增长。从公共产品供给的视角看，在人口众多的大国，政府可以获得更多的税收，从而向社会提供更多公共产品；同时，也可以充分利用政府提供的公共产品，拥有公共产品供给的成本优势。通过构建体现大国公共产品供给优势的经济增长模型进行分析发现，大国公共产品供给优势所带来的经济增长是一种内生经济增长，它促进经济持续增长；人口规模扩大能够提高经济增长速度，但征税成本增加和财政支出效率下降也会抑制人口规模对经济增长的促进作用。

（5）发展中大国拥有创新成本优势和技术后发优势，中国利用这两个优势促进了经济和技术进步。经济学家提出了大国具有技术研发优势的假说和发展中国家具有后发优势的假说，通过分析人口规模、市场规模、贸易规模与技术创新的关系，基于 40 个国家的面板数据进行实证研究，发现市场规模直接促进技术创新水平的提升，贸易规模通过市场规模对技术创新产生间接促进作用，从国家规模各要素的相互作用看，除市场规模有效促进贸易规模扩大外，其他要素的彼此促进作用并不显著，所以在通过交互作用而提升技术创新水平方面仍有很大潜力。遵循新增长理论，技术是经济收敛的关键，发展中国家可以通过引进发达国家的先进技术，缩小同发达国家的技术差距，从而实现经济追赶。通过建立基于技术能力的赶超方式演变模型，发现后发大国的技术创新要经历从模仿创新到合作创新再到自主创新的过程，应该根据本国的技术能力状况选择技术创新方式。“金砖国家”是典型的新兴大国，通过设计创新能力体系并运用五国的数据进行测度，中国在技术创新投入产出和技术创新效率方面均居首位，但在技术创新扩散方面落后于印度，其他技术创新评价的公共因子排序也存在不均衡发展特征；实证分析表明国家的知识产权保护程度、专利存量、研发补贴水平、信息技术资本等都对国家创新效率的提升有显著的正向促进作用，而过高的对外依存度有可能产生扭曲效应。中国自20世纪80年代初期以来，从世界科技的跟随者成长为并列者，在某些方面还具有领跑的能力。首先是利用大国创新优势，即利用庞大的市场需求形成创新规模优势，有利于降低技术创新的成本和减少风险、提高创新基础设施的效率和增加外溢效应。其次是利用后发大国的模仿创新优势，即通过引进发达国家的先进技术，经过模仿和消化吸收，获得节约时间和成本的后发利益。然而，中国要真正实现经济转型和产业升级，不可能总是依据外国科技成果来提高科技水平，更不能总是跟在别人后面亦步亦趋，而应该从总体上实现由模仿创新到自主创新的转变，掌握重要产业关键核心技术，改变被长期锁定在国际产业分工低端的局面。

（6）经济转型是新兴大国赶超发达大国的必由之路，需加速工业化、城市化进程和优化国际分工结构。农业国要做到经济起飞，就必须实行“工业化”战略，中国和印度两个典型的发展中大国，虽然工业产值已经远远超过农业产值，但农业人口仍占总人口的大多数，并没有实现农业工业化的目标，而中国的农业在很大程度上还停留在传统的生产方式上，大部分地区没有实现农业机械化；发展中大国农村人口特别多，地域特别辽阔，如果农业不发达、农民不富裕，整个国家就不可能发达和富裕；中国和印度的农业经营规模过小，不仅远远低于发达大国，而且同俄罗斯、巴西也有很大距离，这是实现农业工业化的瓶颈。为此，应该通过发展农业规模经营来推动农业工业化和现代化。在经济结构变迁中，工业化和城市化是一种互动关系，中国长期以来比较重视工业化的发展，而不够重视城市的发展，导致工业化进程中产业结构不优和不高的问题，总体的情况是第三产业发展滞后，工业化没有整体完成，城市化滞后。将中国、印度同美国劳动力在三次产业中的比重进行比较，2013年中国比重为31.4∶30.1∶38.5，印度的比重为49.7∶21.5∶28.7，2009年美国的比重为1.5∶17.6∶80.9，中国和印度的农业人口过多和城市化滞后导致了产业结构不合理，这是中国和印度经济转型中亟待解决的重大问题。随着老龄化进程的加快和人口红利的逐渐丧失，中国面临着怎样继续提升全要素生产率的问题，近年来同其他金砖国家的分工比重在上升，为了促进经济转型，应该利用大国市场范围广阔和区域经济差异的特征，着力于推动国内分工的扩张和深化，同时也通过加强国际分工选择发达国家的价值链中高端环节进行合作，特别是不能忽视利用中国与其他金砖国家的国际分工来提升全要素生产率。实现经济转型的主要目的是提高国民收入，即跨越“中等收入陷阱”。大国具有生产率较高和收入差距较大的特征，后发大国在跨越“中等收入陷阱”的过程中，应该充分发挥生产率较高的优势促进经济可持续增长；同时，有效地抑制收入差距较大的劣势，促进分配合理化；通过完善市场经济体制，有效地维持较好的经济发展速度，并从投资驱动型模式转变到消费引领型模式。

（7）中国和印度是典型的发展中大国，可以从它们的发展道路总结具有世界意义的经验。从产业结构和产业规模两个方面构建自主产业体系的综合评价指标，中国的得分从2000年的0.315 5增加到2015年的1.163 0，印度的得分从2000年0.160 5增加到2015年的0.332 4，说明两国的自主产业体系在不断完善，相对而言，中国的综合评价值高于印度；在产业结构合理化和高级化的过程中，中国应该保持工业发展的规模优势，加快发展现代服务业。同时，大国具有区域差异性和多元结构特征，印度的发达地区分布在沿海的边缘地区和主要铁路干线走廊地带，落后地区分布在内陆腹地，中国的发达地区分布在沿海地区和直辖市，落后地区分布在西部地区，相比而言，中国采取的区域发展型式更有利于促进区域市场的整合，从而有效地发挥大国规模优势。通过理论模型和经验分析，说明发展中大国的区域经济演变具有三重驱动力，即要素流动机制、制度变迁机制和关系变迁机制。改革开放以来，中国经济发展取得了举世瞩目的成就，可以将中国道路总结为四个方面，即独立自主的发展道路、经济分权的改革道路、融入世界的开放道路和经济转型的创新道路；中国道路的典型特征表现为人口众多和幅员辽阔的大国特征，推动经济持续发展的发展特征，推动经济转型升级的转型特征。中国道路为发展中大国的经济发展提供了新的发展理念、发展型式和改革方案，因而在某种程度上具有世界意义。

三、成果的学术创新、应用价值以及社会影响和效益

1. 学术创新

本成果通过理论分析和实证检验，提出了独特的思路和观点：第一，提

出了研究大国经济的分析框架，即从人口众多和土地辽阔两个初始条件出发，分析大国效应在人力资源、自然资源、市场规模等方面的表现，进而总结经济发展各个重要领域的大国型式，形成独特的话语体系；第二，研究对象的界定和遴选，比较优势、后发优势和规模优势的融合，以及从动力结构、出口结构、基础设施、公共产品供给上概括大国型式等方面，都有独到的见解；第三，本成果的框架，从研究对象、发展优势、发展型式到经济转型和创新战略，形成了关于发展中大国经济发展道路的逻辑自洽的理论体系；第四，本成果在研究过程中从国外图书馆收集的研究国家规模和经济增长的文献资料，有很多是国内学者还没有涉及的。

2. 应用价值以及社会影响和效益

本成果产生了较好的社会影响。本成果课题组召开的“供需均衡、内外平衡与大国发展”小型学术论坛，哈佛大学经济系原主任德怀特·珀金斯以及国内著名专家出席，《经济学动态》刊登会议综述。本成果在国家社科规划办网站进行了报道，在学术界产生了较好的影响。本成果的主要内容在《光明日报》《经济研究》《财贸经济》《财政研究》《湖南师范大学学报》等刊物发表论文 23 篇。其中：在经济学权威期刊《经济研究》发表论文 3 篇，在《光明日报》发表文章 6 篇，被《新华文摘》全文转载 2 篇。有两组系列论文分别获得第十二届、第十三届湖南省哲学社会科学优秀成果一等奖，产生了重要的学术影响。笔者以本成果内容在牛津大学中国研究中心发表题为《中国式创新：追赶与超越》的演讲，以及在湖南师范大学商学院发表题为《发展中大国的经济发展型式》的演讲，均被《光明日报》的《光明讲坛》栏目整版刊登。笔者组织的两次国内外专家对话“后发大国怎样跨越‘中等收入陷阱’”“后发大国怎样培育国家创新优势”，均在《光明日报》整版刊登，产生了较好的社会效益。

社会学

《生产控制的转换：消费社会与经济转型研究》概要

汪和建*

一、研究的目的、意义及方法

本成果旨在理解与解释消费如何推动经济转型与经济增长。

2007年肇始于美国的全球金融与经济危机，标志着经济全球化的转型，即由生产与消费的“全球分离”转变为生产与消费的“本地结合”。同样，它也预示了中国“新古典主义发展模式”的终结与转变。中国亟须重建一种基于新的本地生产与本地消费相结合的发展模式，也即所谓由内需驱动的经济增长模式。

那么，消费如何可能推动经济增长呢？主流经济学多持“消费数量论”的立场，同时采用宏观定量比较的方法，即通过比较消费、投资和出口的比率、增长率及其对经济增长的贡献率等宏观指标评估消费的地位与作用。比较分析有其优势，但也可能落入宏观上低估消费在经济增长中作用的陷阱。更重要的是，定量比较并不能解释消费究竟是怎样影响经济增长的。因此，本成果采用一种相反的“消费结构论”的立场，并且遵循一种“结构—行动主义”的研究方法，即下降到微观行动和组织的层面，通过分析消费者与生产者之间的关系转变及其对生产组织方式转换的影响，揭示消费如何推动经济转型与经济增长。

* 汪和建，南京大学教授，博士生导师。

本成果的目的和意义，一是要通过探讨消费影响经济转型和经济增长的微观机制与过程，建立一种“消费结构论”的新观点。这一观点将有助于揭示消费对于经济增长的真实影响路径及其作用，从而纠正以往经济理论乃至政府政策过度聚焦于投资与消费之需求数量或规模的偏差，并且可能引导中国在经济全球化转型期探寻其新的经济增长与繁荣之路。二是要通过这一研究建立“消费的经济社会学”研究的基本立场与策略。本成果的判断是，主流经济学有关消费研究大多局限于“消费数量论”；非主流经济学有关“消费者主权论”和“生产者主权论”未能聚焦于生产组织方式及其转换之议题，且最后都偏离了消费者—生产者关系研究；而以往消费的社会学研究则大多侧重于“消费符号论”，也即局限于对单边生产者控制以及消费者之间的地位竞争进行批判性研究。与上述研究不同，本成果力图将消费者与生产者之间的互动关系作为研究的出发点，并且聚焦于其对生产组织及其控制方式的选择与转换的影响分析。这一研究将可能建立起一种基于消费者—生产者关系分析的新的“消费的经济社会学”。

二、成果的主要内容和重要观点

为使分析得以可能，笔者在第一章里采取如下研究策略：首先，提出了若干研究预设：（1）宏观层次上的经济增长是微观层次上经济转型的聚合的结果。微观层次上经济转型的核心即为生产组织方式——具体而言，即生产组织及其控制方式，尤其是作为核心的生产控制方式——的选择与转换。（2）生产组织方式的选择与转换，并非企业家或生产者单方面的建构，而是消费者与生产者通过不同互动的共同建构。（3）消费者与生产者的互动，或更一般地说，它们之间的关系的转变，是一种“路径依赖发展”：它是嵌入于一个重大的社会变迁即消费社会的兴起与演进并受之约束的。

其次，笔者根据上述研究预设，构建了一个分析消费如何可能影响经济增长的总体性理论框架。包括三个研究环节或路径：（1）从宏观下降到微观，探讨消费社会的演进是如何促成消费者与生产者关系转变的；（2）在微观行动和组织的层次，探寻消费者与生产者的关系转变，如何推动生产组织方式的转换；（3）从微观上升到宏观，探讨生产组织方式的转换，如何可能通过消费者与生产者之间关系性资源的投资，及其引致的生产组织及其控制方式的转换，推动社会范围内的经济转型与经济增长。

第二章集中探讨的“消费者与生产者的关系转变”在该理论框架中具有“承上启下”的地位与作用。它不仅成为本成果研究的出发点、基本预设，而且由此建构的一般化的消费者与生产者“关系”假设（以取代两种“主权”假设），也将可能构成“消费的经济社会学”研究的基本视角与理论基础。

在实质性研究部分（从第三章到第五章），根据上述理论框架，分别对三个研究环节中的核心议题，即消费社会的演进、生产组织及其控制方式的选择与转换，以及关系性资源投资与交易治理进行了既对应又具体的观察和分析。在此过程中。我们利用了来自不同方面的经验材料，其中，主要运用笔者在2012年组织的有关中国城乡居民消费实践问卷调查的统计资料，以及由本成果研究成员在2013年通过对一个“社区支持农业”（CSA）的经验个案——珠海绿手指份额农园的实地观察、深度访谈所取得的记录资料等。

第三章（作为研究的第一个环节），探讨消费社会演变如何促成消费者与生产者关系的转变。通过重申吉恩·鲍德里亚（Jean Baudrillard）“消费社会”的概念，我们提出了一个新的需求—关系的视角，并依此视角分析与揭示了消费社会演进的两个基本轨迹：（1）消费者之主导性需求遵循从必需品需求到他人导向的非必需品需求，再到自我导向的非必需品需求的变动轨迹；（2）消费者与生产者的关系遵循从一体到分离，再到相互依存的变动轨迹。同时，我们也发现了伴随着消费者与生产者的关系变迁而形成的主导性生产组织方式的转换，即从（精英）消费者单边控制到生产者单边控制，再到消费者—生产者联合或双边控制的转变。

第四章（作为研究的第二个环节），旨在探寻消费者与生产者关系的转变如何推动生产组织方式的转换。我们采用了从静态到动态的分析方法。在静态—模型分析中，构建一个由需求、资源、控制等三要素构成的行动框架，以此解释消费者与生产者的互动与合作的形成。通过分析，发现了两个决定生产者与消费者共同选择其不同生产组织及具控制方式的基本力量或维度，即“有效需求的认知的一致性”和“关系性资源投资的程度”。这两个维度的组合，可以显示四类生产组织形式与控制方式的选择，包括作为生产者或消费者单边控制的“生产者生产”与“消费者自制”，以及作为生产者

—消费者双边控制的“消费者定制”和“消费者参与生产”。在动态—过程分析中，揭示了生产组织及其控制方式转换的两个基本趋势，即从他人生产转变为自我生产和从生产者单边控制转变为生产者—消费者双边控制，并且指出了推动这两大转换趋势的两个主客观力量，即“消费者自觉”和“资源的可替代性”。

第五章（作为研究的第三个环节），探讨的是生产组织及其控制方式的转换如何推动一个社会的经济转型与经济增长。通过对一个典型的“社区支持农业”（CSA）的经验个案的实地考察与分析，提出了一个基本假设：“关系性资源投资与利用”在构建一种新的生产组织及其控制方式，即生产者—消费者双边控制的生产方式中具有关键性作用。一方面，CSA 农场最大限度地体现了生产控制方式转换的基本趋势，即由生产者的单边控制转变为生产者—消费者的双边控制；另一方面，我们也看到，实践中生产者会依据不同消费者的关系性资源的强度和专用性程度，选择和配置不同的交易治理方式。

通过上述三个环节的研究，在第六章中，本成果得出了一个总的结论，即消费之所以能够创造经济增长与繁荣，是因为来自消费社会的演进造就了消费者—生产者关系的转变，后者又可能引导生产组织方式的转换，从而最终推动一个社会的经济转型与经济增长。笔者在某种程度上可以说，本成果揭示了经济转型与经济增长的新路径，即一种根源于消费社会演进的经济转型，并且受其驱动的经济增长。

三、成果的学术创新、应用价值以及社会影响和效益

本成果的学术创新主要体现在第六章所概述的四个方面的“总体性认识”。

第一个方面涉及如何在后金融危机时代探寻经济增长与繁荣之路。首先，通过研究，我们认识到，中国经济转型或经济增长模式转换的必要性及其路径，应当通过对后金融危机时代的经济全球化转型这一全球性背景的认知而得到理解。2007 年肇始于美国的全球金融危机，不仅结束了兴盛了近 30 年之久的“第二次全球化”，同时也终结了中国“新古典主义发展模式”及其经济高速增长期。后金融危机时代，中国亟待重建一种内需驱动的经济

增长模式，这已成共识。问题在于，如何构建内需驱动的经济增长模式？供给侧结构性改革、企业技术创新、产业升级换代等国家决策与企业策略并非没有新意，然而，总体而言它们都是从生产者方面，而非从消费者与生产者的关系方面提出的方案。换言之，其追求的仍然是工业社会和消费社会早中期生产者单边控制下的经济增长。

本成果表明，当今世界无论是西方还是中国都已步入后消费社会阶段。这一阶段消费者与生产者之间的关系已经从分离转变为相互依存，同时，生产组织方式也正在发生由生产者单边控制向生产者—消费者双边控制的大转变。这意味着，构建新的内需驱动型经济增长模式，最重要的并非企业生产要素的改进，如技术创新、产业升级等，而是推进能够适应消费者与生产者互动合作的生产组织方式的转换。

其次，无论在理论上还是在实践上，我们都更应重视本成果提出的消费推动经济增长的“消费结构论”的新观点。经济学家大多从比较消费占GDP的比重，以及消费对GDP增长的贡献的角度，论证消费在经济增长中的重要性。这类“消费数量论”研究呈现更多的是目前中国经济增长仍然显著的投资和出口驱动的特征，消费对于经济增长的真实的作用反而被遮蔽了。消费对于经济增长的推动作用并非仅仅通过宏观数据的比较分析就能发现，而是需要下降到微观行动和组织的层面，通过分析消费者与生产者之间的关系及其变动，以及其对生产组织及其控制方式的转换的影响来予以揭示。

第二个方面涉及对消费社会的起源及其演进的动力、过程与后果的理解。与鲍德里亚将消费社会视为一个围绕着符号消费而组织起来的意义与关系的体系不同，笔者提出了一个既作为考察消费社会演进的原因亦作为分析其后果的新的研究视角，即需求—关系的视角。它由两个假设构成：(1) 消费者始终存在着一个完整且稳定的需求结构；(2) 消费者和生产者始终处于相互关系或相互影响之中。笔者将消费社会的演进划分为三个阶段，并且，依照需求—关系的视角，具体考察和分析了其演进的两个基本轨迹（如前所述）。其中，我们分析了后消费社会的转型，也即正在进行的一种新的消费者—生产者相互依存的生产体制的建构及其实现条件：(1) 消费者自觉和“有效需求”的扩展；(2) 消费者与生产者之间的关系性资源的获得与利用。我们也指出了，互联网的兴起正在改变着人们资源获得的类型、途径和方法。

第三个方面涉及对最为中心的生产组织方式的选择与转换的分析。首先我们构建一个分析影响生产组织方式选择与转换的因果关系的静态模型。我们通过分析决定行动者行动及与他人互动的基本元素——需求、资源与控制（互动策略），概括出了决定生产组织及其控制方式选择的两个维度：有效需求的认知的一致性和关系性资源投资的程度。然后，把有效需求的认知的一致性程度分为两类，即一致和不一致；同时，把关系性资源投资分为三等：高度投资、中度投资与低度投资。这样，将这两个维度结合在一起，就得到了一个可显示各种生产组织形式与控制方式选择的静态模型。在此基础上，对生产组织及其控制方式的演变趋势及其主要推动力量进行更接近现实的动态分析。依此分析，生产组织及其控制方式的转换存在着两个基本的趋势，即从他人生产转变为自我生产，以及从生产者单边控制转变为生产者—消费者双边控制。而推动这两大转换趋势的主客观力量分别是消费者自觉和资源的可替代性。

第四个方面，本成果所建构的消费者—生产者关系理论，可能成为“消费的经济社会学”研究的基本立场与路径。本成果旨在从消费者与生产者关系的角度，研究它们之间关系的转变及其对生产组织方式转换的影响，从而说明消费是如何可能影响和推动经济转型与经济增长的。本成果具有区别于其他相关研究的独特意义：其一，不同于主流经济学局限于宏观总量比较的“消费数量论”研究，本成果选择一种基于因果关系的历史的和逻辑的实证，也即在行动与组织的层面上说明消费如何影响经济转型和经济增长的机制与过程。其二，不同于“消费者主权”理论和“生产者主权”理论，它们最后都偏离了对消费者—生产者的关系（具体互动）的分析，本成果致力于构造一种具体且富有操作性的消费者—生产者的关系理论。其三，不同于有关“消费符号论”的社会学研究，本成果对消费者需求的性质有着更为客观的假定与分析，并且将研究的中心置于广泛的消费者与生产者之间的相互关系上，而非仅限于生产者对消费者的控制以及消费者之间的地位竞争。经济社会学对消费领域的研究尚待开拓，本成果可谓一个有益的尝试。

本成果之应用价值主要表现为若干对实践具有重要指导的思想的供给：

一是后金融危机时代，“本地生产”与“本地消费”相结合在经济增长中的作用日益凸显。过去 30 年创造了全球生产与全球繁荣的经济全球化模式已经终结，并且正在转型。在这样的背景下，包括中国在内的个别国家的新的发展，最重要的是如何重构一种基于本地生产与消费相结合的发展模式。

二是消费驱动经济增长比政府投资驱动经济增长更具可持续性意义与价值。按照经济增长的构成理论，当下（后金融危机时代）中国提振经济增长有两条路径：一是消费；二是政府投资。然而，研究表明，政府投资驱动经济增长并不具有可持续性，因为其带来的限制会累积增加。而转向依靠消费驱动，也并非仅仅是谋求提高消费占 GDP 的比重或增加消费对 GDP 增长的贡献。更具战略性的意义是，推进消费社会的转型以及消费者与生产者关系的转变，以促进生产组织方式的转换，从而达到通过经济转型真正实现可持续的经济增长。

三是关系性资源的投资与利用在促进生产组织方式的转换中起着关键性作用。随着消费社会的转型，消费者与生产者的关系正在从分离向相互依存转变。消费者与生产者的“自觉”在推动有效需求的扩展，以及转变生产组织方式，即由生产者或消费者单边控制向生产者—消费者双边控制转换中有着重要的作用。虽然，消费者自制始终是生产者单边控制生产的一种抗衡力量，但是，生产者—消费者双边控制的生产才是未来生产组织及其控制方式转换的趋向。而要实现这一生产控制方式的转换，最重要的是要谋求生产者与消费者之间的关系性资源的投资与利用。

本成果的若干阶段性成果已获得了某些学术影响：

一是发表于《社会科学》2011 年第 1 期的研究报告《亲缘认同与网络间竞争——地方性产业区何以陷入过度竞争的困境》，被《中国社会科学文摘》2011 年第 5 期转摘。二是发表于《中国社会科学》2014 年第 1 期的论文《尊严、交易转型与劳动组织治理：解读富士康》，被 2014 年 1 月 6 日《中国社会科学报》专题报道，并被中国社会科学网转摘；该论文曾在不同的学术会议或讲座中被宣读和讨论；2016 年 11 月该论文获江苏省第十四届哲学社会科学优秀成果奖二等奖。三是发表于《学术研究》2016 年第 4 期的《经济全球化转型与中国经济增长模式转换——问题与策略》，被中国人民大学复印报刊资料《社会主义经济理论与实践》2016 年第 7 期全文转载。四是本研究之最终成果即本成果 2016 年 5 月通过国家社会科学基金项目结项鉴定，获得优秀等级。2016 年 8 月 25 日《社会科学报》曾以《消费如何推动经济增长》为题推介了本成果。

《质性社会学导论：基于本土经验的社会学话语体系建构》概要

石 英*

一、研究的目的、意义及方法

1. 研究目的

中国社会学学科自 1979 年恢复重建，迄今已近 40 年。尽管取得了长足的发展，但总体看距真正意义上的学科复兴尚有不短的距离。一定程度上，中国社会学无论是话语体系还是方法理论都只是“西方社会学”。建构中国特色的社会学学科体系、学术体系、话语体系、评价体系是人民的要求、时代的呼唤。社会学重建本质上是学理的重建。本成果试图通过对国内外质性研究方法从兴起到传播的发展历史进行系统梳理，回溯反思早期社会学中国化探索的路径，总结中国共产党社会调查传统和成功经验，进而打通从具体方法、方法论、认识论到本体论的逻辑演绎和理论递进路径，尝试确立起“质性社会学”解释框架和理论范式。呼吁将质性研究方法上升为社会学的基本理念和出发点，倡导一种基于深入“扎根”的个案研究而不是泛泛大面积问卷调查、基于平等的人心交流沟通体悟而不是只依靠数学运算逻辑演绎的研究方式，建构一种基于本土概念和语言文字讲述“中国故事”而不是千篇一律把统计分析数学模型奉为规范来进行表达的社会学话语体系，进而促进形成具有中国特色、中国风格、中国气派的社会学学术体系、学科体系。

* 石英，陕西省社会科学院研究员，博士生导师。

2. 研究意义

越是民族的越是世界的。本成果立足于中华民族本土文化和社会研究实践，借鉴吸收西方“质性研究方法”合理内涵，提出并论证了我国社会学研究应“取道质性研究、回归人文传统”，把质性方法纳入社会学主流，以“质性社会学”取代“统计社会学”，探索和开启了一条社会学本土化中国化的可行路径，在“不忘本来、吸收外来、面向未来”建构具有中国特色的社会学话语体系上取得了创新和突破。

3. 研究方法

总体上坚持运用辩证唯物主义和历史唯物主义方法。具体采用了：(1) 历史的方法。包括对社会学的学科发展史、方法演变史、传播史进行梳理，对早期社会学中国化探索的回溯，对中国共产党社会调查传统的总结等。(2) 比较的方法。包括质性方法与量化方法的比较，东方文化整体系统思维方式与西方文化分析逻辑思维方式的比较。(3) 文献分析法。对近年社会学关于话语体系建设、方法论争等方面的最新文献尽可能整理纳入案例分析。(4) 普遍联系和辩证思维的方法。将中华传统思维方式与当代自然科学前沿理论相联系，对自然界与人、人与社会的关系辩证思考重新审视，从中获取对社会研究方法论的启示。

二、成果的主要内容和重要观点

本成果的核心观点是，质性研究方法的概念虽是从西方引进，然而这一方法体系的内核和理念高度契合于中华传统文化和思维方式，且与中国社会学 20 世纪早期本土化探索成功路径相一致，也与中国共产党人革命实践中的社会调查研究方法传统不谋而合。将质性研究方法上升为社会学基本理念和出发点，由方法及范式，倡导质性研究主流化，呼吁取道质性研究回归人文传统，以此建构起中国特色社会学话语体系，既十分必要，又完全可能。

本成果结构采用由历史及现实到未来、由方法论到认识论再到本体论、由范式特征到话语体系再到本土路径的演进方式，层层深入展开论述。

序言部分首先提出并界定了“质性社会学”概念。质性社会学是“以质性研究方法为基本方法，从历史和文化的视角，解释和理解社会现象，促进社会质量提升的社会学”。本成果主张将质性研究方法上升为社会学的基本理念和出发点，促进其主流化。质性社会学的必要性：社会学研究盲目过度量化倾向需要纠偏，学科发展的逻辑困境需要理顺，应对转型社会的实效性需要增强。质性社会学的可能性：有丰富的实践积累，有充分的学理依据，契合于中国传统文化思维方式。质性社会学的目标：重构与世界平等对话的本土社会学话语体系评价体系，重塑社会学想象力，重振中华文化自信。

第一章“质性研究史”，较为系统地梳理了质性研究方法从兴起到传播、流变的历史背景和发展脉络。通过国外质性研究的代表性出版物和其他交流载体，探讨了质性研究的类型划分和发展阶段，质性研究的理论渊源和思想积淀。回顾了社会学质性研究几种代表性理论如“扎根理论”“参与观察法”的产生过程，总结了质性研究作为一种研究方法体系的兴起和发展。分析了国外质性研究的传统与特色。美国：发端于民族志的人类学传统；德国：方法论反思的哲学传统；日本：实地观察、田野范式的心理学传统。

质性研究史探讨的重点和特色在于国内部分。明确提出质性研究作为一种方法体系大规模传入中国，应以“1995 北京世界妇女大会”为标志。将质性研究在中国的发展轨迹归纳梳理为 5 条主线，（1）从妇女/社会性别领域切入的质性研究：“参与式方法”和“行动研究”；（2）从教育学领域切入的质性研究：概念界定；（3）从人类学、民族学等领域切入的质性研究：方法推介与意义探讨；（4）农村社会学领域的质性研究：华中乡土学派的田野调查与“饱和经验法”；（5）从研究方法到学科范式：“质性社会学”的提出。这种时段界限划分和发展线索归纳属国内首次提出。

该章还简单回顾了 20 世纪初叶社会学中国化的探索。早期中国社会学家所走的道路以及中国共产党人革命实践中的社会调查研究方法都与我们今天倡导的质性社会学不谋而合，是一条切合中国实际的正确道路。

第二章“质性方法论”，以新的视角对质性研究方法进行了归类。将焦点小组、深度访谈、参与观察、口述史、影响志、民族志、扎根理论、话语分析、德尔菲法、行动研究等常用质性研究方法概括归纳为主体叙事模式、田野参与模式、影像分析模式、文本诠释模式四种主要类型。这四种模式划分打破了既有的平面归类概括，赋予质性研究方法知识生产的意义。

这一章还总结概述了质性研究方法的六大特点：（1）开放与融合，强调多范式综合；（2）坚持本土化和在地性，关注情境意义；（3）强调参与和行动，关照主体经验；（4）倡导价值和建构，强化解释与理解；（5）注重记叙与过程分析，不提倡“预先假设”；（6）关注特殊与个案话语，追求深度而非普遍意义。

该章还面向社会学方法的最新进展，比较了大数据方法、传统量化即“小数据”方法和质性研究方法的异同、渊源、特点和各自局限性。并结合人工智能量子力学现代科学进展探讨了社会学方法论发展趋势，尝试从独特的视角回答了一些方法论争议的热点问题。

第三章“质性认识论”，重点提出和阐述了“质性思维”核心概念，将质性方法内在包含的关联类比、直觉感悟等思维方式统称为质性思维，分析了质性思维方式的基本特征。质性研究方法的概念虽从西方引进，其内核质性思维方式却契合于中国文化土壤，具有中国传统文化基因，用于研究中国问题可能更适合中国国情民情。中国传统文化“天人合一”的宇宙观、“正心修身齐家治国平天下”“家国同构”的社会观、“己所不欲、勿施于人”的伦理观、中医“望闻问切”的方法论和认识论，都体现了质性思维的认识论特征。

该章还论述了质性思维方式是社会学想象力的基础，社会学想象力更多源于质性思维而非逻辑计算。“人心不可测”，比之量化研究的“测量”方法，质性思维“将心比心”更能够达到对人进而对社会接近本质的理解。质性思维不同于严密的逻辑思维、计算思维、线性思维，但仍属人类理性思维。

由此，进一步分析了中国传统思维方式的认识论特征，并拓展到中华传统文化的“社会观”：（1）重视质量的中国社会价值系统；（2）多元融合的社会观；（3）强调人与社会的相互形塑；（4）强调人的群体性发展；（5）家庭伦理本位和家国同构的社会结构。

在思维方式“寻根”的同时，将传统文化与西方文化及思维方式进行了对比。本成果指出，质性方法在西方文化中的产生源于客观主义—建构主义的社会认识变迁，是“后现代”思潮的产物。不同于与中华传统文化思维方式的天然契合，质性思维是西方文化的异化。因此，本土社会学理论思维应从传统文化中汲取营养，注重发掘中国传统文化思想的当代价值，增强本土文化自觉与文化自信。

该章还从哲学层次探讨了质性方法、量化“小数据”方法和大数据方法的认识论基础。认为确定性意义上的“社会计算”是不可能的。提出“质性思维”与“大数据思维”具有认识论的同一性。“质性方法—量化方法—大数据方法”的演进，实质是“朴素整体论—还原论—复杂性科学整体论”的否定之否定进化，也是一个由人到机器再由机器到人的回归。

第四章“质性本体论”，从哲学意义上讨论社会学研究对象本体——“社会”范畴及特征。本成果纵向视角选取马克思主义视角、科学技术视角和现代化理论视角，分别讨论了社会形态及变迁。横向视角则从民族、宗教、文化和区域四个方面分析社会特征。进一步以 20 世纪 60 年代美国的社会指标运动和 20 世纪末发起于欧洲的社会质量理论为例，讨论了区域“经济增长”与“社会发展”交替震荡螺旋式发展的社会发展图景，印证了辩证唯物论“量变到质变”、历史唯物论“螺旋式发展”的马克思主义基本原理。

该章还重点分析了中国“社会”改革开放以来的发展进程与特征。发展的进程已经从量的增长阶段即以经济建设为中心、经济快速发展阶段，发展到质的跃升阶段即科学发展观指导下以人为本的和谐社会建设阶段。经济结构和社会结构的转型期，呈现出的特征：一是经济发展方式的多样性与“增长取向”；二是社会结构的流变性；三是文化的多元性。必须回到“社会”的本质，建设“质量型社会”即“质性社会”。

第五章“质性社会学：范式特征”，在序言给出的质性社会学定义基础上，分别从人文社会学、解释社会学、社会质量学、建构社会学、微观社会学五个不同角度对质性社会学范畴做出进一步界定。（1）质性社会学是人文社会学，质性研究注重“参与性”，强调个案和过程，遵循“理解原则”，以其鲜明的人文特色与“科学的”量化研究形成对比，形成一种迥然不同于经典社会学的全新的社会学范式。（2）质性社会学是解释社会学。质性社会学以设身处地、将心比心对人的理解，寻求对社会的解释。（3）质性社会学是社会质量学。质性社会学提出“质性社会”概念，定义质性社会为着眼于社会质量的社会发展阶段。在欧洲社会质量分析框架基础上，强调中国社会质量观的差异性。（4）质性社会学是建构社会学。质性社会学秉承中国传统文化知行合一、经世致用的学术追求，以积极干预主动实践建构良性善治社会。（5）质性社会学是微观社会学。质性社会学坚持本土意识和文化自觉，追求中国话语中国表达，探索社会学中国化的实践路径。质性社会学的范式特征表明其学科建设的追求：质性社会学是扎根于本土文化的中国社会学，是“有温度的”社会学。

第六章“质性社会学：话语体系”，初步建构了质性社会学概念体系和解释框架。（1）基本概念：首先对质性社会学的核心概念“质性”做出了界定。质性，汉语词汇本意解释为资质、本性。作为外来翻译语言，“质性”与“量性”相对应，一层意义是强调通过语言语义表述，文字文本分析来探讨的事物“质的”方面；另一层意义是强调符号互动的过程，隐含着“过程”与“意义”双重含义，同时也意味着通过“体悟”而不是“测量”来获取的人的意识社会意义等相关信息。笔者中西结合并从社会全息论角度赋予其定义：质性——将设身处地深度参与直觉感悟获取的、决定事物本质及演变趋势的潜在和显现信息集合。进一步在质性思维、质性社会等新概念基础上，将质性研究方法中的外来引进概念“翻译”改造为本土概念。（2）理论基础：本成果认为中国传统文化思维方式“天人合一”“家国同构”整体观内在隐含着“社会全息”思想。用现代自然科学“全息理论”相类比，从生物全息现象、全息摄影和中医“人体全息论”切入，讨论了生物全息论、激光光学全息论、物理全息论和宇宙全息论。提出了质性社会学的基本理论——社会全息论。表述为：组成社会的任一部分，如社区、社会组织、街道、村庄乃至家庭，都包含着整体社会系统的全部潜在和显现的信息总和。对社会的研究即是对这些显现信息的“采集”和潜在信息的“挖掘”过程。而潜在信息比显现信息要更丰富也更重要，更接近事物本质，决定演变的走向趋势。因此，社会研究不能仅靠对外在表面呈现的指标数据的采集“测量”，更要靠参与其中的深度“挖掘”。西方经典社会学研究一般是着眼于显现信息的数据采集分析，质性社会学则更注重的是潜在信息的深度挖掘和参与其中的建设性互动。联系“社会学想象力”，对“直觉”在社会研究信息挖掘中的重要作用做出了自己的分析。社会全息论有效解决了社会调查研究的“代表性”难题，为“窥一斑而知全豹”提供了充分的科学依据。（3）方法体系：强调社会学研究中社会历史的“纵深线”探讨优于“横截面”描述，倡导“解剖麻雀”式典型调查个案研究，主张以深入生活、切身体验、将心比心，望闻问切的“感悟”式个案调查为主导型社会学研究方法，取代或减少蜻蜓点水、走马观花的大规模问卷量表“测量”式调查。（4）话语体系：质性社会学追求学术话语与政策话语相统一的社会学话语体系。反对千篇一律数据模型的“洋八股”学术规范，倡导通俗、准确、清新、活泼、“讲故事”式的中文表达方式，不回避价值追求，不排斥带有感性色彩的诗性语言。

第七章“质性社会学：本土路径”，对本成果主要观点进行了总结和强调。（1）中国社会学呼唤本土化。从学科建设、改革开放社会转型实践、中国大国地位的要求几个方面论证了社会学中国化是时代的命题。社会学学科史表明，社会学理论流派衍化发展过程中，存在着科学主义和人文主义范式此消彼长的趋势，但科学主义始终是经典社会学的主流。我国恢复重建以来的社会学追随西方实证主义传统，崇尚精确量化研究的“统计社会学”成为主流。然而追求“一切皆可量化”的“统计社会学”在取得一定成功的同时由于与国情相脱节而愈益表现出其局限性。（2）社会学中国化应不忘本来，扎根于中国传统文化深厚土壤。中国作为历史悠久的文明古国可以说在世界形成“社会”最早，数千年从未中断的古代社会发展史和社会思想史，为没有“社会学”的社会研究提供了经验积累和理论借鉴。古代读书人“不为良相便为良医”“进则救世退则救民”的理想情怀，中医“望闻问切”的诊治方法及“天人合一”“相生相克”的理论，中华传统文化中蕴含着形成“社会学”的沃土。19 世纪末 20 世纪初西方社会学传入中国，具有文化自觉的早期中国社会学家们吸收外来思想的同时注重其本土化，早在 20 世纪初叶中国的社会学学科发展已领先于东亚并在世界占有一席之地。中国共产党从建党以来就形成了重视社会调查的传统和适合国情的社会调查方法。应当从传统中汲取营养，才能构建起独具中国特色的社会学体系。（3）吸收外来，汲取西方社会学科学传统理性精神。（4）面向未来，立足于当代认知科学前沿。大数据方法的兴起和人工智能的进展都表明，人类大脑所具有的模糊认知、直觉感悟的功能在社会学研究中不应被忽视。（5）取道质性研究、回归人文传统，建构中国特色社会学话语体系。质性社会学是社会学本土化、中国化的最佳路径和必然选择。

三、成果的学术创新、应用价值以及社会影响和效益

1. 学术创新

本成果在对“质性”这一核心外来概念做出中国化阐释和界定的基础

上，首次提出了“质性社会学”“质性思维”“质性社会”等全新概念，围绕这些概念提出了一系列新的理论观点。系统论证了将质性研究方法上升为社会学基本理念和研究出发点的必要性、紧迫性、可行性、科学性，呼吁和倡导社会学应当以深入生活的典型个案调查取代大规模问卷调查；由重空间的结构分析转向重时间的历史演变探讨。进而提出了“质性社会学”的基本内涵框架，建构起质性社会学话语体系。

本成果较为系统地梳理了国内外质性研究从兴起到传播的历史，明确提出质性研究作为一种方法体系大规模传入中国，应以“1995 北京世界妇女大会”为标志。并将质性研究在中国的发展轨迹归纳为 5 条主线。为社会学方法史和学科史研究贡献了一家之言。

本成果认为质性研究方法的概念虽是从西方引进，其内核质性思维方式却契合于中国传统文化，具有中国传统文化基因；早期中国社会学家所走的道路以及中国共产党人革命实践中的社会调查研究方法都与我们今天倡导的质性社会学不谋而合；通过“大科学观”和传统文化的讨论，呼吁把质性方法纳入社会学主流。

本成果认为社会学研究中社会历史的“纵深线”探讨优于“横截面”描述；深入生活、切身体验的“感悟”式个案调查方法优于大规模问卷量表“测量”式调查方法；“讲故事”式的“诗性语言”中文表达方式优于千篇一律数据模型的“洋八股”学术规范。通过这些观点的提出和论证，对我国社会学学科建设中存在的唯科学主义和全盘西化倾向进行了深刻反思，提出“理论不自信源于文化不自信，文化不自信由于科学不自信”的观点。倡导学术话语与政策话语相统一的社会学话语建构和通俗、准确、清新、活泼的文风表达。打破了我国社会学研究中存在的“问题—文献—假设—测量—数据—方法—分析—结论”的“洋八股”教条，也从一个独特的视角，为坚持中华文化自信这一时代命题做出了富有新意的阐述和分析。

本成果认为“质性思维”与“大数据思维”具有认识论的同一性。一定意义上，大数据方法是借助机器的质性研究。大数据方法为实现费老倡导社会学“科学性”与“人文性”的统一和融合提供了一种可行路径。

本成果最重要的理论创新在于：吸收中国传统文化思想，借鉴现代自然科学最新进展，独创性提出“社会全息论”假说：组成社会的任一部分，如社区、社会组织、街道、村庄乃至家庭，都包含着整体社会系统的全部潜在和显现的信息总和。社会研究对深层潜在信息的挖掘要更重于表面显现信息的采集。这一理论有效破解了困扰经典社会学的“代表性悖论”，奠定了“窥一斑而知全豹”的质性社会学科学的理论基础。这一基础理论的创新，有可能对整个社会科学体系的发展产生重大的影响。

2. 应用价值

本成果提出质性社会学秉承中国传统文化知行合一、经世致用的学术追求，以积极干预主动实践建构良性善治社会。本成果在借鉴欧洲社会质量分析框架基础上，对中国特色社会质量理论进行了探讨，提出“质性社会”或“质量型社会”是社会发展螺旋式进程中应更加注重质量的社会发展阶段，对于中国经济社会转型实践具有参考和指导价值。本成果对社会学想象力回归的呼唤和对“解剖麻雀”个案研究学理依据的论述和方法论比较，对于社会学应用智库研究也极具现实指导意义。

3. 社会影响及效益

本成果作者和研究团队在完成本成果和以阶段性成果发表课题论文的同时，还组织举办了全国性相关主题研讨会 8 次（2010—2017 年，每年全国社会学年会举办“质性社会学”分论坛），编撰《质性社会学研究》学术刊物累计 12 期（2011—2013 年以季刊出版 10 期，2014 年、2015 年出版 2 期）。在已有的质性研究积淀和经验积累的基础上，实现本土成果的层次化和类型化，形成质性方法相关研究的“成果群”。多元化成果形式通过上述研究论坛、学术刊物和国内几家主要的社会学学术网站传播，在国内产生了一定学术影响，也带动了地方特色的本土化社会学学科建设、理论建设和人才队伍建设。

阶段性成果中，本成果作者执笔完成的两篇论文《质性研究与社会学的中国化》和《质性社会学论纲》在《人文杂志》发表后，均被《新华文摘》全文转载，其中一篇同时还被《中国社会科学文摘》和中国人民大学复印报刊资料《社会学文摘》转摘。《质性研究与社会学的中国化》获得陕西省哲学社会科学优秀成果一等奖。本成果修订过程中新完成的论文《从质性研究到大数据方法：超越与回归》发表于《中国社会科学评价》，亦被中国人民大学复印报刊资料《社会学》全文转载。

人口学

《中国健康老龄发展趋势和影响因素研究》概要

曾　毅* 等

一、研究的目的、意义及方法

健康老龄发展趋势和影响因素研究是国际学界近一二十年快速发展的一个重点前沿领域。21 世纪以来，我国人口老化速度不断加快。按中、低死亡率方案预测，我国 65 岁及以上老人将从 2010 年的 1.19 亿人（占总人口 8.9%）增加到 2050 年的 2.8 亿～3.7 亿人（占总人口 22.8%～27.6%）。其中最需照料的 80 岁及以上高龄老人增长更为迅速，将从 2010 年的 1 930 万人增加到 2050 年的 1.07 亿～1.5 亿人，等于 2010 年的 5.5～7.8 倍，年均增长速度等于 65～79 岁较年轻老人的 2 倍左右。我国老年人口年均增长速度等于西方大国的 2 倍以上。

平均寿命持续延长和人口老化加快是社会经济快速发展带来的不可改变的必然趋势。然而，正如根据“中国老年健康影响因素跟踪调查”（简称中国老年健康调查）数据，本成果第 4 章的研究结果表明，在寿命延长的同时，不少按以前医疗和生活条件可能已死亡、健康较差的高龄老人被“救”而活了下来，导致我国高龄老人平均躯体功能和认知功能残障率显著增高，即老年人的健康状况不容乐观，需要政府和社会高度重视和研究实施改善老龄健康、提高老年人群生命质量的各种举措。然而，我们的经济、社会和医疗保障体系相对发达国家较为滞后，对老龄社会的到来尚未做好应有的准

* 曾毅，北京大学教授，博士生导师。

备，属于“未富先老”和“未备先老”，承受的压力更大。

在中国人口快速和大规模老化的背景下，本成果是在国家自然科学基金管理学部资助、北京大学曾毅教授负责的关于健康老龄化项目（项目批准号71233001，71490732）全体成员2012—2017年6年来共同努力的基础上，按照原设计方案，由曾毅、陆杰华、雷晓燕、施小明分工合作主编，提炼整合而成的一部关于中国健康老龄发展趋势及其影响因素的集体成果专著。本成果综合应用社会和自然科学交叉学科研究方法，从积极提高老年人口健康水平与抗病能力的跨学科视角，探索如何实现快速增长的老年人群健康存活期上升而病残期比例下降，即分析哪些因素，包括社会经济环境、个体行为、生物医学和遗传因素等多方面多层次因素及其交互作用对老龄健康的影响，从而为国家积极应对人口老化严峻挑战提供科学依据。

本成果不仅顾及人口老化“远虑”，还考虑社会和家庭在老人照料与医疗负担方面的“近忧”，研究如何实现老、中、青生活质量的不断改善。本成果集中分析人口老化过程中关系到百姓民生、国家长治久安和可持续发展的重大科学和实际问题，对“未富先老”和“未备先老”的中国来说，意义尤其深远。

二、成果的主要内容、重要观点和对策建议

本成果包括四部分（合计28章）：中国健康老龄发展趋势分析，老年健康的影响因素研究，老年健康的生物医学指标分析，健康老龄相关政策分析。

1. 中国健康老龄发展趋势分析

第一部分报告北京大学健康老龄与发展研究中心与中国疾控中心于2011—2012年和2014年合作开展的全球高龄老人样本量最大的中国老年健康调查第六、七次调查，以及基于该调查数据深入分析中国老人（特别是高龄老人）生活自理能力、躯体功能、认知功能以及死亡率的变化趋势及特点。

第1章“中国老年健康调查第六、七次调查概述”。

中国老年健康调查分别于1998年、2000年、2002年、2005年、2008—2009年、2011—2012年、2014年在全国22个省（自治区、直辖市）进行了

7 次调查。本章介绍中国老年健康调查第六、七次调查的特点、主要内容以及数据质量评估。对高龄老人年龄申报的准确性，主要健康变量的信度和效度，内部逻辑性错误，代答、不应答和信息缺失及样本失访等质量方面的主要分析结果显示，中国老年健康调查的总体质量较高，达到了国际同类调查的质量水准。

第 2 章“社会经济地位对中老年健康影响随年龄增长的变化趋势”。

利用中国家庭动态追踪调查项目（CFPS）2012 年数据，使用 OLS 回归和 logistic 回归模型估计结果表明，社会经济地位对中老年健康的影响既存在“发散效应”，又存在“收敛效应”，同时还存在不同社会经济地位群体间的健康差异不随年龄变化而变化的“平行效应”。我们发现，社会经济地位对人们健康的影响具有持久性，贯穿于各个年龄阶段，并在某些健康指标上具有累积性。因此，调整社会政策，注重社会公平，缩小社会地位差距对于提高中老年人口整体健康水平具有重要意义。

第 3 章“高龄老人日常生活自理能力的年龄、性别、城乡和区域差异及变化趋势”。

采用中国老年健康调查 2002 年和 2011 年数据，对高龄老人日常生活自理能力及其变化进行统计分析。结果表明，近年来我国中轻度自理能力受损的高龄老年人比例降低，重度受损的老年人比例升高；高龄老年人失能率城镇高于乡村，东部地区高于中西部地区，女性高于男性。建议加强对重度受损老年人的长期照护，增加对乡村、中西部地区卫生领域的资源配置，加大对高龄女性以及经济困难老年人的保障力度，改善居住环境。

第 4 章“高龄老人生活自理能力、躯体功能、认知功能及死亡率变动趋势分析”。

对“中国老年健康调查”近两万名 80～105 岁高龄老人数据分析发现，社会经济发展使得 2008 年高龄老人存活概率和自评日常生活自理能力比 1998 年有显著改善。但是，医疗条件进步使健康较差高龄老人被“救”而存活率提高，导致 2008 年高龄老人客观量测的躯体功能和认知功能比 10 年前显著下降，这给社会和亿万家庭带来严峻挑战。研究表明，经济社会发展和人类寿命提高（胜利）带来效益（如生活自理能力改善）的同时，也会产生一定成本（例如，因体弱者延长生存而导致高龄老人躯体和认知功能下降）；但它不是以往不少国际文献解释这一现象时所称的“胜利的失败”（failure of success），所以没有必要为此恐慌，而需要全社会积极应对，努力实现人口健康老龄化。

第 5 章“我国高龄老人家庭照料支持变动趋势研究”。

采用时期分析和队列分析方法，以中国老年健康调查 1998 年以来的截面和跟踪数据为基础，从实际发生、老年人感知以及潜在可能三个层面就我国高龄老人家庭照料的状况及其在 1998 年以来的变化进行了分析。研究发现，家庭对于高龄老年人的情感交流、生活自理能力、患病照料方面的支持相对稳定，变动更多表现为支持者结构的变动。配偶无论是在情感支持还是在照料支持方面的贡献均有所提升；儿子的照料支持仍然承担了重要责任，但其贡献略有下降；女儿对高龄父母的照料贡献有所增强，在患病照料方面尤为突出；家庭对高龄老人的照料支持越来越集中于子代，来自孙子女的支持呈现减弱的趋势。

第 6 章“我国 21 世纪上半叶老年生活自理能力状况和家庭照料需求成本变动趋势分析”。

建立的老年家庭照料需求成本预测模型及相关调查等数据分析表明，我国 21 世纪上半叶生活自理能力残障老人增速明显高于老年人口总体增长，高龄残障老人增长大大快于中低龄者，身边无子女残障老人增长明显快于有子女者，残障老人家庭照料成本总额占 GDP 百分比增速很快。模拟预测对比分析表明，在原生育政策不变方案下，我国 2030 年与 2050 年平均每位劳动者负担的老年家庭照料现金支出分别至少等于 2000 年的 3.0～4.1 倍与 6.8～12.6 倍，比普遍允许二孩政策情况下高很多。本成果论证了全面实施城乡普遍允许二孩政策对应对人口老化严峻挑战的重大意义。本成果还对死亡率和老年生活自理能力状态转换概率的可能变化对老年照料需求成本数量的影响进行了分析。

2. 老年健康的影响因素研究

第二部分着重从家庭养老、社会养老以及社会经济及自然环境三个层面深入讨论健康老龄的影响因素及其作用机制。这些研究成果已分别在《经济研究》、《经济学季刊》、*Health Economics* 和 *Journal of Comparative Economics* 等国内外期刊发表。其中第 18 章介绍的关于社会行为环境—遗传交互作用显著影响高龄老人健康的研究表明，积极探索社会行为环境与遗传交互作用对老龄健康的影响，有助于提高对老年健康干预的精准度与有效性，这些研究成果已分别在 *Journal of Gerontology*：*Biological and Medical Sciences*、*BMC Geriatrics*、*Rejuvenation Research*、《医学与哲学》等期刊发表。

第 7 章“空巢模式对老年躯体健康与心理健康的影响”。

基于中国老年健康调查 2005 年数据，采用工具变量方法识别了空巢对老年健康的因果影响。研究结果显示，空巢对老年人的躯体健康并没有显著影响，但对其认知功能有显著的负面效应。空巢对女性、高龄、农村、无配偶以及没有医疗保险老人的认知功能的负面影响更为显著。从影响渠道看，空巢老年人缺乏交流沟通与精神慰藉，是导致认知能力下降的重要原因。本章的研究发现为老年健康干预政策的制定和社会养老服务体系的建设提供了实证依据。

第 8 章“成年子女与老年父母家庭代际转移的动机及作用机制分析”。

成年子女与老年父母家庭代际转移既有“利他”动机又有“交换”动机。虽然成年子女的代际转移确实对老年父母的收入和医疗服务需求做出了贡献，但老年父母有大约 32%的收入降低仍然不能被代际转移所弥补，而公共转移只能弥补其中的 7%，这意味着有 25%的收入降低得不到补偿。虽然医疗卫生改革大大增加了医疗保险的覆盖面，但因病致贫的现象仍然常见，对高医疗费用、低收入家庭提供更有力的公共支持非常有必要。

第 9 章“老年人健康和生活满意度的自我评价及其影响因素”。

基于中国老年健康调查数据的多变量统计分析结果显示，家庭经济状况改善和享有医疗保险对老年人的自评生活满意度有显著的积极作用，而居住在城镇的老人具有明显优势，更有可能从最近的社会经济变革中受益，本应惠及广大老年人口的国家政策及其实施，具有明显的滞后效应和城乡差异，在改善老年人生活质量方面尚未起到应有的作用。

第 10 章“我国老年人自评健康的性别差异”。

我国老人“自评健康”女性的比男性的差，农村老人的比城镇老人的差。老年自评健康的性别差异三成是由于年龄、城乡等因素导致的，七成是由于不同性别老人生理、个人行为和经济社会等因素造成的。年龄对健康的作用远远大于城乡分布的作用。老年健康的难点重点在于女性、高龄和农村老人。

第 11 章“老年人晚年照料需求强度的实证研究”。

基于中国老年健康调查数据的研究结果显示，年龄、居住地等人口社会特征影响到老年人照料需求强度的大小。老人日常生活自理能力受限程度的加深是照料需求及强度增加的重要原因；慢性疾病会增加照料风险的发生和照料需求强度的加深。

第 12 章“城乡医疗保障水平对老年人医疗负担、医疗服务利用和健康的影响”。

应用中国老年健康调查 2008—2014 年三期数据的研究发现，新型农村合作医疗和城镇居民社会养老保险都显著降低了老年人灾难性医疗支出；两者的比较分析表明，相对来说，新型农村合作医疗老人自付医疗费用占家庭收入比例高出 20%，城镇居民社会养老保险老人门诊支出及其自付比例显著较高，新型农村合作医疗老人生重病时得到及时治疗可能性和自评健康显著较低，城镇居民社会养老保险老人医疗服务利用显著较高，但对健康改善影响不显著。《国务院关于整合城乡居民基本医疗保险制度的意见》于 2016 年发布，决定从 2017 年开始全国各地陆续将新型农村合作医疗与城镇居民社会养老保险合并为“城乡居民基本医疗保险”。毫无疑问，这一重大改革将大大提高我国城乡医疗保障水平，减轻老年人（尤其是农村老人）医疗负担，提高医疗服务利用和改善老年人口健康。

第 13 章“‘新农保’对农民养老模式的影响”。

利用中国老年健康调查 2008、2011 年两期数据，全面评估了新型农村社会养老保险（简称新农保）对参保农村居民养老模式的影响。研究发现：(1) 新农保在一定程度上提高了参保老人的经济独立性，降低了老人在经济来源方面对子女的依赖；(2) 参保老人对社会正式照料的需求有所增加；(3) 参保老人无论是在居住意愿还是在实际居住安排上与子女分开居住的倾向均有所增强。新农保已对我国农村传统的养老模式产生了重要影响，为国务院 2014 年决定开始逐步实行“全国统一的城乡居民基本养老保险制度”奠定了坚实基础。

第 14 章“‘新农保’政策对家庭代际经济支持的影响”。

利用中国老年健康调查 2008、2011 年两期数据，使用倾向分值匹配法、双重差分法及固定效应面板控制内生性和样本选择偏误，对新农保的政策绩效进行评估。研究发现，新农保的实施并未显著改善农村老人的经济独立性。具体来说，老人领取的养老金每增加1元，其子女提供的代际支持金额减少大约0.808元；与未参保老人相比，2011年参保老人所获得的子女代际支持金额相对减少了587元/年，占同期领取养老金收益的62.4%。由此可见，新农保在增进老人福利水平的同时，其主要政策绩效是减轻了子女的养老负担。

第15章“居住安排变化对老年人死亡风险的影响”。

利用中国老年健康调查2002—2008年数据的研究表明，居住安排由“与子女同住变为不同住”导致的死亡风险最高。本成果发现，如果不考虑脆弱性因子（frailty），“同住变为不同住”低估对死亡风险的作用，而“不同住变为同住”以及“一直同住”则高估其对死亡风险的作用。显然，在老年人死亡风险的影响因素研究中，很有必要在多元统计分析模型中引进脆弱性因子。

第16章“轻度认知障碍老人死亡风险的影响因素研究”。

应用中国老年健康调查2008—2012年数据和Cox比例风险模型的分析表明，在轻度认知障碍老人群体中，躯体健康较好老人的死亡风险比躯体健康状况较差老人低38%，适量饮酒和参加锻炼降低死亡风险13%，喜欢干净整洁和不感到紧张等积极的心理特征因素降低死亡风险12%～22%。居住在城市对降低认知障碍老人死亡风险有显著作用，而其他社会经济因素的影响不显著。概而言之，良好的躯体健康状况、适量饮酒、经常参加锻炼、积极的心理状态以及居住在城镇会显著降低轻度认知障碍老人的死亡风险。

第17章“社区环境因素对老年健康和死亡的影响”。

基于中国老年健康调查2002—2005年个体数据和22省（自治区、直辖市）886个县/县级市社区层面数据，本章应用多水平多元logit模型，对社区社会经济自然环境因素对老年健康和死亡的影响进行分析。研究结果表明，控制个人层面相关变量后，空气污染显著增加了老人日常生活自理能力（ADL）残障、认知功能差与累计健康亏损指数上升的可能性。降雨量的增加则显著降低了老人ADL残障和认知功能差的风险。居住在山区的老人ADL残障风险较低，累计健康亏损指数亦较低。此外，社区人均GDP、15～64岁人口的劳动参与率以及文盲率对中国老年人的生理健康、心理健康、整体健康水平以及死亡风险有显著的影响。本章的结论是，保护社区自然环境、改善社区社会经济状况的干预措施将有利于改善老人健康、降低老人死亡风险。

第 18 章“环境与遗传因素交互作用对老年健康的影响”。

讨论环境与遗传交互作用对老龄健康影响的文献综述和国际研究进展，并概述三个相关前期研究案例：（1）FOXO 基因类型与高龄老人 60 岁左右和当前喝茶的交互作用显著影响高龄老人健康：携带 FOXO 基因者喝茶对认知功能改善作用比不携带 FOXO 基因者显著要大。（2）ADRB2 基因类型与经常锻炼和参加社会休闲活动的交互作用对高龄老人认知功能和自评健康有显著改善。（3）APOE4 基因与生活重压交互作用会显著诱发老人自评健康差。分析表明，在保护个人隐私前提下，充分考虑环境因素与基因类型交互作用，实行有的放矢的健康干预方案，可能大大提高老龄健康干预效益。

3. 老年健康的生物医学指标分析

第三部分主要介绍了与老年慢性疾病、认知功能受损以及死亡风险相关的生物医学指标研究，以及环境硒对老龄健康影响的研究；比较分析了我国老人主要慢性病患病率、体格测量、炎症、抗氧化、宏量和微量元素等生物医学指标在不同性别及年龄组之间的差异，及其对成功老龄化的影响。同时，我们的创新研究还发现，高龄老人健康的一些生物医学指标水平不同于一般成人，其差异具有统计意义，为公共卫生学者、临床医生开展进一步的研究和修订更加合理、适应不同年龄段人群的筛查诊断标准提供了科学依据。

第 19 章“老龄人群慢性疾病与生物医学指标状况及其影响因素研究”。

分析我国不同性别及不同年龄组老人主要慢性病患病率、体格测量、炎症、抗氧化、宏量和微量元素等生物医学指标及其影响因素。研究发现，百岁老人较其他年龄组具有相对较低的慢性病发生风险和较高的抗氧化机能，但体内炎症较为普遍。我们还发现了一些高龄长寿老人有别于一般中老年人并有统计意义的生物医学指标，为实施适当的干预措施提供科学依据。

第 20 章“老龄人群认知功能障碍及其生物医学指标研究”。

利用中国老年健康调查数据，通过横断面和前瞻性队列数据分析表明，我国高龄老人 2008 年认知功能平均水平比 10 年前显著降低。糖尿病、肾功能受损、维生素D缺乏等则与认知功能障碍风险增加显著相关，较高的血浆白蛋白水平、血氧饱和度和机体抗氧化水平与认知功能障碍风险降低显著相关，而血压过高或过低都增加老年人认知功能障碍风险，适当偏高的血脂水平可能对老年人认知功能有保护作用，糖尿病和肾功能受损对认知受损的影响具有交互作用。这些发现对于老年人认知功能受损和痴呆的预防控制干预具有重要意义。

第21章“高龄人群死亡及其生物医学指标研究”。

利用中国老年健康调查健康长寿地区2009—2012年典型调查数据的生存分析发现，在我国高龄人群中广泛流行的贫血或低血红蛋白水平显著增加高龄人群的死亡风险，提示应积极预防和治疗老龄人群尤其高龄人群贫血症。我们还发现，在我国高龄老人中，相对较高水平的LDL-C、LDL-C/HDL-C、TG/HDL-C和AI与较低的死亡风险相关联，与中年人和年轻老人中这些生物医学指标反而是重要危险因素显然不同。研究表明，影响高龄人群死亡的生物医学指标类型及其影响力度和方向不同于一般成人和年轻老年人群，呈现出独特的生理和代谢特征，应结合高龄人群的自身特点制定适当的生物医学指标标准。

第22章“硒与老龄健康”。

基于“硒与中国农村老年人群认知功能研究”项目数据分析表明，控制多种相关因素后，膳食硒摄入量、血硒含量、指甲硒含量与老年人认知能力呈显著正向相关，指甲硒水平越高，老年人认知下降幅度可能越小；此外，指甲硒水平与老年人高血压、血脂异常、糖尿病风险存在显著关联。本章研究为客观评估硒对老年健康的影响提供了基础数据，对于缺硒地区人群健康保护以及老年期疾病防治具有重要意义。

4. 健康老龄相关政策分析

第四部分主要以大样本实证数据分析为依据，从政策设计和实施层面讨论了当前中国应对人口老化严峻挑战的相关政策思考和建议。该部分的主要特点在于，将人口老化问题置于人口结构转型的大背景下进行分析，从“大人口大健康”战略出发，提出切实可行的政策建议。

第23章“中国农村老人长期照料需求和供给现状分析及相关政策建议”。

利用中国老年健康调查2008年数据分析当前我国农村老人面临的长期

照料需求及供给现状。研究发现：(1) 当前我国农村老人对长期照料存在巨大需求，65 岁以上老人中存在“日常行为能力残障”或“认知功能残障”的比例高达 16%，85 岁以上老人更是高达 40%。(2) 包括配偶和子女提供的家庭照料仍是农村老人长期照料的主要模式。(3) 农村地区老年照料市场和服务发展落后，机构养老及照料的覆盖人群比例过低，集体养老保障功能极其薄弱，不足以承担起农村老人最低照料保障线的职责。

第 24 章“儿童时期社会经济地位对中国老年健康的影响分析及相关政策建议”。

使用中国老年健康调查数据，采用 logit 和结构方程模型研究表明，儿童期社会经济地位对中老年健康具有直接和间接的持久影响，对不同健康指标的影响存在差异，对生活自理能力和躯体功能残障指标的影响较大，对心理健康和自评健康等主观评估性指标的影响较小。结构方程模型分析证明，儿童期社会经济地位通过成年社会经济地位和行为方式对中老年健康产生间接影响。

第 25 章“农村养老模式研究：来自村落调查的启示”。

采用定性研究方法，利用笔者 2014—2015 年间在山东农村地区收集到的一手资料，分析当地老年人养老的现状及其存在的问题。研究发现，尽管经济发展相对落后，但老年人拥有较为坚实的养老物质基础，自我养老在当地已成为主流养老模式；加上来自家庭的物质和精神支持，当地农村老人晚年相对幸福。他们在整个大家庭范围内扮演“帮手”的积极角色，而不是子女的负担。当地村委会特殊的“老年房”规划、农村社区文化的配合，也从集体和社区层面保障了老年人的晚年生活。然而，青壮年外出打工的现状导致代际交流逐渐减少，老年人的精神照料需求将成为农村养老保障的一个突出问题。

第 26 章“多代同堂模式的福利效应：老人与子女的互利共赢”。

中国老年健康调查及其匹配的成年子女 2005 年数据，本章采用工具变量方法识别多代同堂居住模式对老年健康与子女劳动参与的影响。研究发现，多代同堂模式并没有显著改善老人的躯体健康，但明显提升老人特别是弱势老年群体的认知能力，并有效改善女性劳动参与率与工作时长。具体而言，相对于核心家庭女性，与父母同住的女性就业率高出 24.3 个百分点。

究其原因，多代同堂模式有效增强了父母的家务协助、减轻了女性家务负担，从而促进女性劳动市场参与。多代同堂模式对老人与子女而言并非“甲之蜜糖，乙之砒霜”，而是互利共赢的选择。如何将家庭找回来，如何应对常态化的老龄社会需要政府、社会的通力协作。

第 27 章“普遍允许二孩政策大大有利于应对人口老化严峻挑战”。

本章在笔者于 2014 年呈报中央的政策咨询报告的基础上撰写，根据我国国情和客观存在的人口规律，以及 2010 年人口普查和相关近期调查等数据分析，笔者认为，在全国城乡实施“普遍允许二孩”政策，既满足民众生二孩愿望，又绝不会导致人口失控，是切实可行的国家百姓“双赢”方案。“普遍允许二孩”在应对人口老化严峻挑战方面以及其他六个方面大大优于“只开放单双独”，大大有利于促进人口经济社会均衡发展。

第 28 章“整合卫生计生服务与老龄工作，促进亿万家庭福祉”。

我国面临两大人口安全问题：（1）人口快速老化但基本养老保障薄弱，从而缺乏健全的社会养老保障，使得农民养儿防老现实需求很高，在很大程度上导致了（2）出生性别比超常偏高。但是这两个密切相关的重大人口安全问题却由卫生和计划生育委员会与全国老龄工作委员会分而治之，难以有效发动群众、整合资源和提高效率。建议尽快将老龄工作系统并入卫生和计划生育委员会系统，尽快将卫生和计划生育委员会更名为“国家健康与家庭福祉委员会”，主要职能是全民健康、计划生育、医疗康复养老结合的老龄服务和家庭发展；建议鼓励支持成年子女与老人同住或近邻居住，既有利于应对人口老化严峻挑战和改善家庭福祉，又可以减少因小家庭户数大幅增加而导致的能源消费较快膨胀，有利于环境保护和可持续发展。

三、成果的学术创新、应用价值以及社会影响和效益

本成果紧密结合我国人口快速老化和老年人口高龄化进程中的重点难点问题，特别强调社会科学与自然科学的交叉学科研究，汇聚了国家自然科学基金关于中国健康老龄化不同研究领域项目近 6 年来的成果，具有重要的学术创新、应用价值以及社会影响和效益，主要体现在：

（1）数据共享。“中国老年健康调查”1998—2014 年七次全国大样本调查数据已向学者与实际工作者们全面免费开放用于科学研究。据不完全统

计，截至 2017 年 11 月 10 日，有 3 550 位学者（不包括他们的学生和课题组成员）正式注册免费使用“中国老年健康调查”数据。

（2）研究成果丰硕。研究团队发表中文论文 80 篇，SSCI 或 SCI 英文论文 69 篇，中文专著 2 本，英文专著 1 本。例如，有两篇论文在国际健康科学顶级学术期刊《柳叶刀》（*The Lancet*）发表（该刊影响因子为 45.2）。《柳叶刀》2016 年 10 月将笔者关于普遍二孩政策对中国应对人口老化严峻挑战和社会经济持续发展的效益研究（本成果第 27～28 章的主要内容）作为封面文章。《柳叶刀》杂志集团 2017 年 3 月将曾毅等关于中国高龄老人生活自理能力、躯体功能、认知功能及死亡率变动趋势分析的论文（本成果第 4 章的主要内容）作为重要科学发现专门举行面对全球的网上新闻发布，认为“这是世界上规模最大的高龄老人研究，其发现对中国和其他所有面临人口老化挑战的国家都有重要意义”。

（3）组织重要学术会议。组织 4 次国际研讨会，共有 307 位来自中国、美国、英国等近 20 个国家和地区的学者与会；成功主办了 4 次国内研讨和培训会议，共有 305 位来自全国各地的代表与会。

（4）分析方法创新与应用推广。本成果所涉及的多种研究方法具有很强的学术创新和应用性。例如，自主创立发展的 ProFamy 家庭人口预测以及老年人口健康状况家庭照料需求成本预测方法和软件已于 2014 年由国际著名出版社施普林格出版，得到广泛认可和应用，并成为南南合作的重点内容。

（5）学术荣誉和社会影响。本成果第 17 章关于在控制个体因素前提下，县级社区社会经济及环境因素显著影响老人生理心理健康及死亡风险的研究成果荣获《美国公共卫生杂志》（*American Journal of Public Health*）最优论文奖。作为本成果大部分章节数据基础的“中国老年健康调查”报告荣获“第 20 届世界老年学与老年医学大会—中韩论坛”优秀论文奖。关于“普遍二孩和应对人口老化挑战政策咨询报告”（本成果第 27 章的主要内容）以及“整合卫生计生服务与老龄工作，促进亿万家庭福祉”政策咨询报告（本成果第 28 章的主要内容）分别得到党和国家领导人的批示，“普遍二孩和应对人口老化挑战政策咨询报告”于 2013 年和 2015 年被国家发展和改革委员会主管的《改革内参・高层报告》选为主报告。本成果多项研究成果通过媒体平台向公众传播，产生良好的社会效益和积极的舆论影响。

民族问题研究

《俄藏西夏历日文献整理研究》概要

彭向前*

黑水城出土的Инв. No. 8085西夏历书，现藏俄罗斯科学院东方文献研究所，迄今尚未刊布。该件历经西夏崇宗、仁宗、桓宗、襄宗四朝，连续88年（1120—1207年），是迄今所知历时最长的古历书，在中国古代史上绝无仅有，是西夏历法研究在资料构成上的主体部分。

一、研究的目的、意义及方法

本成果综合运用文献学、历法学、历史学、语文学等多种学科知识理论，对Инв. No. 8085西夏历书进行了整理和研究，意在廓清西夏历日基本面貌，并结合散见在各类文献中大量带有明确的西夏文或非西夏文的干支纪年、属相纪年或年号纪年等，首次制作《西夏历与宋历朔闰对照表（1120—1207年）》，为全部复原西夏近200年的历谱打下了坚实的基础，从而将西夏历日研究提升到了一个新的高度，并建立起一个最大限度真实反映西夏历史的时间坐标。

二、成果的主要内容和重要观点

1. Инв. No. 8085缝缋装结构复原

本成果首次指出Инв. No. 8085西夏历书装帧形式不是蝴蝶装，而是缝缋装。古代手抄本多采用缝缋装。缝缋装的出现，对于世界书籍装帧形式的

* 彭向前，宁夏大学研究员，博士生导师。

发展有着十分重要的意义，在中国古代书籍向册页制转变的过程中起着承前启后的作用，只是今人已经淡忘了它的存在。缝缋装，顾名思义，缝，就是用针线连缀；缋，原是指成匹布或帛的头和尾，在这里，当指纸张的折缝处。制作顺序，先把单页纸左右、上下或上下、左右对折，即一折为四。再将若干折叠好的单页沿折缝处订成叠（线装书订线的方法则主要是缠绕书背）。因只能单面书写，岁久册页散乱后，打开折叠过的单页纸张，会让人迷惑不解。虽然同处一纸，但书叶之间有字头相对者，文字内容多不连贯（缝缋装中只有一摞折叠单页中最里面的两面内容是连贯的），很难找到原来的顺序。张邦基《墨庄漫录》转载王洙的话云："作书册粘叶为上，久脱烂苟不逸去，寻其次第足可抄录。屡得逸书，以此获全。若缝缋，岁久断绝，即难次序。初得董氏《繁露》数册，错乱颠倒。伏读岁余，寻绎缀次，方稍完复，乃缝缋之弊也。"① 可见宋人早就对缝缋装深感头痛。

要是不了解缝缋装，很容易把不相关的两面当作同一年的内容，给研究带来障碍。由于误以为其间的差距是夏宋历日不同所致，一度让笔者困惑不已。直到去俄罗斯科学院东方文献研究所访学，看见 Инв. No. 8085 历日文献原件，才恍然大悟，个中原因是由缝缋装造成的。

在完成全书年代考订工作后，笔者根据历书中少数完整的单页纸，对残缺部分进行了配补，对 20 个错页做了调整，恢复了该书原来的缝缋装结构：一般把一张单页上下、左右或左右、上下对折为四面，偶尔也有半张对折为二面的，五六个单页组成一叠，最后将数叠粘连成一册。残存九叠。笔者以示意图的形式把 176 个页面的位置清楚地再现出来，为历书的整理研究工作扫清了巨大的障碍。

2. 根据多种记时方法对诸多历日残叶进行考证

Инв. No. 8085 西夏历书内容十分丰富，不仅涉及朔日、闰月、月大小、二十四节气、二十八宿注历、九曜星宿的运行周期等天文历法知识，还涉及纳音五行、八卦配年、男女九宫等术数知识。实际上，历书中不光是数字，每一种要素都可以看作记时方法。

（1）西夏历日文献中的二十八宿。Инв. No. 8085 历日文献中有 8 个年

① 张邦基：《墨庄漫录》，孔凡礼点校，中华书局 2002 年版，第 129 页。

头，用西夏文加注二十八宿，始于夏桓宗天庆七年（1200 年），终于夏襄宗应天二年（1207 年）。二十八宿有两种用途：1）二十八宿值日。于每月朔日干支之下，用西夏文加注二十八宿的值宿。在残历考证的过程中，二十八宿值日对我们的帮助主要有两个方面，一是可以确定每月的朔日和大小，二是可以利用星期对比对求出的某月朔日加以验证，在朔日、节气对比有一二日之差的情况下，也可以利用星期对比对求出的年代加以验证。

“七曜日”的排列次序为日、月、火、水、木、金、土。二十八宿从“角”宿开始，“角”为东方七宿（角、亢、氐、房、心、尾、箕）之首，而古代阴阳家又将东方与“木”相配（“东方甲、乙木”），即“角”宿必与七曜日的“木”相对应。七曜日是 7 天一周期，二十八宿是 28 天一周期，28 是 7 的整 4 倍。于是，二十八宿注历同“七曜日”注历之间便形成固定的对应关系。历日上凡注房、虚、昴、星四宿的日子均为“日曜日”，亦即星期日。

如夏桓宗天庆八年（1201 年）年历上部表头月大小和每月朔日有缺失，但在第三行有关于每月朔日值宿的西夏文较为完整的记载，仅缺五月朔日庚戌的值宿，这为我们补出本年缺失的月大小和每月朔日提供了可能。以四月朔日庚辰为例。已知三月朔在辛亥，值宿为井，而四月朔日的值宿为鬼，又由井到鬼，共跨 30 日，则三月必为小月，四月朔日必为庚辰。余依次类推。再如夏桓宗天庆十一年（1204 年）上部表头第一列纪年干支“甲子”原为西夏文，其中的“𗼃（甲）”字，据残存字形补。本年每月节气分布虽然与宋历相同，具体日期却有所不同。那么这个纪年干支补得是否正确？我们可以利用星期对比来加以验证。本年四月小，朔甲午，值宿为“星”，当是个星期日。查《二十史朔闰表》夏桓宗天庆十一年四月一日，为公历 1204 年 5 月 2 日，再查书后所附《日曜表四》中的第四年，果为星期天，与之相符。

2）二十八宿值年。于纪年干支之下，用西夏文加注二十八宿的值宿。二十八宿值年与年干支有一定的对应关系。二十八宿值年来源于二十八宿配日，“按日有六十，宿有二十八，四百二十日而一周。四百二十者，以六十与二十八俱可以度尽也。故有七元之说：一元甲子日起虚，以子象鼠而虚为日鼠也。二元甲子起奎，三元甲子起毕，四元甲子起鬼，五元甲子起翼，六元甲子起氐，七元甲子起箕，至七元尽而甲子又起虚，周而复始，但一元起于何年月日，则不可得而考矣”。（《御定星历考原》卷五《二十八宿配日》）为计算年禽，专门有一个口诀：“七元禽星会者稀，虚奎毕鬼翼氐箕，须将甲子从头起，年年相续报君知。”也就是说，二十八宿值年与年干支有一定的对应关系。如夏桓宗天庆十三年（1206 年）年历，干支纪年缺，幸有西夏文二十八宿值年，写作“𗼇（胃）”。历书二十八宿值年始于夏桓宗天庆七年庚申（1200 年），值宿为虚，而本年历值宿则为胃，由虚到胃跨 7 年，恰为 1206 年丙寅。演禽术“二元甲子起奎”，丙寅年恰为胃宿值年，可以互证。

总之，历书中的二十八宿，无论是值日或值年，都与干支有一定的对应关系，对残历考订大有帮助。

（2）西夏历日文献中的男女九宫。男女九宫是用来合婚的。Инв. No. 8085 历日文献在右部表头第二行有时标有男女九宫，此类年历共计 25 年，包括：夏崇宗元德二年（1120 年）至夏崇宗元德三年（1121 年）。夏崇宗元德六年（1124 年）至夏仁宗人庆元年（1144 年）。夏桓宗天庆十三年（1206 年）至夏襄宗应天二年（1207 年）。

男女九宫和年九宫都是从九宫衍化而来的。九宫最晚产生于汉代。九宫共有九幅图，其中五宫图形为基本图形，布局为“二四为肩，六八为足，左三右七，戴九履一，五居中央”。换成八卦表示，即坎一、坤二、震三、巽四、中五、乾六、兑七、艮八、离九 。唐代又开始用颜色代替数字，即一白、二黑、三碧、四绿、五黄、六白、七赤、八白、九紫。

“三元甲子年”规定，以隋仁寿四年（604 年）甲子配一宫，次年（605 年）起，以“九、八、七、六、五、四、三、二、一”的次序配入九宫，反复无穷。因 9 与 60 的最小公倍数是 180，合三个甲子，分别称之为“上元”“中元”“下元”。历书中年九宫的起算点，以隋仁寿四年（604 年）上元甲子为坎一，之后以“九、八、七、六、五、四、三、二、一”的次序倒转，依次下排。掌握了这个规律，我们就可在历史年表上添注该年的九宫（仅为该年的中宫数字）。年九宫同纪年地支有固定的对应关系，这在残历定年中可以给我们提供有价值的信息。

关于男女命宫的推算方法，清《钦定协纪辨方书》引《三元经》中的记载：“九宫建宅，男命上元甲子起坎一，中元甲子起巽四，下元甲子起兑七，逆行九宫。女命上元甲子起中五，中元甲子起坤二，下元甲子起艮八，顺行九宫。”但是，Инв. No. 8085 历日文献所记男女九宫的推算方法与之有所不同：1）上元甲子男女九宫起点。夏仁宗人庆元年（1144 年）为上元甲子起点，该年男起七宫，女起五宫。2）下元甲子男女九宫起点。夏崇宗元德七年（1125 年）属下元年，该年男起八宫，女起四宫。从此往上推，可得 1084 年下元甲子为男起四宫，女起八宫。3）中元甲子男女九宫起点。夏襄宗应天二年（1207 年）属中元年，该年男起七宫，女起五宫。从此往上推，可得 1204 年中元甲子为男起一宫，女起二宫。

Инв. No. 8085 历日文献所记男女九宫的推算方法，与敦煌历日文献相同，与清《钦定协纪辨方书》引《三元经》中的记载不大一致，女宫推算方法相同，男宫则整个提前了一个甲子。本成果利用男九宫与年九宫一样同纪年地支有相同的对应关系这一原则，把男女九宫用来验证残历定年，是对残历定年方法的又一拓展。

（3）西夏历日文献中的二十四气。Инв. No. 8085 历日文献中有 6 个年头，于上部表头第二行加注“二十四节气”。1）夏崇宗元德二年（1120 年）上部表头第二行正月栏有数字“十四”，二月栏有数字“十五”，前者为正月中气“雨水”之日，后者为二月中气“春分”之日。2）夏桓宗天庆四年（1197 年）上部表头第二行正月栏有“十一立春”，“立春”原为西夏文“𗼃𗦎”，意思是正月十一日为立春节气。十二月栏“二十立春”，“立春”原为西夏文“𗼃𗦎”，意思是本年十二月二十日为立春节气。3）夏桓宗天庆十一年（1204 年）至夏襄宗应天二年（1207 年）。此四年分别用西夏文注明全年的二十四节气，有残缺。

西夏汉文文献显示，以往“节气简称气”的说法是错误的。黑水城出土文献“二十四气”表明，宋元时期仍然有“节气”与“中气”之分。后世所谓“节”为月之始，“气”的最后一日为月之终（这里指星命月），统称之为二十四“节气”，恐失本义。也就是说，所谓“节气”一词，“古今词义”发生了转移，现在说的“节气”相当于最初的“气”。这种转移由来已久，最迟在南宋就已经发生了。南宋人陈著《本堂集》有诗曰：“二十四节气，来自混元前。老息他无分，新阳例有缘。从教寒又暑，惯得海为田。此理须看破，何妨日当年。”这里出现了“二十四节气”的提法，表明其时已经将

“节气”混同于“气”了。

史金波先生从俄藏黑水城文献 Инв. No. 7926、8214 中辑得一整套夏译“二十四节气”的名称，与本历书一致。从中可以看出，西夏的二十四节气显然来自中原地区，只是有几个节气的名称小有区别，如惊蛰，指春雷乍动，惊醒了蛰伏在土中冬眠的动物，西夏人称作“𗏁𗅋（虫惊）”。清明，指气清景明，万物皆显，西夏人称作“𗑠𗤓（离丁）”，二字皆与火有关，有明亮的意思。小满，意思是麦类等夏熟作物籽粒开始饱满，西夏人称作“𗊱𗊴（草稠）”。芒种，“芒”是指有芒作物的收获，北方最常见的就是小麦；“种”指的是谷黍类作物的播种。芒种是一个既包含收获又包含播种的节气，西夏人称作“𗓆𗖵（土耕）”，只保留了播种的含义。白露，西夏人称作“𗢯𗧓（露冷）”，即冷露。寒露，西夏人则称“𗤚𗥃（寒霜）”。霜降，西夏人称作“𗥃𗰜（霜白）”，即白霜。等等。西夏人对二十四节气的改称，多集中在天气现象和物候现象方面。天气现象中的“白露、寒露、霜降”三个节气，都表示水汽凝结现象，西夏人分别改作“𗢯𗧓（露冷）”“𗤚𗥃（寒霜）”“𗥃𗰜（霜白）”，意在更好地反映气候从凉爽到寒冷的发展过程。尤其是对反映物候现象的四个节气“惊蛰、清明、小满、芒种”全部做了改动。刻写于西夏乾祐十六年（1185 年）的西夏文诗集《月月乐诗》，对河西地区一年十二个月的天气现象和物候现象做了仔细描述。从中不难发现上述改动与《月月乐诗》中的内容多有相符之处。如二月里“冬日寒冰春融化，种种入藏物已出”，与之相应，西夏人把惊蛰改作“𗏁𗅋（虫惊）”。三月里“东方山上鹃啼催植树，鹃啼树茂日光明”，与之相应，西夏人把清明改作“𗑠𗤓（离丁）”。四月里“夏季来临草木稠”，与之相应，西夏人把小满改作“𗊱𗊴（草稠）”。此外，西夏人把芒种称作“土耕”，只保留了播种的含义而舍弃了收获的含义，这是因为农历五月银川平原春小麦尚未成熟的缘故。上述改动，是西夏人根据自己对自然界的观察和理解，因地制宜而对二十四节气加以发展的反映。尤其是把小满改作“草稠”，使西夏的二十四节气带有明显的游牧民族风格。夏历的“二十四节气”之日与宋历或相同，或前后相差一二日。

二十四节气对西夏社会生活的影响是多面的。二十四节气引入西夏历日文献，正是农业在西夏社会得到发展的体现。此外，在西夏冬至既是节气又是节日。据《隆平集》记载："其俗旧止重冬至，自曩霄僭窃，乃更以四孟朔及其生辰相庆贺。"又据《西夏书事》卷一三记载，西夏于冬至行大朝会礼，"令蕃宰相押班，百官以次序列朝谒、舞蹈、行三拜礼"。宁夏拜寺沟方塔出土西夏汉文佚名诗集中有《冬至》一首："变泰微微复一阳，从兹万物日时长。得推河汉珠星灿，桓论天衢璧月光。帝室庆朝宾大殿，豪门贺寿拥高堂。舅姑履袜争新献，鲁史书祥耀典章。"其中"帝室庆朝宾大殿"，可以印证《西夏书事》所载不谬。从诗中可以看出，西夏冬至这一天十分热闹，皇室要举行规模宏大的朝会活动，大会文武百官。豪门大族则举家团聚，大摆酒宴，为高堂父母祈福求寿。沿用汉族的习惯，儿媳在冬至要向公婆献履贡袜，表示长久履祥纳福。等等。

西夏的二十四节气来自中原地区，是对汉族传统文化认同的一种体现。西夏在原有基础上因时因地对二十四节气加以发展和利用，也为传统二十四节气增添了新的内容。

（4）西夏历日文献中的八卦。八卦配年，位于纪年干支之下，一年一卦，以后天八卦卦序"乾、坎、艮、震、巽、离、坤、兑"为准。此类年历共有 23 年：夏崇宗元德六年（1124 年）至夏仁宗人庆元年（1144 年）；夏桓宗天庆十三年（1206 年）至夏襄宗应天二年（1207 年）。这种八卦配年不见于敦煌出土历日文献，亦为黑水城出土半页 X37 宋哲宗绍圣元年（1094 年）刻本历书所无，与古代推算禄命的一种方法"游年八卦法"有关。认识这种排布规律，对残历定年也有一定的帮助。如夏襄宗应天二年（1207 年）年历的考证过程中，就用到了"八卦配年"。我们先利用二十八宿值年、八卦配年、年九宫等，可以求得该年为夏襄宗应天二年（1207 年）丁卯年历。又残历八卦配年为坤，本年历八卦配年始于夏崇宗元德六年（1124 年）甲辰震卦，一年一卦，以后天八卦卦序"乾、坎、艮、震、巽、离、坤、兑"为准。由 1124 年到 1207 年，共跨 84 年，恰以坤卦配年，可以佐证。

（5）西夏历日文献中六十甲子纳音。Инв. No. 8085 历日文献中，纪年干支下注有纳音，始于夏崇宗正德六年（1132 年）壬子"木"，终于夏桓宗天庆六年（1199 年）己未"火"，共计 68 年。

《六十甲子纳音》是一种从先秦经历朝历代传承至今的择时术之说，其内容最早自沈括在《梦溪笔谈》中详细阐释以后，元代陶宗仪在其笔记体著作《南村辍耕录》的“纳音”条中做了完整概括。俄藏黑水城出土 TK322《六十四卦图歌》，卷尾即附有卜筮者常用的《六十甲子纳音歌》：“甲子乙丑海中金，丙寅丁卯炉中火，戊辰己巳大林木，庚午辛未路旁土，壬申癸酉刀刃金，甲戌乙亥山头火，丙子丁丑涧下水，戊寅己卯城头土，庚辰辛巳白腊金，壬午癸未杨柳木，甲申乙酉井泉水，丙戌丁亥屋上土，戊子己丑霹雳火，庚寅辛卯松柏木，壬辰癸巳长流水，甲午乙未沙石金，丙申丁酉山下火，戊戌己亥平地木，庚子辛丑壁上土，壬寅癸卯金箔金，甲辰乙巳点灯火，丙午丁未天河水，戊申己酉大驿土，庚戌辛亥钗钏金，壬子癸丑桑柘木，甲寅乙卯大溪水，丙辰丁巳沙中土，戊午己未天上火，庚申辛酉石榴木，壬戌癸亥大海水。”

Инв. No. 8085 历日文献中，仅注明“金、木、水、火、土”。如“木”，不再区分为“大林木”“ 杨柳木”“ 松柏木”“平地木”“桑柘木”“石榴木”等等。纳音与纪年干支有对应关系，因此对残历定年也有一定的帮助。如 Инв. No. 8085 西夏历书从夏崇宗正德六年（1132 年）壬子开始标注纪年干支的纳音，本年于右部表头第一列靠近纪年干支下写有“木”字，木分六种：“戊辰己巳大林木，壬午癸未杨柳木，庚寅辛卯松柏木，戊戌己亥平地木，壬子癸丑桑柘木，庚申辛酉石榴木。”其中“壬子癸丑桑柘木”对应的干支有“壬子”，与本年历纪年干支相符。

3. Инв. No. 8085 西夏历书年代跨度

此前学界认为该部历书连续 86 年，历经西夏崇宗、仁宗、桓宗三朝。笔者根据残存信息，又从残历中拼合出夏桓宗天庆十三年（1206 年）丙寅、夏襄宗应天二年（1207 年）丁卯两年。这样，就把该件历书的年代跨度又往前延伸了两年，起于夏崇宗元德二年（1120 年）庚子，终于夏襄宗应天二年（1207 年）丁卯，历经西夏崇宗、仁宗、桓宗、襄宗四朝，共计 88 年。

4. Инв. No. 8085 历日文献中关于长期观察行星运行的记录

Инв. No. 8085 历日文献是以表格的形式撰写的，右部表头自上而下为日、木、火、土、金、水、罗（罗睺）、孛（月孛）、炁（紫炁）九曜星宿，上部表头自右而左为一年十二个月的月序。网格中多为数字与地支的组合，以往学界认为是用来表九曜星宿与该月日、时的关系的，即把十二地支当作纪时系统。实际上这种看法是错误的，这里的十二地支并不代表十二个时辰，而是代表周天的十二个等分，即十二次，是十二次的地支表示法。也就是说表格中数字与地支的组合，是用来记载九曜星宿运行情况的。

中国古代为了观测日、月、五星的位置和运动，把周天按照由西向东的方向依次划分为星纪、玄枵等十二个部分，称为十二次。十二次还与岁星纪年有关。岁星即木星，木星自西向东运动，大约每 12 年一周天，每年行经一次，于是就用其所在星次来纪年。但是木星运行周期并不是整十二年，用实际岁星的位置来纪年就不准确，自不会符合创始者的初衷。于是古人为了纪年方便，还按照与十二次相反的方向，把周天分为“十二辰”，并想象出一个与岁星运行方向相反的“太岁”（又称岁阴、太阴），在天上自东向西运行，速度均匀地每年移行一辰，分别与十二地支“子、丑、寅、卯、辰、巳、午、未、申、酉、戌、亥”相对应，如表 1 所示。这种纪年法就叫“太岁纪年法”。

表 1 十二次与十二辰

序号	1	2	3	4	5	6	7	8	9	10	11	12
十二次（由西向东）	星纪	玄枵	诹訾	降娄	大梁	实沈	鹑首	鹑火	鹑尾	寿星	大火	析木
十二辰（由东向西）	丑	子	亥	戌	酉	申	未	午	巳	辰	卯	寅

这样一来，十二次虽然每次都有自己的名称，但又常用十二地支来表示。上面提到的西夏历日文献中的十二地支，指的就是十二次。

以 Инв. No. 8085 中较为完整的西夏仁宗乾祐七年（1176 年）丙申历书为例，表格中数字与地支的组合，如日曜七月栏中的“十二巳”，不是说太阳在该年七月与十二日巳时有某种关系，而是说太阳在本年七月十二日躔巳，即进入十二次的“鹑尾”部分。金星四月栏中的“廿五酉”不是说金星在该年四月与二十五日酉时有某种关系，而是说金星在本年四月二十五日躔酉，即进入十二次的“大梁”部分。余以此类推。

行星相对太阳的视运动非常复杂，除了快慢变化以外，还有其他种种奇怪的“举动”，古人为此用特定的一套术语来加以描述。这些术语同样为西夏历日文献所继承，分别用汉文和西夏文书写，汉字多采用俗体字，难以辨识；西夏文术语，此前因没有在汉文史籍里找到相关词语的出处，则难以翻译。本历书涉及的行星视运动术语除常见的合、见（分晨见、夕见）、伏（分晨伏、夕伏）、顺、留、退外，还有疾、迟、反、递等。夏仁宗乾祐七年

（1176 年）年历中对行星视运动状况的描述：内行星水星在正月十八日躔戌；二月初八退回亥次；三月初六再次躔戌，本月二十六日躔酉；四月十一日躔申，本月二十五日躔未；五月十三日躔午；六月初八退回未次，本月三十日再次躔午；七月二十二日躔巳；八月十一日躔辰，本月二十八日躔卯；九月二十日躔寅；十月初三退回卯次；十一月初八再次躔寅，本月二十二日躔丑；十二月十一日躔子。外行星木星，每 12 年一周天，每年行经一次。所以表格中木星正月初六停留在卯次，五月初五仍然停留在卯次，九月二十二日傍晚开始隐没，十月十八日傍晚仍然处于隐没状态，十一月十三日才躔寅。亦即木星本年行经大火，用岁星纪年的说法，就是所谓“岁在卯”。

长达 88 年关于天体运行不间断的记载，是需要几代人通力合作来完成的。西夏历日文献除历法方面的价值外，还为我们研究古代天文观测方法乃至今天的行星运行积累了大量的数据，提供了一批宝贵的观察资料。希望这些资料能够引起天文历法学界的充分重视。

5. Инв. No. 8085 西夏历书与宋历的关系

研究表明，西夏历日承袭宋历而又有所不同。黑水城出土半页 X37 绍圣元年（1094 年）刻本历书，无论从格式上还是从内容上，二者都惊人地相似。X37 绍圣元年历书也是年历，每月一行，每年一页，以表格的形式撰写的，右部表头自上而下为日、木、火、土、金、水、罗（罗睺）、孛（月孛）、炁（紫炁）九曜星宿，上部表头第一行自右而左为一年十二个月的月序，并注明月大小和每月的朔日。第二行为二十八宿每月朔日值宿，第三行为每月二十四节气。右上角有干支纪年和与“演禽术”有关的二十八宿值年。表格中填写的内容多为数字与地支的组合，是以十二次为背景记载九曜星宿运行情况的。Инв. No. 8085 西夏历书与之相比，简直如出一辙。

但 Инв. No. 8085 西夏历日文献并非原封不动地照搬宋历，也有相异之处。一是右部表头九曜中的罗睺（Rāhu），黑水城出土宋绍圣元年（1094 年）历日中写作“罗”，西夏历日则写作“首”。两种译法皆源于印度传说：罗睺偷喝圣液，被日神和月神发现，告诉天神毗湿奴，毗湿奴砍下罗睺的头。但此时圣液已在罗睺体内发生作用，使其得以永恒不灭。自此罗睺的头以及他的身体（计都），即成为日神和月神的仇敌，经常吞噬太阳和月亮，从而引起日食和月食。前者为意译，后者为音译。二是西夏历日载有八卦配年，宋历则无。三是朔闰有别。四是二十四节气分布有别。

从夏历与宋历对比上来看，夏历的朔日与宋历或相同，或前后相差一日，没有相差二日或二日以上者。夏历的闰月与宋历或相同、或前后相差一月，没有与宋历相差二月或二月以上者。夏历的二十四气之日与宋历或相同，或前后相差一二日。实际上，朔闰、节气往往稍有差异，也表明西夏王朝所使用的历本是根据中原汉族历法编制而成的。

西夏历日承袭宋历而又有所不同，与当时的历史背景是分不开的。我们知道，在古代颁赐历法、宣布正朔是拥有上天赋予的治权的一种象征，而接受正朔就是承认王朝的统治权，是臣服的象征。历法颁赐是北宋治权实现的重要标志，接受或拒绝宋的颁历是西夏承认或否认宋统治权力及衡量宋夏关系的一个重要指标。史载宋朝屡有对夏颁历或拒绝颁历之举。西夏王朝对宋朝颁历之举的看法是矛盾的。

一方面，把它看作强加在自己头上的屈辱行为而加以拒绝。西夏僻处西北一隅，前期与辽和北宋、后期与金和南宋对峙，虽曰鼎足三分，但辽、宋、金皆视西夏王朝为藩属国。西夏王朝只是关起门来做皇帝，始终未能取得与大国平起平坐的地位。为了在国内和民族政权之间塑造“大夏”政权的正统形象，西夏王朝在多方面为之付出了长期不懈的努力。元昊称帝后，为了标榜他本人血液里流淌着做皇帝的基因，不惜高攀冒任，以曾经建立北魏的鲜卑拓跋后裔自居。同时为了表明新生的“大夏”政权的合法性，利用“五德终始说”理论，以大唐王朝的“土德”为续统，宣称国家属性为“金”，为这个雄踞西陲的王朝罩上一件神秘的“德运”外衣。在中国古代，一个政权如果接受了另一个政权所颁行的历法，就意味着臣服于该政权。所以《西夏书事》称元昊“自为历日，行于国中”是可信的，此与上述措施相配合，皆为元昊称帝建国活动的组成部分。其继承者出于政治上的考虑，自然也不会再接受北宋王朝的颁历，只是在情非得已的情况下，才表面上予以认同。北宋灭亡后，夏金达成合议，西夏以事宋之礼事金，金继承辽对西夏的外交政策，这时西夏趁机彻底摆脱了接受对立政权的颁历之举。所以我们在史籍中找不到任何金对西夏颁赐历法的记载，尽管双方关系稳定，使节往来频繁不断。

但在另一方面，西夏又离不开对宋历的借鉴。宋代的先进文明，当然包括历算技术，对周边民族政权的影响是不以人的主观意志为转移的。如金代的《大明历》，据《金史·历志》的说法，就是借鉴了北宋的《纪元历》：金太宗天会五年（1127 年），“司天杨级始造《大明历》，十五年春正月朔，始颁行之。其法，以三亿八千三百七十六万八千六百五十七为历元，五千二百三十为日法。然其所本，不能详究，或曰因宋《纪元历》而增损之也”。金《大明历》直到金世宗大定二十一年（1181 年），始为赵知微历所代替。金历如此，西夏历法也概莫能外，即西夏历也是因宋历而增损之。《纪元历》的编制者姚舜辅，为我国著名的历法大家，具有深厚的天文学基础和数学才能，在中国历法史上多有创造。该历宋徽宗崇宁五年（1106 年）颁行，一直沿用到宋高宗绍兴五年（1135 年），对后世的影响很大。影响所及，除上引金代的《大明历》外，南宋的历法家在制定新历时大多依据《纪元历》，在检验新历精度时也大多以《纪元历》作为比较的标准。元代的《授时历》中很多天文观测方法和计算方法也都来自《纪元历》，或者从《纪元历》得到启发而加以发展。Инв. No. 8085 西夏历书时间跨度为 1120—1207 年，与北宋《纪元历》实行的年代有重叠之处，极有可能是因北宋《纪元历》而增损之。增损的原因一方面为了符合本地域实际情况，另一方面出于政治上的需要。如所谓西夏“以十二月为岁首”，即是把政治因素强加在历法上的产物。

6. 西夏纪年和朔闰考

本成果依据历注中的相关内容，如纳音五行、八卦配年、男女九宫、二十八宿注历、行星位置注历等，结合散见在占卜辞、账册、户籍文书、告牒、告状案、辞书、字典以及印章、碑刻等各类文献中大量带有明确的西夏文或非西夏文的干支纪年、属相纪年或年号纪年，对 Инв. No. 8085 西夏历书中的年代、朔日、闰月、月大小、二十四节气等做了最大限度的复原。在年号纪年方面，根据西夏首领官印题记，纠正了《宋史·夏国传》元德有八年的记载，指出元德九年与正德元年共用丁未年（1127 年）。并首次制作《西夏历与宋历朔闰对照表（1120—1207 年）》，为全部复原西夏近 200 年的历谱打下了坚实的基础。

三、成果的学术创新、应用价值以及社会影响和效益

Инв. No. 8085 西夏历书年代跨度长，内容复杂；为缝缋装，页面错乱

不堪；不少年份缺失岁首，且无完整月序；为夏汉合璧历书，西夏字不规范，汉字多俗写，极难辨识。整理、研究过程十分艰难。

本成果对该文献缝缋装之发现从而对文献叶序的重新排定，根据多种记时方法对诸多历日残叶所属时间的考证，发现历日纪年长达 88 年而非 86 年，首次向学界披露西夏历日文献中有长期观察行星运行的记录，对西夏记时资料的汇辑，对西夏历日的特点及其与宋历的关系等问题的认识，都是非常重要的突破和创获，将西夏历日研究提升到了一个新的高度。

年代和目录、地理、职官一样，同为历史科学基本支柱，一向并称为治史"四把钥匙"。要全面精确地了解年、月、日，光靠年表是无法办到的，需查历表。历表把不同历法的时间单位符号和名称，用表格的形式加以简单化、规格化、系统化，便于人们逐年、逐月、逐日对照。复原西夏历谱，进而编制西夏朔闰表，建立起一个最大限度真实反映西夏历史的时间坐标，使有年可稽的史料各就其位，无年可稽而有事可附者可进入相对乃至绝对的时间坐标位置，可以极大地提高西夏纪年的精确性，解决以往学界无法解决的西夏纪年中的一些疑难问题。这对西夏文物、文献的定年，对西夏历史的科学研究具有十分重要的意义。

西夏历日文献表明，具有浓郁的民族特色的西夏文化是各民族文化交融的产物，西夏在多元一体的华夏文化的传承与传播过程中做出过重要贡献。西夏历日承袭宋历而来，这是西夏对汉族传统文化认同的一种体现。这种文化认同，是中国之所以成为一个历史悠久的、统一的多民族国家的思想基础，也是中华民族凝聚力的内在底蕴。

中国历史

《清华简与古史探赜》概要

杜 勇*

2008年7月15日，一批战国竹简入藏清华大学，后来通称“清华简”。竹简总数计约2 500枚①，与过去发现的战国竹简相比，其显著特点是没有文书或遣策，都是清一色的书籍，而且多数属于经、史类文献。其中有的篇章至今还保留在《尚书》和《逸周书》中，有的散佚二千年后横空出世，有的则因长期“蛰居”地下而不为世人所知，其珍贵程度可以想见。清华简涉及中国传统文化的核心内容，为中国古代文明研究提供了非常难得的第一手研究资料，也给历史学、考古学、古文字学、文献学等众多学科带来了广泛而深远的影响。

一、研究的目的、意义及方法

清华大学出土文献研究与保护中心以李学勤先生为首的一批专家学者，以其智慧和辛勤劳动，对清华简的整理研究做了大量卓有成效的工作。自2010年《清华大学藏战国竹简》第一册出版以来，至今已有七辑编印问世，为学术界进一步研究清华简奠定了良好的基础。

清华简甫一面世，便引起国内外学术界的广泛关注和热烈探讨。大量研究论文见诸各种报刊和网络，海内外不同规模的学术研讨会也相继举办，充分反映了人们对清华简研究的高度重视与热切期望。从已有研究成果看，人们对清华简的研究大体采取了两种路径。一种是古文字和文献学的路径，以文字、音韵、训诂、校勘等方法，对清华简的文字释读详加考察，以求对简

* 杜勇，天津师范大学教授，博士生导师。

① 李学勤：《初识清华简》，中西书局2013年版，第8页。

文形成正确的理解；另一种是学术史的路径，着重对清华简的历史内容、思想内涵以及文献真伪探赜索隐，以充分发掘竹书的史料价值。相比之下，前者讨论较为热烈，新见迭出；后者则相对寂寥，力作稀有。固然文字考释是出土文献研究必不可少的基础性、前提性工作，需要先行一步，但出土文献一经初步整理释读，对其历史内容的研究就显得极为迫切和重要。因为有些深层次的问题并不出在文字释读上，而在于如何厘清历史真相和探寻历史规律以揭示新的学术天地。有鉴于此，始有 2012 年“清华简与古史寻证”这一国家社科基金项目的申报，并获准立项进行研究，三年后结项鉴定为优。

按照这一课题当初的设计，“主要以 2010 年 12 月出版的《清华大学藏战国竹简》第一册所收篇目为研究对象，着重探讨其历史和经学问题”。但随着新材料的陆续公布，促使课题研究范围有所扩大。《清华大学藏战国竹简》第三册中的《说命》《芮良夫毖》《赤鹄之集汤之屋》等三篇以及第五册中的《厚父》篇，也相应被纳入探讨范围。当然，这并不是随意的或毫无原则的。如《说命》与第一册中的《尹诰》同属失传已久的真《古文尚书》，放在一起研究或可看出经学史上更多更有意义的问题。将《厚父》《芮良夫毖》与第一册中的《皇门》《祭公》合观，则有利于对西周早期、中期、晚期统治状况和决策机制进行比较观察，更好地理解西周一代政治形势的变化及其影响。至于《赤鹄之集汤之屋》与第一册中的《尹诰》《尹至》同记伊尹事迹，加以综合研究则有利于索解伊尹传说之谜。通过对课题计划略加调整，从而形成了本成果。

从成果名称即可看出，本成果研究的重心不在于进一步解决清华简的文字释读问题，而在于从古史研究的角度深入发掘其文献价值。不过，这里所说的“古史”并不纯粹是上古史，也包含上古史研究领域中的学术史，更多的则是二者兼有之的交叉研究。因为上古史研究很少有前贤时彦不曾涉足的领域，所以对一些研究成果进行再研究必不可免。而作为学术史研究，如果不涉及一些具体的历史事实，也很难把问题说得通透。这对清华简研究来说尤其如此。因为清华简的整理刊布，除文字释读外，本身还有相当比例的上古史和学术史的研究成分蕴含其中。继后的研究者若不想陷入自说自话的窘境，对已有成果的检讨自是不可偏废的工作环节。只有这样，研究工作才能不断推陈出新，进一步认清深藏的历史本相，形成正确的历史认知。

本成果的学术意义在于：(1) 通过清华简与传世文献的对比研究，有助于弄清相关历史问题的真相。(2) 通过文献传流过程的研究，有助于认清梅本《古文尚书》的真伪，洞察古书形成与流播的一般规律。(3) 通过对清华简相关史实的考察，有助于正确认识中国古代文明的地位和作用，推动中国优秀传统文化的传承与创新。

在研究方法上，本成果主要运用历史考证与辩证分析的方法，采用多重文献证据，通过比较、归纳，参伍错综以求其是，使微观研究与宏观研究有机结合，力图揭示事实真相和发展规律。同时采用文献学上史料溯源、异文校勘、音韵比较以及历史语言学有关方法，使有关研究结论更能持之有故，言之成理，具有更强的说服力。

二、成果的主要内容和重要观点

清华简研究有一个特殊之处，那就是所见书籍皆以单篇行世，内容上互有关联的篇目并不多。而以单篇简文为研究对象，最后的研究成果就很难形成一个比较具体的中心论题来统驭全局，以成条贯。这样，所谓“古史寻证”实际不过是一个大而无当的筐子而已，最大的好处是可将各种研究内容囊括其中。筐子大了可以装很多东西，东西多了也就可以做一些必要的分类工作。就本成果而言，大体可以分为以下三个单元：

第一单元即上编，是为辨伪篇，包括第一至第四章。

需要说明的是，这里所谓辨伪不是指清华简本身的真伪问题。由于清华简是从香港文物市场购买所得，并非科学的考古发掘品，所以一开始就有学者认为来历不明，怀疑它是赝品。然所陈述的理由相当勉强，不足凭信。固然清华简的来历问题因为国家文物政策的关系，一时不易妥为解决，但通过其他手段检测和鉴定，仍可确认并非伪简。清华大学对竹简所做的 AMS 碳 14 年代测定为公元前 305±30 年，与古文字学家对竹简文字时代的推定相吻合，加之简文内容还可得到文献的多方验证，这些都是竹书不伪的有力证据。因此，我们不在这里专门讨论这个问题[①]，而是把清华简作为真实的出

① 本成果课题组成员周宝宏教授曾对清华简真伪问题加以专门研究，认为那种以清华简为伪作的说法是站不住脚的。参见周宝宏：《清华简〈耆夜〉没有确证证明为伪作——与姜广辉诸先生商榷》，《中原文化研究》2014 年第 2 期，第 63～67 页；又见杜勇：《叩问三代文明》，中国社会科学出版社 2014 年版，第 445～453 页。

土文献资料来对待，只对竹书内容的真伪加以考察。

关于竹书内容的真伪问题，首先需要在认识上走出一个误区，即不能因为清华简是出土文献，就认为它所记录的一切都可信为真。其实出土文献与传世文献一样，其真实程度和史料价值如何也是需要认真加以鉴别的。文字的错讹自不必说，而史事的可靠与否尤须分辨。认为凡出土文献其史料价值都高于传世文献，可以照单全收，或者遇到史事与传世文献相异或矛盾之处，即以出土文献为依归，都不是科学的态度。实际上，传世文献所遇到的问题，出土文献亦不能免。譬如，《尚书》头三篇即《尧典》《皋陶谟》《禹贡》不好说成是尧舜时代的著作，那么，来自地下的战国竹简本《尹诰》《说命》《耆夜》《保训》诸篇，是否就可以不加论证地视为商周时期的作品呢？如果作品的制作年代与它所反映的史事年代存在相当距离，又当如何评估其史料价值呢？这些都涉及历史学如何求真的问题，无可回避。从前司马光撰《资治通鉴》，为使世人信服，又参考群书，评其同异，俾归一途，为《考异》三十卷，与之并行。这既是历史研究必须运用的基本方法，也充分体现了中国史学的求真精神。显然，要使出土文献真正成为研究上古文明的珍贵史料，由表及里、去伪存真、考而后信的探索过程是必不可少的。

本单元即主要致力于文献的辨伪工作，具体探讨的是清华简《尹诰》《说命》《耆夜》《保训》等四篇。其中《尹诰》《说命》是久已失传的真《古文尚书》，对于重审伪《古文尚书》案意义非凡。过去一段时间里，曾有不少学者试图为伪《古文尚书》翻案，清华简《尹诰》《说命》的发现进一步证明这种想法是不正确的。从文献源流上看，清华简《尹诰》就是先秦两汉文献提到的《尹诰》，又称《咸有一德》。它本是《尚书》中的一篇，秦火之后一度失传，西汉中期重出孔壁，为逸《书》十六篇之一。西晋永嘉之乱致使官方所藏今古文《尚书》荡然无存，东晋梅赜所献《古文尚书》却有《咸有一德》篇。经宋元明清学者反复探究，证明梅本《古文尚书》当为伪作。今出清华简《尹诰》进一步证明了清人辨伪成果的科学性，晚书《咸有一德》是伪非真，铁证如山。而清华简《说命》亦即先秦文献多次引用过的古本《说命》，与梅本《古文尚书·说命》从形式到内容都全然不同。《尹诰》《说命》亡佚二千余年，一朝惊现于世，使前人关于伪《古文尚书》的断案得到确凿的证明，同时表明新阶段对古书的反思，只有科学认识前人的辨伪成果，辩证分析传统的辨伪方法，正确把握古书的辨伪维度，才能使重写学术史的工作真正成为经得起事实和历史检验的名山事业。

关于清华简《耆夜》和《保训》的研究，由于可供比勘的文献略多一些，故可从其著作年代入手来说明其记事内容的真伪。“然真伪者，不过相对问题，而最要在能审定伪材料之时代及作者，而利用之。盖伪材亦有时与真材料同一可贵。”[①] 陈寅恪先生此一见解非常精辟。顾颉刚先生此前亦曾正确指出：“许多伪材料，置之于所伪的时代固不合，但置之于伪作的时代则仍是绝好的史料：我们得了这些材料，便可了解那个时代的思想和学术。”[②]《耆夜》《保训》的情况正是如此。对于《耆夜》的记事内容，不少学者并不怀疑它的真实性，其实它并非真实记述先周史实的古文献，而是战国时期楚地士人虚拟的一篇诗教之文。它利用和误解了当时有关传说和文献资料，杜撰了武王伐黎、周公作《蟋蟀》等历史情节，貌似史官实录，实则史料价值不高。但通过《耆夜》来研究战国时期楚文化本身的发展机理，却有重要的参考价值。《保训》的情况与《耆夜》相类。从《保训》的语言特征、阴阳观念、中道思想等方面进行比勘分析，可以推定《保训》并非商末周初史官实录的周文王遗言，而是成书于战国前期的托古言事之作。从总体上看，它不宜直接作为研究虞夏商周历史的文献资料。但是，依据《保训》的制作年代，用以研究战国前期的思想与学术，它同样是难得的出土文献资料。

第二单元即中编，是为征史篇，包括第五至第八章。

本单元重点研究清华简《厚父》《皇门》《祭公》《芮良夫毖》所反映的西周早期、中期、晚期不同阶段的政治史。《厚父》《皇门》基本上属于西周文献，主要材料来源于西周王室档案，因而其记事的真实性很高。而《祭公》《芮良夫毖》的制作年代与史事年代基本同步，为事件发生时的当时人或当事人的记述，是史料价值更高的第一手材料。以此探史，信而有征。

1925年，王国维《古史新证》讲义说：“吾辈生于今日，幸于纸上之材料外，更得地下之新材料。由此种材料，我辈固得据以补正纸上之材料，亦得证明古书之某部分全为实录，即百家不雅训之言亦不无表示一面之事实。此二重证据法惟在今日始得为之。虽古书之未得证明者不能加以否定，而其

① 陈寅恪：《〈中国哲学史〉审查报告一》，见冯友兰：《中国哲学史》，中华书局1947年版，第2页。

② 顾颉刚：《顾颉刚古史论文集》（卷一），中华书局2011年版，第103页。

已得证明者不能不加以肯定可断言也。”① 王氏所谓“地下之材料”，由于当时战国竹简资料未曾发现，仅指甲骨文与金文二种。这些出土文献或证古书之真，或正古书之误，或补古书之阙，在古史研究中都具有重要作用。

清华简《厚父》所记周武王与厚父君臣间的对话，不仅代表了周人对早期国家起源的认知，也反映了中国早期民本思想的萌动。过去不少学者认为民本思想是战国时期才有的政治理念，《厚父》说“民心惟本”，表明这种思想以及概念早在西周初年即已产生。简文中表达的君权天赋的国家起源论虽不可信，但从国家伦理的角度看，其中蕴含的平等精神、正义精神、民本精神，却不乏可取之处。特别是立君为民、明德慎罚、民贵君轻等民本思想的核心关切，由周代政治家的倡导与实践，再经儒家的传承与升华，已成为中华政治文化的宏丽精华，其传统价值和积极意义不可低估。

清华简《皇门》见存于今本《逸周书》，其内容基本一致。与今传本一样，简本全篇亦无“皇门”字样，实际有的只是“耆门”。整理者释“耆门”为库门，认为是库门是周制天子五门（皋、库、雉、应、路）的第二道门。实则周制天子三门三朝，而非五门三朝。清华简《皇门》中的耆门，当为天子三门（路门、应门、皋门）中的路门，但在文献流传中却出现了借其音义的耆门、闳门、皇门等异文。清华简《皇门》作为周公诰辞，大体作于周公摄政后期。篇中周公自称“余一人”，史官以“［周］公若曰”等同“王若曰”领起全篇诰辞，诰辞始终不曾言及成王等事，都不同程度反映了周初复杂的政治背景下周公摄政称王的史实。

清华简《祭公》所言三公具体人名，在传世文献中从未见及，从而为研究西周三公之制提供了崭新的线索。结合简文、金文和传世文献详加考索，证明传统的三公三太说或三公三司说均不可信。三公实为朝廷执政大臣的通称，但不以三人为限，主要由卿士寮、太史寮有关部门的主官三四人或五六人组成，其中常有一人为首席执政大臣。三公多来自具有伯爵的畿内贵族，而畿外诸侯入为王朝卿士则较为少见。执政大臣大都尊享公爵，通常及身而止，多不世袭，以保持机构政治活力。在周天子享有最高决策权的前提下，西周三公合议制实际行使中央政府职能，具有一定程度的民主执政色彩和优化行政决策的进步作用。

---

① 王国维：《古史新证》，清华大学出版社1994年版，第2～3页。

关于清华简《芮良夫毖》的作者，未必如整理者所说为芮良夫，很可能是与芮良夫同一时代并具有一定官职的其他贵族所写，但这并不影响它的史料价值。该篇作为刺讥时政的政治诗，真实反映了西周后期的政治危机和厉王革典的实质。结合清华简《芮良夫毖》等各种文献，全面分析厉王对外战争和统治政策，可以看出无论是国防上轻忽戎患，不修边备，还是内政上专利贪财，残民以逞，都表明周厉王的所作所为已严重突破了国家伦理的基本底线，是一个不折不扣的暴虐之君，而不是一位需要恢复名誉的有作为的改革家。

第三单元即下编，是为稽古篇，包括第九至第十二章。

本单元意在通过对清华简《尹至》《尹诰》《赤鹄之集汤之屋》《程寤》《金縢》《楚居》等篇记事内容的辩证分析，发掘其中可以说明古史真相的材料。这些文献有一共同特点，是其制作年代相对于它们的纪事年代来说，都相距很长的时间，基本上是后人撰写的东西。对此类后世成书的作品来说，其形成过程相当复杂，至少有三种可能性，一是依照旧文整理成篇，二是根据传说敷衍成章，三是编织情节杜撰成文。多数情况是真赝杂糅，传说与史实并存，非经严密审察而不可用。因此，这里所谓稽古，一是剖析简文内容，考察其可信程度；二是借以延展视角，探考其古史真相。

从目前整理刊布的清华简来看，《尹至》《尹诰》《赤鹄之集汤之屋》等篇都是有关商汤名相伊尹的记述。虽然它们不见得都是商代文字，但对考索伊尹有关史迹却是重要的资料。王国维说："上古之事传说与史实混而不分。史实之中固不免有所缘饰与传说无异，而传说之中亦往往有史实为之素地，二者不易区别。此世界各国之所同也。"[①] 由于甲骨文的发现与证明，终使伊尹渐褪其神话色彩，成为真实的历史人物。但是，传世文献有关伊尹的传说，尽管今有清华简的补充，实际上依然未得二重证明，本质上还是传说的叠加，不能完全等同于史实。所以利用清华简和别的材料来探索伊尹的族属、出身、德业等史迹，必须对各种传说进行理性的考察。研究发现，伊尹并非姒姓的有莘氏人，亦非庖人出身的媵奴，而是因遭洪灾投靠有莘氏的子姓伊氏之长。他有效促成了殷氏、莘氏、伊氏战略同盟的建立，奠定了推翻夏桀统治的政治军事基础。在夏朝贵族国家体制下，伊尹往来夏商之间属于

① 王国维：《古史新证》，清华大学出版社 1994 年版，第 1 页。

正常的政治活动，而不可视为间谍行为。他佐助商汤完成了灭夏兴殷的大业，故以同姓先旧身份在殷人祀谱中享有崇高地位。

清华简《程寤》在今本《逸周书》中有目无文，今得完篇，弥足珍贵。简文叙述太姒做梦、文王占梦、太子发受诫等内容，与文献艳称的文王受命有关。从《程寤》所见月相计时方式、明堂占卜制度、语言特征等方面来看，它并非出自先周或周初史官之手，很可能是数百年后根据传说资料编撰的作品。顾颉刚先生认为，传说也是一种史料，《程寤》有关文王占梦受命的传说可作如是观。所谓文王受命，既非受殷王嗣立之命，亦非受封西伯之命，而是受皇天上帝之命以取代殷人对天下的统治。文王受命、称王、改元三位一体，奏响了东进伐商的序曲。文王受命凡七年，五伐殷商与国，未及接商而终。武王于文王七年即位，承其纪年，继其遗志，于十一年告成伐纣之功。周人取代大邦殷成为新的天下共主，从而揭开了中国古代文明持续向前发展的历史新篇。

清华简《金縢》系近年出土的重要经学文献之一。与今本《尚书·金縢》相较，不仅内容大致相合，而且有些异文对解决有关历史问题提供了新的线索。《金縢》虽为今文尚书，但在历史上也有人目为伪书。宋代程颐、王廉颇疑《金縢》非圣人之书，清人袁枚甚至认为它是汉代伪造的。如今清华简的发现，证明《金縢》绝非伪书，而是在春秋前期即已形成文字的一篇作品，不能因为它的晚出而完全否定其历史叙事的真实性。结合相关文献对《金縢》竹书本和传世本细加考析，证明武王开国在位三年、周公居东即东征等说法是真实可信的。竹书本与传世本互有歧异，各见优长，都具有重要的史料价值。

清华简《楚居》是战国中期楚人自己撰作的一篇重要文献。篇中记述楚先、楚君的居邑及其迁徙，远较传世文献为详。就其所述战国时期楚人居邑状况来说，《楚居》不失为当时人的作品，但涉及楚人的族源地问题，它实际上也成了传说资料，需要结合其他文献详加考察。从《楚居》郻山、乔山、京宗等地名所涉地域看，季连部落当起源于中原洛阳一带。其后北迁殷商腹地方山，盘桓楚丘一带，与殷王室保持着密近关系。殷商末年，为避祸殃，楚人的一支在穴熊带领下，沿黄河西进，复归故地京宗，暂作开拓江汉的据点。待周初熊绎之时，楚人南迁丹水之阳，立国江汉，终成真正代表芈姓楚族的南方大国。

总之，本成果针对清华简不同的学术问题加以探考，既注意吸取已有成果的学术营养，又大胆冲破传统或旧说的藩篱，提出了富有理据的创新见解，为探索古代文明真谛做出了不懈努力。上古史研究不同于以后时段的历史研究，许多问题由于材料偏少且多有歧异，不免聚讼纷纭，很难将问题一下子彻底解决。有哲人说“真理是时间的女儿”。相信随着时间的推移、材料的增多、研究水平的提高，人们的认识会越来越接近历史实际，最终形成正确的历史认知。

三、成果的学术创新、应用价值以及社会影响和效益

创新是学术事业的生命和持续发展的不竭动力。本成果的创新之处在于，通过对清华简《尹诰》《说命》的分析，进一步论证了前人对梅本《古文尚书》辨伪的科学性，提出了对古书反思应具有的正确态度与方法；通过对清华简《耆夜》《保训》的研究，认为它们均为战国时人的托古言事之作，不能直接作为可靠的历史资料来对待；通过对清华简《金縢》《皇门》《祭公》《芮良夫毖》记事内容的真实性研究，对周公东征、西周三公之制、厉王革典等问题在细节上或总体上都提出了新的解释；通过对清华简《尹至》《尹诰》《赤鹄之集汤之屋》《程寤》《楚居》等的研究，对有关伊尹传说、文王受命改元、楚人的起源地及早期迁徙路线等问题进行了更为细致的考证，多有新见。这些对于深化清华简学术史探索和中国古代文明研究，提供了有益的借鉴和启迪，具有较高的学术价值。同时，对于传承创新中国优秀传统文化，加强社会主义精神文明建设，培育社会主义核心价值观，也具有一定的现实意义。

在本成果研究过程中，一批阶段性成果曾以论文形式在学术会议和学术期刊上公开发表，产生了良好的学术影响。由于刊物版面限制，论文大多只能节略发表，后经充实完善，有机地构成本成果相关的组成部分。本成果中各章标题与所发论文相比，除个别有所改动外，大都一仍其旧。其中影响较大的学术论文主要有：

1. 发表于顶级或权威期刊的论文

(1)《清华简〈祭公〉与西周三公之制》（本成果第七章），载《历史研究》2014 年第 4 期。(2)《清华简〈皇门〉的制作年代及相关史事问题》(本成果第六章主体)，载《中国史研究》2015 年第 3 期。(3)《多重文献所见

厉世政治与厉王再评价》（本成果第八章易名），载《历史研究》2017 年第 1 期。

2. 被重要文摘杂志全文摘编的论文

(1)《清华简〈尹诰〉与晚书〈咸有一德〉辨伪》（本成果第一章），载《新华文摘》2012 年第 14 期。(2)《从清华简〈说命〉看古书的反思》（本成果第二章），载《高等学校文科学术文摘》2013 年第 5 期。

3. 被中国人民大学复印报刊资料全文转载的论文

(1)《清华简〈尹诰〉与晚书〈咸有一德〉辨伪》，载《先秦、秦汉史》2012 年第 5 期。(2)《从清华简〈耆夜〉看古书的形成》（本成果第三章），载《先秦、秦汉史》2014 年第 1 期。(3)《清华简与伊尹之谜》（本成果第九章），载《先秦、秦汉史》2015 年第 4 期。(4)《多重文献所见厉世政治与厉王再评价》，载《先秦、秦汉史》2017 年第 4 期。

4. 引用频次较高的论文

据中国知网，本成果中所涉论文发表后多被引用，引用频次较高的是：(1)《关于清华简〈保训〉的著作年代问题》（本成果第四章），《从清华简〈耆夜〉看古书的形成》，截至 2018 年 2 月均已被引用 15 次。(2)《清华简〈金縢〉有关历史问题考论》（本成果第十一章），被引用 13 次。(3)《清华简〈尹诰〉与晚书〈咸有一德〉辨伪》，被引用 10 次。(4)《清华简〈祭公〉与西周三公之制》，《从清华简〈说命〉看古书的反思》，均被引用 9 次。

由于本成果中各章内容曾以论文形式先期发表，已引起学界广泛重视，产生了较大学术影响，为本成果最后形成高质量的学术专著奠定了重要基础。

《唐宋家庭经济运行方式研究》概要

邢 铁*

本成果考察的家庭是学理意义上的小农家庭，也就是通常说的我国古代的“三代五口”之家。家庭经济主要是乡村家庭经济，也就是小农经济，但小农经济的研究注重社会化的经济活动，本成果则从家庭经济的角度考察，侧重其个体化的生产生活过程。

从唐宋时期入手考察，是基于两点考虑：一是家庭经济运行方式与家庭一样，发展到唐宋时期已经比较完善，已经形成了自给自足的生产生活保障体系，可以由此提炼出一些“通性”的认识；二是因为唐宋以前资料太少，很多细节搞不清楚，资料相对多一些的唐宋就成了最早的可以具体考察的时期。

一、研究的目的、意义及方法

在中国古代经济史的研究中，论者关注最多的是土地赋税制度，对家庭经济问题很少涉及；租佃关系探讨的是地主家庭与佃农家庭之间的经济关系，没有进入到家庭内部。从学术积累的角度来说，作为完整的中国古代经济史，应该包括家庭经济，甚至应该把家庭经济作为古代经济史的主体内容，因为在自然经济时代生产生活的基本单位是家庭，不是工厂和车间；古代的生产生活基本上是个体化的，社会化的经济活动实际上处于次要地位。所以，本成果的考察是弥补此前研究内容的缺失，从学术积累的角度来说，作为完整的中国古代经济史，应该补上这一块。

* 邢铁，河北师范大学教授，博士生导师。

相关的史学论著为本成果的研究提供了基础。漆侠先生的《宋代经济史》、宁可先生的《隋唐五代经济史》等专著，对唐宋时期的生产、消费和分配做过深入考察，除了缴纳租税，这些活动都是以家庭为单位，都涉及家庭经济运行过程中的内容。有关论著在讲农民起义的背景时，讲的是“民不聊生”的特殊情形，也反映出小农家庭特定时期的生存状态；考察租佃关系时推算人口与土地的比例，涉及了小农家庭占有土地的状况；还有户籍户等制度，在登统划分过程中直接记录了各个家庭的财产状况；农学史的论著探讨饮食文化与社会、与家庭生活的关系；在唐宋时期的家产继承、家庭人口、妇女家庭经济地位等专题研究中，在近年来逐渐增多的社会生活史、风俗史、乡村社会史和法制史的论著中，都提供了有价值的认识。

就现实意义而言，有助于追溯“三农”问题的历史渊源，为历史上农民的生存状况提供真切的认识，对现实生活中的“民生”问题有所启示，从财产所有制单位与生产生活单位相对应的角度思考问题，对家庭联产承包责任制的改革也会有新的感悟。

在考察问题的视角和方法上，本成果运用社会经济史的方法，眼光向下，把研究视角由“国计”转向“民生”，把研究内容从社会化的经济活动转向平民百姓的日常家庭经济生活。

由于成果内容的特殊性，本成果的考察主要不是运用社会科学方法，而是人文学科的方法，具体讲有两点应该申明：一是考察经济问题主要不是量化推算，而是整体判断。不只是家庭人口数，本成果中的所有数字都是“大约”数，尽量剔除两极记录，力争反映通常情况。二是本成果的考察注重具体的甚至细小的“碎片”内容，不涉及“唐宋变革”之类的宏观问题，注重提炼“通性”的认识，唐宋时期的“时代特点”没有作为考察的重点。

二、成果的主要内容和重要观点

1. 主要内容

依据考察内容的需要，结合资料的存留状况，本成果除结语外，包括三个部分，共八章。还包括两篇附录文章。

第一部分是第一、二章，考察唐宋时期家庭经济的基本情况，是家庭经济运行方式的铺垫。从户等划分所登录的各家的田产，具体推算各种家庭的经济状况，推算唐代九等户、宋代五等户中各等户（各个层次的家庭）的比例，户等之外的佃农客户家庭的经济状况，地主和自耕农半自耕农占有土地的比例。考察家庭规模和结构时不再纠缠家庭人口的数字计算，主要从家庭经济实力、家庭职能入手分析“三代五口”规模结构的必然性和合理性。以期对家庭经济有一个直观的可靠的认识。

第二部分是第三到第五章，考察家庭经济运行过程和方式，是本成果的主体部分。家庭是财产所有制单位和生产生活生育单位，家庭的收支以家庭为单位来规划，是自然经济时代家庭经济的主要特征。家庭的生产活动由自然季节决定，春播夏管秋收冬藏，四季循环一遍为一年，也就是一个生产周期。家庭的生活安排以三年为周期，是先秦时期休耕制下形成的习惯，由于三年的时段比较适宜，休耕制消失后延用下来了。这两个周期是基于自然季节和农耕技术形成的，本成果依据农书、家训和文集笔记等资料，对这两个周期的形成过程和具体作用做了初步考察，这也是家庭经济活动的主要内容和节奏。加上前面第二章考察的“家庭人口的增长规律”，实际是生产、生活和生育三个周期，分别对应着我国古代家庭的生产、生活和生育职能，对家庭经济活动做出周密安排。分散的个体小农家庭的经济活动之所以能够统一协调，按照相同的节奏运转，主要就是由这三个周期贯穿运转起来的。

第三部分是第六到第八章，分别考察家庭财产的析分过程、近亲家庭的经济联系，这是家庭经济运行的重要环节；考察家庭生活中的信仰、习俗和经济观念，可以补充说明一些传统习俗和生活观念方面的问题。

本成果的结语部分，考察财产所有制单位与生产生活单位的对应问题。家庭经济运行的基础，是以家庭为基本单位的财产所有制形式。家庭所有制是我国古代特有的财产所有制形式。财产所有制单位与生产生活单位相一致，是家庭经济正常运行的前提保证。

家庭经济活动中的三个周期，即家庭人口生育周期、生活周期和生产周期，是一个完整的问题，限于本成果的内容结构，分别放在第二章、第四章和第五章探讨；作为家庭经济运行基础的家庭所有制形式问题，贯穿在成果的全部的考察之中，没有集中讨论。所以最后附录是笔者的两篇通论这两个问题的文章。

2. 重要观点

在以上内容考察中形成的基本观点，可以分为相关资料的解读和对家庭经济的认识两个方面。

（1）相关资料的解读。

唐宋文献中关于家庭经济的记载比以前多了，仍然稀少而零散，收集和使用都不容易。除了正史典志、文集笔记，实际支撑本成果考察的资料主要是出土文书、墓志和案例。

这几种资料有着不同的特点：正史中的相关资料仍然很少，“食货”主要侧重国家财政，而且过于笼统；“律”中的有关条文主要从消极方面限制，内容不够连贯，“律令”的正面规定也很简略。文集笔记应该是这类资料的主要来源，但数量过大而且没有索引，全面翻阅不现实，只能是尽量扩展阅读面。出土文书、墓志和案例资料存在地域分布不平衡的问题，如唐代的敦煌文书只是西北一隅的，南宋“名公”所断的案例主要集中在东南一带；还有内容上的明显偏颇，墓志记载的都是赞颂美德的“好人好事”，案例中出现的又全是打官司争家产的“坏人坏事”……这便存在一个对这些史料如何准确解读，尤其是如何从特例中看出“通常情况”的问题。

不只是墓志和案例，正史典志对老百姓日常生活的记载也往往失真。说到唐宋时期乡村农民家庭的经济状况，很容易想到时人所讲的“富者田连阡陌，贫者无立锥之地”，以及“历代刻薄之法，本朝皆备”一类的话。早在战国时期的李悝、西汉时期的晁错和董仲舒就有过类似的表达，说“贫者常衣牛马之衣，而食犬彘之食”。这些话都是官员讲给皇帝听的，属于“政论”，有的是地方官员为了减缓上解税物的压力而夸大一时的困难，有的是强调起点低以彰显自己的政绩，更多的时候是为了引起皇帝的重视，促使皇帝采纳他们的建议。他们专门挑选支持自己的主张的事例，即使是一些特殊的局部的现象，他们也会以偏概全，做夸张性的描述，意在说明：本朝已经到了最危险的时候，如果不按他们所说的做，马上就会天下大乱。所以在这些人的笔下，当时的社会都是最黑暗的，当时的百姓生活也是最悲惨的。文人士大夫不只是在宋代活跃敢说话，在唐代也是这样，读陆贽的《均节赋税恤百姓》就可以清楚地感受到。明白了“政论”的这个特点，就不能把这类记载作为信史，需要挤掉水分，留下真实的部分；换句话说，也是要从中看出“通常情况”。

（2）唐宋家庭经济的三个基本认识。

我国古代家庭经济运行的特点，是以家庭为单位，以自给自足为原则，以男耕女织为基本内容；直接目的是衣食温饱，最终目的是传宗接代。家庭经济运行的基础是财产的家庭所有制，是财产所有制单位与生产生活单位的对应。

其一，唐宋家庭经济是一个成熟的运行方式体系。

我们考察家庭经济运行方式，可以以家庭的生产、生活和生育周期为主线，以财产的家庭所有制形式为基础，把家庭经济的各个方面联系起来，作为一个完整的运行方式体系、一个生产生活保障体系来认识。随着家庭经济的发展和完善，到唐宋时期，自给自足的家庭生产生活已经形成了一套运行方式体系和保障体系，自耕农半自耕农家庭包括佃农客户，并不总是饥寒交迫，正常年景已经能够维持基本的温饱。

为了准确地判别普通农家的实际解决状况，本成果是从户等划分方式入手的。唐宋时期官府为了按户等高下有差别地征派赋税徭役，在划分的过程中需要详细评估和记录各家财产的种类、数量和价值，从而保留了考察乡村家庭经济史的可信资料。户等方面的资料显示，唐宋时期乡村社会阶层的整体构成是上户最少，主体部分是两大块——中户加上第四等户为一块，第五等户加上客户为一块，两大块的数量基本持平。上户即地主阶层占有的土地总量，与中下层农家占有的土地总量大致持平，习惯认为的不到10%的地主占有90%以上的土地的传统说法，至少不符合唐宋时期的历史实际，有关论著把普通农家的经济状况估计得有些偏低了。

其二，家庭经济的运行节奏按三个周期来安排。

古代家庭经济的运行节奏和过程是由三个周期串起来的，即自然季节决定的家庭生产周期、农业生产技术决定的家庭生活周期、代际更替时间决定的家庭人口生育周期，分别是一年、三年和十八年。家庭的生产活动由自然季节决定，春播夏管秋收冬藏，四季循环一遍为一年，也就是一个生产周期。家庭的生活安排以三年为周期，源自先秦时期休耕制下形成的习惯，由于三年的时段比较适宜，在休耕制消失后就延用下来了。家庭人口生育周期受婚育习俗和人均寿命的制约，每过十八年家庭人口就有一轮新的增长，至少增加一倍。

这三个周期在古代家庭经济生活中一直起着“主线”作用，对应着家庭职能，规范和协调着家庭的生产、生活和生育过程，并由此形成了完善的家庭经济生活运行体系。三个周期和历法相互配合，使得各个小家庭的经济活动表面上分散，实际上统一，既能安排好家庭成员每年的劳作程序，使人地都各尽其力，保证正常的收入，又能安排好家庭成员的消费，遇有天灾人祸也可以安全渡过，为家庭生育职能的履行、家庭经济活动最终目的的实现提供了保障，也在客观上保证了整个社会的有序代际更替。

其三，家庭经济正常运行的基础是财产的家庭所有制形式。

古代家庭经济运行的基础，是财产所有制形式与生产生活单位的一致性。过去学术界主要以近代西欧的绝对个人私有制形式为参照，从国家权力对于个人财产的侵犯、从相关法律的模糊来论证我国古代绝对私有权的缺失。我们从家庭经济运行方式的角度继续思考这个问题，可以为准确把握我国古代财产私有权的特性提供一个新的认识空间。

我国古代的财产所有制形式既不是所谓的国家或皇帝所有制，也不是近代西欧式的个人绝对私有制，而是一种以家庭为基本物权单位、以诸子共有为实质内容的家庭所有制形式；这种财产所有制形式的基本特征是只有家庭的财产，任何个人都没有完整的财产所有权。既然财产的所有制单位是家庭，是小农家庭所有制，生产生活单位也应该与之相适应，也应该是小农家庭。只有这样，家庭经济才能正常运行。一旦贫富分化加剧，破产的小农家庭增多，家庭经济乃至社会经济就不能正常运转。

三、成果的学术创新、应用价值以及社会影响和效益

本成果的重点难点有两个：一是既要把握唐宋时期的时代特点，又要提炼出整个中国古代“通性”的内容，准确认识我国古代家庭生产生活方式的运行过程；二是资料的运用，如前所说，需要从中解读出“通常”家庭的真实状况。

相应地，创新之处也表现在两个方面：一是从唐宋时期入手，以财产的家庭所有制形式为主线，把我国古代家庭经济的运行方式和动态过程勾勒了出来；二是纠正了以往概念化理解问题、从文学作品的角度认识问题所产生的偏差，真实展现了我国古代家庭经济的运行状况。

本成果的学术价值主要是填补家庭经济问题研究的缺项，至于是不是达到了本成果的初衷，有待于学界的评判。关于应用价值或社会影响，本成果的研究意义可以具体化为研究唐宋时期家庭经济问题的现实意义——财产所有制单位与生产生活单位的一致性问题的启示。

我们知道，生产关系与生产力、所有制与社会的整体状况必须适应，不

能滞后也不能超前。生产关系的核心是所有制，所有制单位与生产生活单位相一致，是生产生活正常运转的基础，也是社会稳定发展的基础。

古代农业社会以家庭为生产单位，近代工业社会以车间为生产单位。古代家庭的生产活动为个体劳作方式——男耕女织，全是在家庭内部完成的；我国古代的财产所有权表现为家庭所有制形式。财产所有制形式与生产生活单位的一致性，是家庭经济正常运转的基本前提。

家庭是最基本的生产生活单位，也是财产所有制的基本单位，首先是由生产力和生产技术水平限定的，无须多说。再一个重要的原因，是由小农家庭的职能决定的。自然经济条件下的个体小农家庭具有生产、生活、生育的全方位的职能，如同孟子所说的“仰足以事父母，俯足以蓄妻子”，使老小都有所养，都能维持基本的温饱和生存。这就必须把生产生活的家庭与财产所有制单位的家庭一致起来，使家庭生产生活正常进行，使家庭能够顺畅地履行其职能。

反证一下，对这个问题看得更清楚。

第一个例子，历代都有一些不分家的累世同居共财的大家庭，被称为“义门”，经常受到朝廷的旌表。但这种大家庭都维持不了太长的时间，至多三四代就会解体。其中的主要原因，是这种大家庭把财产所有制单位和生产生活单位同步扩大化了，由传统的“三代五口”的核心小家庭扩大成了越来越大的“联合家庭”，财产所有权不明晰，生产生活的组织过程也混乱了。这种大家庭最终都会解体为个体小家庭，其实是回归到通常的轨道上来了。

再一个例子，是当代农村的变革过程。20 世纪 50 年代以来的集体化运动，把财产所有权收归集体，以生产队为单位统一生产和分配，把家庭的生产职能社会化了；开始的时候甚至用集体大食堂的方式，把家庭的生活职能也社会化了。家庭只剩下了生育的职能，严重违背了家庭功能的客观规律，使乡村社会陷入混乱和贫困。尽管很快解散了集体大食堂，把生活职能还给了家庭，但生产职能仍然被屏于家庭之外，连同家庭生产职能的“尾巴”的自留地也一并没收，生产职能和财产所有权完全离开了家庭，生产水平下降了，农村经济到了崩溃的边缘。到 70 年代末 80 年代初，改革从农村“土地联产承包责任制”入手，尽管说是给农民三五十年的土地使用权，实际上已经把土地所有权重新放归到了家庭，使家庭重新成为财产所有制的基本单位；同时，不再集体出工，不再统一安排种植计划，由各家各户自己做主，使家庭重新具备了生产、生活和生育的全部的完整的职能，财产所有制单位和生产生活单位又重新一致起来了。改革之初的农村之所以迅速恢复了生机，很快成了“希望的田野”，深层次的原因就在这里。改革四十年后的今天，“三农”问题尚未从根本上解决，联产承包责任制下的土地产权不明晰，也是问题症结之所在。

《六朝道教古灵宝经的历史学研究》概要

刘　屹*

一、研究的目的、意义及方法

“古灵宝经”研究一直是道教研究中的重要课题之一。原因有三：

第一，道教研究面临的一大难题，是作为研究基本材料的道教经书，往往时代和作者不明，这成为利用道教经书研究道教的最大障碍。在看似漫无头绪的《道藏》集成中，有总计三十卷左右的“古灵宝经”，见于陆修静471年《三洞经书目录》的著录，并注明某部经在当时是“已出”或是“未出”。这样，这批经典就有相对明确的造作时代，被学界习惯称为“古灵宝经”。围绕这批“古灵宝经”展开的研究，在国际道教学界已有长达六七十年的历史。

第二，从“古灵宝经”开始，灵宝经的显著特点就是吸收大量的佛教因素，乃至被认为是“佛道混和”的产物。源自中国本土的道教，如何处理与外来佛教的关系问题，哪些佛教因素被灵宝经所吸收？哪些又被灵宝经有意无意地拒绝？灵宝经对佛教因素的汲纳与扬弃，对于道教和佛教又各自产生了哪些影响？这些都是关涉中古时期的本土文化如何取用和改造外来文化的重要论题。以往的研究大都是利用古代那些站在佛教立场的材料，对道教一味地贬低和批判。而从“古灵宝经”中则可以看出立足于道教自身的立场，是如何看待和处理佛道之间借鉴与融合问题的。

第三，灵宝经教和灵宝科仪，对中古道教乃至现当代道教都有深刻的影

* 刘屹，首都师范大学教授，博士生导师。

响。“洞玄部灵宝经”虽然在“三洞”中只位居次席，却成为在中古时期流传和行用最广的一个道经集成；灵宝斋仪则在宋以后得到加强，一直沿用到明清和近现代道教。甚至在当代道教科仪中，仍能看到对六朝灵宝经的尊奉和使用。在具体的经教思想和斋仪环节，从六朝到近现代的流变与转化过程，也可呈现出中国道教近千年历史演变的某些规律。可以说，要研究道教科仪，就绕不开“古灵宝经”中斋仪的源起与流变。

以上三方面的原因，使灵宝经长期以来受到道教学者的重视，成为国际道教学界的一个热点论题。本成果研究有充分而丰富的国际道教学界的学术积累，也正说明灵宝经的研究对于道教研究具有重要的学术意义。简言之，灵宝经教和灵宝科仪具有贯通古今道教的重要价值，是深入了解中国道教的一把不可或缺的钥匙。掌握了灵宝经教的特色，也就把握住了中古道教经教化的主流趋向和现当代道教科仪的历史渊源所在。

本成果重点处理的就是这总计三十卷左右的“古灵宝经”。按照陆修静在 471 年的目录分组，可以将“古灵宝经”再分为“元始旧经”（以下简称“旧经”）和“仙公新经”（以下简称“新经”）两部分。在本成果之前，国内外灵宝经的研究者，从来都是认为“旧经”早于“新经”。这其实原本没有经过切实的论证，只是因为陆修静目录中，“旧经”列在前，“新经”附在后。而且按照灵宝经的教义，“旧经”是从宇宙开辟之初就已存在的天文宝经，“新经”则是迟至公元 3 世纪左右葛玄在世时才出现的经本。换言之，是陆修静希望人们相信：存于天宫的“旧经”从成书时间上看，是要早于在人间流传的“新经”。但这显然只是道教的神话，“旧经”与“新经”的先后关系，要从两组经的思想内容上去做细细的区分。

本成果研究的目的是：在充分吸收国际道教学界对灵宝经既有研究积累之后，从当前纷繁复杂、令人眼花缭乱的灵宝经研究中，梳理出灵宝经研究所面临的基本分歧点与核心问题所在；重在提出一个与以往有关“古灵宝经”造作历史完全不同的全新认知模式，即实际上是“新经”的造作要早于“旧经”，“新经”和“旧经”内部又各有先后之分。在此新模式指导下，将这三十卷左右“古灵宝经”在东晋末、刘宋时期的几十年间，分批、先后造作行世的历史过程，揭示到以往研究从未达到的精细程度；同时也发现并论说了在以往认为“旧经”早于“新经”模式下，从未被注意到的多条有价值的灵宝经教思想发展线索和脉络。

本成果运用的方法，是以历史学和文献学的研究方法来研究道教的宗教文献。首先，强调遵守学术规范，做到对研究史的全面调查和充分掌握；对灵宝经学术史不仅要尽可能搜集罗列齐全，而且要能做出客观公正的评判。其次，用历史学和文献学排比和甄别史料、考辨年代的方法，立足于对基本史料的重新研读，充分发掘虽然有限但却不可或缺的道教文献目录，确定灵宝经出世历程的几个重要的时间节点，再结合灵宝经教思想内容的逻辑关联，来确定每部灵宝经的成书先后关系。

二、成果的主要内容和重要观点

本成果的主要内容和重要观点，体现在以下三个方面：

第一，对国际道教学界有关灵宝经研究的成果，做了系统而周密的梳理与评价，整理出了一份具有国际视野的灵宝经研究学术史。梳理和评述了200篇左右关于古灵宝经研究的学术论文，包括中文、日文和英文等语种；时间跨度从清末中国学者最早对灵宝经的关注，一直到2016年国内外学者对灵宝经研究的最新成果。这样梳理“古灵宝经”研究的学术史，可以说此前从没有人这样做过。这为今后的学者继续研讨相关问题，留下了一份资料丰富的文献目录。

从1950年灵宝经被正式作为道教研究的一个主题以来，日本、欧美学者对灵宝经研究的成果众多，名家辈出；中国学者反而很长时间并未参与到灵宝经的研究中来。1990年代，国际道教学界出现了大渊忍尔、柏夷和小林正美三位学者之间，围绕灵宝经一些基本问题你来我往的“论战”。当1990年代末、2000年代初，中国学者刚开始进入这一领域时，首先面对的就是国外学者之间围绕灵宝经一系列基本问题争执不下的局面。作为学术上的后来者，总要在前人的研究基础上再有推进，因此对于国外前辈学者已有的论断，中国学者必然要有所选择。但不止一位中国学者，并未充分地研讨基本史料，就轻易地在论辩双方中选择了一方，而把另一方的意见彻底否定掉。梳理学术史的目的，一是为了全面透彻地掌握前人的研究究竟做了哪些工作；二是为了搞清在发生论辩的问题上，各方学者的观点和意见是在怎样的逻辑思路下推衍而出的。只有真正了解其得出观点的依据与逻辑，才能通过比较各方的意见而做出相对合理的选择。换言之，只有充分梳理学术史，才能对前人研究中产生的争议问题做到心中有数，择善而从。这也是本成果研究展开的前提与基础所在。

具体而言，通过灵宝经研究学术史的梳理，可以发现：目前的灵宝经研究虽然呈现研究成果迭出的局面，但很多研究的根基却并不牢靠。因为关于灵宝经形成的历史背景，存在着众多的未解争议。不少学者都是在无法解决这些基本问题的情况下，选择“绕着走”，不去触碰这些看似无解的难题。在这样的前提下做出的很多成果，将来难免会面临需要推倒重来的窘境。究竟是什么样存在争议的问题，导致灵宝经的研究者长期以来无法取得共识？

只有梳理了学术史，才能够看出灵宝经研究史上先后出现过多个所谓的“定式”。这些“定式”在刚被提出的时候，很多都有利于当时灵宝经研究的推进，但不可能永远作为认知“古灵宝经”的前提和基础。随着灵宝经研究的深入，一些“定式”就该被修正甚至是推翻。但很多灵宝经的研究者，恰恰忽略了对学术史的梳理和回顾，意识不到自己的研究思路已经无形中被某种“定式”所禁锢，依然在未加证实的有问题的前提下，展开自己的论说。这样的“定式”至少包括：认为葛巢甫是全部灵宝经的造作者；认为“旧经”一定是早于“新经”的；认为“灵宝五篇真文”构成全部灵宝经的经教基础，所有的灵宝经都以“灵宝五篇真文”为基础和核心；等等。这些“定式”有些已经开始被打破；有些仍然对不少学者起着作用，成为他们认知和论述“古灵宝经”问题时的起点。但是通过学术史的梳理就可以看到，这些“定式”通常没有经过认真和翔实的论证，只是出自最早或较早的研究者一种初步的印象，就成为此后几十年间影响后来学者的一种固定认知前提。这实在值得所有相关研究者警惕。

例如，从陈国符、司马虚以来的中外学者，都认定全部的“古灵宝经”都是出自葛巢甫一人的手笔，但是在最近这二十余年的研究中，越来越多的学者发现“古灵宝经”内部各种混杂和矛盾之处，不可能是葛巢甫一人之作。如果想探究前辈学者当初是凭什么理由来认定葛巢甫是灵宝经唯一作者的，就会发现，其实他们并没有提供任何有效的论证。只是因为当时的研究条件达不到这样细致，比如当时还做不到将同一个概念在不同灵宝经中的论述加以比较异同，如果有条件这样做，灵宝经肯定是成于众手的事实就一定会呈现出来。可以说，这一“定式”目前已经被彻底打破了。但我们不必因此而看低前辈学者当年的功绩，只是因为现在的研究条件改变了，我们才有可能做到当年前辈们做不到或做得不够彻底的程度而已。本成果研究的首要任务就是追问这些“定式”是如何被提出的，其合理性是否得到过充分的论证。一旦发现某一“定式”基本是欠缺有效论证的，自然可以对其产生强烈的怀疑。这是推进灵宝经研究的出发点之一。

此外，通过梳理学术史也可以清楚地了解到：关于灵宝经研究中的诸多意见分歧，究竟是在怎样的情境下出现的？又是因为怎样的缘由而长期得不到解决？简单说，出现意见分歧的原因主要有两个方面。其一是主要的研究者，包括那些国际道教学界知名的权威和大学者，其实也并未能做到严格遵守学术规范，他们的个性影响到其从事学术研究的态度。很多问题都因为缺乏平和的对话情境而被长期搁置起来，各说各话。其二是以往国外学者对灵宝经的研究，很多地方都出现了对基本的中文史料没有读懂、读透的情况。缺乏对基本史料的足够尊重，缺乏对中国学者释读基本史料方面天然优势的足够重视。这导致一些原本并不难解的问题，因为几位国外权威学者之间意见不一，其他的学者出于对“权威”和“大家”的敬畏，不敢从根本上去怀疑他们的论断，因而面对论辩双方的各执一词，只能无所适从。这其实不仅仅对“古灵宝经”的研究不利，对于整个道教的研究，乃至对中外学术交流与对话而言，都具有巨大的负面影响。这种情况值得所有学者深思。

第二，鉴于灵宝经研究中存在的争议问题，本成果研究侧重于从重新解读灵宝经研究的基本和关键材料做起，借助于历史学研讨和甄别史料的方法，目的在于为灵宝经研究建构起一个相对可靠而明晰的新平台，即最大限度地为基本而重要的材料提供相对清晰的定年，这是本成果与以往研究的一个显著不同。以往的研究大多数在没有廓清“定式”影响的情况下，面对前辈学者的意见分歧，无法拿出有效的应对之策，导致基本上放弃了对“古灵宝经”的成书时代做出有效区分的尝试。本成果认为“古灵宝经”的定年问题并不是无解难题，而只是没有找对努力的方向。本成果在这方面的努力，具体体现在以下两点：

（1）敦煌本“灵宝经目录”（P. 2861. 2＋P. 225 6）是能够确定哪些灵宝经属于东晋末、刘宋时期造作出来的“古灵宝经”的关键性材料。此前学界据以讨论的文本，主要是大渊忍尔提供的释读。但大渊氏的释读存在明显的句读和理解上的错误。本成果的研究体现了中国学者以历史学方法研读基本史料的优势。从文本句读到写本的拟名，从文字的疏通到历史背景的探析，本成果对灵宝经研究的最基本材料提出了重要的释读意见，纠正了日本学者多处的误读和误解，提供了目前为止最为合理的释读文本和解读意见。这是以往研究中都没有做到的。

（2）本成果的重要进展是对这批灵宝经的定年意见做到了更进一步的精细化。以往研究都是把三十卷左右的"古灵宝经"当作一个整体来看待，这是因为前辈学者最初相信，所有的"古灵宝经"都是由葛巢甫一人在东晋末年造作出来的。但随着研究的深入，近 20 年来，已有越来越多的学者开始怀疑葛巢甫造作全部"古灵宝经"的可能性。但一直没能给出合理且可信的论证，彼此的意见也总不能相互兼容。在陆修静时代，"古灵宝经"被分为"元始旧经"和"仙公新经"两部分。按照传统的看法，"旧经"早于"新经"，"新经"都是为了进一步解释和阐发"旧经"所作。由于缺乏历史学的考察，此前学者只能把这三十卷左右的灵宝经，大体界定在东晋末、刘宋初，再加上先入为主地认为"旧经"必然早于"新经"，因此往往把一两部灵宝经中的思想观念，当作全部灵宝经一致遵守的经教思想；看到"旧经"和"新经"中表面上相同或相近的内容，就都不假思索地认定是"新经"在进一步阐发"旧经"：这样就人为地泯除了各经之间客观存在的差异性，忽视了灵宝经内部经教思想发展的前后关系，对很多有意义的线索视而不见。正是因为大多数学者抱持着对灵宝经这样的基本看法，使得灵宝经研究中很多问题的讨论，都是在缺乏实证性的研究根基之上展开的，很多都是凭学者个人的主观推测进行的讨论，缺乏真正切实可靠的讨论基础。这是灵宝经研究中争议较多却又难以达成统一意见的主要原因。

在本成果之前，绝大多数学者都服膺于大渊忍尔对灵宝经的定年，即"旧经"21 卷和"新经"11 卷，都成书于东晋隆安末至刘宋元嘉十四年（437）之间。亦即说，全部 32 卷古灵宝经的成书时间，就在大约公元 400—437 年的不到 40 年内。这样就很难区分出灵宝经内部必然存在的先后关系。本成果通过分析灵宝经文本内容的内在关联性，大胆地提出了"新经"早于"旧经"作成，"新经"和"旧经"中又各自有先后之分。具体说，"新经"的主体部分，即 7 卷"行业新经"，是葛巢甫在东晋末年（400 年左右）所作；而"新经"中的 3 卷"教戒诀要"，则是 410 年代葛氏道所作。420 年刘宋的建立，成为"旧经"正式出世的历史契机；437 年陆修静作《灵宝经目序》时，"旧经"还只有"出者三分"，即 10 卷出世；到 471 年陆修静作

《三洞经书目录》，“旧经”已有21卷问世，还有15卷尚未问世，一直到北周末年才被全部作出。通过本成果的研究，目前可以知道哪些灵宝经是在哪个时间段中被作出的，这样就可以把这三十卷左右的“古灵宝经”，分别系于这条时间线上的不同时间段，为深入理解“古灵宝经”的经教思想发展的历史脉络提供了相对清晰的时间坐标。对“古灵宝经”历史脉络的厘清，无疑会给“古灵宝经”的研究带来新的考察思路和理论指导。

第三，本成果重点研讨了“古灵宝经”的经教思想中的一些重要概念，如“三洞说”、“业报轮回说”、“度人”与“度亡”、“戒行”与“戒止”等。这些论题有的是此前学者涉及的，但他们是在把几十卷“古灵宝经”作为一个整体、认定“旧经”早于“新经”的前提下展开的讨论。在本成果研究重新建构起“古灵宝经”逐步造作出来的历史进程后，这些问题就有了考察其发展演变的新坐标。

例如，以往研究中多位学者都反复讨论到灵宝经出现的“三洞说”问题，但总是无法协调“旧经”和“新经”对“三洞”观念的不同说法。从表面上看，在“旧经”的“三洞说”体现得有些杂乱：有的“旧经”只提到“三洞宝经”，这是一种抽象的概念，并不实指洞真上清、洞玄灵宝和洞神三皇经。有的“旧经”却承认“三洞”就是指洞真上清、洞玄灵宝和洞神三皇。而在“新经”中，也有两种不同的“三洞说”：一是标准的洞真上清、洞玄灵宝和洞神三皇；二是除强调这“三洞”之外，还特别强调《老子五千文》的重要性。实际上，灵宝经中对“三洞”概念如此混乱，正可说明“古灵宝经”绝非葛巢甫一人造作的，而是多人在几十年间不断造作而成的。以往在“旧经”早于“新经”的“定式”之下，就无法解释为何“旧经”明明具有超越过往一切佛道经教的雄心，却还要承认在“三洞”位序中，洞真上清位居洞玄灵宝之前的矛盾。也无法对“新经”中出现的在“三洞”之外尊崇《老子五千文》的现象给出合理的解释。其实只要按照“新经”早于“旧经”而且“新经”“旧经”中又各有先后之分的观点来看“三洞说”，就可看出“新经”造作于东晋末年，当时是上清、灵宝和三皇传统并存的时代，因而“新经”中有最标准的“三洞说”是最符合情理的。但“新经”的造作者与天师道产生了融合，因而才在“三洞”之外，特别尊崇《老子五千文》。到420年左右，第一批“旧经”造作时，还是自然延续了“新经”的传统，也是承认上清、灵宝、三皇为“三洞”的。但是到437—471年间成书的第二批“旧经”，就有了要让“旧经”超越此前一切经教的企图，所以其中只说“三洞宝经”是众多天文之一种，并不承认洞真上清位居洞玄灵宝之上。但这在整个灵宝经教的发展中，只是昙花一现。到陆修静整理灵宝经时，他发现仅凭灵宝经教是难以支撑道教整个经教体系的，所以陆修静仍然尊崇“三洞”，只不过在“三洞”之中，他比较偏向于灵宝经教而已。这样，以往纷纭不断的灵宝经中“三洞说”的相关讨论，只要放在比较合理的灵宝经造作历程背景之下，就能看出一步步发展演变的轨迹。

有些问题则是通过确立“新经”早于“旧经”这一前提才得以凸显出来。例如，“古灵宝经”对佛教“业报轮回说”的汲取问题，以往学者也是因为囿于“旧经”是早于“新经”的，往往把“旧经”中的某种说法，就当成全体“古灵宝经”的代表性论述。在“旧经”之一的《太上洞玄灵宝三元品戒功德经》中，出现过灵宝经教吸取佛教“业报轮回说”之后，又对本土的罪福承受思想做出重要改造而成的“真父母说”。“真父母”概念是如何形成的？以往的研究因为将其视作整个灵宝经共同遵守的观念，所以重点在于解说“真父母”概念与佛教业报轮回说的关系与区别。但如果在从“新经”到“旧经”逐步发展的背景下来看此问题，就会发现：“古灵宝经”最初是延续汉代《太平经》中的“承负说”，认为个人的业报只与祖先的功过有关，子孙要承受祖先的罪福，所以会出现子孙明明行善却未得福佑的结局，是因为要承受祖先的罪过所致。但这只是汉代一种并不完善的业报理论。到魏晋时期，又出现了子孙可以通过道教仪式来为祖先减轻罪谪的“延误说”，即子孙不再只是被动地承受祖先的罪福，也能对死去祖先在阴间的罪福有所影响。但无论是“承负”还是“延误”，都是基于中国本土传统认为人的业报与家族和家庭有关的思想。佛教传入中国时带来“业报轮回说”，提出人的业报不是由死去的祖先决定的，而是由个人的前世功德所决定的。这样的观念在东晋中后期在士人中得到广泛的传播。葛巢甫造作“新经”时，正处于这样的时代背景之下。所以，“新经”一个明显的特征是，只承认业报是由个人的前生前世所决定的，完全抛弃了个人业报受祖先影响的中国传统观念。这一点是以往灵宝经研究中被长期忽视的一个重要现象。但是到“旧经”的时代，灵宝经的作者面对中国本土的“承负”“延误”诸说，同时也面对佛教个人业报轮回说的冲击。《三元品戒经》就试图在这样的立论困境中，得出一种带有灵宝经教特色的新的业报说理论，这就是“真父母说”。

意即个人业报是与祖先无关的，只与个人的前世和前生有关，这无疑是延续了“新经”对佛教业报轮回说的接纳。但是，《三元品戒经》又不甘于对佛教业报轮回说的直接和完全的汲取，特别推出了“真父母”的概念，即个人的业报虽然是由个人的前生前世所决定，但个人最终的解脱之道，则是要与“真父母”相合。所谓“真父母”，就是气化之道的一种体现。因此，从汉晋中国传统逐步发展的“承负”“延误”，到“新经”对佛教业报轮回说的一度完全接纳，再到“旧经”中对此前各种业报说的品评和选择，最终提出了带有道教特色的“真父母说”，可以说只有在“新经”早于“旧经”的历史框架之下，“真父母说”的由来才有可能得到清晰的梳理。而如果考察“真父母说”的最终历史去向，则又会发现：实际上“真父母说”也没有对道教的业报说产生决定性的影响，最终道教还是对个人业报和祖先业报采取了兼容并蓄的态度。换言之，“真父母说”这样一种最能体现灵宝经教特色的理论，其在历史上的实际影响，也是非常短暂的。但揭示出这样以前没有过的历史印记，还可触及其他有意思的话题。

通过对这些论题的研讨，可以进一步验证本成果所提出的“新经”早于“旧经”的结论。因此，“古灵宝经”的“新经”早于“旧经”，“新经”和“旧经”内部又有先后之分，并不仅仅是通过文本和文献上的考证得出的结论。更重要的是，只有在这样的时间线索和经典先后关系之下考虑，“古灵宝经”经教思想发展的特点和演变情况，才能得到较为合情合理的解释。不是只有某一方面的思想脉络符合这一时间线索，而是出发点不同的几方面考察，都符合这条时间线索。因而本成果的基本结论，有文本考证和思想脉络这两方面的检验，应该是可以确立无疑的。

三、成果的学术创新、应用价值以及社会影响和效益

本成果的学术创新、应用价值以及社会影响和效益也体现在三个方面：

第一，对于道教研究具体论题本身的价值。

（1）切实地推进了“古灵宝经”研究的进展。特别是对于这个国际道教学界研究了几十年的重要论题，充分发挥中国学者阅读母语原始资料的优势，提出了对以往研究格局带有根本性、颠覆性的合理意见。更重要的是，本成果的研究并没有指望为“古灵宝经”研究画上句号，在本成果所呈现的历史背景和时间脉络的基础上，今后的学者还可从“古灵宝经”中发现和提

炼出更多有意义有价值的论题来。

（2）对这几十卷“古灵宝经”的研究所采用的研究方法和取得的研究成果，完全可以成为研究其他中古时期道教经典集成，如上清经、正一法文经等的范例。基本思路可以归结为：运用历史学考察史料的方法检视基本的道经文献，运用宗教学考察思想脉络的方法重建经典之间的互相关联，以文本文献考证结合思想观念发展的脉络，为确定时代不明的道教经典的可能年代提出更具参考性的意见。

第二，对于中国的道教研究如何适应国际化的启示意义。道教研究本身是一门国际化程度较高的学问，但目前的状况是，中国道教学者在按照学术规范与国际道教学界对话方面，还缺乏充分的经验和实践。本成果在如何搜罗、梳理、评价、选择国外学者的研究成果和观点方面，做出了自己的尝试。本成果的研究说明：中国学者如果能立足于自身的优势，再充分汲取国外学者研究的可取之处，完全可以做到“后出转精”的学术成果来。越是在国外学者意见分歧巨大的专题领域中，中国学者越有可能做出“后来居上”的优秀成果。

第三，本成果对于历史学、宗教学的跨学科研究，文献、文本与宗教思想的综合考察，也是一种有益的尝试。

《晚清中外条约关系研究》概要

李育民*

一、研究的目的、意义及方法

1. 研究目的和意义

晚清中外条约关系是清政府给中国留下的历史遗产，是封建主义和资本主义两种文明的接合方式，是西方殖民主义列强施以强权和暴力而形成的畸形关系。其内容涵盖政治、经济、文化等各个领域，对中国社会的影响广泛而又深刻。本成果进一步从法律关系等角度进行广泛探讨，弥补其不足和缺失，可拓展新的研究领域，深化对近代中外关系和中外条约的认识。通过更完整、更充分、更深刻地揭示晚清中外关系的转变，亦可深入了解中国从传统走向近代艰难而又屈辱的历程，并进而更全面确切地解析中国近代半殖民地社会，对这一过渡性的社会形态有更明确的认识。作为跨学科研究，本成果可促进国际法学，尤其是近代中外条约关系对国际法的影响的研究。同时，有助于国情和爱国主义教育，并给当今的中外条约关系提供一定的借鉴。

2. 研究方法

以历史唯物主义和辩证唯物主义为指导，发挥中外史学中客观实证、归纳演绎、综合分析和逻辑思辨的优良传统。根据本成果的特点和难点，不局限于传统方法，采用国际法、国际政治学等相关学科的理论和方法，将实证性研究与规范性研究结合起来。同时借鉴新的科学方法，科学地揭示条约关

* 李育民，湖南师范大学教授，博士生导师。

系与其他各种关系的联系区别，处理好竖的陈述与横的铺展之间的关系，并尽可能进行各种类型的比较研究。其研究思路，突破一般的条约关系史或条约史研究，在纵向梳理的基础上，以问题为切入点，分门别类进行全方位探讨。从国际关系的宏观视野和法律关系的角度，注重静态和动态的结合，揭示其背景、因果、演变、内涵、性质、类型、运作、冲突、观念、理论等各种情状，阐明传统和近代两种对外关系的矛盾、交错、调适和转化过程。

二、成果的主要内容和重要观点

本成果主要包括导言、十四章正文、结语等，分为以下几部分：

第一部分为导言，结合国际法理论与历史实际，对条约关系的相关概念与理论做了系统全面的探讨和梳理，其内容和观点如下：

所谓条约关系，简单地说，是国际法主体之间以条约这一法律形式表现出来的一种国际关系。具体而言，条约是国家间所缔结并受国际法支配的国际书面协定，条约关系是国家以条约为形式和根据，以权利、义务为内容，具有特殊强制性、差异性和可变性的法律范畴的国际关系。条约关系与国际法存在着互相依存、互为前提的关系，条约或者条约关系是国际法的重要组成部分，而国际法又以条约为源流。晚清时期的中外条约关系，是传统国际法时代的产物，与外交和战争亦有着密切的联系。这是传统国际法规则下的三部曲，条约是中心环节，战争又是最关键的一环，是实现列强各种目的最有效的手段，强权政治则是永不变调的主旋律。这一关系有着特殊性质，其所呈现的内涵，与主权国家之间正常的条约关系不同，主要反映了西方列强的强权政治，以及用暴力与中国建立不平等的新关系。同时，这一新的关系，一方面在内容上使中国的主权受到侵害，蒙受着不平等的耻辱；另一方面从形式上给中国带来了近代国际关系的新模式，是一种将强权政治与近代交往形式融于一体的畸形关系。显然，条约关系具有极为重要的地位，成为近代中国的基本问题，是中外关系乃至近代历史的枢轴。同时，马克思主义史学理论，诸如唯物史观、民族殖民地理论、国际法和国际关系学说、共同价值思想、世界交往理论等等，与近代中外条约关系研究有着密切关系，有着重要的指导意义。

第二部分，包括第一至第四章，共四章，对晚清中外条约关系的酝酿、形成及发展做了全面系统的纵向论述，其内容和观点如下：

条约关系是以西方国家为主导建立起来的，从产生到最后完备，经历了一个复杂过程。作为其正式建立的前奏，鸦片战争前的酝酿为这一关系的最初形态提供了完整的预案，做好了必要的理论准备。以英国为首的西方国家力图改易清帝国的天朝体制，与中国建立官方关系。在第一任商务监督律劳卑的强横方式受挫之后，新任商务监督义律又进行了融调中西体制的尝试。终于，英帝国发动战争，将不平等的条约关系强加给中国。又经过第二次鸦片战争，以不平等为主导的中外条约关系已经基本形成。此后，这一关系的范围大大扩展，与中国建立这一关系的国家迅速增加。其形成和发展，是列强各国用暴力推行强权政治的结果，亦与清政府缺乏国际知识，对外国人实行怀柔持平政策不无关系。为维护自己的权益，清政府又设法抵制。第二次鸦片战争之后，这一关系又出现新的形式和变化。一是尝试建立平等条约关系。1871 年的中日《修好条规》及其相关的通商条约，是中国与亚洲国家订立的第一个条约，“与历办西洋条约不同”，权利义务相互平等，也是清政府冀望建立平等条约关系所做的一次探新。然而，这只是清政府的一厢情愿，进入明治维新时期的日本，走上了一条追随欧美的道路，使得这一尝试面临危机。二是将宗藩关系转为条约关系。随着日本侵略朝鲜的加剧，为抵制其野心，清政府在 19 世纪 80 年代采取加强控制的举措，与朝鲜建立了以宗藩体制为基础的条约关系。三是减轻与西方国家条约关系中的不平等程度。对第二次鸦片战争之后来华订约的小国，清政府的态度开始有所区别。另外，在条约关系形成的同时，清政府还与各国订立了一系列的“准条约”，即与外国私法人订立的契约，诸如各种合同、章程、协定等等。

当自由资本主义向垄断资本主义过渡之际，正在“脱亚入欧”的日本发动甲午战争迫使清政府订立《马关条约》，促使整个条约关系进入一个新阶段。其一，从根本上摧毁了清政府的宗藩体系，条约关系成为单一的国际秩序，为这一关系的发展清除了体制上和思想观念上的障碍。其二，从根本上改变了中日关系的性质，中断了清政府建立平等条约关系的尝试。其三，经此调整后的条约关系，获得重要发展，出现了反映帝国主义阶段特征的特权制度，体现了鲜明的时代特征。其四，暴露了中国的衰弱和弊病，中国的国际地位一落千丈；刺激了列强欲望和野心，引发瓜分狂潮；民族矛盾空前尖锐，激起中国人民的反抗。这又使得中外条约关系遭遇了前所未有的危机，激起“最恨和约”的大爆发。经过八国联军的炮火洗劫，以《辛丑条约》为标志，中国更沦为一个“卑微的”“被奴役的国家”，不平等条约关系进一步巩固强化。该约具有新的特点：从订约过程来看，各国列强所面临的威胁与以前不同，武力打击对象发生了重要变化；列强出动的武装力量和参与国家的数量，大大超过以往；《辛丑条约》处理的是列强的整体利益，它们相互协商以达成最大限度的一致化，成为订约过程中最基本的环节。从条约形式来看，与以往不同，《辛丑条约》是各国与清政府订立的多边条约。实际上这是一种特殊的双边条约，即西方国家为一方，中国为一方所订立的双边条约。从条约的性质来看，该约是一个严重的片面条约，要求清政府单方面承担各种苛刻的义务，背离对等原则达到登峰造极的程度。从条约内容和目的来看，其基本宗旨是巩固和强化现有的条约关系，并为进一步扩展新的条约权利打下基础。如惩罚性规定，预防性条款，改善性条款，等等，体现了这一目的，构筑了一个严密的网络，从政治、军事、外交、经济、思想等方面，全方位地巩固和强化了中外不平等的条约关系。

与此同时，清政府顺应世界潮流，开始加入国际公约，条约关系又出现了自主平等的新形式。这是在整体不平等地位的基础上，以一种不同于以往的新方式，与国际社会建立某种意义的平等条约关系。中国由此进一步扩展新的国家交往方式，更以自主的姿态融入国际社会。新的条约关系形式具有重要的积极意义，为中国打破不平等条约体系，将产生积极的引导作用。但在传统国际法时代，由于总体环境没有变化，这一积极作用是有限的，不能改变不平等条约关系的总体格局。尤其是，由于强权政治仍然存在，在相对平等的国际公约领域不可能不受到影响，或多或少浸润着不平等的精神。

第三部分，包括第五、六章，共两章，论述晚清中外条约关系的外观形态与内在属性，其内容和观点如下：

条约关系以一定的形式存在，其外观形态，从各种不同的视角揭示了它的概貌，深刻反映其内在性质及特点。条约名称可说是五花八门，名目繁多。产生途径主要通过战争强迫、武力恐吓、相互协商，以及战争胁迫下的相互协商等四种方式。除外，还有在欺诈手段之后再施以高压而订立的条款。条约缔结程序，分为程序繁复和程序简单两种情况。修约规定体现条约关系是变动的，此类条款虽给予中方修约的条约依据，但清政府并不能享有实际权益。条约实施强行规定了履约担保条件，条约解释亦做了有利列强的规定。从形式上看，体现了西方列强的强权政治和传统国际法时代的条约法规则。根据事项不同，中外条约分为政治、社会经济、文化几大类别，但主体条约多是各类内容混在一起。其范围较广，重在政治、经济等特点，反映了中外关系形成和发展的规律，以及初始阶段的状态，揭示了它的本质特征。社会、文化类条约较少，说明中外交往的程度及其局限，以及社会观念及文化意识的接合更为艰难。另外，清政府加入的国际公约和“准条约”，也有各种类别。通过分类剖析，可深入了解该时期条约关系的状况和特点：不平等是晚清中外条约关系的主体，且愈益严重，而平等仅是昙花一现；这一关系是不正常的，并不断趋向恶化；等等。

其内在属性，从建立开始，便有着两种不同的内涵。一是主体部分，即侵害中国主权的不平等权利义务关系。二是附属于前者的次要部分，即体现中国权益的某些平等条约和平等条款。不平等条约是处于不同法律地位的当事国，其中一方违反国家主权平等原则，另一方并非自愿订立的权利义务严重不平衡的条约。晚清中外条约关系中的不平等，是以法律上和政治上的内涵构建起来的，其法律关系可分为两大类别，即常规性的特权制度和交割性的条约权益。平等内容包括平等条约与平等条款，某种程度上反映了中国方面的要求，体现了近代性质的交往制度和相互原则。不过，平等方面的内容不是很多，在整体上居于附属地位，无足轻重。作为国际条约，晚清中外条约被赋予了国际法律的形式，但在国际法尚未成为世界范围的普遍国际法的时代，其法律性质是畸形的和片面的，适应了西方列强的侵略扩张需要。西方提出“特殊国际法”理论，将有悖于进步原则的种种规条纳入国际法之中，使得晚清中外条约关系主要体现了不平等的法律性质。西方列强据此违背国家主权和平等原则，将某些新的反动规则强加给中国。其中，日本继承了西方列强的衣钵，典型地体现了这一强权理念。

第四部分，包括第七至第十章，共四章，论述清政府对条约关系的反应和应对，其内容和观点如下：

晚清时期，清政府经历了极为痛苦的心理变化过程，在外国的强力压迫之下，思想观念发生了重要变化。它逐步接受西方国际公法所设定的国际秩序，初步形成了条约关系观念。一是从“要盟不信”到“以为信据”。在一系列的武力打击之下，清政府逐渐放弃了传统的盟誓意识，同时又从国际法的角度对近代条约有了新的认识，经庚子事变完成了这一转变。二是从“怀柔远人”到“以求两益”。清政府逐渐改变传统的“怀柔远人”观念，认识到条约应有的性质，并由此看到中外条约的不平等性质，重视在条约关系中维护自己的权益，并导向对平等条约地位的追求。三是从“未便参阅”到“奉为圭臬”。清政府在对外交涉中逐渐认识到国际法的重要性，从起初的“未便参阅”，经庚子事变基本上予以认同，进而主张“奉为圭臬”。四是从“一劳永逸”到“预筹修约”。随着对国际法了解的深入，清政府逐渐产生了挽回国家权益的修约思想，庚子后更为积极主动地筹划修约，但缺乏坚定的决心，所做努力成效甚微。此外，在条约关系的背景下，其以天朝体制为核心的传统国体观亦发生深刻变化。在议订《南京条约》的过程中，清朝君臣调整天朝体制，昭示了国体观演化的复杂矛盾和多重指向。第二次鸦片战争推动清王朝进一步思考，将国家利权纳入国体的范畴，并将国体置于中外条约关系之中。清朝君臣又做必要的调适，“以服远人而维大局”，其维护天朝体面的国体观念也开始发生变化。清朝君臣逐渐接受了西方的交往体制，在跪拜问题上改变了“最关中国国体”的礼仪观念。经过甲午庚子，传统国体观发生了根本性的变化，逐渐形成了以近代国家为内核的新观念。

清政府应对条约关系的方针政策，是在对外交涉的实践中逐渐形成的。中外订约伊始，清王朝的君臣们以传统羁縻之道的理念接受了这一新的关系，同时又做了一定的调适。在条约关系的运行过程中，清政府形成了两种趋向的守约方针，一方面要求对方守约，另一方面自己恪守条约；随着修约意识的产生，又做了修约的预筹。为适应这一新的中外关系模式，清政府建立了不同于天朝体制的对外体制，包括地方外交体制、专门的中央外交机构、近代交往制度等。地方外交是适应条约关系建立的，是一种有损国家统一、不科学的制度。伴随中外条约关系的基本形成，清政府在对外体制上进行了重大改革，设立专门的外交机构总理各国事务衙门。经过甲午庚子，清政府的对外观念及其对外政策发生重大变化，民众反侵略斗争方式的更新和进步，推动了它的外交转型。它进一步舍弃羁縻之道，形成较为完整的条约外交体系，又进行了深入的内政改革，“以夷变夏”更触及它的统治体制。

条约关系属于国际关系中的法律关系，它的建立还促使晚清法律发生变化。传统单一法律体制的局面被打破，形成了复杂的法律关系，导致各种不同的异变。一是条约规定与国内法规的相互转换。这两种不同的转换，反映了两类法律规范的相互关系及其实施状况，揭示了晚清法律变化的趋向，打乱了清王朝已经定型的法体系，逐渐形成新的法体系。二是《大清律例》因条约规定做了些微修改。修改内容包括删除和修改禁止基督教与解除海禁的律条，所做修改微不足道，反映清朝法律变革的滞后和条约关系对晚清法律产生的双重影响。三是“八议”之法的再启与终结。随着条约关系的建立和发展，清朝君臣重新拾起曾视若弁髦的“八议”作为法律武器，抵制列强的侵略要求，但遭到列强的反对，“八议”也最终结束了它的使命。四是刺激推促“中外通行”法律体系的建立。经庚子事变，条约关系刺激中国引进新的法律文明，建立“中外通行”的法制体系，以治内为主要内容的封建法系，趋于根本性的变异。外在因素对清末司法改革带来了双重影响，既推动中国引进新的近代法律文明，又体现了浓重的半殖民地色彩。

第五部分为第十一章，论述中外条约关系与民众“排外”运动及其近代化趋向，其内容和观点如下：

晚清时期，“排外”运动贯穿始终，成了中国社会尤其是民众反对外国侵略和不平等条约斗争的代名词。条约关系造成的社会变动，中外之间由此产生的更为广泛的接触，以及它所体现的外国强权，冲击了民众长期形成的观念意识和生活状态，使他们遭受了未曾有的种种欺压。面对新的变局，民众从一开始便进行了本能的抵拒和斗争，并随着形势的变化而不断推进。新类型的民众“排外”运动，经历了从简单粗陋到理性平和的过程。其最初形态表现为拒约和反洋教斗争，随着列强侵略的加深和不平等条约关系的发展，最后集大成而演为一场“最恨和约”的义和团运动。此后，中国进入一个新的历史时期，“排外”运动亦发生重要的转折。“排外”的是非曲直得到辨正和新的解释，并最终落实到不平等条约这一根本问题上。在“排外”问题上，中国社会出现了旨趣各异的几种取向，包括放弃“排外”的惧外媚外与采取理性手段的“文明排外”两种基本取向，以及与此相关的革命“排外”和预备“排外”取向。这一变化，既是中外条约关系巩固强化的反映，又促使“排外”运动本身出现近代化趋向，给踵接而来的民国历史带来深刻影响。

第六部分，包括第十二至十四章，共三章，论述英、美、法、日、俄、德等六个主要列强国家对华条约关系的主要方针政策及其特点，其内容和观点如下：

上述六国攫取的种种特权，构建了中外条约关系的基本框架。它们既有共同之处，又各有差异。英、日两国堪为东西列强的重要代表，均单独诉诸武力，在中外条约关系的不同阶段起了肇基作用。英国是晚清中外不平等条约的始作俑者，具有显要的地位。它创建了条约关系的新模式，开启了用战争迫使中国接受这一关系的强权手段，最为完整地攫取了各种条约特权。由于经贸上的优势地位，英国重在商贸和整体开放。为保持优势地位，最大限度地牟取在华利益，第二次鸦片战争之后英国试图通过维持中国的稳定以确保既得利益，又在甲午战后的瓜分狂潮中以“暧昧”的“维护中国主权完整”代替炮艇外交，但终未舍弃殖民主义的强权政治。与“一心想获得中国的政治霸权”的俄法集团不同，英国主要是为了经济利益，“一心想获得在华的经济机会”。在与中国建立条约关系的主要列强国家中，日本为唯一的亚洲国家，与欧美国家不同，日本与中国的条约关系，经历了从平等到不平等的变化，并在“脱亚入欧”，汲取西方国际法的同时，又具有公然否定这一国际规则的两面性特点。这些特点，又由体现了武力征服，旨在实现对中国的统治的“大陆政策”衍生而来。它以强权政治为基本法则，以领土占有为目的，目标明确，逐步推进。它强迫清政府签订《马关条约》，进一步恶化了中外条约关系，并改变了国际秩序的格局。日本的行径典型地体现了西方资本主义国际关系的本质，它与中国建立不平等条约关系虽然较晚，但最为凶残和霸道，危害也最大。

紧随英国之后的美国有着自己的鲜明特点，具有独特的重要地位。它一再强调维护“由条约和国际法”所保证的一切权利，将此作为对华外交的基本方针，以一种形似“温和”的法律方式，构建和扩展与中国的条约关系。从“搭便车”签订《望厦条约》建立关系，再经第二次鸦片战争实施“合作政策”从整体上协同关系，到提出“门户开放”，既是美国在对华关系中摆脱传统的孤立主义政策的反映，又呈现了这一关系三个阶段的演变轨迹。尽管各个阶段存在差异，但自始至终贯注着一个中心，即维护、保障和扩展以机会均等为核心的条约权益。在国际形势和中外关系的变化中，美国的这一外交方针逐渐国际化而最终以公约形式发展为国际规则，对中外条约关系和国际格局产生了深刻影响。美国不仅实现了最大化攫取在华权益，且在某种程度上主导了列强对华外交，显示其在整个中外条约关系中具有举足轻重的地位。

法、俄、德三大强国作为中外条约关系基本骨架的组成部分，亦具有彰明较著的独特之处和重要地位。该三国从不同途径参入条约关系，对华方针各有不同，体现了各国历史和社会发展的自身特征。法国紧随英、美之后与中国订约，与英、美重在商贸不同，尤为重视传教特权，并体现了明显的武力强权倾向。除了与英国一道发动第二次鸦片战争之外，还单独挑起了中法战争，撕开了宗藩体制的缺口。在拓展条约特权方面，除宗教之外，法国亦做出重要“贡献”，它首先向中国勒索路、矿权益，并开创了不割让照会的先例。与其他西方国家不同，俄国在鸦片战争前便与中国建立了特殊的关系。利用第二次鸦片战争，俄国趁火打劫，攫取各种条约权益，尤其是向中国勒索领土利益，这是其最显著的特点。通商方面，要求均沾他国权益，并十分重视陆路通商，尤其是边境贸易。在此过程中，俄国乘人之危，施以威胁恐吓，居间“调停”，从中渔利，并以“谋求取得中国对它的依赖”为手段，其实并非真心实意帮助中国。德国与中国建立条约关系较晚，体现了迫不及待获取利益的心理。它实施以实利为内核的殖民政策，甚至打破资本主义世界的常规，并希望乱中牟利，连蛮横无理的日本都认为德国缺乏道义。它积极投入三国干涉还辽，充当瓜分狂潮的急先锋，辛丑议和时提出比其他国家更为苛严的赔款要求，显示了后起的资本主义国家的特征。在侵损中国主权，扩展条约特权，推动这一不平等关系的发展等方面，该三国均做出了各具特色的重要“创树”。

上述六个主要列强国家，是晚清中外条约关系中的最重要的主体。总体来看，它们有着共同的利益关系，表现出相互协调的一致性。由于各国历史文化和经济发展存在差异，在华地位和利益的不平衡，其对华政策呈现出形态纷杂的景象。在似乎杂乱的局面中，它们大体上展现出两种基本倾向，即以政治强权进行“豪夺”，以及以经济实力实施“巧取”。它们之间的差异和区别，强硬的或温和的，政治的或经济的，军事的或文化的，实际上是一种相得益彰的互补，最终殊途同归，最大限度地从中国牟取各自的利益，由此揭示了中外条约关系的本质属性。

第七部分为结语，剖析晚清中外条约关系所蕴含的基本性质和矛盾特征，以及由此出现的历史转折，其内容和观点如下：

构建中外条约关系的主导理论，是传统国际法中的反动规则，与体现公理的进步规则不同。这是一个矛盾。纵观其发展过程，矛盾两极中各种因子的比重，在曲折的历史进程中不断发生变化，体现了历史的辩证法。其中的“公理”又是“强权”的制约因素，为这一变化提供了国际法的依据。更由于被“强权”压制的中华民族的觉醒和反抗，以及国际形势随着这一反抗的普遍发展而发生深刻变动，酝酿着新型的平等的条约关系，历史终于出现转折。第一次世界大战之后，伴随着传统国际法转向现代国际法，晚清时期形成的不平等条约关系，开始走向崩溃。巴黎和会引发的五四运动，是一个标志性事件，揭开了新的历史时期的序幕。在这一背景下诞生的中国共产党，将废除不平等条约，争取民族独立作为自己的纲领和奋斗目标。此后，改变和废弃不平等条约关系成为中国革命的基本任务，废约反帝的民族主义运动勃然而兴，经过长时期的不懈努力，终于实现了这一目标。

三、成果的学术创新、应用价值以及社会影响和效益

本成果系国家社科基金项目的最终成果，评审专家认为，本成果“是近代中外不平等条约研究领域的拓展，较之以前的研究取得了重大进展，从理论和史实的结合上，更加系统、深入地论述了中外条约这一近代历史的基本问题。从而更加确切地解析了中国近代半殖民地社会的性质、特征，理论性强，可以促进中外关系史及国际法学科的研究，具有重要的学术价值和创新意义”。其学术创新、应用价值以及社会影响和效益主要体现在以下几个方面：

第一，对条约关系做了深入、全面的理论探讨，提出了完整的具有科学性的定义。作为国际关系中的一个重要范畴，条约关系有其特定的释义，与国际法、外交关系以及战争关系等均有着密切的关联，且在近代中国亦有着特殊的性质。本成果运用国际法及其相关分支学科的相关理论，并结合史实，对条约关系的定义做了更具科学性的界定，对这一关系与国际法、外交关系和战争关系的关联做了系统梳理，为深入探讨和认识条约关系做出了理论上的创树。作为跨学科研究，将历史学与国际法学相结合，从一个新的，即法律关系的视角探讨中外关系，进一步完善了这一领域的研究。尤其是，探讨了马克思主义史学理论对中外条约关系研究的指导意义，从各个方面做了系统阐释，更进一步提升和深化了这一领域的理论认识。

第二，纵横结合，完整地揭示了晚清时期的条约关系。本成果既对条约关系的产生和形成，以及取代朝贡关系并形成以强权政治为内核的新的国际秩序的过程做了纵向的解析，又从各个层面对条约关系做了横向的阐述。纵向方面，对条约关系在鸦片战争前的酝酿，以及产生、形成和发展各个时期

的特点做了全面的论述。横向方面，对条约关系的各相关问题做了全面探讨。

第三，从国际法律关系的角度，对条约关系做了全面的解析。本成果运用国际法理论，对条约关系构成的各种形式和类别，以及内在属性做了探讨，从各个层面考察了条约关系的形态和性质。这一新的视角，有助于更完整、更深入地认识近代中外条约，并促进国际法的研究。

第四，系统论述了中国朝野对条约关系的态度及其变化，包括清政府思想观念和方针政策、晚清法律的变化、条约外交体制的形成等，以及民众反对不平等条约关系的“排外”运动及其近代化趋向，等等。以往对这方面的研究存在种种局限，或不够完整，或观察片面，或评析有欠客观，本成果弥补了这一缺失，大大推进和深化了这一问题的研究。

第五，揭示了各主要列强国家对华条约关系的立场、方针及其演变，包括英、美、法、日、俄、德等六个国家。以往对各国的研究流于笼统，缺乏细致深入的考察，本成果对几个主要国家在条约关系问题的方针、立场的共同点和差别，做了深入的分析，揭示了各自不同的特征和整体互补的共性。

第六，资料更加翔实充分。除一般资料外，本成果充分发掘并掌握已有研究中未引用的大量资料，如各种档案、各类期刊报纸、人物文集、外文资料等等，同时也借鉴已有研究论著。大量资料的充分发掘，不仅为本成果打下了坚实的基础，而且系统梳理了该领域的资料，为进一步深入和扩展研究提供了方便和条件。

本成果在深化学术研究、人才培养、政府部门参考、精神文明建设等方面均有着重要的应用价值，并将产生积极的社会影响和效益。本成果涉及历史学、国际关系、法学（主要是国际法）、外交学等多个学科，不仅可深化、扩展这些学科相关领域的研究，而且可作为相关课程的教材和参考书，有助于高等院校的人才培养。本成果对中国外交史上这段重要历程及其经验教训做了较为全面详尽的论述，可为外交部门提供参考，对处理当今的对外关系提供借鉴。本成果讴歌中国人民反对侵略、振兴中华的斗争精神，阐述中国摆脱半殖民地地位的艰辛历史，可作为爱国主义和国情教育的教材，有助于精神文明建设。

考古学

《群舒文化研究》概要

张爱冰*

一、研究的目的、意义及方法

1. 研究目的

西周春秋时期的江淮地区有一群偃姓小国，史称群舒。群舒的历史可上溯到虞夏时期的皋陶。《帝王世纪》称皋陶生于曲阜。曲阜，偃地，故帝赐姓曰偃。皋陶为东夷之人，偃姓的群舒诸国皆为皋陶之后。西周时期的群舒或被周人泛称为“淮夷”“南夷”“南淮夷”，其事见诸文献和青铜器铭文。群舒的历史主要见于春秋，有舒、舒鸠、舒庸、舒龚、舒龙、舒蓼、舒鲍、英、六、蓼、宗、桐、巢等国，又称为“众舒”。群舒皆亡于春秋，除巢之外，基本上都被楚国所灭。由于历史文献对群舒的记载或语焉不详，或阙而勿据，群舒历史与文化的研究要有新的突破，确需仰赖地下考古材料的出土。

自1934年中央研究院历史语言研究所在安徽寿县进行考古调查以来，江淮地区的商周考古已走过八十多年的历程。又自1959年安徽舒城凤凰嘴墓葬出土铜器以来，一种有着明显地域特征的器物组合，如牺首鼎、铉鼎、曲柄盉、折肩鬲、环耳缶等在江淮和皖南沿江地区多次被发现，由地望和年代，考古与历史学界基本认定其为周代群舒文化之遗存。20世纪80年代以后，随着考古新材料的不断发现，群舒文化研究取得一系列重要进展，相关论述见于殷涤非、李国梁、李学勤、曹锦炎、董楚平、何琳仪、杜廼松、王迅、张敏等的论著。以上研究成果为本成果研究的开展奠定了一定的基础，

---

* 张爱冰，安徽大学教授，博士生导师。

但也存在一些明显不足，主要表现为：其一，上述研究或侧重于历史文献学和古文字学，或侧重于青铜器，以考古材料对群舒文化进行综合研究的专著暂付阙如；其二，对群舒文化遗存的年代认识尚较粗略且多抵牾，影响了对区域青铜文化历史进程的合理理解；其三，对群舒文化遗存内涵特征的研究也不够深入，影响了在田野考古实践中对相关遗存的辨识和判定。近年来，江淮及皖南地区商周考古又取得一系列重要成果，尤其是霍邱堰台、霍山戴家院、铜陵师姑墩、繁昌板子矶、蚌埠双墩、凤阳卞庄、南陵龙头山等遗址和墓葬材料已经发表，舒城、庐江、枞阳、无为等地新出铜器资料又陆续公布，这就为群舒文化的研究增添了新的内容，也使群舒文化的研究出现了新的契机。

群舒文化有着自身的文化来源和族源，有着独立的发展历程。西周至春秋时期，群舒文化在江淮地区有着持续的存在和发展，从春秋中期开始，由于吴楚争霸战争等原因，群舒文化与周边文化相互交融，最后灭国而统一于楚。群舒族群与文化，既与中原王朝有着长期的交流与互动，又受到周边齐、鲁、吴、越、楚等文化的影响和覆盖，这就构成了江淮文明的多元内涵，孕育了丰富的物质文化遗产。本成果通过建立群舒文化的年代序列和空间分布形态，以及在其发展演进过程中与周边其他文化相互交流相互融合的全过程，阐述群舒文化在中华文明由王国时代到帝国时代历史进程中的地位和作用。

2. 研究意义

（1）群舒文化是江淮地区青铜时代重要的考古学课题之一。本成果侧重于动态地研究群舒文化发展演进、群舒诸国从散居局面经吴楚争霸到最后统一于楚的全过程，不仅可以弥补江淮青铜时代考古研究中存在的不足，而且对于拓展夏商周考古学文化分期分区研究的领域，皆有重要的学术价值。

（2）群舒文化内涵与特征的确立，对于今后在江淮和长江下游地区的考古工作中继续辨识和判定同类性质的遗存具有重要的实际意义。

（3）群舒是先秦时期分布于江淮地区十分重要的群体，在中华文明的形成和发展过程中发挥了重要的作用，对其进行综合研究和比较研究，深入挖掘其文化内涵，尽快将研究成果面向公众展示，“让文化遗产活起来”，对传承、弘扬优秀历史文化也有着积极的社会意义。

3. 研究方法

本成果以辩证唯物主义和历史唯物主义为指导，以考古学理论和方法，主要是地层学、类型学和文化因素分析方法为基础，全面、系统地对群舒文化进行动态研究和比较研究，同时兼顾科技考古、历史学、古文字学等其他学科的研究方法和研究成果。

二、成果的主要内容和重要观点

本成果共分八章，在系统整理考古材料的基础上，对群舒文化进行了综合研究。

第一章对群舒文化的考古发现和已有研究进行了全面清理和系统回顾，并由此确定了本成果研究的核心材料和旨在探讨的主要问题。

已发表的考古材料，主要包括：42 处墓葬或窖藏及其所出青铜器，即舒城凤凰嘴墓、许家山嘴墓、五里墓、河口墓、春秋塘墓、百神庙墓、九里墩墓、庐江盔头墓、岳庙墓、三塘墓、六安思古潭墓、燕山墓、合肥乌龟岗墓、肥西小八里墓、金牛墓、寿县魏岗墓、桐城长岗窖藏、怀宁杨家牌墓、潜山黄岭墓、望江竹山墓、无为大童墓、文思墓、枞阳官塘墓、前程墓、杨市墓、凤阳大东关 M1、卞庄 M1、蚌埠双墩一号墓、繁昌汤家山墓、孙村墓、芜湖韩墩墓、宣城正兴墓、青阳汪村墓、铜陵谢垅墓、芜湖柳春园墓、郎溪十字铺墓、铜陵钟鸣墓、贵池墩上墓、青阳龙岗 M1、青阳龙岗 M2、南陵千峰山土墩墓群、龙头山土墩墓群，以及若干零星出土的青铜器；19 处聚落遗址及其所出陶器、原始瓷等遗存，即霍邱绣鞋墩遗址、堰台遗址、六安西古城遗址、众德寺遗址、堰墩遗址、霍山戴家院遗址、寿县青莲寺遗址、肥东吴大墩遗址、含山大城墩遗址、庐江大神墩遗址、枞阳汤家墩遗址、安庆张四墩遗址、怀宁孙家城遗址、潜山薛家岗遗址、铜陵师姑墩遗址、夏家墩遗址、神墩遗址、繁昌板子矶遗址和南陵牯牛山城址。

群舒文化的已有研究，主要集中在以下三个方面：（1）群舒文献与史实，有徐中舒、徐旭生、王力、胡嘏、顾颉刚、曹锦炎、李学勤、董楚平、陈伟、何琳仪等考证；（2）贵族墓葬及其所出青铜器，有殷涤非、李学勤、李国梁、马道阔、马今洪、杜廼松、张钟云、郑小炉、毛颖、邹厚本、张敏、朱凤瀚、王峰等论述；（3）聚落与考古学文化谱系，有杨德彪、杨立新、王迅、张敏、赵东升、王峰等论述。

本成果旨在探讨从以往群舒文化研究中生发出的若干问题：群舒文化的年代，群舒文化的地域，群舒文化的构成，群舒文化与中原王朝以及周围文化的关系，群舒文化发展的政治、经济和文化背景，群舒文化在中华文明形成过程中的地位和作用。

第二章通过皖南沿长江地区周代铜器年代序列和文化构成的建立，揭示了西周春秋时期江淮群舒族群和文化的向南迁播，群舒的地域，当不止于大江以北。

20世纪70年代以后，皖南沿长江地区陆续有成组周代铜器出土，主要地点有繁昌汤家墩、孙村、芜湖柳春园、韩墩、宣城正兴、郎溪十字铺、铜陵谢垅、钟鸣、青阳汪村、龙岗和池州墩上等。20世纪90年代以来，随着田野考古新材料的不断积累，皖南商周时期矿冶、聚落和土墩墓三位一体的遗址空间分布形态逐步展现，这就为解决皖南出土铜器的分期断代提供了新契机。本章选取12组重要出土单元如墓葬所出、有着明确共存关系器物群，再选取若干典型器物如方鼎、垂腹鼎、球腹鼎、小口罐形鼎、附耳平盖鼎、撇足鼎、连体甗、分体甗、绳耳鬲、龙耳尊、牺首鼎、牺首尊、圈足盉、曲柄盉、圈足盘、三足匜等，经与宁镇、江淮和中原等周边地区年代较为明确器物的比较，同时兼顾以陶器为核心的考古学文化分期与断代研究成果，最后给出皖南沿长江地区周代铜器的年代序列。12组器物的年代初步拟定为：汤家山组、孙村组、韩墩组、正兴组和汪村组为西周晚期；谢垅组、柳春园组、十字铺组、钟鸣组和墩上组为春秋早期；龙岗M1组和龙岗M2组为春秋晚期。经与周边地区的比较分析，皖南沿长江地区周代青铜文化更多受到了江淮和中原地区的影响，沿长江两岸的互动可能比我们以往认识的程度要高。过去笼统将皖南青铜文化归为吴越文化的范畴可以有新的思考，皖南青铜文化的族群与国别版图也可以有新的认识。

第三章对涉及群舒文化的年代、地域和内涵等基础性认识的两种关键器形——曲柄盉和牺首鼎进行了单独讨论。

在群舒文化的历史进程中，曲柄盉和牺首鼎的出现、迁播和消亡，意义重大。曲柄盉是群舒典型器物之一，随着江淮地区周代遗址中多次发现曲柄陶盉遗存，为认识曲柄盉在区域青铜文化发展中的时间和空间位置提供了线索。由霍邱堰台等遗址地层可知，曲柄陶盉至迟在西周早期即已出现，西周中期后段至春秋早期前段最为兴盛，春秋早期后段至春秋中期渐趋衰落。曲柄铜盉的兴衰，应与曲柄陶盉大体相一致。因此，现有的分期体系，曲柄盉由西周时期的陶盉发展为春秋时期的铜盉，或者西周时期遗址出土陶盉而至春秋时期墓葬出土铜盉这样的认识逻辑似难成立。曲柄陶盉西周早期在江淮北部地区出现，西周中期开始向江淮中部、南部和皖南沿长江地区迁播，其南迁的路线可以简化为堰台—大神墩—汤家墩—师姑墩，因此，曲柄盉的分布，以淮河以南、大别山以东、巢湖以西、南及皖南沿长江地区为核心，核心区周边，可为淮河上游、大别山西麓和滁河流域。曲柄陶盉与曲柄铜盉形态既相一致，时空范畴又相重叠，应为同一文化或族群之遗存。曲柄盉的盛行与弃用，正与群舒文化发展相始终。

牺首鼎也是群舒典型器物之一，通过对其器形、纹饰以及伴出器物组合的年代论证，初步得出以下认识：牺首鼎流行的年代，应在西周晚期至春秋早期；牺首鼎分布的区域，可界定在淮河以南、大别山以东、巢湖以西和皖南沿长江地区，正与曲柄盉的空间分布相重叠；牺首鼎的形态应来自牺尊、匜形鼎、龙鋬匜和附耳鼎要素的组合，是中原地区、淮河上游、沂沭河流域文化因素与江淮本土传统的融合与创新；以曲柄盉、牺首鼎等器形组合为主体内涵的青铜文化，应为江淮群舒族群所创造，九女墩、高庄、坡塘所出牺首鼎，以及赣浙所出陶瓷兽面鼎，应为不同族群文化之传统。

第四章对以舒城为中心的江淮地区周代铜器资料进行了初步整理和研究。

通过对核心材料，包括舒城凤凰嘴、河口、五里、许家山嘴、春秋塘、百神庙、庐江盔头、岳庙、三塘、合肥乌龟岗、肥西小八里、金牛、六安燕山、思古潭、寿县魏岗、桐城长岗、怀宁杨家牌、望江竹山、潜山黄岭、无为大童、文思等 21 组铜器以及其他零星所出的比较分析，初步建立了群舒青铜器的年代序列和文化因素构成。群舒青铜器的主体年代在西周晚期至春秋早期，部分可至春秋中期前段。群舒青铜器的文化因素构成分为本地文化因素和周文化因素两大类，本地文化因素包括牺首鼎、附耳平盖鼎、立耳平盖鼎、曲柄盉、环耳缶、小口鼎、小方盒等器形，周文化因素包括立耳盆形鼎、附耳圈足盘、兽足匜、垂腹尊、圈足簋等。前者占有较大比例，后者则数量较少。在此基础上，又逐一探讨了群舒文化与中原周文化以及与周边曾、黄、莒等国文化的关系。

第五章由聚落遗址出土陶器和原始瓷的地层和器形，探讨了江淮地区周代考古学文化的年代和分期。

以若干经过科学发掘、遗存较为丰富并且已经发表的材料为核心，如霍邱堰台、六安堰墩、庐江大神墩、枞阳汤家墩、铜陵师姑墩等遗址，选取具有代表性的器形如鬲、罐、簋、豆、盆、钵、盉等，根据地层关系和器物组合、器形特征以及纹饰的不同，将典型陶器如折肩鬲、曲柄盉等分为四组，其对应的年代分别为西周中期、西周晚期、春秋早期和春秋中期。通过与信阳地区、鄂东北地区和鲁东南地区相关周代遗存的比较，可以看出以折肩鬲、曲柄盉、折腹簋和折肩盆为代表的江淮地区本地文化在与周边地区文化的交流和联系中相互影响，相互渗透。以折肩鬲、曲柄盉、折腹簋和折肩盆等为代表的江淮地区周代文化是区别于周边地区的本地族群文化，这个独立的本地族群文化大致经历了西周中期兴起、西周晚期至春秋早期繁荣、春秋中期以后渐趋衰落的历史过程。

江淮地区西周时期出现的淮式鬲，具有高跟平足、折肩等特点，是探寻淮夷文化的重要线索。从器物形制、变化、地域和年代等方面综合来看，淮式鬲与群舒文化有着不可分割的联系，它的出现与消亡反映了群舒族群的兴盛与衰落。

江淮地区商代原始瓷出土数量有限，西周时期原始瓷数量开始明显增多，其中又以西周中晚期最为多见。江淮地区出土周代原始瓷较完整器约有26件，可辨器形为豆、碗、盅、盂和盖。经比较分析，原始瓷所出单元的年代为：绣鞋墩遗址，西周中期；堰墩遗址，西周中晚期；汤家墩遗址，西周中晚期至春秋时期；吴大墩遗址，不晚于西周晚期；大城墩遗址，西周中晚期至春秋时期；堰台遗址，春秋早中期；燕山墓、河口墓，西周晚期至春秋早期。江淮群舒文化中的原始瓷遗存，应是受吴越文化影响下的产物，甚至就是吴越文化的向北迁播。

江淮地区周代考古学文化分期体系的建立，不仅为群舒文化的探寻提供了线索，也为群舒青铜器的研究提供了参照。

第六章对江淮南部地区一个以矿冶为中心的青铜文化个案进行了综合研究，通过对区域矿冶、聚落的兴替与青铜文明之间关系的初步阐述，探讨了群舒文化在江淮地区发展的政治、经济和文化背景。

在今江淮南部、长江北岸的枞阳地区，自商末周初到春秋时期，存在着颇具特色的青铜文化。枞阳青铜文化内涵丰富，集矿冶遗址、聚落遗址和墓葬及其所出青铜器三位一体，是不可多得的青铜时代考古和青铜文化研究的个案。基于丰富的铜矿资源和发达的青铜工业，枞阳区域青铜文化在中华文明的形成和发展过程中发挥了重要的作用。

枞阳地区史前至商周遗址众多，考古学文化面貌具有自身特点。汤家墩遗址不仅出土折肩鬲、曲柄盉、印纹硬陶和原始瓷，还出土精美的青铜方彝、青铜工具以及陶范和铜矿石等，是一处具有一定等级规模的聚落和冶铸遗址。

枞阳位于长江中下游多金属成矿带中部，铁、铜、金矿产资源十分丰富，同时由于地处亚热带气候区，山林茂密、柴薪充足，水网如织、交通便利，至迟到西周时期便发展出一套包括了铜矿开采、青铜冶炼和青铜器铸造的完整的青铜工业体系。结合枞阳县第三次文物普查最新数据，我们对枞阳县境内的 12 处古矿冶遗址进行了实地踏勘复查，记录了详细的遗址地理信息，采集了大量矿石、炼渣、陶片等标本，为研究古代炼铜技术、青铜器矿料来源、矿冶遗址年代等提供了第一手资料，同时也为今后扩大调查范围、选取重点遗址发掘做了必要的前期准备。

根据器形和纹饰的比较研究，枞阳出土青铜器的年代分别为：汤家墩铜器，西周早期；前程铜器，西周中期；官塘铜器，西周晚期；杨市铜器、浮山铜器，春期早期至春秋中期。枞阳出土青铜器包含有商文化因素，如方彝、弦纹爵等；周文化因素，如觚形尊、垂腹鼎等；地方文化因素，如变形蝉纹鼎、龙鋬四足匜等。西周晚期以前中原商、周文化因素占据主导地位，西周晚期以后至春秋早中期地方文化因素逐渐增强。

枞阳青铜器的铸造以整体浑铸为主，器物主体均为一次性整体铸造而成，部分器物的耳、鋬、足采用了分铸法，包括嵌插铸合法和焊接法。如方彝的铸型，由四块盖部泥范、四块腹部泥范、四块圈足泥范及一块盖部泥芯、一块腹部泥芯、一块圈足泥芯组成。腹部与圈足分段铸接，盖顶伞状柱为分铸插接而成，圈足内部铜铃为分别制作再与器体铸接。范铸工艺中的纹饰技术，多采用在范面直接压塑纹饰的方法。如方彝的纹饰，除在范面直接压塑外，还在范面作起稿线，以设计纹饰区域。作为地纹的细密云雷纹，应是在压塑的纹饰凹面内粘贴泥条来塑造细凹槽纹饰。方彝横长面上的牛首形环纹饰也是在范面直接压塑而成。

枞阳出土青铜器的化学成分检测表明，22 件样品中有 11 件锡青铜、7 件铅锡青铜和 4 件铅青铜，所有样品中均含有较多的铜硫化物夹杂。20 件铜器均为铸造而成，金相鉴定显示有铜锡二元合金、铜铅二元合金和铜锡铅三元合金铸造组织以及铸后受热组织等。铜矛的刃部为铅锡青铜，銎部为铅青铜。铜剑的制作工艺较为复杂，3件取样分析的铜剑合金均为高锡青铜，另外铜剑还使用了错金、镶嵌及复合剑的制作工艺。复合剑的中脊和两刃用合金成分不同的青铜铸接而成，从一个侧面反映了古代工匠对青铜合金成分与性能之间关系的深刻了解。

通过对枞阳境内出土青铜器和汤家墩遗址出土炼渣中的铜颗粒进行微量元素原位无损分析，可以探讨枞阳青铜器的矿料来源。汤家墩遗址冶炼铜颗粒的钴、砷、锑、银和铋等元素含量较高，其微量元素特征与枞阳境内拔茅山、井边等铜矿的较为相符，而不同于铜绿山和铜陵的冶炼金属铜。汤家墩遗址是枞阳古铜矿的一个冶炼场所，其所用的铜矿料主要来自枞阳县境内的各古铜矿点。因子分析和聚类分析结果显示，大多数枞阳青铜器的微量元素特征与汤家墩遗址冶炼铜颗粒的较为相近。根据聚类分析的结果，具有中原周式风格的枞阳西周青铜器，并非从中原输入到枞阳县境内，而是枞阳当地居民在中原西周文化的影响下，采用枞阳的古铜矿在本地冶炼铸造而成。

通过对汤家墩遗址出土的炉渣、炉壁等冶炼遗物的科技分析，可以了解该遗址的冶铸性质和技术。检测结果表明，汤家墩遗址以硫化铜矿为主要原料，采用“硫化铜—铜”的冶铜工艺。同时，考虑到汤家墩遗址文化层中出土有铸铜所用陶范，汤家墩遗址在获取铜后很可能就地进行铸造，因此，汤家墩应是一个冶铸一体化的青铜冶铸遗址。

第七章展开江淮与汶泗沂沭流域青铜文化的比较研究，对偃姓群舒出自山东的文献记载进行了考古学层面的探讨。

汶泗河流域和沂沭河流域均位于山东南部地区，商周时期这一区域主要是东夷族群散居之地，为争夺生存空间，中原王朝与东夷族群碰撞摩擦不断。西周时期，江淮地区政治文化较为复杂，有淮夷土著、殷商遗民，还有山东迁来的偃姓族群，文化上正处于一个融合时期。周王朝为掠夺铜资源，多次发动对淮夷的战争。西周晚期以后，周王室实力远不如前期，江淮地区获得政治上的间歇期，逐渐形成自己的政治团体，其中规模较大的正是偃姓群舒族群。

本章运用考古类型学和文化因素分析方法，从铜器形态、铜器纹饰和墓葬制度三个方面对江淮与汶泗沂沭流域青铜文化遗存进行了分析比较，全面探讨了区域间的文化交流和互动。

宿州平山铜器群包括窃曲纹鼎、龙耳簋、燕錾三足匜和锥足鬲，年代在西周晚至春秋早期。平山村地处古汶、泗水交汇处，是江淮与山东南部地区的交界区域，平山铜器群的文化面貌反映了江淮、皖南和山东南部地区青铜文化的互动与交流，对研究群舒文化的源流，具有重要学术价值。

第八章对以淮河沿岸为中心的蚌埠、凤阳嬴姓钟离国高等级墓葬以及舒城出土钟离器物的年代、性质及其与群舒的关系进行了探讨。钟离遗存是江淮地区嬴偃徐舒研究的重要内容，钟离遗存的确立，揭示了至春秋中期后段，江淮地区诸文化已统一于楚。

蚌埠双墩 M1、凤阳卞庄 M1 和大东关 M1，是江淮地区春秋时期考古的重大发现，它们的发掘，为研究钟离国提供了实物资料，证明了文献记载钟离国的历史事实，为研究钟离国的历史、钟离王室世系提供了重要的考古新资料，起到了写史、补史、证史的重要作用。蚌埠双墩 M1、凤阳卞庄 M1、舒城九里墩墓，依其铭文，构成了江淮地区钟离国遗存的序列。蚌埠双墩、凤阳卞庄、舒城九里墩三座墓葬都是钟离国王侯的墓葬，双墩 M1 的墓主为钟离君柏，卞庄 M1 的墓主为“钟离公柏之季子康”，舒城九里墩墓的墓主为“钟离公鱼”，他们均是“敖”的后代。“钟离公柏”是“敖”的孙辈，“钟离公鱼”是“敖”的玄孙辈，他们之间的世系关系已可梳理为：“敖”→“……”→“钟离君柏”→“孙钟离公柏之季子康”→“……”→“玄孙钟离公鱼”。通过墓葬形制特征、器物对比、铭文考证和^{14}C年代测定等四方面的分析，钟离君柏墓的年代应为距今 2 600～2 650 年，卞庄 M1 和大东关 M1 的年代应与之相差不远，舒城九里墩墓的年代应略晚。

最后有两个附录，群舒文化研究年表和引文文献目录，便于研究者的进一步使用。

三、成果的学术创新、应用价值以及社会影响和效益

本成果的学术创新及应用价值主要体现在以下几点：（1）群舒文化的内涵与范畴历来是学术界讨论的一个焦点，本成果明确界定了以牺首鼎、铉鼎、曲柄盉、环耳缶、折肩鬲等器形组合为群舒文化的核心内涵。（2）过去学术界多将群舒器物的年代定为春秋时期，本成果论证了群舒文化的主体年

代为西周中期至春秋中期。（3）过去学术界基本认定群舒文化的分布在江淮之间，本成果论证了群舒文化的地域已到达皖南沿长江地区。（4）通过对区域矿冶、聚落的兴替与青铜文明之间关系的阐述，探讨了群舒文化在江淮地区发展的政治、经济和文化背景。（5）通过对江淮与汶泗沂沭流域青铜文化的比较研究，探讨了群舒文化的源流。（6）通过对江淮地区钟离国遗存的年代、性质及其与群舒文化关系的探讨，揭示了江淮地区青铜文化的历史进程。

本成果多次在全国或国际学术会议上交流，得到了诸多专家的首肯，在学界产生了较好的反响。本成果部分内容已在《考古学报》《考古》《文物》等专业期刊发表，在相关研究领域产生了一定的社会影响和效益。

世界历史

《美国现代化中的环境问题研究》概要

付成双*

一、研究的目的、意义及方法

1. 研究目的

当今生态文明时代，我们被名目繁多的现代化理论包围。其实，除了等同于技术改进和产品升级这一技术层面的含义外，学者所谈论的现代化理论大体上可以归为两类：第一类是关于现代化的对策性研究，即主要关注的是落后国家如何实现现代化的现代化理论，又称狭义现代化；第二类是作为一种社会历史理论和研究范式的现代化理论，即对人类社会从传统的农业和乡村社会向工业和城市社会演进的历程进行探讨的理论和研究范式，又称广义现代化。

现代化研究中虽然不可避免地会涉及人与自然的关系，但人们一般是站在发展和进步的角度去评价这种关系，想当然地认为对大自然的改造和征服活动是人类社会进步的表现。然而，以征服自然为己任的现代化并不像其倡导者所描绘的那么美好。从某种程度上讲，它是造成当今全球性环境问题的根源。

从生态文明和环境史的角度来看，传统的现代化理论是一种包含着严重缺陷的发展模式和价值取向：它过度宣扬人的主体性，造成人类欲望的泛滥和现代畸形的消费观；以片面的经济发展为导向，把发展等同于经济增长，

* 付成双，南开大学教授，博士生导师。

再进一步把增长等同于国内生产总值（GDP）的增加，错误地认为只要GDP增加了，现代化过程中的其他问题就可以迎刃而解；醉心于人类对自然的征服，忽视大自然的生态价值和自然资源的有限性，从而造成了人与人、人与社会、人与自然关系的紧张。自新大陆发现以来，西方国家的发展是以人类征服自然能力的空前提升为主要特征。从这一意义上说，近500年来西方国家现代化的历程同样也是一部人类对自然进行肆意征服和疯狂破坏的历史，而被经典现代化理论家奉为“现代化样板”的美国也是人与环境对立关系的一个“样板”。

本成果的研究目的就是在生态文明理论的指导下，从环境史的角度对美国现代化进行重新评价，探讨其中的环境代价，并追寻美国从不计环境代价的增长转向环境保护的发展之路。

2. 研究意义

（1）纠正现代化研究中所存在的理论偏差。宏观现代化研究的一个重要理论基点就是发展和进步的观念，但对现代化的负面作用认识不足。从环境史的独特视角去考察现代化，让现代化理论家对于现代化所伴随的环境代价和其他社会问题有一个明确认识，从而对这一历史进程做出更为全面和准确的评估。

（2）对环境史研究的推动。世界环境史研究是近些年发展起来的一个全新的研究领域，它起源于美国且当今研究力量最强的也是美国。环境史最初是美国新西部史的一个分支，对以美国为主题的西部环境变迁研究得较为深入，而对现代化的核心区域美国东部的工业化和城市化中的环境问题重视不够。本成果即试图在这方面有所突破。

（3）对美国史研究本身所具有的学术意义。本成果力图在现代化和环境史研究之间架起一道桥梁，使理论双方能够认识到各自的缺陷和不足，从而推动美国史研究的深入发展。

（4）对中国和其他正在现代化道路上探索的国家具有的现实借鉴意义和应用价值。本成果希望通过揭示被誉为“现代化样板”的美国现代化进程中的环境问题，让对现代科技盲目乐观的人类更清楚地认识现代化的缺陷和不足。通过考察美国政府在环境治理方面的经验和教训，为中国当前的经济发展以及环境决策提供咨询和参考，推动可持续发展和绿色GDP的发展。

3. 研究方法

(1) 环境史的研究方法。在坚持马克思主义理论的前提下，以生态文明理论为指导，本成果最主要的研究方法就是环境史的研究方法。环境史被认为是继经济史、文化史和社会史之后第四种新兴的历史研究方法。

(2) 多学科交叉的研究方法。环境史研究除了历史学的研究方法外，还涉及环境哲学、环境经济学、环境管理学、环境法学和生态学等跨学科的研究方法。本成果在及时掌握国内外最新资料和研究成果的基础上，借鉴上述学科的理论和方法，力图使研究走在本学科的前沿。

(3) 比较研究的方法。现代化研究和环境史研究所采用的是截然不同的评价和考察标准，而且不同国家和地区在不同的历史时期现代化和环境观念的评判标准也各不相同。本成果在研究中经常对上述各种参数进行分析比较，力图使研究结论更为客观、准确。

二、成果的主要内容和重要观点

1. 主要内容

本成果旨在将现代化理论家奉若“样板”的美国现代化纳入环境史的范畴内进行考察。基本思路是在对形形色色的现代化理论，尤其是狭义现代化和广义现代化理论进行辨别的基础上，从环境史的角度分别考察作为现代化主要构成标志的美国工业化、农业现代化和城市化过程中的环境破坏和环境问题；分析这一过程中美国人的环境观念、政府政策以及资源的利用与保护之间的相互连动关系，从而对美国的现代化过程中的得失成败做出准确而恰当的判断，为中国乃至其他国家的现代化发展提供一个有益的借鉴和参考。

绪论“透过环境史的眼睛观察美国现代化”。主要从宏观上对北美现代化过程中的环境变迁、环境保护运动的兴起以及人与自然关系转变的基本历程进行梳理，指出本成果的学术价值和现实意义，并提出关于环境治理的基本应对思路。

第一章“美国现代化的主要成就”。从工业化、农业现代化和城市化三个方面概括了美国在现代化发展中所取得的成就。本章试图说明：从传统的发展角度看，美国现代化确实是一个成功的奇迹，这是一个不容回避的事实。也正是由于美国现代化的巨大成功和其在欧美世界的代表性，本成果对美国现代化进程中人与自然关系的变迁的分析才具有典型性。

第二章“征服自然：美国现代化的主导自然观”。主要探讨美国现代化中，“征服自然”这一观念是如何在西方文化中逐渐演变而来的。本章不仅分析了“征服自然”观念所产生的历史渊源，还指出“美国牌”的征服自然观念比同时代的欧洲具有更强的扩张性、盲目乐观性、种族偏见性和破坏性。

第三章“美国现代化的生态牺牲品：印第安人命运的变化”。本章以印第安人所经历的生态变迁为个案，从环境正义的角度探讨美国现代化对以印第安人为代表的弱势群体所造成的生态后果。美国现代化的历程同时也是一部印第安人的生态灾难史，白人不仅驱逐和杀戮印第安人，而且给印第安人带来了严重的生态灾难，大大改变了他们生存的环境，使之沦为白人毛皮贸易的杀戮工具，即便是近些年流行的生态的印第安人也主要是白人社会所构造的生态神话。

第四章“美国联邦政府的西部资源政策及其环境影响”。美国现代化之所以造成严重的环境破坏和资源浪费，很大程度上与美国联邦政府所推行的自由放任、先到先得的资源政策密不可分。本章从分析美国联邦政府的资源政策入手，通过对着眼于吸引定居为目的的联邦土地政策，以先到先得的森林法则为特征的森林、水利、矿产资源政策进行分析，对这种自由放任政策所带来的环境影响进行了客观的阐述和评价。本章指出美国政府在上述环境破坏中负有不可推卸的责任。

第五章“大草原开发的环境代价：从野牛灭绝到沙尘暴”。以大草原的拓殖为标志的西部开发是美国农业现代化的壮丽篇章，美国西部也是征服自然观念指导下人与自然关系最为紧张、最具典型性的一个区域。20 世纪 30 年代大草原所发生的沙尘暴被著名环境史学家唐纳德·沃斯特称为世界历史上所发生的三大人为生态灾难之一。本章根据大草原开发的历史进程，对其间所发生的三波生态灾难进行分阶段探究：野牛的消失和印第安人被驱赶、开放式畜牧业的短暂繁荣和灾难性结束、小麦边疆的崛起和 20 世纪 30 年代的沙尘暴。本章试图破解长期弥漫在美国西部开发话题上面的谜团，客观分析西部开发的环境代价，探讨“美洲大沙漠”观念和“雨随犁至”两种假说对于大草原开发的影响。

第六章“以采矿业为代表的工业发展中的环境问题”。本章主要以采矿业和矿石冶炼业为研究个案，对于美国工业化过程所产生的资源浪费、环境破坏以及其他主要环境问题进行研究。工业化作为现代化的核心内容，学界长期以来对其缘起和成功经验的研究内容较多，但对工业化的外在性，即其环境代价认识不足。本章主要以采矿和矿冶业为切入点，研究从淘金、水力采矿、深层采矿到矿石冶炼等环节所存在的环境问题。本章进一步指出，对工业化所造成的环境破坏进行生态修复，是一个社会文明和进步的尺度。

第七章“城市环境问题与对策”。城市化是美国现代化的一个重要方面，也是环境问题最为典型和集中的地方，本章在探讨城市环境问题的起源和演变的基础上，对城市环境改造问题进行研究，分析了美国城市化进程中的景观设计、环境卫生运动、城市美化以及功能化分区等环境治理的举措和意义，并对郊区化所带来的中心衰落和郊区化蔓延问题进行研究。

第八章“发展与保护的博弈：美国现代化中的环境治理”。征服自然充其量只是欧洲基督教文化中人与自然关系的一个方面，其实在它的文化深处也存在着一种歌颂自然、欣赏自然的思想，即古希腊的阿卡迪亚主义思想。在民间保护力量和政府保护主义官员的推动下，美国从 19 世纪末期开始，出现了轰轰烈烈的保护主义运动，并在 20 世纪上半期出现了两次高潮，从而建立起保护主义的基本框架。本章主要探讨如下内容：(1) 剧烈的环境变迁所带来的美国主流社会环境观念的变迁以及民间保护运动的兴起；(2) 进步主义时期的资源保护运动的缘起、主要理念与路线之争、成就与环境保护基本框架的建立；(3) 大危机时期富兰克林·罗斯福政府的“环境新政”措施与影响。

第九章“人与自然和谐：现代环境主义的诉求”。本章通过研究生态中心主义思想的演变，指出生态中心主义的一些保护理念已经逐渐融入美国政府的环境保护政策之中。其具体标志就是 1964 年《荒野法》的颁布，原本被认为没有价值的荒野被纳入保护体系。本章还在此基础上对近些年来流行的倡导环境保护与经济发展实现共赢的生态现代化理论进行研究，与可持续发展理念做比较。

结论“以史为鉴，以美国为戒”。通过探讨美国现代化从第一阶段不计环境代价的发展到第二阶段发展与保护并重的历程，对人与自然关系予以归纳和思考。本章指出：人类依赖自然，面对现代化所造成的人与自然关系的紧张，只有借鉴传统生态智慧的部分内容，适当约束自己的欲望，走可持续发展的道路，才有望实现人与自然的和谐。这一点不仅是美国现代化所带来的生态变迁对于广大发展中国家所提供的参照和警示，也是生态文明大环境下整个人类的必然选择。

2. 重要观点

现代化研究在国内属于热门问题，而环境史则属于新兴学科，两个领域的学者大部分都是在两个不同的范畴内讨论问题，前者关心的是如何通过经济腾飞实现从传统社会向现代社会的跨越这一问题，而后者则执着于人类在发展过程中对自然的破坏以及对人与自然关系的认识这一亘古命题。本成果创造性地把环境史和现代化研究糅合在一起，研究美国现代化过程中人与环境关系的变化，更清楚地认识传统现代化理论及其战略的致命弱点，加深对人与环境关系的认识。

本成果研究认为：环境史研究的兴起是对工业革命以来不计环境代价谋求经济发展的传统现代化的反思和挑战。面对日益严峻的环境问题，欧美各国在批判现代化所造成的环境破坏的同时，开始走向资源保护主义，试图在发展与保护之间寻求某种平衡。但环境的持续恶化和民众环境保护意识的日益增强导致 20 世纪 60 年代全球环境主义运动的兴起。现代环境主义运动推动了环境史学的兴起，它一方面给现代化理论带来挑战，另一方面是现代化理论所面临的一个重要机遇。换一个角度讲，从以征服自然为特色的经典现代化转向在环境保护的前提下谋发展，从以零和理论为主导的较为悲观的“增长极限”理论到 20 世纪 90 年代以后兴起的较为乐观的强调发展与保护共赢的生态现代化理论，这不仅是环境史理论的不断修正和发展，而且是现代化理论的重大转变和完善。

三、成果的学术创新、应用价值以及社会影响和效益

1. 学术创新

第一，对现代化理论的发展。传统的现代化理论总是把不计环境代价的发展和工业化作为其核心内容，本成果首次提出了现代化的第二阶段的理论。本成果认为，既然现代化是一个无止境的过程，那么不妨把从 19 世纪

末到20世纪六七十年代所谓的后现代主义兴起之间、以美国为代表的欧美国家所经历的这个时期看作现代化的第二阶段。如果说以征服自然为指导思想的工业化及其所带动的从传统社会向工业和城市社会的转变算作广义现代化的第一阶段的话，那么欧美国家在现代化第二阶段则是为了保证经济的长远发展而进行功利性资源保护，这可以算作对前一阶段所破坏环境的修复，也可以算作对不计环境代价发展经济行为的重新定位。从美国走向保护的经历来看，广义现代化的定义也不妨与时俱进，把人类社会从疯狂破坏环境谋求发展的阶段向寻求经济发展与环境保护双赢的转变看作现代化的新阶段。因而从这一意义上说，20世纪以来美国政府在环境保护方面的举措也是其现代化发展的一个重要组成部分。20世纪60年代以后的生态中心主义时期可以自然地衔接为后现代阶段，这样更能说明美国历史发展的延续性。

中国学术界对现代化理论的研究一直存在着一个很大的误区，那就是片面夸大传统现代化的积极意义，无视或忽略其缺陷，从而做出许多与事实不符的断言。本成果从环境史的角度考察现代化，从多个方面探讨了现代化过程中所出现的资源浪费、环境破坏、人与自然关系的尖锐对立；同时，对现代化的理论进行了发展，率先提出了现代化的第二阶段的理论，解决了困扰学界多年的现代化与环境保护相互隔绝的局面。这不仅可以帮助学界正确认识现代化，而且有助于推动国内环境史研究的进一步发展，具有极大的学术价值和理论意义。中国正处于现代化建设的伟大进程之中，总结美国现代化过程中的得失成败，对于中国的发展无疑也具有重要的参考价值。

第二，对西方基督教自然观的认识问题。自从1967年美国著名历史学家小林恩·怀特对基督教的自然观进行批判以来，似乎基督教反自然的本性已经是铁定的事实。本成果通过追溯西方环境观念的起源，认为在西方基督教文化中同样也存在着征服自然、与自然和谐两种不同的自然观念，即著名的阿卡迪亚传统，只是由于历史的原因，阿卡迪亚传统受到忽视和抑制，但并未完全断绝。直到浪漫主义时期，阿卡迪亚传统被重新发掘出来。否则，在征服自然这一文化观念的基础上是不可能成长出现代的环境保护主义的。因此，所谓东方人与自然和谐、西方人与自然对立的机械二分法并不成立。无论西方文化还是东方文化，都存在着两种趋势，西方文化中人与自然对立的思想是一个特殊的历史阶段中在近代机械主义自然观和科技发展的帮助下出现的。以美国进步主义时期资源保护运动的兴起为标志，西方基督教文化已经开始走上环境保护之路。

第三，对以印第安人为代表的所谓“传统生态智慧”的认识问题。所谓的“传统生态智慧”与西方基督教环境伦理相比，的确具有许多优秀的成分，但那毕竟是前工业文明时期的产物，不可能直接拿来作为解决现代环境问题的良方。现代社会迫切需要建立一种新的环境伦理，但这种伦理的基础是现代的生态知识和生态意识而不是印第安人的“传统生态智慧”。印第安人的“传统生态智慧”只能从中发挥补充和借鉴的作用，如果指望通过重新神化自然来解决当前的环境危机或者实现人与自然的和谐，那也是不正确的。印第安人的“传统生态智慧”，例如他们的简朴的生存方式和神圣生命圈的观念，可以对现代人类中心主义的某些弊端和狂妄做出一些纠正，使人类更清楚地认识到人与自然万物之间的相互关系，从而对自身的贪欲进行一些必要的节制。

第四，关于生态中心主义的评价问题。本成果用了很大的篇幅对生态中心主义在美国的发展历程进行探讨。生态中心主义首次跳出人类中心主义的牢笼，引导世人从一个更广阔的生态视野去认识人与自然之间的关系。对于人类中心主义者随同现代科技的发展而一道膨胀起来的征服自然的野心来说，这一思想犹如醍醐灌顶，能让他们对人类自身在世界中的地位、与其他物种以及与整个生态系统之间的关系有一个正确的定位和认识。生态中心主义者并非否认人类存在价值的虚无主义者，他们深深地明白，维持生态的多样性以及整个生态系统的和谐稳定对人类来说，才是最大的善和最长远的利益。生态中心主义理论虽然仍存在一些理论上的漏洞，但是它所提出的一些主张，如自然价值论、生态整体主义的价值观、“手段简单、目的丰富”的生活理念等，对人类自然观念的改变和解决当前的环境问题具有重要的借鉴意义。既然生态中心主义思想有益于当前的环境保护，我们为何不能以一种开放的心态去拥抱和欢迎它呢?

2. 应用价值及社会影响和效益

本成果的研究属于基础研究，不能单纯用经济指标来衡量。除了经济收益外，人文社会科学研究的根本是其社会效益，要对社会的发展和进步起到“润物细无声”的推动作用。美国社会从不计环境代价的经济发展到功利性的资源保护主义，再到生态中心主义的环境管理理念和政策的变化历程，对中国具有重要的参考价值和借鉴意义。

第一，对中国政府来说，应该摒弃 GDP 崇拜的陈旧观念，树立正确的发展观和环境观。19 世纪末到 20 世纪初，在美国社会从恣意破坏自然到转向环境保护的过程中，全社会主导性环境观念的变化是一个重要的思想准备。当前中国环境保护的立法不可谓不细，政府的决心不可谓不大，但保护效果一直不尽如人意。其中除了行政因素外，主流社会环境保护理念和伦理的滞后等软环境因素也是一个重要的原因。从美国的经验来看，只有主流社会观念认同环境保护的基本理念，形成“保护环境就是保护我们自己的家园”“破坏环境可耻”的舆论压力，民间保护力量与政府决策相配合，才能把环境保护落到实处，实现人与自然的和谐共处。

第二，政府在环境治理中要发挥主导性作用。美国环境治理从西奥多·罗斯福总统到富兰克林·罗斯福总统期间，其典型特点就是联邦政府发挥了主导性作用。环境治理是一项艰巨的政治和经济工作，需要耗费巨大的人力和物力，同时也会引起不同社会群体之间的利益再分配。民间力量使全社会认识到环境保护问题的迫切性，并为环境治理出谋划策。各级政府必须发挥主导性作用，制定出一套切实可行的环境治理政策措施，并不折不扣地执行下去。否则，一切关于环境保护的美好宣传都是过眼云烟。

第三，对环境管理者而言，应该在美国社会从征服自然到生态中心主义的环境管理中汲取经验。中国当前的环境管理还主要处在为了人类的有用性而进行功利主义保护的阶段，已经远远落后于时代的发展。自 20 世纪六七十年代以来，美国社会在环境管理中适当引入生态中心主义的部分理念，已经取得了很好的效果。中国的环境管理部门也应部分借鉴生态中心主义的环境理念，不仅要在经济发展与环境保护之间寻求平衡，而且要在资源保护与自然保护之间寻求平衡。对于保护的标准，不能仅依据对人类社会的有用性来判断，而是如美国新环境理论的创始者奥尔多·利奥波德所言，以维护地球的生态多样性和稳定性为最高指导方针，在人类的经济利益与这一根本原则相冲突的地方，人类的经济利益应该退让。

第四，对于当前的中国社会而言，应该积极借鉴生态中心主义者所倡导的简朴的生活理念。近代资本主义和科技的发展虽然创造了辉煌的经济成就，但现代人盲目乐观地认为“人定胜天”，在人与自然的关系方面却越来越走上了征服自然、与自然对立的发展道路，走向了发展的悖论。著名历史学家汤因比曾言：“在所谓发达国家的生活方式中，贪欲是作为美德受到赞美的，但是我认为，在允许贪婪肆虐的社会里，前途是没有希望的，没有自制的贪婪将导致毁灭。”中国自改革开放以来，伴随着经济的进步，畸形的消费主义观念日益抬头，攀比消费和浪费主义被视为时髦而受到推崇。这些不良现象与当前政府所倡导的构建生态文明的和谐社会观念是背道而驰的。生态中心主义者所倡导的“手段简单、目的丰富”的现代生活理念或多或少能够为人们提供一些积极的借鉴。这个社会应该树立起一种积极的消费心态和主流环境观念，倡导简朴的生活理念，尽力谋求人与自然的和谐，建设生态文明，重塑碧水蓝天，实现“美丽中国”的和谐梦。

《美国西部牛仔研究》概要

周 钢*

一、研究的目的、意义及方法

1. 研究目的

美国西部牛仔在美国西部史特别是西部牧业开发历史上具有极其重要的地位，他们不仅是美国“牧牛王国”的直接创造者，而且为美国“镀金时代”创建的工业帝国做出了重要贡献。牛仔被美国人视为开发西部的英雄，是征服西部荒野、开拓边疆的先锋，是美国精神的象征。从历史研究尤其是美国史研究来说，美国西部牛仔问题本身就是一个重要的研究问题。在美国，牛仔研究成为一个多世纪以来长盛不衰的“热门”研究领域，但相比之下，研究成果数量、质量特别是关于牛仔史的研究著述仍显不足。而在中国，对牛仔史的关注就更为有限了，只有少数学者对牛仔小说和牛仔影视作品进行过研究探讨，而研究牛仔历史的学者则更少。

在现今，牛仔的影响不仅在美国无处不在，而且几乎遍及全球的各个国家和地区。牛仔文化已成为一种国际现象。但流行文化中的美国西部牛仔已经被完全神化和偶像化，现在为世人所知的牛仔形象已与美国历史上真实的西部牛仔相去甚远了。改革开放以来，中国也深刻地受到了牛仔文化的影响。牛仔文化在中国已普及化，但大多数人对牛仔的了解不是其真实历史，而是在各种媒体中传播的偶像化的英雄形象甚或凶狠斗勇的负面形象。媒体

* 周钢，首都师范大学教授，博士生导师。

把失真的牛仔形象在我国广为扩散，不但严重地歪曲了美国西部牛仔的历史，而且潜移默化地造成了精神污染，形成了具有误导性的社会文化影响。之所以如此，当然与编者们为商业目的和现实需求而刻意进行的扭曲有关，但反映牛仔真实历史的严肃学术作品，特别是此类中文著述的匮乏，也是一个非常重要的原因。

本成果意在将真实的美国西部牛仔介绍给国内的读者，以尽到一个史学工作者应尽的社会责任。本成果力图在既有成果的基础上，经过认真独立的思考、判断、分析和综合，对美国西部牛仔的工作、生活、劳资关系和地位、贡献等方面进行历史的综合的分析，做出符合历史唯物主义的解释。

2. 研究意义

迄今为止，中国国内史学界还没有关于美国西部牛仔的专门研究，甚至连一本关于牛仔的高质量的历史译著也没有，因此本成果是有其学术意义的。西部牛仔是牧场主经营牧场、聚敛财富的雇工。他们是受牧场主剥削的马背上的劳工，是美国劳工的一部分。劳工史是史学的重要分支，进行美国西部牛仔的研究也是对美国劳工史研究的一种尝试。

本成果还具有较强的现实意义。史学作为一门忠实记录历史事实和研究人类社会发展规律的学问，必须更好地为建设中国特色社会主义这个现实服务。中国读者特别是青少年主要是通过服饰、歌曲、文学和影视作品以及网络了解牛仔的，大多数人对牛仔的了解不是其真实历史，而是在各种媒体中传播的被神化和偶像化的牛仔形象，甚至是凶狠斗勇等负面形象。那些都与牛仔的真实历史和生活相去甚远，极易造成错误的印象甚至精神污染。本成果是要向读者介绍牛仔的真实历史，使他们了解牛仔是大牧场主和牧牛公司巨商雇用的马背上的劳工，牛仔的工作生活环境非常险恶，劳动非常艰辛，而不是像人们从文学、影视作品中看到的那么浪漫、刺激和神奇。牛仔研究表面看似乎不如一些重大历史事件那么有影响，但却具有重要的现实意义和价值：以牛仔的真实历史引导青少年，消除他们在影视作品中受到的负面影响。

3. 研究方法

在研究方法上，本成果以马克思历史唯物主义为指导，在掌握丰富资料的基础上，进行历史实证研究。文献研究和比较研究是其中最主要的研究方法。本成果力争言必有据，论从史出，史论结合。

二、成果的主要内容和重要观点

1. 主要内容

本成果重点研究了美国西部牛仔所处的艰苦工作和生活环境、在牧场里和“赶牛小道”上艰辛的劳作、所经历的各种凶险、长时间的鞍马劳顿、他们所受的经济剥削和政治上的限制，以及他们对美国的西部开发和美国现代化所做的巨大贡献。

在结构上，本成果主要由前言、主体四章和结束语组成，参考资料和专有名词对照等分列其后。“前言”介绍了本成果的缘起，对该问题研究的学术史进行了梳理介绍，并对本成果的内容结构、重点难点、资料使用情况、特定称谓的使用等进行了说明。

第一章“马背上的劳工”溯及美国西部牧牛业和牛仔的起源，以及牛仔艰辛的劳动生活。本章开宗明义地辩驳了一个多世纪来美国媒体制造的各种关于牛仔的神话，明确界定了美国“历史上真实的牛仔，只是牧场主雇用的马背劳工，他们的马背生涯是在‘牧牛王国’里度过的”。迄今为止，美国出版的牛仔论著大多从19世纪30年代初英裔美国人移居得克萨斯写起。这并不符合历史真实。早在西班牙对墨西哥实行殖民统治时期，牧牛业已扩展到了得克萨斯。墨西哥共和国时期，得克萨斯的牧牛业又有了进一步发展。墨西哥骑马牧人、非裔骑马牧人和从美国移居得克萨斯的非裔马背奴隶，是早于美国白人牛仔的先驱者。因此，本成果用了较多的篇幅，来阐释美国西部牛仔起源的真实历史。美国西部的牛马等家畜最早是由西班牙殖民者带到它的墨西哥殖民地的。19世纪初，美国开始西进运动和领土扩张，通过兼并或战争割取，先后把原先属于墨西哥的得克萨斯、亚利桑那、新墨西哥和加利福尼亚等并入了美国版图。上述被美国获取的地区，在西班牙殖民统治时期牧牛业已经发展起来。特别是得克萨斯东南部地区，成为美国在大平原地区建立“牧牛王国”的摇篮。移居得克萨斯的英裔美国人继承了西班牙和墨西哥的遗产，学会了墨西哥骑马牧人在马背上管理牛群和在开放大牧场上放牧的方式，牧牛业开始起步。从西班牙殖民者统治得克萨斯时期至美国内战前，是美国西部牧区开发的早期阶段。墨西哥骑马牧人、马背上的奴隶

（非裔美国牛仔）和部分英裔美国白人牛仔，是内战后数万牛仔的先驱。正是牛仔的先驱者在极其艰苦的环境下的艰苦劳作，为美国内战后“牧牛王国”的兴起和发展奠定了基础。美国内战后的30年的时间，数万名不同肤色、不同族裔和不同国籍的牛仔，在牧场里艰辛劳作，在牛道上鞍马劳顿，把“牧牛王国”的疆界从得克萨斯扩展到美加边界，占据了大平原。“牧牛王国”的兴起，使内战前还被称为“美国大荒漠”的大平原成了美国新的畜产品生产基地。持续30年的“长途驱赶”把美国西部牧区与东部市场联系起来，为美国内战后工业化、城市化对肉类的需求提供了牛肉供应，改变了美国人的食物结构。牛仔们辛勤劳作创立起的“牧牛王国”，成为美国人在“镀金时代”创建的工业帝国的重要组成部分。很多牛仔在艰辛的劳作中死亡。

第二章“美国的非裔牛仔”集中论述了美国西部牧区的非裔牛仔历史概况。由于美国种族歧视和白人至上观念的影响，在大量的牛仔论著中，又长期忽视非裔牛仔的贡献。为了展现历史真相，笔者在成果中对牛仔们在牧区的劳作，关于牛仔贬褒的论争，以及非裔牛仔的贡献和境遇等，都做了充分论析。非裔牛仔是美国牛仔的重要组成部分，他们对“牧牛王国”的兴起和发展同样做出了重要贡献。他们在牧区分布广泛，无论是在牧场里还是在赶牛小道上，非裔牛仔都承担白人牛仔不愿干或干不了的工作。非裔牛仔在牧场里艰辛工作，在牛道上勇担凶险，他们能够胜任任何岗位上的工作。非裔牛仔有过硬的专业技术技能，具有歌唱、围拢和驯服野马的特殊技能等这些在牧区必不可少的技术专长，相比于白人牛仔，非裔牛仔更忠于雇主，更能与不同族裔的牛仔协作共事。正是因为非裔牛仔具备了这些优于白人牛仔的长处，他们得以在“牧牛王国”立足。虽然非裔牛仔的人数少于白人牛仔，但他们的平均素质高于白人牛仔。美国内战以后，很多不堪忍受南部的种族歧视的黑人逃往西部的“牧牛王国”，做了牛仔。然而，在“牧牛王国”里，非裔牛仔仍受白人的种族歧视，非裔牛仔的贡献并没有得到公正的对待。美国的种族歧视问题，使美国非裔牛仔长期被美国学者所忽视。直到20世纪中期黑人民权运动兴起，非裔牛仔才得到美国学者的重视。美国学者对非裔牛仔的研究比对白人牛仔的研究晚了半个多世纪。对非裔牛仔的研究逐渐成为美国牛仔研究中的一个热点。正是对这一问题的研究，拓宽了美国西部史、美国黑人史和美国牛仔史的研究领域。

第三章“美国的牛仔罢工”论析了美国历史上爆发的两次牛仔罢工的经济、政治和社会等原因，详述了两次罢工的来龙去脉；从劳资双方的经济、政治、组织状况和媒体舆论导向等多方面，分析了两次牛仔罢工失败的原因；并对两次牛仔罢工在美国劳工史上的重要性做了阐释。牛仔罢工在美国劳工运动史上占有重要地位。两次牛仔罢工是在美国向垄断资本主义过渡时期发生的，是垄断资本对马背劳工压迫剥削的结果。罢工之所以失败，也是牧牛大王利用政治、经济、组织和舆论权势，对举事牛仔联合镇压所致。牛仔罢工从一个角度折射出美国向垄断资本主义过渡时期美国社会的真实状况。故此，笔者设专章对牛仔罢工做了较充分的论析。在 19 世纪 80 年代以前，美国西部牧区的牧场多是个体或合伙经营，牧场主与牛仔的关系还较为缓和。牧场主还以少量的牛作为牛仔的部分工资，并允许牛仔在牧区放牧其少量的牛。牛仔们怀有成为小牧场主的梦想。“忠于”雇主成为牛仔的不成文的信条。进入 19 世纪 80 年代，美国正经历着资本主义由自由向垄断的过渡，美国的工矿企业普遍公司化，被置于垄断资本的控制之下。在美国经济和社会转型期，美国西部的牧牛业成为当时最赚钱的行业之一。美国东部和欧洲把大量资本投入美国西部的牧牛业。美国西部的牧场经历着由个体或合伙经营向现代公司化运营转型，被置于垄断资本的控制之下。在美国西部牧场公司化的过程中，牧场主禁止牛仔拥有自己的牛，使牛仔成了只挣微薄工资的马背上的雇佣工人。与美国工矿企业的劳工相比，牛仔的劳作生活条件更为艰苦。牛仔虽然为牧场主创造了巨额财富，但他们的生活状况和劳动条件并没有得到改善，牛仔与牧场主的关系恶化。于是 19 世纪 80 年代在美国西部牧区发生了两次牛仔罢工。1883 年春季赶拢时发生在得克萨斯潘汉德尔地区的牛仔罢工，只是提出了增加工资的要求。1886 年发生在怀俄明鲍德河地区的牛仔罢工，也只是为了不被减少工资。然而，由于劳资双方的力量对比悬殊，两次牛仔罢工均未成功。两次牛仔罢工虽然失败了，但其在美国劳工斗争史上占有重要地位。牛仔罢工与美国工人运动的高潮同步，是第一产业最先发生的劳工罢工。牛仔罢工也从一个方面证实了美国垄断资本剥削的残酷性。

第四章“牛仔的历史评价与热点论题”主要概括和分析了牛仔的历史地

位和贡献，并对当今牛仔学术研究中的几个热点论题予以评介和论析。美国内战以后，是数万不同肤色的牛仔在牧场和牛道上的艰辛劳作，把牧牛业从美国西部“牧牛王国”的摇篮得克萨斯扩展到整个大平原。这个新兴的畜产品生产基地，满足了美国工业化和城市化深入发展中对肉类的巨大需求。牛仔这个社会群体对美国现代化的发展和西部开发做出了重要贡献。然而，一些保守的美国权威史学家，把“牧牛王国”的兴起归功于大牧场主和牧牛公司巨商，否认或贬低美国西部牛仔的贡献。为此，笔者以对美国学界既有观点的梳理为基础，进而对美国西部牛仔的历史贡献做出了自己的概括性评价。在美国学术界，对西部牛仔存在着贬褒两种不同的观点。本章一开始先对贬褒牛仔的著作的主要观点进行了梳理归纳，对美国学者对两种不同观点的评论做了介绍。贬抑牛仔的代表人物是刘易斯·阿瑟顿，其代表作是《牧牛大王》。褒扬牛仔的代表人物是劳伦斯·I. 塞德曼，其代表作为《马背生涯：1866—1896 年的牛仔边疆》。在此基础上，笔者做了些论析，认为牧牛王国的产生、发展，西部牧业巨大财富的积累，正是广大牛仔群众辛勤劳动的创造结果，牛仔对“牧牛王国”做出了最大的贡献。美国内战后的 30 年间，是“牧牛王国”繁荣兴旺和牛仔的鼎盛时期。这个从 19 世纪 70 年代开始的时期也被一些美国学者称为“牛仔时代”。在“牛仔时代”，牛仔逐渐成为美国史学家、文学家和报刊记者编辑关注的对象。1890 年以后，牛仔的鼎盛时期已经过去，但美国学者对牛仔的研究热情却不见衰减。牛仔成了无人能够替代的美国西部边疆人物，成了美国人心目中的民间英雄。一个多世纪以来，美国人的“牛仔热”经久不衰。进入 21 世纪，仍然不断有研究牛仔的新论著出版。美国学者对西部牛仔的研究涉及问题广泛，研究方法多样，也有对“热点问题”的论争。美国牛仔和西部牧牛业的起源是学者争论的一个热点论题。一种观点认为美国西部牛仔和牧牛业源于西班牙和墨西哥的根基。另一种观点坚持西部牛仔和西部牧牛业源于英国和美国东部。两种观点的论争从 1931 年一直持续到 21 世纪。在 80 多年的论争中，大体经历了三个阶段。每个阶段中两种不同的观点都有主要的代表人物的代表论著。另一个“热点”论题是对美国非裔牛仔的研究。美国学者对非裔牛仔的研究已经经历了半个多世纪，研究的基本走势是数量由少至多，问题由浅入深。论及的焦点主要涉及非裔牛仔的人数和他们在全体牛仔中所占比例、非裔牛仔是否受到种族歧视、非裔牛仔的历史地位与贡献等方面。非裔牛仔研究虽然具有重要的学术价值和现实意义，但要继续深入下去也面临一些困难。本章在评介美国学者关于牛仔贡献贬褒之争时，比较详细地论析了非裔牛仔的贡献，意在申明笔者并不是在简单地认同劳伦斯·I. 塞德曼的观点，而是在他和其他美国学者研究成果的基础上，将对该问题的研究进一步向前推进。

“结束语”部分不仅对前述“美国西部牛仔的真实历史”内容进行了概括，总结了研究所得出的观点，而且对牛仔历史失真的原因、表现进行了简明扼要的论析，还对国内的牛仔研究情况予以了介绍。以此进一步论证了本成果的学术意义和现实意义。虽然牛仔是美国一个多世纪以来长盛不衰的“热门”研究领域，但在中国国内，有人并不认为“牛仔”是我们研究美国史的重要课题。然而，面对美国牛仔和牛仔文化在中国传播越来越广、影响越来越大的状况，我们不能不重视对美国牛仔真实历史的研究。因为在大量涌入的牛仔文化、影视作品和网络游戏中，既有美国大众文化的精华，也有腐朽的糟粕。为了商业利益，我们现在见到的牛仔文化产品中不乏色情、暴力、凶杀和低俗的东西。这对我国大多数对美国西部开发了解不多的青少年来说，会误以为那些牛仔歌曲、影视作品和网络游戏传播的东西都是真实的，长此下去还会受到负面影响。随着经济全球化和各国文化的不断交融，美国牛仔文化在我国的受众会越来越多。因此，从事美国史教学和研究的人，有责任去研究美国牛仔的历史，写出更多牛仔史论著。史学工作者有责任去引导青少年正确认识美国牛仔和牛仔文化，在接受牛仔文化时能取其精华，弃其糟粕。

2. 重要观点

通过研究，笔者得出如下观点：

第一，美国西部牛仔是牧场主和牧牛公司巨商所雇用的马背劳工，是美国劳工的一个组成部分。他们的劳作和生活环境比美国工矿企业的工人差，劳动时间长，工资微薄。无论在牧牛营地放牧、在牧场赶拢，还是在牛道上长途赶牛，牛仔们都劳作艰辛，生活艰苦，还时有生命危险。他们要靠分工协作的团队精神，才能完成各项艰巨任务。

第二，牛仔通过他们的艰辛劳作，把内战前还被视为“美国大荒漠”的大平原开发成“牧牛王国”，为美国的工业化和城市化提供了大量牛肉供应，为美国“镀金时代”工业帝国的创建创造了大量财富，做出了重要贡献。

第三，西部牛仔之所以能做出巨大贡献，是因为他们具有质朴、开朗、乐观、向上的性格和不畏艰辛、勇于开拓的精神。正因如此，牛仔被视为征服荒野、开拓边疆的先锋，被誉为美国的民族英雄，牛仔精神被认为是美利坚民族性格的象征。

第四，尽管牛仔为“牧牛王国”的兴起和繁荣做出了重大的贡献，但他们自己却连增加一点工资的要求都无法实现，就更谈不上财富的增长了。这就是美国西部牛仔的真实历史。

第五，由牛仔衍生的牛仔文化，成为美国大众文化的重要组成部分。然而，在牛仔文学、艺术、影视作品和各种商业广告中，牛仔被神化、偶像化，致使牛仔的真实历史严重失真。而美国牛仔史的研究不足，对其真实历史的呈现和传播不够，使得这一失真无法得到有效的纠正。

三、成果的学术创新、应用价值以及社会影响和效益

1. 学术创新

内容上的创新。第一，在美国牛仔的起源上，本成果以“西部牛仔的先驱”为题做了较详细的论述。在美国，由于“白人至上主义”的影响，关于牛仔的论著一般从 19 世纪 20 年代英裔美国人移居得克萨斯写起，讲述白人牛仔的历史。这并不符合历史的真实情况。在西班牙对墨西哥实行殖民统治时期，牧牛业已经推进到得克萨斯南部。美国内战前是其西部牧区开发的早期阶段。墨西哥骑马牧人、原住民骑马牧人、美国非裔马背奴隶和一些由退伍士兵转化成的美国白人牛仔，是美国牛仔的先驱。第二，对少数族裔牛仔集中进行了研究论析。在本成果中专设一章对非裔牛仔进行了较为深入的论析。本成果从非裔牛仔在牧场里艰辛劳作、在牛道上勇对凶险和他们能在西部牧区立足的原因等方面，分析了他们对“牧牛王国”兴起所做的重要贡献，特别是对他们能做出重要贡献的原因的分析较为深入全面。本成果还用事实阐释，非裔牛仔虽然做出了重要贡献，但“牧牛王国”不是他们追求自由的“理想国”。因为在那里非裔牛仔仍会受到种族歧视。第三，把两次牛仔罢工作为难点问题进行了较深入全面的论析。笔者把对罢工起因的论析置于美国从自由资本主义向垄断资本主义转变的大背景下，分析 19 世纪 80 年

代牛仔与牧场主间劳资关系的变化，从多方面剖析了牛仔罢工的起因，对于两次牛仔罢工失败的原因及其历史地位做了比较深入、比较全面的论析。第四，对美国牛仔研究的“热点”问题和“争论”问题做了评介和论析，在此基础上，笔者以马克思在《资本论》中关于“劳动、资本和财富”的论述对美国学者的不同观点进行了评论，提出了三点看法。本成果研究论题所涉及的许多问题，迄今为止中国国内还缺乏研究。

研究方法上的创新。在历史研究中坚持历史唯物主义，是我们与西方学者根本的不同点。在西方对牛仔有保守主义、自由主义和后现代主义等不同的解释，较为缺少的是历史唯物主义的论述。本成果在指导思想上和研究方法上有别于西方学者的论著。再者，本成果对于美国学者的研究成果没有采取“拿来主义”的态度，而是经过了独立思考，分析判断，取其精华，弃其糟粕，在此基础上做出自己的论述分析，阐明自己的观点。

2. 应用价值以及社会影响和效益

本成果探讨论析的“西部牛仔的先驱”、“非裔牛仔的贡献”、“西部牛仔的贬褒”、“美国牛仔的罢工”、“非裔牛仔”和“牛仔起源”等问题，此前中国国内还无人研究。在迄今为止国内尚无一本牛仔历史著作的译本的情况下，本成果作为学习美国史的参考书和了解牛仔的读物，会有一定的应用价值。

笔者已经发表的阶段性成果已产生了一定的社会影响和社会效益，有了较广范围的传播和来自学界、社会的广泛肯定。如发表在《历史教学问题》2014 年第 2 期上的《在美国西部牧区殉职的牛仔》是约稿。发表前笔者以此文参加了 2013 年春世界近代史研究会举办的学术研讨会，并将其刊登在研究会网站上。《历史上的美国牛仔》发表在 2013 年 8 月 13 日《光明日报》第 7 版“理论·世界史”上。发表在《史学月刊》2013 年第 2 期的约 4 万字的《美国历史上的牛仔罢工》、发表在《史学月刊》2015 年第 10 期上的 2 万余字的《美国“牧牛王国”里的非裔牛仔》，在发表前提交给世界近代史研究会和美国史研究会的学术年会。尚未发表的《美国的非裔牛仔研究》和《七十余年的论争：美国学者关于牛仔和西部牧牛业的两种观点》等，也分别提交给 2012 年和 2014 年世界近代史研究会年会，编入年会论文集和刊登在研究会网站上，得以在较广的范围内交流。

《古希腊铭文辑要》概要

张 强*

古希腊铭文是一种在陶、金属、石灰石或大理石等硬质载体上的刻文以及书写在陶器上的字母文字。从勒石刊布的法律、法令到墓志铭、祈愿与谢恩题献甚或随意刻泐，古希腊铭文与时人的政治、文化、宗教、经济以及日常生活息息相关，无一不承载着历史上的瞬间。正如法国著名历史学家、铭文学家L. 罗贝尔（Louis Robert，1938—1984）所言，“……或可把希腊、罗马的历史视为一种‘铭文文明’”。

一、研究的目的、意义及方法

历史上，最早措意这种“铭文文明”的是西方“历史鼻祖”希罗多德。在其所著的九卷本《历史》中，希罗多德直接征引或转述铭文资料凡二十处，范围包括希腊本土以及吕底亚、巴比伦尼亚、波斯、埃及，其中三则可与已发现的铭文相互印证。继希罗多德之后，修昔底德的史著中也常常征引或述及铭文资料。公元2世纪的旅行家保桑尼阿斯在游历希腊期间，对所见铭文与遗迹描述得更加详尽，有些记载甚至成为田野考古的参照。在近代欧洲，西方古典铭文的广泛辑录始于意大利文艺复兴时期。在众多古物收藏家、旅行家、商人、外交家中，意大利人文学主义学者奇里亚科（Ciriaco de' Pizzicolli，1391—1452）是早期收集铭文的众多旅行家之一。他先后游历意大利南部、希腊、埃及以及近东地区，所录希腊铭文、拉丁铭文数以千

* 张强，东北师范大学教授，博士生导师。

计，辑有六卷本《碑铭经眼录》(*Commentaries*)，后因火灾失传。从现存部分笔记和抄本中可以得见，奇里亚科当时采用的方法是如实临摹原刻。在奇里亚科之后的很长一段时间里，收藏家依旧不加区分地把希腊语与拉丁语碑刻一同在博物馆展陈或结集出版，历史学家也很少把铭文视为可信的史料加以利用。直至意大利诗人、史家 S. 马费伊（Scipione Maffei，1675—1755）在其所著的《石刻铭文分类要义》(*Ars Critica Lapidaria*）一书中才对希腊铭文与拉丁铭文做出了区分，并使意大利学界开始关注古希腊文的研读；在用拉丁语、意大利语、法语撰写的希腊铭文、拉丁铭文集出版计划中，S. 马费伊进一步阐述了铭文研究作为独立学科的发展意义。至 19 世纪，德国古典学家 A. 伯克（August Boeckh，1785—1867）的更加系统的整理最终使铭文研究成为一门专门之学。在其 1817 年出版的《雅典国家财政》一书中，A. 伯克更是以充分的文献资料和已掌握的铭文为基础，通过历史叙述方法“第一次使近代的人们了解一个古代国家的日常生活”。也正是在撰著《雅典国家财政》一书过程中，A. 伯克意识到传世铭文作为史料的价值所在，并将其具体应用到历史研究中。迨至法国著名历史学家、铭文学家 L. 罗贝尔一代，综合历史、地理等其他学科的研究方法风气渐成。在学科分类上，与文献学、考古学、草纸学、钱币学、古文字学、史学等一样，铭文学也成为西方古典学研究的一个分支学科。

与拉丁铭文整理相比，希腊铭文的辑录相对分散。举其要者，计有《希腊铭文汇编》(*CIG*)、《希腊铭文》(*IG*）以及《希腊铭文集成》(*SIG*)。最新发现的铭文，则多见于《希腊铭文补编》（*SEG*）以及《希腊研究杂志》(*Revue des études grecques*）所设的《铭文简报》专栏。选注本中，学界惯常引据的有 M. N. 托德的《希腊历史铭文选》(*GHI*）和 R. 梅格斯与 D. 刘易斯合编的《希腊历史铭文选：至公元前五世纪》(M-L)。这两种选本的编撰体例相类，在爬梳前人校勘的同时亦多见疏证。译注本中，P. J. 罗兹与 R. 奥斯邦的希英对照本《希腊历史铭文：公元前 404—前 323》一书为释读公元前 4 世纪希腊世界的相关铭文提供了重要参考。

本成果在前人整理、研究的基础上，所举铭文凡一百一十五篇。选取的篇目除了关照不同历史时期的铭文外，还措意不同载体（如铅板)、不同种类的铭文，尤其是古风时代早期的陶文以及碑铭体短诗，目的是尽可能地反映官刻与私刻铭文在不同历史发展阶段的特点以及不同的功用，这也是本成果“辑要”与国外选本的不同之处。尚需指出一点的是，在已发现的希腊铭文中，阿提卡铭文约占五分之一，所及内容也最为丰富，本成果“辑要”也难免以这一地区的铭文遗存为重。

二、成果的主要内容和重要观点

具体而言，本成果的篇目下设题解、译文、注释三个部分；增设的附录包括“莱顿校勘符号体例”、“古风时代铭文书体列表”以及“阿提卡德莫译名对照表”，目的是较为系统地介绍国外学界的校勘实践以及相关的研究成果。为了更为直观地展示铭文的形态，各部分的重要篇目附有摹本、线图以及图片。

题解一项，除铭文的发现地、藏地以及译文所据的底本外，主要介绍相关的历史背景，兼及全篇铭文的简析。

译文部分的断代从希腊历史年代的分期，所举为古风时代的铭文二十九篇、古典时代铭文五十八篇以及希腊化时代铭文二十八篇。

在希腊历史上，古风时代是为希腊文明“初始的”（archaic）时代。其间，字母文字的滥觞肇迹，希腊文明的演进历程均可见诸这一时期的传世铭文。形同中国古代的青铜器文明，古风时代的早期铭文亦为器物铭，也经历过所谓的“简铭期”。其时的刻文，文章体式为六音步诗体，内容简短，传世者少，残泐且漫漶多见。作为断代的重要依据，这一时期的铭文行款先右书而牛耕刻写法，经左书而定式多为行列刻写法；书体因地、因时而各有不同，差异间见。在西方古典文献学研究中，鉴于草纸、书板等书写材料不易保存，述及早期写本行款的沿革、书体的演变也势必要借助这一时期的铭文资料方可推断其可能的形态。在已发现的遗存中，古风时代的早期铭文极为罕见。这一时期的铭文有些尽管残泐不堪，但从所举铭文中可窥见国外学者的校勘方法，尤其可辨识希腊铭文书体以及行款的演变以及近东文明的影响。

希波战争后，随着雅典城邦的崛起，希腊历史进入古典时代。其时的文化成就显赫，民主昌盛，铭文数量上亦以雅典为最，铭文也进入所谓的“长铭期”。本成果中，这一时期的五十八篇铭文辑录主要包括勒石刊布在神庙、圣地、大型建筑、广场以及剧场等所谓“公共空间”的法律、法令、拍卖公告、建筑账目等政务信息，间接地反映出希腊城邦公开、透明的运行机制。而雅典帝国出台的诸多法令碑文则填补了这一历史时期文献记载的匮乏，尤其是雅典帝国内部运行机制的相关信息。在篇目的选取上，本成果对这一时期的相关铭文关注较多。

希腊化时代，亚历山大大帝对波斯帝国的征服进一步加速了东西方的交往，流传下来的铭文极大丰富了这一“过渡时代”的历史记录。本成果所举铭文主要为小亚、黑海等地的遗存，尤其关注铭文的多样性。这一时期的铭文书体不仅各有不同，且差异间见，现存铭文的多样性对了解希腊文化的影响以及希腊文化与当地文化的融合极具研究价值。

在漫漫历史长河中，遍布希腊世界的官刻与私刻经水火兵燹多已残泐。历代校勘家对阙文的拟补及校勘各有不同。首先，本成果注释项主要包括对前人注疏的梳理，个别拟补的词或句不同于所选底本者，力求选取最新、最权威的校勘以为参考。其次，注释中也会关照到所辑铭文的内在关联性，例如书体与行款的沿革，官名在不同时期、不同城邦的不同寓意等。最后，针对铭文中出现的专名与术语，尤其是中文著述中常见的误读，注释中也时有辨析与正误。

附录中的“莱顿校勘符号体例”是 1931 年在荷兰莱顿举行的国际东方学大会上通过的决议，目的是为了更加准确地反映文献资料的形态、规范校勘符号的使用。后经不断完善，该体例现已为西方学界广泛采用。所附“古风时代铭文书体列表”是为了帮助读者整体把握本成果所举古风时代铭文在不同地区、不同时期的书体变化。在国内相关研究著述中，阿提卡地区的德莫名汉译时极为混乱，往往采用音译，故本成果特设“阿提卡德莫译名对照表”以供学界同道参考，希望能引起足够重视。

三、成果的学术创新、应用价值以及社会影响和效益

纵观流传下来的希腊铭文，其作为“第一手资料”不仅仅可征信古史、补苴相关文献的缺失，而且与传世抄本文献相比，铭文在文献校勘过程中的“他校”意义往往更大。如前所述，讨论早期写本的诸形态时往往也要回溯到现存的铭文资料。近年来，国内学界开始关注原始文献资料的建设，也认

识到铭文作为史料的上述重要性。随着社会科学研究的进一步繁荣，相关资助的力度也越来越大。本成果作为国家社科项目结项成果，评审专家多有指教且鼓励有加。继入选“国家哲学社会科学成果文库”后，又得到评审专家的赐教，让人感怀再三。作为文献资料整理汇编，本成果实不敢言创新，尚可置喙者，首先，所译铭文系据古希腊语底本翻译，部分重要铭文亦核对过原刻。其次，在选篇上除了关照各个不同时期的重大历史事件外，还通过题解及注释项力求反映铭文本身的演进过程。再次，为了符合汉语言文字的表述习惯，行文参照中文校勘惯例对西文校勘符号体例进行了相应的改进。最后，在译注过程中，针对国内古典学界的误读也有所讨论，目的是提供较为忠实的参考资料，并希望能引起国内古典学界对基本文献建设的重视。

应该承认，浩繁、复杂的西方古典文献资料整理，非一代学人之功可以穷尽。就古典语言而言，早期出版的铭文集注疏均为拉丁语，而现代研究成果除英语外，大多为德语、法语、意大利语，在小亚及黑海等地区的考古发掘报告又以俄语居多。本成果结项时即已迁延，成稿后又根据评审专家的意见与建议多有补正，即使是已发表的前期译注成果，其实也一直在不断地修改与完善。平心而论，在国外已有铭文整理与研究基础上完成的本项汇编工作，所做的翻译与注释也只能说是一种尝试，错讹一定难免，尚待学界同道继续批评指正。

中国文学

《中国近代小说史论》概要

陈大康*

一、研究的目的、意义及方法

中国古代小说与现代小说的面貌完全不同，衔接两者的是近代小说，它的初始阶段是古代小说的自然延伸，末端则与现代小说无缝对接，这意味着经过近代小说阶段，小说形态由古代小说过渡转换到现代小说。这一重大变化完成于短短的72年间，其时小说体系内部发生了翻天覆地的变化。传统印刷业的近代化改造，增强了出版能力，加快了出版节奏，书籍的价廉物美不仅使读者群迅速增扩，而且使读者群的社会阶层变得复杂。促使这一进程加速的是报纸、杂志的出现，它们成为小说有史以来从未有过的传播新方式。近代报刊小说总数量有4 000余种，这是人们接触小说的极为重要的途径。“小说界革命”发生后，历来遭鄙视的小说突踞文学殿堂的尊席，观念的颠覆扫除了阻碍小说迅猛发展的重要障碍。出版或发表小说开始成为新闻出版业能较快获取利润的途径之一，各书局或报刊的相互竞争，又导致一系列新事物的出现。它们所提供的广阔的发表园地，为培养许多创作新人提供了条件；稿酬制度在小说阅读市场的竞争中开始形成并逐步完善，它刺激了创作的快速发展，同时也保证了一批专业作家脱颖而出。翻译小说开始进入中国，它的流行，逐渐改变了读者的阅读习惯，同时也影响了作者的创作思想与方法。此时的中国先后经历了甲午战争、戊戌变法、庚子国变等重大事

* 陈大康，华东师范大学教授，博士生导师。

件，国家临近危亡的深渊，社会急剧动荡，阶级矛盾、民族矛盾已尖锐至白炽化，爱国志士为救亡救国而奔走呼号，以及新旧思想、中外文化的冲撞等，这一切都给近代小说的创作与传播留下了深深的印记。而与以往相比较，交通的便捷、信息传递的快速，使创作与阅读迅速地由沿海大城市向内地辐射，这也使近代小说在地域分布上快节奏地变换面貌。

近代小说的内容极为丰富，由于在短时间内完成了小说体系的过渡转换，其研究价值也相当高，可是目前的研究相对来说却较为滞后。近代小说研究著述虽已有不少，但多集中于少数重要作家作品，特别是集中于“四大谴责小说”与《海上花列传》及其作者，小说专刊的研究也只是偏于《新小说》、《绣像小说》、《月月小说》与《小说林》几家。论述内容重复率相当高，研究的覆盖面却非常小，须知近代小说仅作品就有 5 000 余种，许多与小说相关的现象或事件未被研究者注意或尚不知晓。就目前的研究状况而言，联系社会背景的作家作品分析为主要的研究方式，一些整体把握或宏观研究或者为作家作品分析的叠加，或者为借用某种框架向其中填充一些近代小说的内容。现有的研究受到了思路与方法上的限制，而缺乏充分的资料占有与梳理的基础准备，更是突出的严重不足。此局面导致许多近代小说史上极为重要的问题未能进入研究者的视野；或意识到有些问题应予关注，但因缺乏资料准备也无从研究；同时，一些判断仅凭借很少量的资料就贸然做出，它们与近代小说的实际发展状况不相符合，其中一些误判还成为后来研究的前提或基础，从而导致对近代小说发展及其动因阐述的失真。

本成果对近代小说史上一些关键问题进行了系统深入的研究与论述，这些问题大致可分为两类：一是以往研究未曾涉及者；二是以往或虽有涉及，但因缺乏充分的资料支撑或因受研究思路与方法的局限，得出的结论却是误判者。故本成果的论述对目前的研究状况具有针对性。

本成果的基础是近代小说编年史的撰写，以从国内外图书馆拍摄的约 40 万张照片资料为基础，涉及创作与翻译、作家概况、重要理论观点、官方文化政策、书局与报刊、创作地域分布及读者意见反馈等多个层面，以丰富的信息立体而连贯地展现了近代小说的演变过程，其中绝大多数资料为以往所未见，仅就作品而言，以往从未被著录的小说有千余种。这项基础工作，使本成果的写作在拥有大量第一手资料方面获得了支撑。在充分占有资料的前提下，本成果运用了小说在创作、传播、理论、读者与官方文化政策共同制约下发展的研究模型，从而能对近代小说史上一些重要的关键问题进行较系统深入的研究与论述。

二、成果的主要内容和重要观点

1. 以基本概念辨析为研究基础

近代小说概念沿用已久，从鸦片战争爆发的清道光二十年（公元 1840 年），到清王朝灭亡的宣统三年（公元 1911 年），共 72 年。另有三个阶段划分概念与它并存且关联：一是清代小说。按时间划分清代小说包含近代小说，但两者各属不同系统。前者是按政权建立与灭亡来划分的产物，后者是文学史意义上的古代、近代、现代与当代中的一个板块。二是晚清小说。它是清代小说细分为前、中、晚三期的最后一段。其内容为近代小说所包含，终点也相同，但起点为何时各家说法不一。三是二十世纪小说。它以百年为单位，将时间测度匹配小说发展，将清王朝最后十余年纳入自己版图。划分不同导致研究思路、视野与方法的互异。

阶段划分须满足以下要求：（1）起始与终结标识明确且无异议。（2）应与完整的小说发展起承转合态势相契合，重要文学现象发生的直接原因，应位于同阶段而无须越界搜寻，不可为划分而割裂各种有机联系，人为制造研究难题。（3）各种现象不仅在本阶段内能自圆其说，将其置于更大历史范围内也仍能成立。（4）阶段是整体发展中的一部分，所划分的阶段与其前、后衔接须自然合理，并承担明确的历史使命。为保证种种文学事件与现象解释的完整性与连续性，本成果采用了传统的“近代小说”概念。

此外，出版与问世、艺术价值与小说史上的价值、独创与改编、翻译与译述等概念都须仔细辨析，以免混淆而产生误判。对于分析方法有别于精确概念的模糊概念，则更须注意排中律使用的范围。有些概念还需要进一步分层次辨析，如近代小说读者群迅速扩张，其构成复杂，涉及“读者”时不可笼统而论，而应有具体定位。

2. 以往未进入研究视野的问题受到关注

出版业近代化改造、报刊这一新传播方式的出现与逐渐普及，是近代方才出现的新事物。这是近代小说中期后迅猛发展的前提，也是小说体系转型的深层次酝酿的重要表现。传播环节的突进导致了小说态势的变化，本成果梳理了两者结合的历程，分析了其间曲折的原因。申报馆是率先尝试者，但读者囿于多年养成的阅读习惯而冷漠以待，迫使它放弃了小说的刊载。随后它以先进的印刷技术与设备出版读者喜闻乐见的传统小说，且又价廉物美，受到大众欢迎，这一“新瓶装旧酒”模式的成功迅速在出版界引起连锁反应。《沪报》借鉴此经验，连载读者喜爱的传统小说也获得了成功，报刊小说借此而站稳脚跟。小说新传播方式的逐渐普及，降低了小说阅读在物质层面上的门槛，导致读者群迅速扩张，继而带动了构成小说体系的其他因素的变化，近代小说发展由此展现了全新的面貌。这些变化出现于新崛起的近代化大都市上海，是上海日后成为近代小说创作与传播中心的重要原因。

近代日报小说是近代小说的重要组成部分，其数量约占整个近代小说的一半，由于日报传播面广，它刊载的小说的受众面也极为广泛。其研究的重要性不言而喻，但许多年来却一直无人问津。原因首先在于资料的掌握难。现存的近代日报分藏于海内外各图书馆，寻觅不易，须多年逐步积累，方可对这类资料有一个规模性的把握。其次是日报小说数量众多，须得经梳理、归类分析，方能发现其整体性的规律与特点。笔者根据多年积累的照片拍摄，掌握了近代 79 种日报上刊载的 2 653 篇小说，按时间顺序与地域分布做排比分析，探讨了近代日报小说兴起的原因，以及它逐步繁盛的历程，并根据作品的特点以及读者的反馈，探讨了日报小说创作与传播的特点，以及对小说史上已消失一百余年的短篇小说在此时复兴的现象做了分析。不少资料表明，日报小说之所以繁盛，是因为办报者发现了刊载小说可明显提升报纸销量。读者的欣赏习惯与阅读口味，在很大程度上制约了日报小说创作的内容与形式。这方面的内容相当丰富，本成果的相关考察与论述，可补以往这方面研究的匮缺。

在对报刊小说做较系统深入的研究后，转载及其泛滥的现象便开始进入本成果研究的视野。由于以往缺乏对近代报刊小说的研究，故而此问题从未有人发现，而这却是报刊小说发展过程中极为重要的问题。笔者在梳理近代报刊小说的过程中，通过对作品的逐一比对，发现了转载的小说约 800 篇。本成果结合当时小说创作与传播的总体态势，探讨该现象成因及其规律。小说转载逐步蔓延的主要原因，是办报者需要刊载小说以提升报刊销量，而创作这一环节一时跟不上传播与读者这两者的变化。办报者在稿源严重不足时，便以转载为应对之计。在近代小说创作与出版中心上海，报刊很少转载他人作品，同时外地报刊转载上海作品的数量却十分可观，这显示了上海向外地辐射的作用，而转载小说的地区分布、转载的类型与手法等，也都是值得研究的问题。随着稿酬制度逐渐形成与版权保护意识萌生，小说转载的泛滥开始受到谴责。这一问题的逐步解决，与作者队伍的培养、稿酬制度的完善等密切相关。它展现了在小说发展体系内，创作环节与传播、读者等环节逐渐相平衡的过程。

近代小说单行本的盗版现象与报刊小说的转载问题相类之处，这也是以往无人问津的领域。小说盗版现象古已有之，但在近代显得十分普遍与猖獗。这是由于出版业近代化改造导致书价下降，读者群不断扩大，对作品的需求量迅速猛增。此时，盗版可以较小的代价获取较大的利润，而社会上版权意识淡薄以及缺少相应的法律规定，利益的驱动使盗版现象一度迅速蔓延。受侵害者为保护权益做了种种努力，官府也给予一定支持。经过二三十年较量，盗版猖獗势头已被压制，近代小说传播领域的秩序也终于基本形成。从开始时的理直气壮到后来的只是暗中操作、变换各种手法，这一过程也反映了版权观念在中国的变迁。总之，这也是从古代小说走向与现代小说的过渡转换过程中必然发生的现象。这一过程同时反映了近代小说发展体系中传播、读者与官方文化政策等环节的变化。

3. 纠正了以往研究中的某些误判

以往近代小说研究中出现了一些与小说发展实际不相符的误判，其中一些还影响甚大，似成定论，对后来的研究也起了某种误导的作用。这些误判的形成，有的是由于资料占有方面的不足，有的则可能是研究思想与方法方面尚有欠缺。本成果以大量的第一手资料为基础，通过分析与系统考察，对此做了纠正。如“新小说”运动六年前，英国传教士傅兰雅举办过一次“时新小说”的征文活动。过去美国学者韩南在未见征文的具体作品的情况下，便判断“时新小说”为后来“新小说”先声，随后国内学者也在未见原始资料的情况下纷纷附和。即使那些应征作品后来被发现并结集出版后，原先的误判却仍在延续，此误判甚至还成为某些研究的前提之一。在逐一细读那150篇应征作品及相关资料的基础上，本成果对那些作品的主题、内容以及表现手法进行了具体分析，并考察应征者之所以撰文的原因、稿件送达的方式等，又联系傅兰雅征文的宗旨、过程以及最后的评选，指出这是一次依靠各地教会机构组织的宗教色彩浓厚的活动，赞美上帝为其主旋律，应征作品描写的内容与表现形式都与后来梁启超倡导的“新小说”毫无关联。而且，这些作品当时被傅兰雅带至美国，并没有公之于世，它们在近代小说发展过程中没有也不可能产生什么影响。

又如“小说界革命”确为近代小说史上极其重要的事件，特别是在提升小说地位、开创小说创作新局面方面厥功甚伟。过去的许多研究都将此事件视为文学上的一个突变，论述时过于强调梁启超个人作用，并认为其后的小说发展都在“小说界革命”影响的笼罩之下。但较全面地搜寻与梳理那一时间段的相关资料便可发现，实际情况并非如此。在“小说界革命”的前几年，“改良小说”主张与创作实践已有不少，有的理论阐述与后来梁启超那篇《论小说与群治之关系》已几无差别。梁启超倡导的“小说界革命”实是那几年来各种论述与实践的综合归纳（其中也包括他的贡献），他也曾叙及自己的主张与他人论述的承袭关系。仔细梳理分析那些年相关的理论阐述与创作实践，就会很清楚“小说界革命”实为文学发展渐进过程中一环，而非突如其来的变化。另外，梁启超的小说主张具有强烈的政治功利性，他强调政治小说“为功最高”而忽略小说文学特性的主张确在短时间内得到过呼应，但“小说界革命”只是有过短暂的轰动效应，其影响很快消退。梁启超本人在办了几期《新小说》后也离小说而去。如果具体考察“小说界革命”后的创作，就可以发现诚如当时人所言，大家都打着“改良小说”的旗号，但作品内容却与此无关，梁启超推崇的“政治小说”几近绝迹，图解政治理念的创作方式也不为人们接受。随后小说创作的主流实际上是在做纠偏，更有一些人直截了当地批评了梁启超的主张，认为他抹杀了小说的本质特点，妨碍了创作的正常发展。在这过程中，阅读市场根据读者意愿所做的调节也起了促进作用。没有接触到相关资料并进而深入分析“小说界革命”前后具体的创作与理论见解，是产生误判的主要原因，而这种误判实际上又导致了对近代小说最后十年创作走向与起伏态势的误判。

此外，在某些具体问题上，以往的研究由于资料的匮缺也有误判，有些误判还成为后来研究的前提。本成果论及这些问题时，也依据第一手资料的辨析做了纠正。

4. 显示了系统的综合性考察的研究特色

在研究中坚持系统的综合性考察是本成果的重要特色，这须得以充分掌握相关资料为前提，否则就无法做到“系统”，而“综合性”也无从谈起。以往的近代小说研究中，确有以部分考察替代系统把握，所得结论又试图覆盖全体的现象。例如，论及近代小说理论，以往的论述多集中于“小说界革命”，且所论与光绪二十八年（公元1902年）前数十年的小说理论发展状况相割裂，使“小说界革命”成为突如其来的飞来峰；同时，又误以为此后的创作与理论全都按照“小说界革命”的指引前行，所得判断与当时实际相脱节。本成果针对此情形，依据充分的资料并结合各相关因素，描述与分析近代小说理论发展变化全过程，指出它实由古代小说理论在新的历史条件下逐渐变化而来，而描述其发展历程时，其中一重要内容为以往研究未曾虑及，即印刷业近代化改造与新传播方式出现后，大众开始成为小说读者群的主体，出版者为牟利而迎合其好恶，使消闲、娱乐性的小说在阅读市场上占据了主导地位，打破了原先以劝惩为主导的格局；同时，一些作者与评论者则在批判梁启超政治功利性的小说理论，主张小说回归其作为一种文学体裁的本性。在综合了种种相关因素后，对近代小说观的变化状况方可有较全面系统的把握。

本成果关于小说专刊的研究也属于这方面的案例。以往的相关研究只局限于《新小说》、《绣像小说》、《月月小说》与《小说林》等资料易得的几个点，相关论著雷同程度相当高。有些研究看似以整体把握的面貌示人，但观其内容，研究者限于资料的掌握，关注的仍然只是那几家小说专刊。而且，对那几家小说刊物又都是分别地分析论述，即它们都仍以个体独立形态呈现，并未揭示其间的前后承接的有机联系。所谓整体研究，实为几个案例研究的机械叠加。本成果依据所搜集到的大量以往未见的资料，将现所知的23家小说专刊视为近代小说史上一个相对独立的发展实体，各个小说专刊实是该整体在不同时期、不同地区的表现形态，都是发展中的一环。本成果以此观点为指导，具体讨论各个小说专刊的详情与特点，以及各刊物之间的相互联系（对现已不存的几家则搜寻各相关资料做考辨，尽可能地显示其当年状态），在此基础上探究小说专刊的整体运动状态及其规律。考察分析不只局限于那些刊物的作家作品的分析，还涉及编辑部的运行、刊物与主办书局关系、新作者发现、稿酬制度的建立与逐步完善、与读者的联系、销售方式与数量、刊物间竞争以及刊物与官方的联系等各个方面。整体考察即以此综合而成，在此基础上勾勒了小说专刊作为一个相对独立的实体的行进轨迹，这样也更能凸显小说专刊在近代小说史上的重要性。

5. 涉及了某些跨学科研究

近代小说按学科分类，属于一级学科中国文学，具体到二级学科，则属于中国近代文学。近代小说虽是一个相对独立的发展实体，但它与学科内的其他领域乃至本学科外的其他学科都有着这样或那样的联系，若不将这些联系综合在一起考察，近代小说中的一些重要问题就无法得到较圆满的解释，跨学科研究乃是近代小说研究本身的需求。

本成果有两章属于较典型的跨学科研究，但它们又都是近代小说研究应有的内容。其一是近代翻译小说。翻译小说按学科分类应归于外国文学，以往近代小说研究对此有所涉及，但只提及个别译者，或若干部具体的作品，相对当时翻译小说只占了极小的比例。光绪末年时，新出的小说作品中翻译小说约占十分之八，数量相当庞大。细观当时的翻译小说，大部分为半翻译半创作的“译述”“意译”“演译”之类，其中不少翻译小说创作的成分还相当大。这种翻译与创作参半的模式，本身就横跨了外国文学与中国文学两个学科。而且，当时翻译小说的流行，对中国读者阅读口味与习惯的改变、对作者创作思想与方法的影响以及对阅读市场动向的制约又都十分显著。脱离了这方面的考察，就无法较圆满地解释近代小说各种变化的动因。因此，近代翻译小说不仅应归入近代小说研究范畴，而且还应是该领域的重要课题。本成果对近代 1 400 多种翻译小说进行了梳理并做归纳统计，显示了翻译小说的行进轨迹：起初为点状式，后又呈连续运动态势，其间新作问世的数量有过两次跳跃式递增，鼎盛时甚至占有小说阅读市场 80%的份额，但随后又直线下跌。追寻这种态势形成原因时，本成果发现书局为谋利迎合读者，在题材选择、稿酬标准制定等方面均有相应的刺激措施。单向式通道造成自著小说与翻译小说在数量比例上严重倒挂，翻译小说中则是侦探、言情两类独大，译者队伍混杂，译作不尊重原文等现象由此产生，这也是翻译与创作参半的模式迅速蔓延的重要原因。最后则是有识之士的呼吁，特别是反映读者压力的市场调节，使翻译小说脱离虚旺的繁盛而回归正常的发展，翻译也逐渐趋向忠实原著的规范，此后翻译小说也随之回归外国文学领域。

与此相类似，本成果对分属文学与语言学的小说与白话在近代的变化状态做综合考察。甲午战败与庚子国变后，唤起大众救国成为迫切需要，而面对大众，只有使用白话宣传方可切实晓以情理，做到家喻户晓，于是此时白话运动随之而兴起。同时，提倡者意识到小说受众面最广，借助它是推广白话最有效的手段，故而明确地提出了“通文字于语言，与小说和而为一”的主张。本成果以专章的篇幅梳理了近代白话小说发展历程，探寻其兴起与行进走向的动因，分析白话小说流行遭遇到过的阻力，并发现热心提倡者艰于白话写作也是其中之一。传播环节在此期间起了重要作用，不少出版者为吸引文化程度不高者加入购买行列，也热情推动，以此增加利润，但为了不失去传统的士人读者群，他们也不愿放弃文言小说，于是获利最大化的原则又自然地促成了白话小说与文言小说在作品出版环节的比例，这种平衡状态直到“五四”新文化运动后才被打破。

除上述两个专题外，本成果不少论述其实也是在做跨学科研究，如印刷业近代化改造、报刊兴起与小说发展关系涉及新闻出版学，阅读市场的调节与小说创作或翻译走向的关系涉及经济学等，这也是本成果综合性研究的表现之一。

6. 提供了研究方法尝试与持续研究的线索

在近代小说的发展过程中，出现过极为丰富的有关小说的广告、告白之类的文字。这些广告、告白保存了不少有关作家活动、作品出版、小说专刊以及一些事件或现象的信息。研究它们有助于对当时小说状况的了解更深入细致，也有助于将作家作品置于复杂的社会背景中做考察。借助来自广告的这些信息，原来模糊的印象会变得清晰，一些过去并不知晓的事也会因此而显现，更重要的是有助于文学事件与现象之间联系的考察。有些现象或事件究竟发生于何时，曾是研究中较为困扰的问题，也出现过一些论文并相互争辩，其实依靠相关的广告就可直截了当地做较准确的时间框定。有些重要的现象或事件由于没有其他方面文字的记载，人们根本不知道它们的存在，综合各种相关广告做梳理分析，却能基本显示其当年的原貌。至于近代小说发展过程中作者、传播、读者互动的状况与途径的研究，则更离不开广告所提供的极其丰富的信息。总之，这方面资料的综合运用，有助于研究的深入与细化，或揭示不清楚的事件或现象的原来面貌。过去由于缺乏广告资料系统搜集梳理的基础工作，近代小说研究中只有零星的广告资料的使用，研究成效或因此受到影响。经过多年的积累，笔者掌握了 136 家报刊所刊载 2 859 条广告（内容重复者未计在内），本成果在撰写过程中充分地使用了这些资料。系统使用广告中信息是研究的一种尝试，本成果专辟一章论述广告在研究中的价值与意义，归纳使用这些资料的方法，这既是本成果应有的总结，同时也希望借此引起研究者对这一内容丰富的资料库的重视。

近代日报小说、小说专刊与翻译小说都是近代小说的极为重要的组成部分，但过去缺乏相应的系统性的综合研究甚至几无研究。它们在本成果中虽都有专题论述，但毕竟是初次尝试，且又受笔者观念、学识等方面的种种局限，不当或不足之处在所难免。这三个专题的研究需要继续深入与细化，为此本成果附录了《近代日报小说资料长编》、《近代小说专刊资料长编》与《近代翻译小说资料长编》。这三个资料长编按时间顺序，排列了现在所知相关作家作品或出版发表的扼要信息，它们均为纯客观性的资料，或可对人们进一步研究时在总体把握与线索寻觅方面有所帮助。

最后需要说明的是，本成果在研究过程中，根据丰富的资料，对不少问题做了辨析与考证，其中一些以附录的形式列于相关专章之后，有的则在论述过程中加注。此外，本成果根据研究的需要，在资料梳理后做归类统计，制成表格，以显示态势或走向的变化。这些表格位于相关的论述中，以便简明扼要地说明问题。

三、成果的学术创新和应用价值

本成果设计运用的研究模式具有较强的诠释功能。所谓小说史，应是小说创作状态发展变化的历史，它不仅关注小说史上各种文学事件与现象（作家作品包括在内），而且要关注它们的变化状态与动因，同时梳理分析这些文学事件与现象之间的联系。按此观念，某阶段作品很少乃至全无，此创作状态仍是研究的对象，须说明该现象形成的原因；同时，并不以作家作品的艺术价值高低做取舍，有时须更重视作家作品在小说史上的价值，因为小说史上艺术价值不高但对小说发展所起作用不小的作家作品并非少数。可是，以往对小说史的理解多为小说作品史，研究局限于作家作品的分析，所谓小说史往往也只是作家作品分析按时顺的叠加。叙及作品很少乃至全无的阶段常是一跃而过，那些艺术价值不高但对小说发展所起作用不小的作品常被略去不提。而且，按此观念研究，近代小说既是精神产品同时又是文化商品的双重品格，其发展同时受到文学发展规律与商品交换法则制约等重要特点被忽略了。许多重要的文学事件与现象得不到完美的解释，有的长时间地悬而未决；还有些重要的文学事件与现象甚至未能进入研究视野，更遑论研究其间的联系了。针对这种研究状态，本成果运用了笔者经实践与摸索构建的研究模式：小说是一个相对独立的运动实体，它在创作、传播、理论、读者以及统治者的文化政策共同作用下发展，这五者都是社会生活的组成部分之一，并都与社会生活的其他部分有着千丝万缕的种种联系，它们中的任何一个与其余四者都是交叉影响、互相制约，形成了小说发展体系。在一般情况下，小说发展体系处于平衡状态，而它快速发展的时期，往往是原有的平衡被打破并趋于新平衡建立的阶段。

古代小说与现代小说两个小说发展体系面貌迥异，是介于其间的近代小说起了承接与开启作用，它负责完成了由古代小说到现代小说的过渡转换，这便是近代小说的历史使命。近代小说的开始阶段与古代小说的面貌无异，其结束阶段则与现代小说平稳衔接，这意味着它先打破了原有的小说体系的平衡，经过震荡与磨合，形成了新的小说发展体系，而这一切完成于短短的72年里。随着外国列强的炮舰打开中国国门，一些新事物进入中国，其中与小说直接相关的便是先进的印刷技术与设备，以及报刊等新的传播方式。传统印刷业的近代化改造，使书价大幅度下降，同时新传播方式的逐渐普及，刺激了读者群的扩张，小说发展体系中传播与读者这两个因素的变化，打破了原有系统的平衡，并促进创作、理论与官方文化政策等三个因素的相应变化，以建立系统新的平衡。近代小说发展在旧平衡打破与新平衡建立的动荡中，展现了全新面貌，此时上海这一近代化大都市的崛起，以及甲午战争、戊戌变法、庚子国变等重大政治事件接连发生的刺激，也加速了变化进程。到宣统朝，即清代的最后三年时，小说发展体系的结构及其状态已与现代小说体系相似，意味着近代小说过渡转换的使命完成了。而在较短时间内完成过渡转换，决定了体系内部震荡幅度较大，平庸之作众多、小说阅读市场进入无序状态的时间段内乱象丛生等现象的发生，这些都是近代小说研究值得讨论的问题，而运用此模式，都可得到较好的解释。

本成果搜集了大量以往未见的第一手资料，以此为基础，或纠正近代小说研究中的误判，或探讨以往未进入视野的问题，这些都有益于近代小说研究的推进。

《先秦说体文本研究》概要

廖　群*

一、研究的目的、意义及方法

1. 研究目的和意义

叙事与抒情，是文学写作的两大范畴。“说体”是对先秦源自讲说、记录成文、具有一定情节性的叙述体故事文本的统称，“说”乃《说林》《储说》《说苑》直至后世《唐人说荟》《古今说部丛书》之所说故事之“说”，而非“论说”“辩说”“游说”之“说”，属于中国古代早期叙事文学研究的一个全新视角。

早期文学，中国早在先秦时代就已经以《诗经》、楚辞心志的表达和情感的宣泄昭示了抒情文学的辉煌，其时正与荷马史诗《伊利亚特》《奥德赛》及希腊悲剧年代相值，后者则以其情节性、描述性和戏剧冲突凸显出叙事文学的发达。由此，中国古代早期文学长于抒情而拙于叙事似乎已成习见；基于这种现象而产生的诗歌理论，一个提出“在心为志，发言为诗”（《毛诗选》）的“言志说”，一个提出诗是“用语言来模仿”（亚里士多德《诗学》）的“模仿说”，也加重了这种既定的认知。有学者即认为中国所有的文学传统“‘统统是’抒情诗的传统”，还有学者直称叙事文学在中国古代文学中“长期发展迟滞”。其实，全面检索中国早期著述各类文本，会发现诸如“杜伯化鬼”（《墨子》）、“玄黿褒姒”“骊姬夜泣”（《国语》）、“食指动”“上下其手”“结

* 廖群，山东大学教授，博士生导师。

草以报”（《左传》）、“弘演报肝”“谋伐莒事泄”（《吕氏春秋》）、“薛公博弈”（《韩非子》）、“东海勇士”（《韩诗外传》）等，这些著作中情节曲折有致、描写惟妙惟肖的叙事举不胜举。而这些主旨不同的各类著述之所以都蕴含如此丰富的叙事文本，乃是因为皆援用了“说体”这种源于讲说、记录成文的叙述体故事文本。

然而，以往先秦两汉文学史撰述，囿于固有的“历史散文”“诸子散文”“史传文学”“政论散文”“辞赋”“小说”等文体分类和先秦、西汉断代划分，形成了各自的研究视点，也就没有给这种源于讲说的故事文本留下描述空间，使大量极其富于文学意味的叙事作品淡出文学史视线。本成果研究的目的即是要通过充分论证，揭示出先秦存在“说体”文本现象，并在全面占有先秦、两汉各类传世、出土相关著作叙事文本基础上，通过横向、纵向比较和综合考证，挖掘出其中的“说体”文本，进而总结先秦“说体”的文本特征，考察其传播途径，并梳理“说体”与先秦两汉诸体文学的交织、互渗关系。

本成果对于先秦两汉文学及中国古代叙事文学研究的开拓和深化具有重要意义。

首先，本成果率先提出了先秦“说体”这样一个全新概念，对于贯通中国古代与“说话”不离不弃的叙事传统具有重大学术价值。唐代敦煌“俗讲”、宋元话本、明代拟话本、元明清章回体历史演义、英雄传奇小说等，已经可见唐宋之后古代小说影响自“说话”；西汉《神乌赋》、韩朋故事残简的出土，显示了汉代赋诵故事的存在及魏晋志怪集对讲诵故事的收录。现在，本成果又以“说体”总括先秦被称作“说”“传”“语”的源自讲说、记录成文、富于情节性、描述性的叙事文本，强调文学叙事最初与“讲说”的源出关系，更是以直观形式揭示出中国古代这一与“说话”相关的叙事传统的来龙去脉，这样就不至于使后世繁荣发达的“说话”艺术及小说传统，仅仅被追溯到唐代佛寺“俗讲”、变文，或者最多被追溯到汉魏六朝时期；从而凸显出中国古代的文学叙事其实始于先秦之被称为“说”“传”“语”的说故事之“说”，正是此“说”开启了中国古代叙事与“说话”形影不离的创作之路。

其次，本成果研究的意义还在于打破了文学史研究固有的文类划分观念，扩大了研究对象。不但先秦两汉叙事研究中已经重点关注的著作《左传》《国语》《战国策》《史记》等会得到重新审视，而且那些极少涉及的著作，诸如《韩非子》《吕氏春秋》《新书》《韩诗外传》《淮南子》《新序》《说苑》也会成为重要考察对象，汲冢书、上博简、清华简、北大简等出土文献则会成为重要补充；作为参照和相关研究对象，《墨子》《孟子》《庄子》《晏子春秋》《列女传》《吴越春秋》等也都会纳入其中。由此本成果开辟出综合考察先秦两汉各类文献的广阔领域和研究视野。

最后，通过对先秦“说体”文本的具体考察、辨析和挖掘，揭示、呈现了大量精彩纷呈的叙事作品，在纠正学界关于中国早期文学长于抒情拙于叙事的成见的同时，也为中国文学史研究和观照提供了新的对象和文学佳作。

2. 研究方法

本成果在研究中主要采用了“文献考据学”“文学考古学”“文学传播学”三种方法和视角。

其一，“文献考据学”。通过考察传世文献资料，揭示“说体”的存在和挖掘“说体”故事文本。具体采用：（1）训诂学，比如通过文字训诂、材料引证以论定“说”“传”“语”的文字含义。（2）比较法，包括横向比较与纵向比较。横向比较比如通过比对《韩非子》中《说林》《储说》与《吕氏春秋》中互见故事同中有异的情况以揭示属于援用而非杜撰、所援是易变的“说体”而非固定的“书体”；纵向比较比如比对《左传》与《史记》中的互见故事同中有异的情况，以互证两者皆为援用了同源异流的“说体”文本。（3）综合考证法，对于首见、独见于某部著作中的故事，因缺少参证而需要综合各种考证方法以判断是否援用“说体”文本。

其二，“文学考古学”。即通过借助考古发现、出土文献进一步佐证由传世文献已经初步考定的结果，并作为“说体”考察的重要补充。

其三，“文学传播学”。“说体”本身即是以传播方式命名的一种文体，以文学传播学视角，考察、揭示“说体”最初的具体传播途径乃是题中之义，由此可呈现“说体”的产生及其在先秦两汉的存在及持存途径和状况。

二、成果的主要内容和重要观点

1. 主要内容

本成果标题中，“说体”是针对先秦西汉著述中记录、采用、汇集、援引源自讲说的先秦叙述体故事文本而发现和揭橥的一个特定概念。“说体”文本研究即是以此作为考察的全新视角，其内容包括揭示“说体”文本在先秦的存在，从先秦乃至西汉各类著述中挖掘先秦“说体”故事，并在此基础上归纳、揭示先秦“说体”的文本特征，考察“说体”文本在先秦的存在方式和传播途径，把握“说体”与先秦两汉诸体文学的交织、互渗关系。

本成果共分八章。

（1）第一章“‘说’‘传’‘语’：先秦‘说体’立说”。

本章首先解决“说体”概念的提出、确立、界定、辨识等理论论证问题。具体包括“《说林》《储说》之‘说’为所‘述’故事辨”“以‘说’名篇名书之故事与他书互见考”“‘说体’称‘说’又称‘传’‘语’考”“故事简：先秦存在‘说体’文本的考古印证”“‘说体’探源、界定、命名及辨识”等几个部分。

“说”为多义字，“说话”义中亦有“辞说”“学说”“述说”之分，本成果首先通过大量文献征引考证，提出先秦之“说”有故事义，即“述说”及“所述之事”。《韩非子》中的《说林》《储说》即是故事集锦，题篇之“说”即取“述说”（故事）之义。继而通过《说林》《储说》《说苑》等以“说”命篇题书著作中的故事大量见于各种子书、史书的事实，确凿证明了其故事乃属于援用而非杜撰，其中尤以《韩非子》中《说林》《储说》与《吕氏春秋》的故事互见最能说明问题。两部著作几乎同时写作、同时完成，其中不见他述、仅彼此互见的故事，既不存在谁抄自谁的情况（因为彼此不会见到成书），也不可能是作者杜撰（不会有这么多不谋而合），只能是均援引自今已不见的某个故事文本，而《说林》《储说》又以“说”题篇，这是先秦存在“说体”文本为人们所援用的铁证。互见故事中又有种种差异，则确凿证明了两书所援用的母本是“说体”而非“书体”，因为只有“说”才容易“信口开河”，“白纸黑字”则不会有这么多变异。作为佐证，《墨子・明鬼下》转述“神羊断案”故事后称“以若书之说观之，鬼神之有，岂可疑哉”，也是以“说”称谓故事之例。

此故事文本有时又被称为“传”和“语”。称“传”者如《孟子》中齐宣王问“文王之囿”和“汤放桀”，孟子都回答“于传有之”（《梁惠王下》）；《韩诗外传・卷九》讲述“堂衣若扣孔子之门”故事，前面也称“传曰”。称

“语”者如《国语·郑语》中的“小妾遭褒神龙漦所化玄黿生女为褒姒”乃是史伯称“《训语》有之曰”,《墨子·公孟》中的“昆弟五人葬父”，墨子讲述前问的是“子亦闻夫鲁语乎”。贾谊《新书》中有《连语》一篇，正是连缀故事，乃是直接呈现了“语”的故事性质。

“说”“传”“语”，三个可以互代的称谓恰恰都与说话、告知等口头表述有关，那么这些故事最初无疑都是被说出。由此可知，先秦应该存在源自讲说、记录成文的叙述故事文本。恰恰是口头讲说而非书之简帛，决定了它们更趋向于文学叙事的情节性和描述性。鉴于这种叙述文本与后世文学性小说的渊源关系、且已被后世集中在“说”字上，如南宋曾慥辑有笔记小说总集《类说》，元末明初陶宗仪编有大型丛书《说郛》、明代王世贞《弇州山人四部稿》将文学类著作分为“赋部”“诗部”“文部”“说部”,“说”被单列一部；清代更有笔记小说集《说铃》、收录唐传奇的《唐人说荟》及大型丛书《古今说部丛书》，所收都包括了以“说”“传”“语”等题篇题书的杂传杂录，所以，不妨用“说体”总括先秦被称作“说”“传”“语”等的源自讲说、记录成文的叙事文本。

与“说体”既有联系又有区别的概念有“书体”“传说”“故事”和“小说”，需要做出辨析，从而对“说体”做出界定。“说体”虽始于口头讲说但最终会被记录而变为书面文本才能为后人所接触，这决定了“说体”与“书体”的必然联系；两者的区别在于初始是被讲说转告还是直接书载笔录。“说体”与“传说”都出自口说，其区别在于后者不一定是完整的故事，且不一定形成书面文本。“说体”是讲说中有故事情节者，因此几乎可以等同于“故事”。但“故事”概念中不含有传播方式因素，可以是源自口说，也可以是出自直接书写；“说体”则必是源自口头讲述然后被记录的情节故事。“说体”与古代“小说”概念的主要区别在于后者或是“说体”中之“小”者，或是“丛残小语”，不一定有故事情节；“说体”与现代“小说”的区别在于前者并非“有意为小说”，而是讲述历史上或当时发生的事件，只不过容易越传越奇，或“添枝加叶”。

先秦“说体”的原初文本大多已经湮没不存，需从先秦西汉史书、子书、杂说书的援用中予以挖掘。辨识所援是否“说体”文本，可由两部及以上著作所援同一故事是否同中有异、同事异说来判断。首见或独见于某部著作者，判断的基本依据是初始不可能被直接书载笔录，只能是出自追述、转述、传闻和讲说。对于已经出现拟托创作之后著作中的独见故事，是否援自“说体”，则需要经过考证予以判断。

（2）第二章“《左传》《国语》‘说体’文本的整理与辨析”。

本章通过考察、辨析这两部均以记述春秋时事为主要内容的先秦著作对于“说体”文本的采用，挖掘、整理出其中的“说体”故事，同时从“说体”角度解决两者关系的疑难。具体包括“‘说体’与《左传》《国语》关系辨析新视角”“《左传》《国语》‘说体’故事互见者”“《国语》《左传》各自独见‘说体’文本的梳理辨析”等三个部分。

《国语》《左传》同被说成成于左丘明之手，却关系缠夹，有同有异，由此引来关于作者、成书等种种疑问。或称《左传》先成，又“撰异同”为《国语》；或称将撰《左传》，先采列国之史为《国语》；或称《国语》为撰《左传》之剩余；或称《左传》为后人拆分《国语》而伪撰。其实，由考察“说体”才发现，两书之所以如此难解难分又若即若离，乃是皆援用“说体”以成书。由其各自有所援，所援有同异，即可大致断定两书并非同一人所纂或所写。

比较两书互见者，可辨析出“情节对话大致相同者”“叙事相同对话有异者”“有同有异有缺有增者”“事件相同叙事不同者”等几种情况，由此可见两书中确有采用固有“说体”文本以成书。正是因为出自采用而非亲笔撰写，所采又为同源文本，决定了两书大致情节、事件的相同互见；所采为“说体”而非“书体”，又决定了两书互见文本的各种差异。此外，《国语》《左传》中各有首见、独见的叙事文本，其中那些“隐私密事不可书记者”“细节描摹不可亲见者”“对话说辞未及亲闻者”等，则因不可能出自书记笔录，而可判定为最初当来自追述、转述、讲述等“说体”文本。

（3）第三章“《韩非子》《吕氏春秋》‘说体’故事的整理与辨析”。

《韩非子》《吕氏春秋》这两部几乎同时成书且大量援用、储备故事的著作，其中互见又同中有异的故事是先秦存在固有“说体”文本的铁证，本章即是对两书援用说体文本情况的全面梳理和辨析。具体包括“《韩非子》《吕氏春秋》‘说体’故事已见前述者”“《韩非子》《吕氏春秋》‘说体’故事互见者”“《韩非子》《吕氏春秋》独见‘说体’故事考辨”等三个部分。

《韩非子》《吕氏春秋》都分别有或共同有已见于前述《国语》《左传》的情节和故事。与已见前述故事一一比对，会发现它们都有与前述大同小异者、小同大异者，这既可以进一步证明前述确为采用“说体”，也可自证并非直接抄自前述，而是援用了与前述同源异流的“说体”文本。

《韩非子》《吕氏春秋》还有不见前述、仅彼此互见的情节故事，具体比对会发现存在“同事异述”“同事别述”“异事同述”等几种情况，由此可证它们确属分别援用了同源异流的“说体”文本。

此外，《韩非子》《吕氏春秋》都还有首见或独见的情节故事。鉴于两书撰写所处的战国后期拟托演练创作已渐兴渐盛，隐密、细节、私语等都可出现在拟托虚构书写的笔下，判断两书中这些各自首见或独见的故事文本是否援用固有“说体”文本，就不能仅以是否能被笔录、是否只能出自追述和讲说为依据，需要做出进一步辨析和考证。对于《韩非子》中《说林》《储说》的故事文本，因其原本以“说”命篇，且已被证明大多援用“说体”，又多有“一曰”“或曰”等所援文本的不同“版本”信息，大致仍可由是否只能出自讲说予以判断。对于《韩非子》中的其他篇目以及《吕氏春秋》中的独见部分，则从是否具有神话色彩、传闻性质、讲诵特征，以及文献征引、用典等其他相关信息，予以辨析和考证。

（4）第四章“西汉著作与先秦‘说体’文本的整理辨析”。

这是本成果以“说体”视角所开辟的新领域。以往文学史全为断代叙事，以先秦材料研究先秦文学，以汉代材料研究汉代文学，却忽略了汉代著述也喜援用故事，且特喜援用先秦故事，西汉著述更是如此。因此，西汉著述，也是挖掘、考察、辨析先秦“说体”故事的重要依据和参照。本章具体包括“《新书》与先秦‘说体’文本的辨析与挖掘”“《淮南子》与先秦‘说体’故事考辨”“《韩诗外传》与先秦‘说体’故事考辨与挖掘”“《史记》与先秦‘说体’故事的辨析与挖掘”等几个部分。

贾谊“颇通诸家之书”（《汉书·贾谊传》），识见广博，撰文喜用历史故实以证所论，其《新书》中还有专门汇集“说体”的《连语》、《礼容语》及《春秋》等篇目，所收几乎都是汉代之前的先秦故事，其中已见前述者用来进一步补证、确认了彼此的“说体”性质；不见前述的“独见”“新见”，由其援用先例也可推断当别有所本，出自援用而非杜撰，判断方法同于《韩非子》《吕氏春秋》中独见者之辨，由此挖掘出了新的先秦“说体”故事。

《淮南子》作为“杂家”论说著作，与《吕氏春秋》近似，也喜援引事实、例证、譬喻以说理，其中所引亦多为先秦故事及典故，所援既有见于前述《左传》《国语》《韩非子》《吕氏春秋》者，也有见于同时的《韩诗外传》、其后的《史记》《新序》《说苑》者，所述虽已大多不是“说体”体例，但其间异同信息可用来辨析、印证、佐证前著、同时著、其后著所采所援的“说体”性质。此外本身也有一些经辨析可确定的独见的先秦“说体”故事，是对先秦“说体”文本的重要补充。

文景时韩婴所作的《韩诗外传》实是一部由一百五十多则故事（外加一百多则引事论说）组成的杂“说”著作，先秦固有故事为其主体，其中多有已见著述可用来与前著互证者。除此之外，还有一部分不见前述者，通过借助相关信息，并通过辨析文本本身的“说体”征象，也从中挖掘出了可观的先秦“说体”文本作为补充。

《史记》作为一部下讫司马迁撰史的汉武帝时期的纪传体通史，先秦是其中的重要部分。经与前述诸著作比对，会发现其中所述五帝、三代、春秋、战国诸史事，凡属描述具体者，多为采录、援用固有“说体”文本所致，其间与前著的异同多寡，恰是对采用、援用“说体”文本的互为参证、确证和补证。此外，《史记》中还有一些不见前述的“独家”者，则因毕竟已是汉代成书，需要经过辨析以判定初始文本是来自“说体”还是“书体”，刘向编辑的《新序》与《说苑》，因其故事集锦及辑自先秦固有文本的性质，遂用来作为辨析的参照。

（5）第五章“出土文献与先秦‘说体’故事的补遗与研究”。

种种迹象已经表明，先秦存在大量“说体”故事，传世文献所采录所援用只是其中一个部分，还有许多已经遗失。地下出土文献中，恰恰有一些“说体”故事的文本或线索，正可用来补遗或作为论析的依据和佐证。本章即是从“说体”角度对相关出土文献重新进行检索和考察。具体包括“‘汲冢书’与先秦‘说体’故事补遗”“上博简中的先秦‘说体’故事”“清华简中的先秦‘说体’故事”“北大简《周驯》与先秦‘说体’文本研究”等几个部分。

“汲冢书”乃西晋太康时汲郡人盗发战国魏王墓所得竹书，其中《汲冢琐语》《汲冢周书》都属具有“说体”特征的历史故事集，虽都失而复得，得而复失，但从辑佚中可挖掘直接见录于战国竹简的源自讲说的生动故事，是先秦存在“说体”的一个见证。

“上博简”（《上海博物馆藏战国楚竹书》，共九册）、“清华简”（《清华大学藏战国竹简》，已出七册）均是流散境外、抢救回归的战国竹简，多为文史类典籍，其中多有故事类叙事文本。其中已见传世文本者，恰可用来佐证、参证彼此所援为“说体”，不见传世文献、经辨析乃是援自“说体”文本者，则可作为重要补充。还有一些信息，对于先秦“说体”研究有重要参考价值，“上博简”中“楚王子建不识畴麻”一则为论定《说苑》所辑多为固有先秦文本增添一新证，“清华简”中“鹊集汤屋，小臣逃夏”一则进一步呈现伊尹故事的传说性质等，即可见一斑。

“北大简”也属海外回归，其书抄写年代已属西汉中期，但其中《周驯》则被认定为乃是战国后期周昭文公以讲述历史故事训诫龚太子的记录文本，可视为典型的出自讲说、记录成文的“说体”文本。其中所讲故事可用来作为传世“说体”文本援用来源之证、发生变异之证、尚有缺载之证。而独见于《韩诗外传》佚文的“赵简子立储”（《太平御览》引）于《周驯》中得见，则是《韩诗外传》多直接援用先秦“说体”的一个重要新证。

（6）第六章“先秦‘说体’的文本特征”。

在已经全面挖掘、辨析、占有、梳理先秦“说体”文本的实证基础上，本章对不同于“书体”的“说体”文本的独特面貌做出归纳、总结和揭示。通过综合把握，将先秦“说体”文本归纳为三性：描述性、虚饰性、变异性。“描述性”包括事件讲述的完整性、对话描摹的生动性和举止描述的逼真性，“虚饰性”包括虚拟、夸张、传奇和志怪，“变异性”包括同事异人（张冠李戴）、同事异说（“或曰”“一曰”）、同人事异和同事演绎。由此可见这种文本因“说”而与文学叙事乃至其典型形态中国古代小说的天然契合关系。

（7）第七章“先秦‘说体’文本的传播途径”。

本章尝试对先秦“说体”文本的初始传播、来源及文本形成进行探索性考察。具体包括“‘或告之，传也’：告知传播”“引事为证：先秦人物口中的‘说体’故事”“‘行说语众’：赋诵传播”等几个部分。

“说体”本身即是以传播途径命名的文体，其初始传播的基本途径即是“说”，本章即是要进一步追究先秦时期这些故事最初究竟是谁在说，在哪里说，怎么说，为什么说，由此深化对“说体”文本的把握和认知。

《左传》中常常出现“来告乱”（《隐公四年》）、“不告，故不书”（《隐公元年》）等字样，是事件及其原委直接被告知的证明；“朝夕诵善败而纳之”（《国语·晋语九》），说的是在朝廷在君侧时时讲述历史故事予以提醒；“孔子闻之曰”（《吕氏春秋·去私》）也是有人将故事告知后才发表的评论；“教之《春秋》”“教之《语》”（《国语·楚语上》），是太子傅开设“历史课”讲故事的证明，这些都属于“告知传播”；有些文本中故事套故事，故事出现在人物口中，是口头“援引传播”的内证，包括“臣谏君”和“日常对话”；而由神龟故事的演绎，先秦“语众”的文献信息、先秦“说体”文本中的赋诵迹象，则可推断其时很可能已经有面对听众讲诵故事的传播形式。

（8）第八章“‘说体’与先秦两汉诸体文学”。

本章重在考察“说体”对先秦两汉诸体文学的渗透和影响。包括历史散文在内的史传文学是与“说体”最直接相关的一体，《左传》《国语》《史记》正是因为大量援用“说体”文本，才成为“史传文学”而不单是历史记载。因上述考察已经直观显示了两者的渗透，此章考察即不再涉及“史传文学”。除此之外，与先秦“说体”直接相关的是战国拟托文书写、诸子寓言、汉代辞赋中的故事赋、古代小说和汉乐府中演绎先秦“说体”故事的代拟琴歌。

战国拟托文书写模拟“说体”形式展开叙事和描摹，与先秦“说体”最为难解难分，《晏子春秋》中晏子故事就可分为见于前述的“说体”和拟托创作的“书体”两部分，《战国策》中也多有拟托书写而类似“说体”者。

诸子著述中用于说理的寓言故事，有些属于直接援用“说体”，有些属于模拟“说体”编织故事。《韩非子》《吕氏春秋》中即有大量近似“说体”的喻理故事难以遽断所援是“说体”还是诸子编撰之“书体”；《庄子》寓言则多是杜撰，但其中也多有与“说体”十分相像者。

汉代《神乌赋》《妄稽》的出土与发现，显示了汉代辞赋中有故事赋一体，且都具有明显的赋诵特征；汉代说书俑是讲诵故事表演存在的文物证明。《列女传》中先秦“说体”故事的赋诵演绎以及隐事赋征象，是先秦“说体”在汉代传播的一个缩影。

古代“小说”与“说体”皆因源自“说”而得名；“小说”发生之初也与“说体”连体同胎，“小说”只是“说体”中“街谈巷语”（非史官系统）或“似依托”（非史实）的那个部分。先秦“小说家”著作中有《伊尹说》（《汉书·艺文志》），惜已佚，诸多伊尹故事恰恰颇富于传奇色彩，由此可对小说家著作做出推想。《吴越春秋》对先秦“说体”故事的整合与演绎，则直接呈现了两者的承续关系。

汉乐府中的琴曲歌辞多署名先秦人物，经考证其中确有属于汉代“代拟”歌诗者，这些代拟琴曲歌辞实都在演绎一段先秦人物的“说体”故事，由此可见先秦“说体”在汉代的另一个传播渠道及其对汉代乐府歌诗的渗透和影响。

2. 重要观点

通过对先秦“说体”现象的考察和研究，本成果对中国古代文学、古典学术形成了一些新的认识和把握。

其一，中国古代早期并不拙于叙事，富于情节和描摹的叙事多见于先秦“说体”文本中。

其二，中国古代话本、拟话本、历史演义、章回小说等与“说话”密切相关的叙事传统实可追溯到先秦“说体”文本的传播和记录。

其三，采用、援用“说体”以叙史、论说、经解乃是早期史书、子书、杂说书的普遍现象。“说体”本身的变异性决定了诸书所用文本的差异性。从此不可再据两书先后简单判断材料来源、增补删改，它们都有可能是援用了同源异流的“说体”文本才形成了既互见又有所不同的复杂关系。

其四，拓宽学术视野，打破文类、断代等固有畛域，对文本进行横向、纵向比较研究，这一十分有效的考察途径值得提倡和光大。

三、成果的学术创新、应用价值以及社会影响和效益

1. 学术创新

“说体”是本成果率先提出的全新概念；从先秦西汉各种著述中挖掘、整理、辨析、考证、研究先秦“说体”文本，也是本成果所开拓的中国古代文学研究的全新领域。由此切入，本成果已经为文学史研究带来诸多新的深化和突破。其中最关键的一点即是揭示了先秦“说体”文本的存在，在回答

中国早期文学是否拙于叙事的同时，贯通了中国古代与“说话”不离不弃的叙事文学传统。此外，打破固有壁垒，考察先秦西汉各种史书、子书、杂说书，带来的是文学史审视对象的新拓展；在由两书同见文本判断源流、承续关系时，强调对援用“说体”因素的考虑，带来的是文学史研究方法和尺度的新认识；从各种著述中辨析、挖掘被援用的“说体”故事，揭示其所用“说体”故事已见前述者、亦见他述者、不见前述者；把握“说体”的文本特征，考察“说体”文本的传播途径，梳理“说体”与先秦两汉诸体文学的关系，贡献的是叙事文学研究的新话题；由汲冢书、上博简、清华简、北大简补遗、佐证先秦“说体”，是对出土文献价值的新利用。

2. 应用价值

本成果集中论证先秦“说体”的存在并从各类文本中挖掘、整理、辨析出大量“说体”文本，呈现了中国古代早期的叙事景观，并揭示了其文本特征、传播途径、与先秦两汉诸体文学的交织关系，这对于研究先秦两汉文学者、对于研究其后叙事文学者，都有极其重要的参考价值。

本成果通过全面考察，挖掘出数百则精彩纷呈的“说体”故事，其中通过横向、纵向比较以考察“说体”，使许多经典故事的多个“版本”及其演绎脉络得以立体展现，这些故事本身即具有引人入胜的观赏价值。本成果最后附有《先秦“说体”故事条目总汇》，分为“（诸时期）故事条目”“列国故事条目”“孔门故事条目”三个部分。将经过考察、辨析挖掘出的先秦“说体”故事集中呈现，依次排列，每一故事条目均列出全部文献出处，这样一来，诸故事出现早晚、每一故事见于几部著作、出现先后等一目了然，对于检索、把握先秦“说体”故事，十分方便和实用。

3. 社会影响和效益

“说体”概念的提出始见于笔者发表于《文学遗产》2006 年第 6 期的《“说”“传”“语”：先秦“说体”考索》一文，该文反响极大，被引高达 45 次。“说体”这一概念也已经在学界产生影响并开始被接受，近两年已陆续出现以先秦“说体”为题的研究著述。本成果的推出，必会将先秦“说体”文本研究继续推向深入，在先秦文学研究领域结出新的硕果。

外国文学

《英语文学中的社会主义思潮研究》概要

魏 莉*

一、研究的目的、意义及方法

本成果以经典马克思主义为理论基础，构建了以新马克思主义文学评论理论为依据的评论视角，选取并聚焦于英国、美国、加拿大三个主要英语国家的左翼文学发展历史，全面而深入地研究了社会主义思潮对其文学进程的深远影响，回溯了社会主义500年发展历程中的多种社会主义理论及其文学表征，探讨了社会主义思潮在逾百年的历史进程中与这三个国家的文学和文学评论之间复杂而多维的关系。

本成果采用全球视野下的历时性与共时性双向比较的鉴别方法，在世界文学视域中采用比较文学和比较文化的方法，涵盖文学、文学评论、政治学、历史学、经济学、哲学、美学等多学科的宽泛而丰富的内容，具有跨国家、跨文学、跨文化、跨学科的全球化研究视野。通过严谨的鉴别和比较，本成果梳理出了这三个英语国家的社会主义文学文本和文学评论在逾百年历史中的主要发展脉络和特征，在评述它们的差异点和共同点的过程中彰显其各自特色，做出符合各自国情和客观历史的分析和评价，质疑和挑战了以往西方学术界对英语世界中的社会主义文学、社会主义文学评论和新马克思主义评论所持有的偏见。尝试在21世纪的历史背景下确立比较全面的无产阶级、社会主义文学经典与审美标准，书写社会主义文学发展脉络和表征，并

* 魏莉，内蒙古大学教授。

提供了简明扼要的社会主义文学史和社会主义文学评论史的纲领，进而说明了社会主义文学存在的必然性和合理性，证明了社会主义文学的价值和对当代文化建构的意义。

二、成果的主要内容和重要观点

在世界文学史上，社会主义思潮对英语文学产生了深远的影响。自托马斯·莫尔在《乌托邦》（1516）中提出“乌托邦”理想而萌发了空想社会主义思潮之后，社会意识形态领域中出现了多种多样的社会主义的概念和理论，影响着世界各国的社会沿革、国际政治、国家政体、文化教育、文学发展、经济税收、医疗保险、福利保障等方面的演变和完善，也启迪着人类从未停止步伐去追求和探索一个没有资本主义弊端的完美的社会体制或“自由国度”（马克思语）。历史证明，马克思是人类的人文精神和社会发展的重要导师。以马克思主义为指导的国际共产主义运动和无产阶级革命实践汇成了强大的马克思科学社会主义思潮，在世界范围内催生和繁荣了社会主义文学和文学批评，深刻而悠久地影响着世界文学的构成和发展。马克思主义诞生后，很多国家如英国、法国、德国、俄国、美国、加拿大、澳大利亚、新西兰、古巴、中国等先后成立了共产主义者同盟、共产党、社会主义党等共产主义性质的政党和组织。它们不仅引导了本国的社会主义革命实践，也吸引了大批作家和文学评论家加入共产主义思想阵营和组织，使他们成为社会主义文学发展的核心力量。英国、美国、加拿大、澳大利亚、新西兰等英语国别文学基本上都历经了激进老左翼、新左翼、当代左翼三个发展阶段。这些左翼文学书写不可否认地已经融入了各自民族文学和本土文学的构建，不但勃发出社会主义文学独有的文学特质和持久生命力，也弘扬了马克思主义美学观和共产主义精神。

社会主义思潮也穿越和汇接了浪漫主义、现实主义、现代主义和后现代主义等文学流派的嬗变，增强和丰富了马克思主义文学批评理论的方法和内涵。在20世纪和21世纪初的世界文学研究领域中，主要的文学潮流、评论方法、理论流派多达十余种，经典马克思主义和新马克思主义的理论和评论方法是社会主义文学研究的最具科学性和整体性的指导方法。本成果荟萃了具有国际影响力的经典马克思主义和新马克思主义文学文化评论家和理论家群体，如马克思、恩格斯、列宁、葛兰西、卢卡奇、威廉斯、巴赫金、福柯、阿尔都塞、马尔库塞、詹姆逊、伊格尔顿、斯皮瓦克等，细读了他们具有代表性的学术专著和文章中的理论学说和方法论，研读了经典马克思主义和新马克思主义文学评论方法和理论在20世纪和21世纪不断发展和完善的具体表现，开创性地归纳出新马克思主义文学评论理论的现实性、多维性、全球性、实践变革性、东西方互动性等21个重要特征，创建性地梳理出新马克思主义文学评论理论和方法对女性主义、解构主义、现代和后现代主义、文化研究、殖民与后殖民主义等其他多种理论和评论方法的借鉴和融合的26个主要例证。笔者比较全面地搜集和阅读了欧美英语文学中的社会主义作品及评论文章和著作，探索了多种多样的社会主义思潮对世界文学发展的深远影响，定义性地汇总了空想社会主义、马克思科学社会主义、民主社会主义、费边社会主义、基督教社会主义、美学社会主义、改良社会主义、道德社会主义、伦理社会主义、女性主义社会主义、绿色社会主义等21种社会主义概念和理论及其在文学作品中的表现，展现它们与多种文学潮流和文学批评流派的相互影响与交叉关系。这些研究结果不仅展示出社会主义思潮的复杂性和社会影响力，也充分体现出在马克思主义指导下的新马克思主义文学评论理论和方法的强大生命力和领衔作用。

以马克思主义为源动力和指导思想的社会主义文学在英国、美国、加拿大的国家文学和文学评论发展中呈现出历史化、多样化和本土化的特征。本成果整体考量了英国、美国、加拿大的文学创作和文学评论与社会主义思潮的政治和意识形态理论的关系，确立了三大立足点。其一，坚持辩证唯物主义和历史唯物主义观点和评判思维，尊重马克思主义的发展历程和社会主义运动对世界文学发展的影响，客观再现这三个国家的社会主义文学和文学评论的历史事实，尊重它们呈现出的各具特色的社会主义思潮、理论和实践的特点，以及对它们各自国家文学发展的深远影响，体现客观公平和严谨求实的学术态度和研究精神。其二，汇总马克思科学社会主义和其他多种社会主义思潮的表现形态，展现它们对多种文学潮流和文学批评流派的影响与相互交叉关系。引用经典马克思主义和新马克思主义文学理论和评论方法，在精选并解读英国、美国、加拿大的社会主义文学文本的基础之上，建树社会主义文学在政治与艺术、上层建筑与经济基础、社会变革与个人心理、哲学与文学等多层次的复杂关系中的独特性，从而掌握社会主义意识形态对文学和文学评论的多维度的作用，在运用新马克思主义文学评论理论和方法的实践中做出了全新的尝试。其三，聚焦以英国、美国、加拿大为代表的英语国家的社会主义文学和文学评论，不仅引证了这三个英语国家的马克思主义理论家和文学评论家的学说，而且援引了俄国、法国、意大利、德国、匈牙利等非英语国家的社会主义或马克思主义批评家和理论家的学说与方法论，确立了本成果关于经典马克思主义和新马克思主义评论理论要略和多种社会主义理论与文学关系的精辟论点，也确立了新马克思主义文学评论理论和方法在本体论、认识论和方法论方面的意义。需要向读者澄清和强调的一个问题是，本成果在西方英语文学和西方社会的语境中研究社会主义思潮和社会主义文学的发生与发展，因而是不能完全按照我国固有的政治意识形态和传统观念来界定欧洲、北美和大洋洲的社会主义思潮和社会主义文学表征的。

社会主义思潮催生了社会主义文学，赋予英国、美国、加拿大文学以新的生命、新的方向、新的动力和新的内容，也为文学评论增添了新的评论对象和新的文学文本。由于资本主义和社会主义意识形态的对立，在很长的历史时期，西方资本主义国家的主流阶级和主流传统文化对社会主义文学持有偏见甚至排斥的态度。然而，英国、美国、加拿大的马克思主义文学理论家和评论家、社会主义文学家和左翼学者从不同的角度和层面对社会主义历史和文学做出了评价，挑战了西方主流文学评论的传统和风尚，为世界文学评论开启了新的研究方向和评论话语。本成果以社会主义文本分析为主要核心部分，采用了国别文学的板块式分界结构，在三个主要章节中分别论述了社会主义思潮与英国社会主义文学、美国社会主义文学、加拿大社会主义文学的阐发与影响的关系。本成果搜集和整理了英国、美国、加拿大较为丰厚的社会主义文学文本，深度解读了社会主义诗歌、小说、戏剧的经典文本和代表作。马克思主义和国际共产主义革命运动吸引和汇集了英语国家的一大批作家和评论家加入共产主义思想阵营和组织，投身社会主义文学实践，谱写了他们追随马克思主义和憧憬社会主义理想愿景的激进篇章，为世界英语文学增添了充满革命豪情的诗篇。社会主义文学始终敏锐地感应和反映着社会主义与资本主义在不同历史时期的对抗与对话、博弈与交流；英国、美国、加拿大的社会主义作家和文学评论家也在不同的历史时期及时而果敢地展现出他们的政治洞察力和革命勇气，书写出他们浩然正气的革命豪情与人文关怀。因此，本成果的研究内容具有如下特点和意义：

（1）加深对马克思主义理论的理解和阐释。我们从 21 世纪马克思主义全球化的新视野，梳理了经典马克思主义和新马克思主义文学评论之间的传承与发展的关系，重读《共产党宣言》、《资本论》和《家庭、私有制和国家的起源》等马克思和恩格斯创立的科学社会主义的纲领性文件，探究它们与英国、美国、加拿大社会主义文学和文学评论的千丝万缕的联系。笔者研读了新马克思主义评论家詹姆逊的《政治无意识》和《重读〈资本论〉第一卷》、伊格尔顿的最新版《马克思主义与文学批评》和《文学评论导言》、克里斯蒂娃的《论中国妇女》等论著，加深了对新马克思文学评论理论和方法的理解、掌握和运用。并且，本成果将卢卡奇的和谐论和现实主义理论、巴赫金的超越时空的对话式和复调小说理论、布莱希特的现代主义陌生化戏剧理论、利夫赛的现实主义—现代主义纪录体诗歌理论、克里斯蒂娃的后现代互文性理论、福柯的权力和话语理论、斯皮瓦克的后殖民理论等新马克思文学评论方法和理论，具体运用到分析上述三个主要英语国家社会主义文学文本和文类上，确定出新的社会主义文学评论原则和审美标准。本成果的阅读文献截止到 2015 年出版的新马克思主义理论原著，介绍和总结了其最新理论动态、评论视角和批评话语。

（2）着重研读英国、美国、加拿大的马克思主义文学评论和社会主义文本，确立本成果研究的新视角和新方法。本成果搜集了英国、美国、加拿大的大量的社会主义文学文本，在细读的过程中分析不同文类下的具体文本所呈现出的政治立场、革命实践、美学特征和艺术手法，总结了经典马克思主义和新马克思主义文艺评论理论与方法在文本中的实践和表征，以及在不同历史阶段表现出的相辅相成的理论基础和异同点；引证了英国、美国、加拿大在最近十多年间出版的左翼文学和社会主义文学评论的论著的最新成果，突出了多位新马克思主义文学评论巨擘的主要的批评观点和审美标准、理论框架和分析方法，构建了本成果的篇章结构和评价体系，深刻分析了社会主义作品的文学表征和诗学特征，彰显出社会主义文学的政治与艺术的辩证统一的文学特质。

（3）政治理论与文艺潮流相结合。本成果在历时性与共时性相结合的视域中，在纵横双向比较的框架下，梳理了自空想社会主义兴起之后的多种社会主义思潮发生与发展的数百年历程，概述了经典马克思主义和新马克思主义文学评论理论运用和发展的百年简史，展现了英国、美国、加拿大逾百年的社会主义思潮和社会主义文学的历史进程，解读了多种多样的社会主义概念和理论兴起的政治背景和内容，以及政治理论对社会意识形态和文学文化风尚的深度影响。本成果探讨了在政治理论和政治变革影响下涌现出的纷繁复杂的社会主义思潮和理论与其他文艺思潮如浪漫主义、现实主义、现代主义/后现代主义、女权/女性主义、后殖民主义、乌托邦/科幻文学、族裔文学等文艺潮流的多重阐发和交叉关系，印证了文学的人文性、社会性和政治性，呈现了社会主义文学潮流的政治艺术和审美特质，强调了绿色社会主义、美学社会主义和无政府主义社会主义等以往被忽略的社会主义思潮，回溯了社会主义理论和运动与上述文艺思潮之间多维而深层的意义。

（4）理论建构与文本研究相结合。新马克思主义评论理论大量吸收了20世纪和21世纪多门学科的研究成果，形成了一整套独具特色的文学评论立场、视角、方法和话语体系，也与结构主义、解构主义、女性主义、生态主义等其他20世纪和21世纪盛行的文学理论和评论方法建立了交叉与融合、发展与开放的关系，发展成为评判和解析社会主义文学的最客观和最科学的理论指导。本成果以新马克思主义文学理论为框架，对社会主义思潮和社会主义文学文本及其历史进行研究，能够实现对经典马克思主义和新马克思主义评论理论的历史性和现代性的深入把握，也有助于了解其他主要的非马克思主义评论方法的缺陷和盲点。

在2010年确立本成果的研究课题之前，国内学术界对新马克思主义文学评论理论已做出卓有成效的研究和译介。例如，《文艺学当代形态论》（董学文主编，1998），《当代马克思主义文学批评》（弗朗西斯·马尔赫恩编，刘象愚等译，2002），《当代西方文艺理论》（朱立元主编，2005），《西方文学理论史》（董学文主编，2005），《文学批评方法与案例》（邱运华主编，2006年）等论著从不同层面介绍、梳理和分析了新马克思主义评论理论和方法。有关欧洲和北美文学史的研究成果也为我们提供了客观有力的参考。例如，《欧洲文学史》上下卷（杨周翰主编，1979），《欧洲文学史》（李赋宁总主编，1999），《美国文学史》（董衡巽等编，2002），《加拿大文学史》（威廉·赫伯特·纽著，吴持哲等译，1994)，《加拿大英语文学史》（威·约·基思著，耿力平等译，2009）等。国内学者也开始将研究视角投向欧洲、北美洲和大洋洲的主要英语国家的左翼文学研究，出版了论著《法国现当代左翼文学》（吴岳添，2007)，《苏珊·桑塔格与当代美国左翼文学研究》（王予霞，2009)，《新西兰文学史》（虞建华，2015）和《澳大利亚文学批评史》（王腊宝等，2016）等。所有这些研究给予本成果研究以坚定的信心和宝贵的借鉴。《欧洲文学史》（1999）谈到英国在“1867 年，国会通过第二改革案，国内许多城镇工人得到了选举权，这在一定程度上标志着工人阶级走上政治舞台。工会力量加强，社会主义倾向明显；到了 20 世纪初，英国出现了工党。当然，英国的社会主义要细加分析……”（第 525 页)，说明学界前辈在 20 世纪末已经提出英国社会主义是值得深入关注的问题。从上述论著的整体内容和覆盖比例来看，国内学界对英语文学中的社会主义文学板块的研究还需加强和加深，也需深入研究英国、美国、加拿大的社会主义文学创作和社会主义文学评论史。而本成果着重探析的也正是具有代表性和典型性的英国、美国和加拿大的社会主义对各自文学和文学理论产生的深远影响。

本成果最初的框架没有把澳大利亚和新西兰的社会主义文学纳入研究的范围，但是在修订出版本成果之际，笔者惊喜地查到且通读了《新西兰文学史》和《澳大利亚文学批评史》，对社会主义思潮之于英语文学的影响界域又有了新认识，也将是笔者未来研究的新内容。《新西兰文学史》指出，“新西兰人抱着一种带有文化达尔文主义色彩的对社会进化的信仰，跃跃欲试，希望在荒原上建起一个合理、正义的社会体系。各种社会理想，如基督教资本主义、平权个人主义、马克思主义和基督教社会主义等，纷纷在新西兰登陆，新西兰也因此被看成是世界的‘社会实验室’”（第 14 页)，并且涌现出了以马克思主义诗人梅森（R. A. K. Mason）和毕生热爱中国的诗人路易·艾黎（Rewi Alley）为代表的左翼作家，而且“1935 年新西兰工党以‘社会主义’为纲领，在大选中首次获胜”（第 96 页)，为新西兰的政治体制和社会生活刻上了社会主义的烙印。《澳大利亚文学批评史》在第一部分的第一章“民族主义时期的澳大利亚文学批评”和第七章“澳大利亚早期左翼民族主义文学批评”及第三部分的第五章“‘新左翼’、土著及移民文学批评”中，明确地指出：“19 世纪后期，社会主义思潮通过报纸杂志在澳大利亚得到广泛传播”；弗兰西斯·亚当斯和玛丽·吉尔摩等是“19世纪末的澳大利亚社会主义运动中涌现了一大批颇有才情的文学艺术家”的代表；“20世纪30—60年代的澳大利亚共产主义运动不仅推出了一批重要的作家和作品，也形成了具有独特理论和实践风格的左翼批评”；以凯瑟琳·普里查和弗兰克·哈代等为首的“共产党作家成了领导澳大利亚左翼文学的核心力量”（第8～11页）。我们在跟着《澳大利亚文学批评史》梳理澳大利亚社会主义思潮和社会主义文学发展的过程中欣慰地发现，在本成果框架下，澳大利亚左翼文学和加拿大左翼文学颇为相似，它们都有“‘新左翼’和‘老左翼’之分”，分别与“国际共产主义运动”和“英美等国‘新左翼’运动”激发的“后马克思主义性质的社会思潮”有关。

国外学术界也在关注社会主义思潮和共产主义运动对一些英语国家文学及其左翼作家的深远影响，并出版了相关的文学评论成果。例如，英国学者古斯塔沃·克劳斯的《英国的社会主义小说：努力复原一种传统》（1982）和《社会主义小说之兴起：1880—1914》（1987）等；美国学者丹尼尔·阿伦的《左翼作家：美国文学共产主义的插曲》（1961；1992）和詹姆斯·吉尔伯特的《作家与党派：美国文学激进主义历史》（1968）等；加拿大学者詹姆斯·道尔的《进步传统：加拿大政治激进文学传统的演变》（2003），坎迪德·里弗金德的《同志们与批评家们：加拿大三十年代的女性、文学和左翼》（2009）和乔迪·纳森的《书写失业：20世纪加拿大文学中的失业性，流动性，公民地位》（2013）等。这些文学评论专著为学术界开辟了研究英语国家的社会主义文学和文学史的新视域，也是本成果的借鉴蓝本。然而，总体上，上述专著偏重于社会主义文学史或左翼文学史的研究，还没有得到文学文本分析有力的和充分的支持；对社会主义理论在整个20世纪至21世纪头十七年间对英语文学作品影响的研究还不够充分；运用新马克思主义文学评论理论研究这段历史时期中社会主义理论对文学作品影响的书籍尚未面世；而最具有社会主义性质的加拿大在21世纪后出版的左翼文学史，以及美国和英国近几十年的左翼文学作品、文学史和评论史，在我国学界还没有得到充分和系统性的译介和研究。这为本成果的研究提供了足够空间。本成果旨在弥补国内学界对西方社会主义文学研究的一些不足之处，全方位展示和比较以英国、美国、加拿大为代表的英语文学对社会主义理论与实践的接受、弘扬、质疑或多元化表现，找出社会主义文学的共同点和有机的全球化联系，加强和促进世界各国社会主义文学之间的对等交流与国际联盟。本成果有助于加深对英国、美国、加拿大社会主义作品和社会主义作家、经典/新马克思主义文学理论家和批评家的认识和理解，从而掌握英语世界中比较前沿的社会主义文学和新马克思主义文学理论的发展动态。

三、成果的学术创新、应用价值以及社会影响和效益

本成果的学术创新在于，在对通常意义上的经典马克思主义和新马克思主义的政治和意识形态做出评论之外，还对英国、美国、加拿大逾百年的社会主义文学和文学评论进行了专业性的文类化和理论化，对这三个英语国家的社会主义文学史和社会主义文学评论史进行了综合比较和鉴别。包括对诗歌、小说、戏剧和文学评论的分析和总结，从特殊性到复杂性，以理论到实践再到理论为出发点，划分出在新马克思主义视域中的英语国家的社会主义诗歌学、小说叙事学、戏剧学、文学和文化评论的研究范围，并提倡学术流派的多元化与对话性。笔者相信，这种研究结果能够令人信服地证明经典马克思主义、新马克思主义以及后马克思主义的文学评论和理论话语在当今时代背景下所具有的现实意义和应用性。

本成果以丰厚的史料文献和文学文本为基础，确立了宽泛的研究视域。其一，本成果探究了英国、美国、加拿大三个英语国家的社会主义文学和文学评论的悠久历史，追溯了从19世纪末到21世纪头十七年的历史长河中发生的文学大事记，提供了英语世界自古到今的较为翔实的社会主义理想、思潮、思想和话语体系在文学和文学评论方面的相关信息和可供学界参考的文献资料。本成果参阅和使用了英汉两种语言的第一手和第二手资料，以最具有当代意义、最具有学科前沿性且尚未被国内翻译、编译和评介的英语原版资料为多数，其中很大部分是21世纪近十几年才面世的重要文献。其二，本成果精选并着重研究了英国、美国、加拿大的二百余位社会主义作家的文学作品。他们中间有坚定的马克思主义者和社会主义者，也有追随社会主义理想和愿景的左翼激进先锋，其中还不乏受到马克思主义思想和社会主义思潮启迪和影响的诺贝尔文学奖获得者。尽管他们中间的有些作家后来因为苏联入侵捷克斯洛伐克或斯大林问题而不再信仰社会主义或脱离社会主义组

织，但是他们的作品却永远地铭刻着社会主义思潮的烙印，也形成了一种全球性的彼此呼应、相互加强的文学文本间性。在世界政治风云变幻的历史进程中，一部分无产阶级和社会主义作家坚守社会主义和共产主义信念，顽强而巧妙地以多种文学形式创作了光辉的社会主义文学篇章，在世界文学中见证了社会主义思潮的存在，延续了社会主义文化的记忆。

在过去十多年中，无论是英国、美国、加拿大学术界涌现出的左翼文学评论著作，还是我国学者出版的有关英语国家的社会主义文学的研究成果，对于重新发掘被边缘化和妖魔化的社会主义文学作品，对于重新建树世界文学中的无产阶级和社会主义经典而言，具有深远的历史意义和深切的现实意义。

本成果旨在为国内和国际的外国文学研究领域提供一个新的研究视角和前瞻性研究思路，提供一种以新型的历史唯物主义为世界观，以辩证唯物主义为方法论，以新马克思主义评论理论和文学理论为视角的研究社会主义文学的学术论著；为我国具有特色的社会主义文学和文化的持久发展和繁荣昌盛提供有价值的借鉴。本成果的参考文献较为前沿和丰富，力图为学术界和研究英语文学的学者和研究生们提供一本资料较为全面翔实、客观科学的具有学科前沿性的教材和工具书。

《中印佛教文学比较研究》概要

侯传文*

一、研究的目的、意义及方法

佛教文学是随着佛教的兴起、发展和传播而形成的文学现象。在东方各国，尤其是印度和中国，佛教文学源远流长，博大精深，是人类文学的重要遗产，是东方文化的重要载体，蕴含着丰富的关于自然、社会和人生方面的思想智慧，值得进行深入的发掘和阐释。本成果旨在对佛教文学进行现代性阐释，重新确立其文学史地位，有助于开拓中国文学和印度文学的研究领域和空间。

佛教文学是中国和印度文学史上的重要文学现象。印度佛教文学是印度文学的重要组成部分。中国佛教文学既是印度佛教文学影响的产物，又具有深厚的中国文化底蕴，是中国文学的重要组成部分。通过中印佛教文学比较研究，有助于认识两国文学与文化特点，有助于进一步加强文化交流。

佛教文学是跨民族、跨语言、跨文化、跨学科的文学现象，为比较文学研究提供了丰富的素材和巨大的空间。本成果以比较文学的思路和方法研究佛教文学，在佛教文学和比较文学研究领域都具有开拓意义。

本成果基本研究思路是本体研究与比较研究相结合。所谓本体研究是对印度佛教文学和中国佛教文学分别进行研究。所谓比较研究是对中国和印度佛教文学进行影响与接受、主题学、文类学、诗学等方面的比较研究。

* 侯传文，青岛大学教授。

本成果充分运用比较文学的理论和方法，将比较意识贯穿于总体规划和整个研究过程中。根据国内外佛教文学研究中比较研究尤其平行比较研究薄弱的现状，本成果在本体研究与比较研究相结合的基础上，重点突出比较研究，在比较研究方面则突出主题学、文类学、比较诗学等平行比较研究。此外，在各有关专题中还进行了佛教文学与宗教神话、历史、艺术、哲学、伦理学、民俗学等方面的跨学科研究。除了比较文学方法之外，本成果还适当借鉴了一些比较新的文学理论和文学批评方法，如原型批评、生态批评、叙事学、阐释学等，对佛教文学进行新的阐释和开掘。

二、成果的主要内容和重要观点

“佛教文学”有广义和狭义之分。广义的佛教文学包括佛教影响下的各种文学现象和作家作品；狭义的佛教文学是指那些由佛教教主和信徒（僧人或居士）创作或改编，表现佛教思想、宣传佛教教义、表达佛教信仰、表现宗教情感、体现佛教宗旨情趣的文学现象和作家作品。本成果论述的佛教文学以狭义为主，但许多章节不局限于狭义的佛教文学，而是从比较文学的观念、方法和研究视野出发，在更广泛的意义上对佛教文学现象进行探讨，以期对佛教文学的特点、成就、影响、价值等相关问题有更深入的认识。

印度佛教文学是印度文学的重要组成部分，其思想观念、文体形式、艺术手法和表述方式，都是在印度文化和文学传统中形成的。印度佛教文学对出世离欲生活的肯定、关于解脱的人生目的的追求、慈悲仁爱与非暴力精神的表现以及自然美的发现，都是具有出世精神的印度仙人文化影响的结果。从文体形式的角度看，佛教文学文体与印度古代文学文体的发展是一种互动共进的关系。一方面，佛教文学形成之初直接采用了已经发展成熟的印度民族文学体式；另一方面，佛教文学在文体形式方面的创造性发展，也为印度文学民族体式的发展做出了积极贡献。

中国佛教文学既是印度佛教文学影响的结果，又是博大精深的中国文化和文学传统的产物。在具有入世性、务实性和人伦性特点的中国文化与文学传统中，具有出世精神和神话思维特点的佛教文学属于另类，具有异质性。同时，中国佛教文学又以孝道思想、历史意识、本土题材和民族形式实现了对印度佛教文学的超越。

中印佛教文学是比较文学影响研究的资源宝库和天然对象。比较文学影响研究及其分支影响学、接受学、媒介学、变异学、异域形象学等，则是进行中印佛教文学比较研究的重要切入视角。

从影响学的角度看，佛教传播与佛经汉译不仅催生了中国的佛教文学，而且对中国文学的理念、主题、题材、形象、文体、语言、修辞等方面都产生了深刻的影响。这种影响在中国文学的总体发展和作家个体的具体创作中都有突出的表现。从接受学的角度看，印度佛教文学在中国的接受主体可分为佛门僧人和信佛但不出家的居士文人。他们既是印度佛教文学的主要接受群体，也是中国佛教文学的主要创作群体。从媒介学的角度看，佛经翻译和中印及西域僧人的互往交流，是以佛经为代表的印度佛教文学在中国影响与接受的主要媒介。

持续千余年的佛经汉译活动，产生了上百位翻译家，留下了丰富的汉译佛典，总结出了深刻的翻译理论，形成了优秀的翻译文化，成为中印文化交流的重要成果。佛经的大规模汉译意味着印度文学大量移植到中国。这种移植为中国文学带来了新的气象，不仅直接催生了中国的佛教文学，而且使中国文学在题材内容、主题题旨、艺术形象、文体形式、表现手法、文学思想和审美趣味等方面都出现了一定的印度化现象。中印佛教文学的交流不是单向的由印度流向中国，而是双向的交流互动。以《证道歌》为代表的中国佛教纯文学作品曾西传印度，具有历史意识的中国佛教传记文学，曾对佛传发达、僧传缺乏的印度佛教传记文学产生影响，西行求法的中国高僧们也以丰富深湛的印度书写为研究印度佛教文学史留下了宝贵资料。这些都是中国佛教文学对印度文学的成功反馈，是中印文学互动交流关系的重要表现。

印度佛教文学在进入中国的过程中，伴随着中国文化语境的过滤，这一方面基于文化差异，另一方面是文化交流中接受者主体性的体现。中国对佛教文化的接受总体上说是主动拿来的，在佛教经典选译、佛经的注疏阐发、佛教宗派和类型的选择等方面，都发挥了文化过滤的功能，体现了文化接受的主体性。在文化过滤的基础上，中国接受者对印度佛经产生了无意或有意的误读。在误读的基础上，佛教文学的思想内容、艺术形象和文体形式在中国文化语境中都发生了深刻的变异。这样的变异是一种创新和发展，使中国佛教文学成为中国文学的重要组成部分，而不是印度佛教文学的中国分支。

在中国佛教文学中，“佛国”成为最有代表性的印度符号。这既是中国佛教文学的一个重要现象，也是中国文人在佛教接受过程中对印度的形象化阐释。中国佛教文学中佛陀形象的变迁，是佛教传入后与本土儒、道文化关系演变的一个折射，是崇佛与抑佛之争、冲突与融合相间的清晰化展现。法显、玄奘、义净等高僧远赴印度求取佛法，则是对佛国印度这一巨大文本的在场阅读。他们归国后的撰述，成为了解古代印度文化、承载两大文明交流信息的珍贵记载。未能亲历印度的文人群体也通过创作，在对异域文化进行全面想象和描述的同时，实现对自身文化的反思。其中，纯文学作品《西游记》是一个典型的范例。

中印佛教文学发展过程中形成了许多具有普遍性的主题或题旨，适合进行比较文学主题学研究。本成果重点关注了山林栖居与山水情趣、净土发愿与佛国往生、众生平等与慈悲仁爱、相依缘起与因缘果报等体现佛教特有生活和修行方式、表现佛教独特思想和特殊关切的文学主题或题旨，进行了比较深入的挖掘和细致的阐述。

源于森林文明的“山林栖居”是佛教独特的修行方式和生活方式，也是佛教文学的重要主题，由此在佛教文学中形成了大量的山居诗。这些山居诗将山水情趣与修道体验相结合，表现人与自然的亲缘关系，有助于自然美的发现和表现。佛教文学的山居诗追求外部自然环境的寂静与内在心灵平静的融合，形成了“寂静”这一佛教诗学范畴，其中蕴含着诗意栖居的生态智慧。

印度佛教文学中的“佛国净土”源于印度神话传说中的地上乐土和天国世界，是佛教文学创造的一个超验的理想世界。印度佛典中描绘了许多佛国净土，其中影响较大的有未来佛弥勒的弥勒净土、阿閦佛的东方妙喜世界、阿弥陀佛的西方极乐世界、药师佛的东方净琉璃世界。这些佛国净土随着佛经的传译都来到了中国，其中影响较大、形成民众信仰并在文学作品中经常出现的主要是弥勒净土和弥陀净土。佛教净土文学通过发愿、忆念、观想和赞颂，表现往生净土的理想，体现了人类集体无意识的乐园情结。在人类文学史上表现乐园母题的文学中，佛教净土文学的佛国净土描写最细致，乐园情结表现最充分。

不杀生、慈悲、众生平等、无情有性是佛教文学表现的重要主题，也是佛教伦理的核心概念和基本命题，体现了佛教自然伦理的逻辑内涵和体系特点。“不杀生”居佛教戒律之首，属于消极的非暴力，其内在的“慈悲”精神属于积极的非暴力，其伦理学基础是“众生平等”，体现了宗教伦理、社会伦理和自然伦理的统一。“无情有性”在众生平等的基础上进一步扩展了道德关怀空间。佛教伦理以服从自然律、以自然万物为关怀对象和顺乎自然的无中心，突显了自然伦理的本质特征。不杀生和慈悲基于对个体生命的尊重和众生之间的同情，与现代环境伦理学的个体主义和仁慈主义相通；众生平等和无情有性基于对生命共同体和自然界的道德关怀，与现代生态伦理学的整体主义和自然主义相通。佛教自然伦理以个体与整体的统一、仁慈与自然的统一，为现代生态伦理学提供了有益的借鉴。

生态整体主义是以生态为中心的整体主义世界观。佛教文学表现的“相依缘起”的世界观强调事物之间互为条件、互相依存，与现代生态整体主义世界观有相通之处。基于缘起论的“无我论”从否定的意义上说明世界的整体性，是佛教整体主义世界观的进一步展开。佛教的业报轮回观念基于宇宙生命的自然循环，表现人与自然统一的生命意识，蕴涵着无中心的生命整体主义思想，揭示了自然生命神圣不可侵犯的天赋权利。佛教将果报分为“正报”和“依报”，前者指有情众生的生命主体，后者指生命主体所赖以生存的环境，并强调“依正不二”，即生命主体与生存环境是一个整体，进一步说明人与环境的统一关系。这样的“依正不二”的业报理论和“无情有性”的佛性论，超越了人类中心主义，以整体主义的态度看待宇宙万物，为现代生态整体主义提供了丰富的思想资源。

中印佛教文学发展过程中形成了许多独特的文学体式，其中偈颂与赞歌等佛教歌诗、佛传与僧传等佛教传记、变文与佛教说唱文学，以及譬喻、小说等，或具有鲜明的佛教特色，或影响深远意义重大，都具有重要的文类学意义。

偈颂是印度佛经中常见的诗歌体式，对中国佛教文学也产生了深远的影响。赞颂是在偈颂基础上发展起来的一种独立诗体，主要用于赞佛。中国佛教赞歌既有印度佛教赞颂的影响，也有对本土赞颂文体和民间歌谣的借鉴。在印度，偈颂与赞颂都是能够入弦的歌诗。在中国，直接源自印度佛经的偈颂失去了音乐性，演变成为以说理谈玄、悟道证法为主的哲理诗；而本土色彩较浓的佛教赞歌一般和乐能唱，与印度佛教偈颂与赞颂的歌诗传统更加契合。

佛传与僧传是佛教传记的两种基本类型。印度佛传丰富，传主释迦牟尼由作为人的世尊演变成为至上神和救世主，反映了印度佛教的发展演变过程，也体现了印度民族特有的神话思维。中国僧传发达，基于深厚史学传统的僧传，反映了佛教中国化的过程，也体现了中华民族独具的历史意识。佛传僧传既有不同的民族特征，又有相同的文类特点，是中印文化交流的产物；其中既有印度佛传对中国僧传的影响因素，也有中国史传文化对印度僧传的反馈作用，形成互动关系。基于史实的历史性、表现形而上追求的宗教性和注重形象塑造的文学性，构成佛教传记文学的文类特征。

文类学意义上的譬喻，主要指佛经中大量存在的有寓意的故事。譬喻是佛陀说法的方式之一，即通过讲故事的方式阐述深奥的佛理，使听者容易接受和理解。譬喻是佛陀及其弟子讲经说法的重要手段，佛经中有如《百喻经》等大量专门的譬喻类经典，更多的是几乎散布在所有佛经中的譬喻故事，形成佛教文学特有的一种文学文类。譬喻故事大多取材于人们的日常现实生活，另外还有许多动物譬喻和神鬼譬喻，其寓意一般都十分明显。譬喻是佛典中最具文学性的文体之一，其故事大多富有哲理或生活情趣，情节生动活泼，结构相当完整，语言通俗而寓意深刻。佛经中的譬喻对于中国文学艺术的发展产生了重要影响，一方面一些譬喻故事的内容和义理进入了中国文学作品，另一方面譬喻也影响了中国文学的表述方式。中国古代的许多寓言、小说和戏曲借鉴了佛教譬喻故事的创作方法。

佛教说唱文学体式大致生成于隋唐时期。这一时期里，汉译佛典奠定其思想源头和文本依据，六朝梵呗夯实其音乐基础，寺院唱导与讲经提供了其表演和形式依据，民间俗讲、转变、说话等表演艺术刺激了它的发育成熟，而变相图则成为变文之图文并茂的文本样式生成的特殊要素。从敦煌变文至明清宝卷以及“目连戏”，从敦煌佛教话本至宋元说经话本以及“西游”系列评书，从敦煌佛曲、佛教曲子词演变至经歌、佛曲小调，佛教说唱文学的三大类别形成了交互发展、各有主线的演变特色，以及行文上韵散交错、语言上口语为主、时空架构上多维转换的主要文类特点。

印度佛教文学中的本生故事、因缘故事、譬喻故事等散文叙事文学都可以看作初级形态的小说。印度小说文体早熟又早衰，所以印度佛教小说没有发展起来。在中国，一方面佛经故事的传译对小说产生了直接的影响；另一方面佛教也借助于小说等文体形式进行宣教，从而产生了一些具有佛教特色的小说类型。从志怪到传奇，从变文到话本，佛教文学都扮演了重要角色，使佛教小说成为佛教文学的重要文类，在母题类型与叙事结构方面都表现出鲜明的特色。志怪与传奇既是佛教小说的两大种类，也是佛教小说文类的两大特色。从文类学的角度看，离魂、变形、转生、神通变化、化身下凡、因缘果报等强化了佛教小说的志怪与传奇特点。从文体演变的角度看，佛教小说深厚的历史底蕴、强大的故事基因和明显的说唱遗传，具有重要的文类学意义。

佛教诗学是中印佛教哲学与佛教文学交流的产物。境界、妙悟、圆通、寂静等源于佛教哲学并在佛教文学中孕育发展起来的诗学概念，是积淀着佛教思想智慧、凝结着佛教审美精神、具有东方思维特色的佛教诗学关键词。这些关键词之间的关联互动，构成独具特色的佛教诗学体系，包括以境界论为核心的创作论、以妙悟论为核心的鉴赏论、以圆通论为核心的方法论、以寂静论为核心的目的论，体现出超越性、审美性、主体性以及辩证思维等佛教诗学特点。

“境”与“境界”都是佛教哲学术语，其中“境”主要指感觉对象，“境界”含义更丰富，除了感觉对象之外，还指向更宽广的精神活动领域。“境”与“境界”先后进入中国诗学，成为中国诗学的关键词，并衍生出“境象”“物境”“情境”“意境”等诗学概念，形成以“境”为核心的境界诗学体系。其中有从创作主体角度提出的取境论、缘境论和造境论，有从审美客体角度提出的物境论、情境论和意境论，进而发展成为创作者和鉴赏者互动共享的境界论。由诗人之“境”和文本之“境”到审美之“意境”和“境界”，境界诗学由最初注重创作技巧风格问题发展到艺术审美活动的整体观照，使佛教境界诗学体系不断深化、不断完善。

“妙悟”作为中国佛教诗学的一个重要范畴，包含多层文化内涵。体现直觉思维方式的佛教“妙悟”哲学，适应中国文化土壤，与中国儒道思想在冲突与融合中形成独具特点的诗学审美范畴。“妙悟”广泛出现在中国佛教诗学发展的不同历史时期，成为诗人追求的至高艺术境界。“妙悟”由佛教哲学领域进入诗学领域主要归功于严羽的诗学理论阐释，其诗学代表作《沧浪诗话》在继承前人理论的基础上，结合具体诗作对“妙悟”说进行了系统阐述，形成中国诗学理论中重要的审美范畴。在“妙悟”诗学范畴中诗与禅既有诗化禅境的融合，也有言为心声的相离。“妙悟”诗学不仅在作诗参禅中得以体现，而且在书、画、词、乐等其他文学艺术形式中得到广泛的运用。

“圆通”是佛教哲学的重要概念，与“圆融”等交叉并用，主要指事物之间的互涵互摄、事理之间的融会贯通以及佛教智慧的周遍不二，进而成为一种以消除差别、泯灭矛盾为特点的佛教世界观、认识论和思维方式。在佛教尚圆意识和圆通精神的基础上，形成了中国圆通诗学。不仅许多佛教诗人以诗歌形式表现圆通思想，而且在与佛教有缘的文学理论家如刘勰、皎然、司空图、严羽、姜夔、李渔等人的著作中都有与“圆”相关的诗学阐述，如刘勰不仅有“圆转之思”“圆照之象”等圆通诗学思想，而且直接提出“辞贵圆通”“义贵圆通”等观点。圆通诗学包括圆美观念和圆通精神两个方面，其中圆美观念包括圆成之美、圆活之美、圆润之美以及圆融之美；圆通精神主要体现为艺术审美活动中的综合性思维方式和审美方式。作为艺术审美活动中的综合性思维方式和审美方式，圆通诗学不仅打通文学创作的各个环节，消除审美主客体之间的隔阂，而且追求和谐之美与团圆之趣。这种圆通精神既可以在审美创造过程中得到体现，也可以在审美鉴赏中发挥作用。

中印两国各派哲学都有尚静的传统，但只有佛教将其上升到哲学本体的高度，将“寂静”作为“涅槃”的同义语，视为解脱的最高境界。佛教诗人作品中经常表现的寂静境界，既是一种可以体验的外在客观境界，又是一种主观感受和内在追求。在丰富的文学创作基础上，诗人和评论家概括出“寂静”诗学范畴。在印度，诗学家欢增、新护、毗首那特等都有对“寂静味”或“平静味”的论述。在中国，最早将“静”升华为诗学范畴的是唐代诗僧皎然，他在诗学著作《诗式》中将“静”作为诗的“体格”之一。作为诗学范畴，寂静具有丰富的审美内涵：从本体论的角度看，寂静是一种终极性的审美境界。从价值论的角度看，寂静意味着对现实社会和世俗功利的超越。从目的论的角度看，寂静是审美主体对外在寂静和内在平静的体验，伴随着审美愉悦。从方法论的角度看，审美主体的“寂静”主要表现为静观，不是一种被动的静止状态，而是心灵能动性的发挥；不是主体的泯灭或放弃，而是在静观中实现心灵的自由，体现出辩证思维特点。以离欲为基础、以超越为特征、以快乐为目的的佛教寂静诗学在今天仍有其特殊价值和积极意义。

三、成果的学术创新、应用价值以及社会影响和效益

总体而言，本成果从主题学、文类学和比较诗学等方面对中印佛教文学进行比较研究，在研究思路、研究方法、学术观点、资料发掘方面都具有创新性。具体来看，主要体现在以下几个方面：

（1）将印度佛教文学置于印度仙人文化与文学传统之中，探讨其中的民族精神，即印度民族独特的世界观、人生观、价值观、道德观和审美观的表现，进而提出佛教文学文体与印度古代文学文体的互动共进关系。

（2）将中国佛教文学置于中国士人文化与文学传统之中，探讨其异质性与本土化的矛盾运动，分析其既不同于中国传统文学也不同于印度佛教文学的特质。

（3）在佛教文学的影响与接受研究方面，本成果着重在佛经汉译与中印佛教文学交流、文化过滤与文学误读、文学变异学、异域形象学等前人研究比较薄弱的领域进行开拓，其中关于中印佛教文化和文学之间的双向互动交流、中国佛教文学中的印度形象研究等，都具有开创性。

（4）在佛教文学主题学研究方面，本成果不仅开创性地发掘出能够体现佛教独特修行方式、独立思想体系和特殊问题关切的文学主题，如山林栖居、净土往生、相依缘起、慈悲仁爱、众生平等、业报轮回等，进行比较文学主题学研究，而且运用新兴的生态批评理论和方法进行深入研究和现代性阐释，在理论方法上也有新的开拓。

（5）本成果对偈颂赞歌与佛教歌诗、佛传僧传与佛教传记文学、变文与佛教说唱文学、佛经譬喻文学、志怪传奇与佛教小说等具有佛教文学特点的文体进行文类学研究，在佛教文学研究和比较文学研究领域都具有开拓性。

（6）本成果提出佛教诗学概念并总结出佛教诗学体系。对前人研究比较多的境界论和妙悟论，从佛教诗学的角度做了新的梳理和解读。对前人研究不多的圆通论和寂静论等，则进行了系统梳理和深入阐释，更具有创新性。

作为基础研究成果，本成果在许多方面具有开拓性和创新性，因而具有

重要的学术应用价值，主要体现为：

（1）可以为佛教文学研究、比较文学研究、东方文学研究、印度文学研究和中国文学研究提供参考。

（2）佛教文学是跨民族、跨文化、跨学科的文学现象，为比较文学研究提供了丰富的素材和巨大的空间。在这方面前人研究不多，本成果着重佛教文学比较研究，在比较文学和佛教文学领域都具有开拓性。

（3）佛教文学主题学、文类学和诗学研究需要将文学理论与佛教文学作品很好地结合起来，进行双向阐发。通过双向阐发，本成果不仅使佛教文学的内涵和意义得到充分的发掘，而且有助于相关文学理论和批评方法的深化和发展。

本成果亦具有一定的社会影响和效益，佛教文学是东方文化的重要载体，蕴含着丰富的关于自然、社会和人生方面的思想智慧。本成果比较重视佛教文学传统与当下现实的对话。比如，用生态批评理论研究佛教文学，可以发现，佛教文学中的山林栖居、净土发愿、心净土净等基本主题中蕴含着诗意栖居的生态智慧，众生平等、无情有性等基本主题则是佛教自然伦理的基石，具有重要的生态意义。本成果对佛教文学中蕴涵的丰富的生态智慧的发掘和阐释，对当下的生态文明建设有一定的启示意义。

语言学

《汉语词类史稿》概要

周生亚*

一、研究的目的、意义及方法

1. 研究目的和意义

有文字记录的汉语历史就有四五千年的历史。汉民族共同语，在长期形成和发展中，对传播中华文化、团结中华民族、维护国家统一诸多方面都起到了不可替代的伟大作用。“汉语史”是专门研究汉语历史发展的新兴学科，是综合性大学中文系（文学院）语言专业必修的一门专业课。“汉语史”和我国传统上讲的音韵学、训诂学和古代汉语语法不同，它们在研究对象和方法上均有较大差异。“汉语史”是由汉语语音史、汉语语法史和汉语词汇史三大部分构成的，而汉语语法史又是由汉语词类史和汉语句法史两大部分构成的。我们研究“汉语史”的根本目的，即在于揭示、认识和掌握汉民族共同语产生、形成的历史，认识和掌握汉语历史发展的内部规律，并以此为基础，更有力地介入、规范现代汉语的实践活动。对汉语语法史自身而言，汉语词类史研究和汉语句法史研究，两者也是息息相关的。汉语词类史研究是汉语句法史研究的前提条件，是科学而又系统地构建汉语语法史框架，乃至建设整个汉语史学科必不可少的重要环节或基础性工程。

2. 研究方法

本成果在研究中，主要采用了以下四种方法，形成了本成果的鲜明特色：

* 周生亚，中国人民大学教授。

（1）归纳法。

归纳法是研究语法所采用的最基本的方法。本成果首先从上古、中古和近古的众多的文献中，广泛地搜集例证；然后从众多的例证中，经过精心的选择、考证，用归纳法去确认一条条语法规律的产生与变化。在采用归纳法时，还要充分考虑到语料的真实性、规范性和典型性。真实性是指语料真实无误。如近古汉语语料，本成果就多采自刘坚、蒋绍愚主编的《近代汉语语法资料汇编》（唐五代卷、宋代卷和元代明代卷），是因为这些资料都是经过多位专家校勘过的。对于敦煌变文资料，本成果也是以使用《敦煌变文校注》为主，原因相同。规范性是指语料使用时应尽力避开方言成分，紧紧地向共同语或北方话靠拢。典型性是指例证的选择，要尽量通俗易懂，并与说解相合，不要自相抵牾。

（2）比较法。

语言规律的生成、变化是十分复杂的。为确认一条规律的存在，有时还必须对所用语料进行比较。这种比较既包含同一民族语言的共时性或历时性的资料，也包含不同民族语言的资料。只有经过充分的比较，方可确认规律的真实性和有效性。如为确认汉语判断动词“是”字产生的语法流程，光使用古汉语资料是不够的，还必须和中古汉语资料结合起来，作综合性的考察，方可确定。

（3）量化法。

语言的历史发展或变化，总是有一个由量变到质变的发展过程。有时为了确切地掌握或论证某些语言规律的生成与变化，就必须对特定的语言现象进行量化分析，并用确切的数据把语言发展变化的轨迹记录下来，做到信而有征。如在中古汉语，通过对变文《庐山远公话》人称代词用法的抽样调查，借助统计数据，就可以明确地指出，汉语人称代词“我—你—他”新的三分系统在中古汉语后期已经确立。

（4）综合法。

进行任何一种学术研究，往往就是各种专业知识的综合运用，研究汉语也不例外。汉语词类的历史发展或变化，就是从具体的词义变化开始的。换言之，词类变化就是以词义变化为先导，词义分化必然导致词类分化。因此，我们研究汉语词类史，首先必须从词汇—语法范畴角度去认识、解决问题，反对就事论事，反对形式主义。任何一种语言都是有声语言，语音是词汇的外在的物质形式，词的语音变化就同词义变化有关。因此，我们研究汉语词类史，必须注意到汉语词汇史和汉语语音史知识的综合运用。语音、词汇和语法是一个整体，任何一部分变化，往往都不是孤立的。如近古汉语结构助词“的”“地”“得”三分系统的确立，就经历一个十分复杂的语音和词义变化过程。如不了解语音、词汇和语法的相互作用，我们就不会得出正确的结论。

二、成果的主要内容和重要观点

1. 主要内容

本成果共计十章，每章三节，节下一共设有八十六个子题，全面而又详细地论述了汉语词类的历史发展。下面重点介绍的是每章的“发展”部分。

(1) 第一章“名词史”。

汉语单音节名词的复音化，是名词历史发展的核心内容。这种复音化趋势，上古汉语时已经开始了（多为具体名词和抽象名词）。到了中古汉语，又涌现出大量的三音节词。名词复音化带来的语言效应，最重要的有两点：一是丰富了汉语构词法的历史发展；二是由于词义交叉重组，使古老的名动同形现象进一步分化，并由此又产生一大批新的复音词，使汉语词义表达更加精准、有效。

名词发展的另一核心内容就是词头、词尾的产生和发展。本成果全面论述了汉语“阿”“老”“子”“儿”“头”的演变史。在已有的研究成果之上，本成果对词头“阿”“老”又作了对比研究。对词头“阿”的产生，本成果客观地评判了助词说、动词说、代词说和谱系说，主张应把代词说和谱系说结合起来，并提出五点理由。

(2) 第二章“动词史”。

动词研究在汉语语法研究中，占有极其重要的地位，古今均如此。首先，本成果从汉语起源的角度，大胆地提出了原始汉语或远古汉语里名动同形同源的假说，并试图用甲骨文中名动同形的事实来间接地加以证实。这种名动同形同源的音节语言，当名动分化之时，就开始向句子语言过渡了。这种假说是有益的。这样，我们就可以比较圆满地解释上古汉语大量存在的名动“活用”的事实。古代汉语中的“词类活用”问题，本质上是汉语发展带来的问题，而不是修辞问题。

在动词发展中，及物动词和不及物动词的相互转化，是汉语动词历史发展的核心内容。这种变化是极其深刻的，它带来的是语言体制性或结构性的改变。这种转化是以不及物动词转为及物动词为主的。本成果提出了三类不及物动词可以转为及物动词：零宾动词→及物动词，含宾动词→及物动词，活用动词→及物动词。到了中古汉语，这种转换机制又加快了速度，本成果同时提出了两点理由来加以证实。

汉语动词时体语法范畴的形成和发展，是汉语动词历史发展的另一重要内容。首先，本成果对外国汉学家说汉语动词有“体”无“时”的说法进行了批驳，并用大量史料来证实汉语动词存在“三时”（过去时、现在时、将来时）和“四体”（完成体、持续体、进行体和经历体）的事实。同时，本成果又对汉语“体”形成的历史机制，对“时”和“体”的关系进行了深刻的分析。

汉语判断动词“是”的产生与发展，向来是汉语历史语法里讨论的一个焦点。本成果在过往的研究成果基础之上，在承认上古汉语已经存在判断动词“为”“是”的条件下，又提出了“功能传导”一说。此说颇有新颖之处。“功能传导”说绝非是类推说的翻版。

（3）第三章“形容词史”。

甲骨文和金文里，性质形容词都很少。大约从上古汉语中后期开始，文献中出现一批复音性质的形容词，其构词方式多为并列式。中古汉语以后，又涌现出一大批复音性质形容词，其构词格式也不再限于并列式，又出现了偏正式（乙）、动补式和主谓式。

上古汉语的状态形容词比较发达，可分为四类：叠音类（AA 甲）、象声类（AA 乙）、连绵类（AB）、附缀类（A（B））。叠音类和象声类状态形容词发展的核心内容是 AA 的形尾化问题。

大约从宋代起，尤其是南宋以后，AA 甲和 AA 乙才演变为状态形容词（含部分动词）的形尾，如“冷搜搜”“香喷喷”“扑剌剌”“笑嘻嘻”之类。至于连绵类状态形容词，发展中始终处于守势，处于消亡之中，对此本成果也详细地分析了其中的原因。对于附缀类状态形容词的词尾问题，本成果从上古和中古两个角度作了对比研究，并在此基础之上，拟出了从构词重叠到构形重叠的演变公式。

汉语形容词的发展和动词的关系是十分密切的，这是因为汉语有部分动词本来就是从形容词演变过来的。本成果主张，当谓语形容词连接宾语时，就不必再说这是形容词的使动或意动用法，不如承认它们已经变为动词了。

（4）第四章“数词史”。

关于数词的产生问题，本成果介绍了三种学说：本体说、五行说和象数说。本成果认为象数说是合理的，并给出了具体理由。

甲骨文和金文中已出现基数，并应用较广。对于汉语基数的发展，本成果提出三点：一是基数的数值问题，二是零位和零数的表达问题，三是自然数的进位问题。

关于双数的发展，本成果对“二”“两”“双”“再”作了详尽的对比研究。

关于序数的发展，本成果首先对古代序数作了分类：时间序数、叙事序数、等级序数和行为序数，并在此基础之上，确定了古代序数发展的三大阶段：一是基数法阶段，二是借用法阶段，三是“第”字法阶段。

关于概数的发展，本成果对汉语概数的产生、分类及其表达方式都进行了详细的研究。

关于虚数的发展，本成果从上古汉语的额“三”“九”说起，同时对中古汉语汉译佛经的虚数表达形式问题又作了必要的分析。

关于倍数的表达，相对而言，是比较简单的，本成果作了必要的介绍。

关于古代分数的表达，也是比较简单的。汉语分数的标准式，上古时代已经产生。本成果对古代分数的标准式和简化式均作了必要的介绍。

（5）第五章“量词史”。

量词有两个语法小类：名量词和动量词，古今一致。量词的产生，都是名词和动词滋生的结果。关于名量词的产生，本成果认为名量词最原始的作用是在于对事物的描写和分类而不在于计量。关于动量词的产生，本成果也认为动量词最原始的作用也是在于对动词特征进行标记而非计量。

上古汉语的名量词分为七类：个体量词、器物量词、长度量词、容量量词、重量量词、面积量词和配制量词。

关于名量词和动量词的发展，本成果以八个子题分别进行了详细研究。

（6）第六章“代词史”。

本成果认为代词的性质在于指别而非代替，并以此为理论基点，对传统的代替说进行了批驳。本成果吸收了苏联语言学家埃·勃·阿卡扬的观点，认为人称代词的最初产生，是用来作为人们的命名而存在的，因此本成果认为代词的产生同名词有关，在词类产生顺序上应划为二级词类。

汉语人称代词的历史发展，最重要的内容有两个问题：一是人称代词的繁复性、历史性和趋同性问题，二是第三人称代词的产生和发展问题。甲骨文和金文中，第一人称代词有“我”“余”“朕”，第二人称代词有“女”（汝）、“乃”等多种形式。上古汉语人称代词之所以如此繁复，一定会有其内在的语言原因。甲骨文中，“我”主要表示多数，“余”“朕”表示单数。甲骨文和西周金文中，“余”（予）和“朕”、“女”（汝）和“乃”，功能上存在强烈的互补关系。这种功能互补关系，很可能是原始汉语或远古汉语人称代词形态特征的残留。不过到了上古汉语中期，随着“雅言”或“通语”的出现，这种功能互补关系已开始解体。在传世文献中，大量使用“尔”字是从《尚书》开始的。上古汉语中期，“我”逐渐失去表复数的功能后，就和“尔”组成一个新的系统，进入“雅言”之中。两汉以后，随着汉民族共同语的进一步确立，汉语第一、第二人称代词形式日益得到规范。到了中古汉语后期，“我—你—他”的表达系统就已完全确立了。

关于第三人称代词的产生问题，本成果认为经历四个时期：一是借用期，二是转换期，三是产生期，四是成熟期。借用期是指上古汉语中后期，第三人称代词主要是借用指示代词“之”“其”形式来表达第三人称代词这一逻辑概念的。转换期是指中古汉语，“我—尔—之/其”或“我—尔—其/渠”系统向“我—你—他”系统的转换。产生期是指中古汉语后期，即晚唐五代之时，第三人称代词“他”已牢牢地扎根于口语之中。成熟期是指近古汉语时期，“他”已彻底取代了“之”“其”“彼”“渠”“伊”的历史地位，可以完全自由地进入汉语语法功能的框架之中。

关于指示代词的历史发展，最值得讨论的有两个问题：一是指示代词由三分系统走向二分系统，二是指示代词三分系统和人称代词三分系统的关系问题。从《马氏文通》开始，多数学者都主张指示代词是二分的，即分为近指和远指两类。后来，吕叔湘先生打破这一看法，主张古代指示代词是可以三分的："此""是""之"用于近指，"其"用于中指，"彼"用于远指（见《中国文法要略》和《汉语语法论集》）。本成果赞同吕先生的观点，并从三个方面进行了深刻的分析。到了中古汉语，有大量资料可以证实，汉语"此—其—彼"三分系统已开始向"此—其"系统转换，而最终又被"这—那"二分系统取代。这种转换，直到近古汉语才彻底完成。

关于"这""那"的起源问题，学界颇有争议。本成果认定近指指示代词演变上线的终端形式是"此"，而不是"者""之"。同时，又从汉语历史语音变化的角度来证实：先是"此"以"者""遮"为借字，后又是"者""遮"以"这"为借字，经过了两次假借，最终才完成了"此"到"这"的转换。此说可谓新颖独到，聊备一说。

了解古代指示代词三分系统和人称代词三分系统的关系，实质上是从另一角度来解释第三人称代词的产生问题。同时，本成果又对"他"由旁指代词演变为第三人称代词的语义条件、语法条件和语言背景都进行了深刻分析。

关于疑问代词的历史发展问题，本成果特别注意到了古代疑问代词由三分系统走向四分系统的事实。王力先生将上古汉语疑问代词分为三个系统。一是ʑ系（指人）："谁""孰"；二是ɣ系（指物）："何""曷""胡""奚""侯""遐"；三是O系（指处所）："恶（乌）""安""焉"。到了中古汉语前中期，这个三分系统基本上还可以维持下去。但到了中古汉语后期，原有的三分系统已彻底打破了，形成了新的四分系统。ʑ^1 系统（禅母^{1}系统）："谁"；ʑ^2 系统（禅母^{2}系统）："甚""甚么"；ts系统（精母系统）："怎""怎么"；n系统（泥母系统）："那（哪）""那（哪）里"。

（7）第七章"副词史"。

上古汉语的副词可分为八类：时间副词、范围副词、否定副词、程度副词、关系副词、状态副词、语气副词和连接副词。

时间副词是构建汉语动词"时"的语法范畴的最主要的语法手段。这种"时"的语法范畴分为三种：过去时（"既""已""业""终""卒""竟""尝""常""曾"＋动）、现在时（"方""正""镇""适""现""见""在"＋动）和将来时（"其""且""行""将""方当""方将"＋动）。表持续的时间副词（“常”“恒”“素”“辄”“镇”＋动），可以归为现在时。到了中古汉语后期和近古汉语前期，即晚唐五代和两宋时代，汉语动词“体”的语法范畴已正式形成。时间副词和动词“体”的表达，都是密切相关的。

甲骨文里已存在范围副词。上古汉语范围副词分为两类：一是表总括，二是表限定。前类如“皆”“咸”“尽”“全”“都”“总”等等，其用法从上古到近古基本一致；后类如“叀”“隹（唯）”“惟”“独”“但”“止”“只”“正”“徒”“特”“直”“仅”等等。后类范围副词，上古汉语中期以后才有所发展，其中重要的变化是有的只能限定谓语，不能限定主语。

上古汉语否定副词主要有六种：陈述否定副词、判断否定副词、描写否定副词、选择否定副词、正反否定副词和禁止否定副词。本成果列为研究对象的只有四类：陈述否定副词，判断否定副词、选择否定副词和禁止否定副词。本成果用大量史料，论证了“不”和“未”、“不”和“弗”、“无”和“莫”（陈述否定），“非”和“不”（判断否定），“不”（否）和“未”（选择否定）以及“毋”“勿”“无”、“莫”“勿”“休”，“休”“莫”“别”（禁止否定）等否定副词的演变史。

上古汉语的程度副词可分为三级：约略级（初级）、比较级（中级）和极至级（高级）。甲骨文和金文中程度副词都很不发达。纵观程度副词的历史发展，古今变化不是很大，所不同的多为词汇更迭而已。

上古汉语的关系副词可分为三类：一是表互动的关系副词（“相”“交”“互”“厮”“交相”“交互”“更互”“相与”等等），二是表偏指的关系副词（“相”），三是表协同的关系副词（“共”“同”“俱”“并”等等）。从发展上看，其中第二类最值得注意。上古汉语里，表偏指的关系副词“相”，多用于表示他称。但到了中古汉语，“相”也可用于已称和对称，这是一个重要变化。

上古汉语的状态副词可分为两类：一是表示动作行为为重复、频率的状态副词，二是表示动作行为状态、方式的状态副词。前者如“仍”“又”“屡”“亦”“复”“重”“更”“数”等等；中古以后，又增加了“还”“再”“也”“却”等新生词。后者如“犹”“尚”等等；中古以后，又增加了“卒”“乍”“故”“唐”“忽”“顿”“固”“素”“自”“猛”等新生词。

依据情态，汉语的语气副词可分为四类：一是表确认的语气副词，如

“必”“诚”“固”“本”“乃”“即”“其”等等；二是表疑问的语气副词，如“岂”“其”“几”“独”“宁”等等；三是表推测的语气副词，如“盖”“或”“殆”等等；四是表预料的语气副词，如“曾”“乃”“竟”“直”“却”“倒”“偏”等等。这四类语气副词，以第一类的居多，中古和近古汉语中，这类词数量大增，表达上也更加细致。

关于连接副词的历史发展，应注意两点：一是从用词上看，上古汉语的连接副词，以单用式居多，而且还常常是一词多用；二是到了中古和近古汉语里，连接副词的合用式得到发展，这就促进了连接副词的连词化倾向。

（8）第八章“介词史”。

上古汉语的介词，可以分为七类：一是时间介词（“于”“自”“当”“由”“及”“比”“在”“方”“以”“至”等等），二是处所介词（“在”、“自”、“及”、“于”（於）、“乎”、“由”、“缘”、“从”等等），三是对象介词（“及”“与”“为”“以”“比”“由”等等），四是工具介词（“因”“以”“将”“用”“按”“循”等等），五是原因介词（“以”“为”“用”“由”等等），六是比较介词（“于”“於”），七是被动介词（“於”“为”）。

从历史发展而言，其中最值得关注的是第三、四、五、七类介词的发展，具体内容，可参阅本成果的“目录”部分。

（9）第九章“连词史”。

甲骨文和金文中都是很难见到连词的。汉语连词的大量产生，是从上古汉语中后期才开始的。上古汉语的连词，可分为九类：一是并列连词（“及”“与”“且”“而”等等），二是顺接连词（“则”“斯”“以”“而”“且”“若”“故”“然则”“且夫”“若夫”等等），三是选择连词（“如”“若”“抑”“将”等等），四是递进连词（“而”“以”“况”等等），五是转折连词（“而”“抑”“然而”“则”“虽”等等），六是让步连词（“纵”“虽”“且”“即”“与其”等等），七是假设连词（“如”“若”“苟”“使”等等），八是因果连词（“故”“是故”“是以”“而”等等），九是条件连词（“则”“辄”“便”“即”等等）。

有关连词发展的若干问题，可参阅本成果的“目录”部分。

（10）第十章“助词史”。

古代汉语的助词可以分为三类：语气助词、结构助词和动态助词。上古汉语里没有动态助词，只有前两类。

甲骨文和金文里很少使用语气助词。到了上古汉语中期，文献中才出现大量的语气助词，并且已构成四大系统：陈述语气、疑问语气、祈使语气和感叹语气。汉语语气助词，根据句中的位置，又可分为句首语气助词，句中语气助词和句末语气助词。前两类语气助词，主要是在上古汉语前期的史料里使用。句末语气助词，主要是上古汉语中期以后才逐渐出现的。这种位置的转移，反映出的是汉语语气助词功能的历史变化。

结构助词的历史发展，应注意“之”“者”“所”“地”“底”“个”“得”和“的”发展。动态助词的历史发展，应注意三大系统的考察。这三大系统是指“了”“着”“过”系统、“得”“地”“的”系统和“将”字系统。这三大系统的关系很复杂，很可能有方言成分杂陈其中。汉语助词的历史发展，内容丰富，问题复杂，有待破解的问题很多，应仔细研究。

2. 重要观点

这里说的是“重要观点”，是指本成果写作时贯穿全书的最重要、最基本的和具有指导意义的理论观点，而不是指在讨论具体学术问题时所呈现的具体的学术观点。这种“重要观点”，用一句话说出来，就是一个方向，两个理论基点。一个方向，是指本成果写作时，要紧紧抓住汉民族共同语形成和发展这一根本方向；两个理论基点是指始终要坚持历史发展的观点和一切从汉语实际出发的实事求是的观点。

所谓汉语史，就是指汉民族共同语形成和发展的历史。本成果认为，春秋战国时期的“雅言”，两汉时代的“通语”，就是当时的汉民族共同语。这个汉民族共同语，是以当时的北方话为基础方言的。汉语史的一切研究，必须要紧紧抓住这一根本方向，并且在这一观点的指导下，去选择资料、组织资料和说解资料。本成果写作中，同时也有力地践行了历史发展的观点和一切从汉语实际出发的实事求是的观点。坚持历史发展的观点，说起来容易，但做起来并不容易。写汉语词类史，必须以问题为纲，以史为线索来选择资料、组织资料和说解资料，要一线牵到底，不能中途断档。要一切从实际出发，实事求是地面对汉语的实际问题。要发扬清代学者的朴实学风，要向我国老一辈的语言学家学习，用大家都能听懂的语言去解释汉语诸多问题。

三、成果的学术创新、应用价值以及社会影响和效益。

本成果的创新之处，主要有以下三个方面：

一是论述创新。专门以汉语词类发展史为研究对象，并能做出深入而又全面研究的学术专著，本成果在国内尚属首次。本成果在选择资料、组织资料和说解资料时，都是以问题为纲，以史为线索，一线牵到底，研究的深度和广度前所未有。

二是体例创新。过往的汉语语法史专著，论述词类问题时，都是只谈“发展”，从不谈词类的“产生”和“分类”问题。本成果认为，这在论述上或研究上都是一个很大的缺欠。只谈词类“发展”，不谈“产生”，犹如无源之水，这怎么可以？只谈词类“发展”，不谈“分类”，这个“发展”就失去了根基。因此，本成果每一章均以词类的“产生”、“分类”和“发展”为题，形成了一个完整的论述框架，写作体例完全是创新的。

三是学术创新。本成果基于笔者自己和他人的研究成果，提出了许多新颖的、独到的和很有价值的学术观点，多有创新之处。具体如下：

在词类产生的问题上，本成果从汉语起源角度，提出了在原始汉语或远古汉语里，名动同形同源的假说，并试图以此为理论基点，去破解或重新审视上古汉语里的词类“活用”问题。

在动词史部分，本成果运用了大量史料论证了汉语及物动词和不及物动词相互转化的事实。并在此基础之上，又从发展观点出发，重新解释了使动和意动等传统的语法概念，使人们的思路也为之焕然一新。

动词中的判断动词“是”的产生时间和原因，一向是学界争议的热点问题。本成果实事求是，认定上古汉语的中后期，判断动词“为”“是”已经产生，并根据新的资料，从“为”“是”的关系出发，提出了“功能传导”一说，以求破解判断动词“是”的成因，此说也颇为新奇。

在代词部分，本成果在掌握大量资料和统计数据的情况下，提出了人称代词、指示代词和疑问代词的功能互补理论，这样就把上古汉语人称代词繁复的原因同指示代词、疑问代词的问题联系起来，视之为一个整体，借以暗示原始汉语或远古汉语里代词也可能存在格变的事实。

在讨论指示代词的时候，本成果从普通语言学角度出发，提出了汉语指示代词三分系统和人称代词三分系统的关系问题，从而促使人们在理解汉语第三人称代词产生的原因时，又获得了新的理论支撑和新的观察窗口。

在数词史和量词史部分，本成果对汉语数词、量词产生的原因，都提出了全新的见解。

由于本成果在论述、体例和学术观点上均有创新、突破，运用新材料、新观点和新方法又是本成果写作上的一大亮点，因此本成果确有一定的学术价值，可以作为高校和科研机构文史专业的教师、研究人员或在读研究生的参考文献。

《汉语核心词的历史与现状研究》概要

汪维辉*

一、研究的目的、意义及方法

本成果研究的目的是：通过广泛调查历史文献和现代汉语方言资料，描写和统计相结合，厘清汉语100个核心词的历史演变线索及方言分布情况，为读者提供有关每个词的比较翔实可靠的基本资料。在充分占有材料、详尽准确描写的基础上，总结核心词历时演变的客观规律。

研究核心词有多方面的意义。首先，它是历史语言学的一个重要课题。历史语言学研究语言的演变，核心词是词汇系统中最重要的一部分词，它们是如何编码的，历史上发生过什么样的变化，有哪些共同的演变规律，各种语言有哪些共性和个性，这都是历史词汇学和历史语义学必须回答的问题。其次，它在汉语词汇史和现代汉语词汇的研究中占有重要的地位。核心词作为词汇系统的核心，是词汇史和现代汉语词汇研究的重要对象，同时也备受亲属语言研究学界的关注。把100～200个核心词的历时演变过程描写清楚，是汉语词汇史学科在现阶段的一项基本任务，对现代汉语词汇研究和亲属语言比较研究等也具有重要意义。再次，对方言比较和分区具有重要的参考价值。传统的方言分区基本上采用单一的语音标准，这无疑是有效和可行的，但是也存在种种问题。进入新时期以来，汉语方言的研究进展很快，不少有识之士提出方言分区也应该考虑词汇标准和语法标准，比如李如龙先生提出

* 汪维辉，浙江大学教授，博士生导师。

“方言特征词”的概念。虽然目前对这个概念在理论和实践两方面的可行性都还存在不同看法，但是一批核心词存在有规律的方言差异却是一个不争的事实，其中南北对立的词为数不少。闽语的古老性不仅表现在语音上，在词汇上也有显著的体现，晋语不仅在语音上与其他官话次方言存在区别性差异（保留入声），而且有一批核心词也完全不同，等等，这些都给方言研究以启迪。从历时演变和共时分布相结合的角度去研究一批核心词，对于方言研究特别是方言史研究的深入将会起到重大的推动作用。最后，对于辞书编纂和语言教学具有应用价值。核心词可以说是一个词汇系统的“根”，不管是母语习得还是二语学习，核心词都是最先学会的词。在汉语里，核心词大都是能产性很高的根词，掌握一批核心词可以执简驭繁，高效率地扩大词汇量。正因为如此，核心词在辞书编纂中也占有极为重要的地位，语文辞书的核心词条目应该尽可能做到义项齐全、释义准确、例子贴切、用法详尽，以利于学习者掌握。

本成果使用的研究方法主要是考据法、归纳法和比较法。考据法主要用于历时演变的研究，归纳法主要用于现状的描写，比较法主要用于现状与历史的比较。

二、成果的主要内容和重要观点

1. 主要内容

本成果约 60 万字，分为上、下两编。

上编“总论”，分三章概述了汉语核心词研究的相关问题及本成果的主要研究结论。第一章“核心词及其研究”，介绍了什么是核心词，为什么要研究核心词，本成果的研究目标、材料与方法。第二章“汉语核心词面面观”，总结了汉语核心词的主要类型和演变规律，把汉语核心词的历时演变类型归纳为五种，讨论了演变的动因、“纵”和“横”的关系、类概念的确立和类名（上位词）的形成、核心词与汉语史分期的关系。第三章“汉语核心词演变研究的若干问题”，讨论了斯瓦迪士 100 词表的修订、重建史实、深入调查方言、汉藏语眼光、研究者的基本素养等五个问题。

下编“分论”，是对汉语 100 个核心词历史与现状的具体研究。将核心词按词性分为六类，逐个描述核心词的历时演变与共时分布情况，每个词条包括音、形、义、词性、组合关系、聚合关系、历时演变、方言差异、小结诸项，其中历时演变和方言差异两项是研究的重点。具体词目如下：

(1) 名词：人、男、女、皮、肉、血、骨头、脂肪/油、头发、头/脑(袋)、耳朵、眼（睛）、鼻子、嘴（巴）、牙（齿）、舌头、手、脚、膝(盖)、脖子、肚子、乳房/奶、心、肝、鱼、鸟、狗、虱（子）、蛋、角、尾巴、羽毛/毛、爪子、树、种子/种儿/子、叶（子）、根儿、太阳、月亮、星(星)、水、雨、石（头）、沙（子）、地、路/道儿、山、云、烟、火儿、灰、夜/晚（上）、名字/名儿；

(2) 动词：吃、喝、咬、（看）见、听见、知（道）、睡、死、杀、游(泳)、走、来、躺、坐、站、拿、给、说/讲、飞、烧；

(3) 形容词：多、少、大、小、长、黑、白、红、黄、绿、热、冷、满、新、好、圆、干（乾）；

(4) 数词：一、二；

(5) 代词：我、你、这、那、谁、什么；

(6) 副词：不、全/都。

2. 重要观点

本成果的重要观点有以下八个方面：

(1) 对“核心词”的概念做出了明确的界定。

“核心词”（core words/head words）这一概念来自美国历史语言学家斯瓦迪士（Morris Swadesh）于1950年代提出的语言年代学（又叫词汇统计学）理论，他称为“基本词根语素”（basic-root-morphemes），用来测算语言发展的年代。他为此制定了200核心词表和100核心词表，在全世界产生了广泛的影响，迄今仍然是最为通行的核心词表。

所谓“核心词”，其实就是表示“核心概念”的那些词。“核心概念”是指全人类所共有的、非文化方面的那些最基本、最常用的概念，这样的概念在多数语言中都是用词（word）而不是用短语（phrase）来表达的。在一种语言的词库里，核心词的数量虽然不大，但都是最基本、最常用的一批词，它们具有全民性、稳定性和能产性等特点，在语言中占有举足轻重的地位，因此也成为语言学研究的重要对象。有人称作“核心语素”，笔者认为既不准确，也无必要，因为要研究的是这些核心概念在语言中的表达形式——

词，只有词才是语言中能够独立运用的最小的表义单位，语素并不能担当表达概念的任务。

本成果对斯瓦迪士 100 核心词表的选词提出了自己的看法，更换了其中的两个词。笔者认为，就汉语而言，bark（树皮）和 we（我们）两个词缺乏作为核心词的资格，因为在上古汉语中，第一人称代词和第二人称代词都是单复数同形的，we 并不是一个凸显的核心概念，bark 在古今汉语中都没有用一个单音词来表达（也就是没有“词化”），而是采用“木皮/树皮”这样的短语形式，可见它在汉语中也不是一个核心概念。所以本成果把它们换成了 hold（拿）和 few（少），这两个词是从斯瓦迪士 200 核心词表中选出来的，也是很重要的核心概念，而且在汉语中历时演变和方言分布情况都很复杂，值得研究。另外，100 核心词表中有“大”和“小”，但是只有“多”而没有“少”，所以选取了“少”来跟“多”配对。

（2）核心词既有稳定性，也有可变性。

根据历时的稳定性和共时的一致性，我们把汉语的 100 个核心词大致划分为四级，一级词稳定性最高、一致性最强，其他依次递减。其中一级词 23 个，二级词 32 个，三级词 14 个，四级词 31 个。

（3）从历时的角度把汉语核心词大致分成五种类型。

1）稳定少变型。在有文献记载的历史中，有一部分核心词从古到今基本上没有什么变化，在现代方言中也具有很高的一致性，比如血、手、心、肝、鱼、角、水、雨、地、山、云、烟、火、灰、死、来、坐、飞、大、黄、白、热、新、一、二等。这部分词是汉语核心词中最稳定的部分，可以称之为“泛时空词”。

2）归一型。指在上古汉语中表达某个概念有两个以上的词，到现代汉语只剩下其中的一个，其余的都被淘汰了。如皮、肉、牙、游泳、多、绿、我、你、谁、不等。

3）双音化但词根未变型。这一类为数不算少，绝大部分是名词，可见采用加缀法构成双音词是名词复音化的主要途径，但也有一些不是用加缀法的。比如：男→男人/男子，女→女人/女子，骨→骨头，发→头发，耳→耳朵，鼻→鼻子，舌→舌头，膝→膝盖，乳→乳房，虱→虱子，尾→尾巴，羽/毛→羽毛，爪→爪子，种/子→种子，叶→叶子，月→月亮，星→星星，石→

石头，沙→沙子，名→名字/名儿，见→看见，知→知道。

4）历时更替型。就是同一个概念在不同时代用不同的词来表示，即所谓的“概念变了名称”，新词对旧词发生过历时替换（这样的新旧同义词我们称为“古今词”）。这一类型在100个核心词中约占1/3，如：首→头，目→眼/眼睛，口→嘴（巴），足/趾（止）→脚，领/颈/项→脖子，腹→肚子，犬→狗，卵→蛋（弹、鴠），木→树，本→根儿，日→太阳，食→吃（喫），饮→喝，啮（齧、囓）/龁/噬→咬，闻→听见，寝/寐/卧/眠→睡，行/步→走，卧→躺，立→站，执/持/秉/握/将/把/捉→拿（拏），与/予→给，寡→少，赤/朱→红，寒→冷，盈→满，良/善/吉/佳→好，此/是/斯/兹→这，彼/夫→那，何/胡/奚/曷→什么，皆/咸/悉/佥/胥/尽/俱（具）/均/总→全/都等。这一类是本成果研究的重点。

5）其他。还有一些不能归入上述四类的类型，比如并存型（路/道；干/燥）、避讳改音型（鸟）等等。

（4）提出了汉语核心词演变的三个主要动因。

1）同音竞争。比如“头”替换“首”可能就是缘于同音竞争。“首”与“手”上古和中古都同音，而且分布相似，容易产生同音冲突，导致表意不明晰，所以后来“首”就让位于“手”，用“头”来称呼了。

2）避讳。避讳是引起汉语核心词新旧更替的一个常见原因。汉语中的避讳有两类，一类是人类语言共同的，比如委婉语，像“蛋”替换“卵”就是此类避讳造成的，除了用同义词替代外，有时还会采用改音的方式，比如“鸟”从端母改读成泥母（diǎo→niǎo），也是出于避讳；另一类是避皇帝的名讳，比如“满”取代“盈”就跟避西汉惠帝刘盈的名讳有关。

3）通语基础方言的变动。不管在什么时代，首都所在地的方言都占有优势地位，一般也就自然而然地成为通语的基础方言。在漫长的中国历史上，首都屡经变动，导致通语的基础方言也随之而改变，这也是引起核心词发生新旧更替的原因之一。比如：“站”在明代以后不长的时间里在广大的官话区替换了“立”，可能就跟明代曾经建都南京有关。“站”是一个所谓的“长江型”词，起源于长江中下游流域，明代借助江淮官话的优势地位向北、向西扩散，覆盖了原来的“立”，并进入了通语。

同时也必须指出，不少词的演变动因不易解释，有待继续研究。比如同样是人体部位名称，“手”自古到今没有变，而“脚”却经历了“足→脚”的替换；“目→眼/眼睛”和“口→嘴（巴）”都经历了词汇替换，而“耳→耳朵”和“鼻→鼻子”只是双音化了，词根并没有变。这种现象很普遍，动词和形容词也是如此，有的甚至经历了不止一次替换，比如“寝→卧→眠→睡”。变和不变的原因各是什么？目前还无法解释。又如古代“耳”是单音词，现代除少量方言点（主要是闽语）可单说外，一般都是作词根，后面加上其他成分构成复音词（绝大多数是双音节），如耳朵、耳头、耳洞、耳道、耳公、耳仔、耳吉、耳囝、耳丫子、耳瓜子、耳空管、耳朵瓜子等等。后面的成分通常是表象形或小称意义的语素。方言中有加名词后缀“头”和“子”（仔、囝）的，但通语和大部分官话都没有采用词缀的形式，而是用名词性语素“朵”，原因何在？也需要继续探究。

（5）对汉语 100 个核心词的历史与现状做了比较详尽深入的研究，其中包含了大量的新发现和新观点。

1）核心词表现出很强的时空对应性，可以为确定各大方言区的形成时间和相互间的亲疏关系提供客观依据。词汇复杂多变，一般认为缺乏规律性。但是基本词汇的演变其实是有强的规律性的。基本词汇的历时演变和在方言中的共时分布往往呈现出规整的对应性，可以相互印证，相互解释。比如目→眼/眼睛，足/趾（止）→脚，领/颈/项→脖子，腹→肚子，犬→狗，卵→蛋（弹、鴠），日→太阳，食→吃（喫），饮→喝，寝/寐/卧/眠→睡，行/步→走，立→站，与/予→给，寒→冷等都是如此。对方言研究来说，历史的考察有助于方言词的溯源和对共时分布的解释，分清一组地域同义词的历史层次；对词汇史研究来说，方言的现实分布有助于厘清词汇演变的脉络和新旧更替的线索，因为汉语史上的一切事实都只能到历史文献中去寻找，必须用“文献考证法”，而文献资料是有限的，而且情况极其复杂，单靠“文献考证法”只能部分复原历史事实，永远不可能了解全部的真相，而一个词在方言中的共时分布情况，理论上是可以描写清楚的，只要有足够的专业知识和调查时间。因此，纵横结合研究汉语词汇是一条康庄大道，研究前景广阔，有大量的课题可做。

2）核心词的研究可以为汉语史分期提供依据。汉语史上，核心词的演变历代都在发生，但大规模的演变主要是在唐以后的近代汉语阶段，所以把唐以后的汉语划分为近代汉语是有充分依据的。其次是东汉—隋的中古汉语阶段，也是演变比较多的一个时期，一批核心词的新旧更替可以为中古汉语这一汉语史的分期提供支持。

3）“上位化”在核心词上有充分的反映。上古汉语下位词丰富而上位词贫乏，中古汉语上位词明显增加，许多下位词被淘汰。比如“皮”，正如王凤阳《古辞辨》（140 页）所说：“‘皮’和‘肤’最初都是特称，在先秦区分得相当严格，一般不混用。”后来“皮”使用渐广，义域扩大，上升为上位词，“肤”则逐渐被淘汰了。又如“脂”和“膏”在早期存在过“用于人还是用于动物”以及“固体还是半液体”的差别，这也跟古人的基本认知层次比今人低一个级别有关，即古人关注的层面比今人更具体、更个别，而今人则更概括、更抽象，比如我们今天用一个“油”就可以指称所有的此类物质，如果需要区别是什么油，则在“油”前加上一个限定性成分即可，而古人得分别用不同的单音词来指称。不仅名词如此，动词和形容词也有“上位化”的现象。比如“睡”本来是指“坐寐”，后来成为上位词，泛指一切的睡眠；“走”本指快跑，后来泛指所有的行走；“红”在上古只是一个专名，相当于今天的粉红色，唐以后它上升为一个类名，泛指各种红色，所以有了“深红”“桃红”这样的构词格式。类概念的确立和类名（上位词）的普遍形成是在魏晋到隋唐时期，这可能跟汉民族的认知发展有关。因此，本成果可以为认知语言学提供很好的素材。

4）核心词由于其超强的稳定性通常不易被借用，但这不是绝对的。如历史上同样大量从汉语借入词汇的日语和朝鲜语，日语的“肉”就用汉语借词（にく），固有词被淘汰，而朝鲜语则仍用固有词（고기），汉语借词“肉”只用于某些特定的场合。又如汉语的“兄”被外来词“哥”彻底取代了。当然这种例子是很少见的。

（6）在词汇史研究中，揭示语言事实的真相是本成果的首要任务。

语言史既属于语言学，也属于历史学。黎澍认为：“历史科学的首要任务不是如一般所说揭示历史发展规律，而是揭示事实真相。”笔者很赞同这个观点。在语言史研究中，揭示语言事实的真相也是首要任务，描写是第一位的，解释是第二位的。“尊重事实，挖掘事实”是笔者的座右铭。只有在对词汇演变的史实做出充分而可靠的描写的基础上，才有可能解释演变的模式、原因和机制等等。正如黎澍所说，“事实真相的揭露越清楚，愈客观，规律性愈明显”。词汇的演变极其纷繁复杂，汉语有书面记录的历史很长，文献浩如烟海，而真正能够反映实际口语的材料又很有限，加上地域差异、语体风格、个人习惯等因素，要想借助历史文献来复原词汇演变的史实是一件十分困难的事。正如汪锋、王士元《语义创新与方言的亲缘关系》（2005）所说：“语言演进只有一个真实的过去。由于汉语方言的复杂性和我们所能见到的汉语历史语料和现代方言语料的限制，以及其他种种制约，我们只能窥测其中的些许部分。”因此必须充分估计描写工作的艰巨性，采取十分审慎和细心的态度来处理文献语料，在语言事实的挖掘和梳理上下大功夫，以求得出尽可能合乎事实真相的结论；而不能舍本逐末，真相未明就急急忙忙地去总结什么规律。特别是在现阶段，扎扎实实地把一批基本核心词的演变史实描写清楚是首要之务。尤其是上文所说的三级词和四级词，历史上变化极大，方言间差异纷繁，把这两方面的事实梳理清楚，加以准确的描述，是首先应该着力做好的工作，而且绝非易事。总之，解释必须以精确细致的描写为前提，而且，“一个成功的描写已是解释的一半”。本成果在运用语料方面力求遵循上述原则。笔者所使用的材料主要有两类：一是历史文献，二是现代方言。从理论上说，一切古书都是汉语史研究的语料，这样说来，汉语史研究的语料是无比丰富的，但是事实并非如此，因为本成果的研究对象是汉语口语的发展历史，所以选择语料有两个基本条件：一是可靠，二是能代表口语。有了这样的限制，真正可用的历史文献资料其实是十分有限的，这就需要选择、鉴别和分析。现代方言资料经过将近一个世纪的积累，数量已经相当可观，但是质量参差不齐，也需要甄别。限于时间和能力，海量的方言资料我们不可能全部占有，主要利用的是几部大型的工具书，必要时参考相关的方言论著，同时进行适当的核实和考辨，尽量做到资料准确可靠。

（7）汉语核心词的研究要有汉藏语系眼光。

汉语 100 个核心词的研究，除了在汉语内部继续深入挖掘事实和总结规律之外，还应该把范围扩大到整个汉藏语系。本成果中有些词条已经涉及了这方面的问题，从汉藏语系的大背景来看上古汉语的核心词及其与汉藏语同源词的关系，但还没有全面展开。而汉藏语学界已经有不少相关的成果可以供笔者利用，当然这些成果需要谨慎别择。把汉语的核心词置于汉藏语系的大背景下来观照，一定会有许多新的发现，不过如何提高这种研究的科学性还是一个难题。

(8) 从事核心词研究需要具备一些基本素养。

核心词都是常用词，人人都懂，因此常常有人认为常用词演变研究并不是一项难度很大的工作，一般人都能做。其实不然。同一组词，做得精细和粗糙可以有天壤之别。要真正做出高水平的成果，笔者认为以下几方面的修养是必不可少的。一是要有较好的文献功底和传统小学功底。最好是受过文献学和文字学、音韵学、训诂学的基本训练，能正确地利用文献资料，确切地理解古书的文意，对古代语言有准确的语感和敏锐的感悟能力。这虽是常识，但并不容易做到，目前的研究工作中这方面问题甚多，关键是很多人并不重视这一点。二是胸中要有一部词汇史。对各个历史时期的词汇特点都有一定的了解，这样才能统揽全局。这一点在做通史研究时尤为重要。三是要有严谨细致的学风。这项工作就如吕叔湘先生所说，"有点像绣花"，不细心是做不好的。四是要有较好的理论修养和分析能力，能从纷繁复杂的材料中理出头绪。核心词出现频率高，特别是单音词，计算机一检索，例句动辄成千上万，没有耐心的态度、冷静的头脑和较强的分析判断能力是无法处理的。五是要懂一点方言。当然，要做到以上几点并非易事，需要长期的实践和积累。笔者自己也未必都能做到做好，只是提出来与大家共勉。

三、成果的学术创新、应用价值以及社会影响和效益

本成果的学术创新主要有以下几个方面：

一是如此大规模、成系统地研究汉语核心词的历史与现状，这是第一次，具有开创性。本成果提供了大量鲜活的语言事实，全面展示了汉语100个核心词的历时演变过程和方言分布差异，并首次对许多词的共时分布状况做出了历时的解释，有助于深化人们对汉语词汇的认识，对汉语方言学的研究尤其具有参考价值。可以说本成果为建立科学的汉语词汇史奠下了一块基石。

二是把纵向的历时演变和横向的共时分布结合起来进行研究，并论证两者的关系，这一研究思路和研究范式具有一定的引领示范作用，相信将会推动相关领域的学术研究。

三是从丰富的语言事实中初步总结出汉语核心词的基本特点和历时演变的若干规律，可供语言演变理论研究参考。

四是对相关学科（如历史语言学、词汇学、方言学、历史学特别是移民史、民俗学等）的研究也有一定的参考价值。

本成果也具有一定的应用价值，主要是可以为大型语文辞书的编纂和修订提供参考，有些意见可直接用于《现代汉语词典》的修订，比如一批相关词条的义项分合、释义和词类标注等；对于汉语词汇教学也有参考价值；同时也可为专业工作者和一般读者了解汉语核心词的历史与现状提供翔实准确的信息。

本成果在研究和撰写过程中取得了比较丰硕的前期成果，发表了一系列个案研究论文，已经产生了一定的社会影响和效益：其中有一篇论文发表于SSCI和A&HCI双收录的国际刊物《语言暨语言学》（*Language and Linguistics*），并获得浙江省政府二等奖；一篇论文发表于国内刊物《中国语文》；多篇论文被中国人民大学复印报刊资料《语言文字学》全文转载。

最后应该指出，本成果只是汉语核心词历史与现状研究的一个阶段性成果，尚需深入研究的问题还有很多，包括核心词稳定少变的原因、核心词历时稳定性与共时一致性的关系、核心词演变与汉语史分期的关系、核心词的地域差异与方言分区的关系、汉语核心词演变的动因与机制等等。其中最大也是最难的一个问题是汉语核心词共时分布的历时解释。由于缺乏历史资料，许多词的共时分布成因目前还无法解释，随便打开《汉语方言地图集·词汇卷》的一幅地图，都会有许多无法用词汇史来解释的共时分布现象，这些需要通过挖掘移民史等资料来进行深入的探讨，这样的研究是笔者所追求和期待的，一定会有重要的发现。同时，把研究对象扩大到斯瓦迪士200核心词表甚至更大的范围，也是下一步应该做的工作。

《梵汉本根本说一切有部律典词语研究》概要

陈　明*

一、研究的目的、意义及方法

汉译佛教三藏（经、律、论）是文化交流和语言接触的产物，它既是古代印度宗教文化的重要史源，也是古代中印双方语言与文化相遇的结晶。其中的律藏（vinaya-piṭaka）别具学术价值。1984 年，季羡林先生在《商人与佛教》一文中提倡要形成充分利用佛典律藏的风气。有关佛教律典的语料价值，张永言先生也早就认识到，律藏蕴含口语词汇资料颇丰，尤其值得注意。佛教律典主要描述了印度古代社会与寺院的日常生活情形，与一般的佛教经（sūtra）、论（abhidharma）相比，口语词、俗语词更丰富，词汇表达更多样化，且汉译律典多有可靠的译者和翻译年代，称得上是一种非常理想的语料。律典汉译一直延续至唐代，本身就反映了中古汉语历时的演变面貌。

二十多年来，汉译佛经的语言学价值获得认可，有关中古佛经词汇、语法、音韵等的专著不断涌现。学界逐渐意识到从梵汉对勘的角度来考释佛经语言是一种行之有效的新方法。学者们对佛律词语的研究基本上放在汉译律典部分，主要关注新词新义，补充《汉语大词典》中的书证，从语义场等角度分析词语的历时变化，讨论相关的语法现象，取得了较多的成果。然而，大多数的研究着眼于汉译本，较少利用相应的梵语原典语料进行对勘研究，

* 陈明，北京大学教授，博士生导师。

也缺乏与梵本律典的对比研究。中古律典作为一种翻译作品，它是源头语与目的语双重作用的结果。译本词语的选择与确定不仅体现了两种语言符号之间的转换，而且受译者（与译场人员）的文化背景与心态的影响。要充分阐明和揭示出汉译律典的语料价值，仅仅依靠汉译本是不够的。如果不进行梵汉对勘，那么，中古佛经语言就难以呈现出完整的面貌。因此，利用梵本原典语料来对勘汉译律典的词语，对中古汉语史的研究有非常积极的意义和重要的作用。

本成果以中古汉译的根本说一切有部系列律事以及其他律典为研究对象，以《根本说一切有部毘奈耶破僧事》《根本说一切有部毘奈耶药事》《根本说一切有部毘奈耶皮革事》《根本说一切有部毘奈耶出家事》《摩诃僧祇律·明威仪法》等律典为重点，运用梵汉对勘的方法，利用已刊的梵语律典与汉译律典进行比较研究，其目的在于进一步深化中古汉语史和佛经翻译史的研究。本成果在梳理梵汉律典语料的基础上，考察唐代求法高僧义净的律典翻译及其译本流传情况，重点对根本说一切有部系列律事和其他广律中的200多个词语的意涵（包括词语本身的意义，甚至包括在印度文化史中的含义）进行解释，不仅对难词僻语、新词新义和名物词加以考释，而且涉及常用词的选用和演变，还对义净所译律事文本中的句法处理等一些语法现象进行分析。在分析的过程中，既指出梵语律典对汉译的影响，又通过纵向比较不同时期翻译的多种律典，揭示其相关时代性或地域性的语言特点；旨在为中古汉语史、佛经文献学，乃至佛经翻译史、中印文化交流史、印度物质文化史等相关学科提供实证性的语料。此外，或许还能从实证的角度去进一步丰富有关语言接触的理论。

本成果的研究方法主要有两种：（1）梵汉对勘。对律典的梵本、汉译本和相关异译本进行精细的梵汉对勘，详细描述每个梵文词的词汇义和语法义，以掌握汉译律典与原文在语素、词、词组、句子和句群等语言学各个层面上的对应关系的第一手资料。其比较重点放在词汇和语法方面。（2）多文本的比较与综合研究。除与具有直接（或平行）对应关系的梵本对勘之外，所涉及的汉译律典语料还要参考和比较其异文的情况。相关的文本包括不同的大藏经版本、敦煌吐鲁番出土的写本（或日本古代写经），力求在广泛的语料（含刻本和写本）背景下，探讨汉译律典的语言价值。运用语言接触理论横向剖析梵汉词语之间的关系；同时纵向比较，从汉语史的角度揭示词义演变的轨迹。

二、成果的主要内容和重要观点

本成果以中古汉译的律典，特别是根本说一切有部系列律事作为研究对象，全面收集已经校订出版的梵语律典，梳理梵本与汉译广律、戒经在内容和结构等方面的关系，选择并确定那些具有对勘意义的梵汉律典资料，进行比较研究。

本成果第一章“中古佛教律典的梵汉语料概观”，主要梳理了中古律典的梵汉本语料，尤其是目前已经刊布的出土文献中的梵本律典，同时还对汉语书写的律典的传世写本与刻本，敦煌吐鲁番等地出土的写本与刻本，日本古写经中的律典抄本、律疏以及相关的零散语料和石刻进行梳理，为律典词语研究提供了一份较为详尽的语料指南。

本成果第二章“根本说一切有部律典的翻译及其流传”主要讨论了唐代求法高僧义净“遍翻三藏、偏功律部”的翻译事业，重点关注义净译场的人员构成形态，讨论其译场中存在“未遑删缀”的一批译本，并从出土文献中爬梳出义净所译律典在西域地区的最远流传，分析了其写本流传到高加索地区的原因。本章为研究律典词语提供了一个广阔的文化语境，有助于理解相关律典译本中出现一些“看似怪异”的音译词等现象背后的原因。

本成果的第三至五章，主要选择梵汉本根本说一切有部律典中的 204 个词语，分为名物词、疑难词、常用词三大类型进行解释。这三大类型中除分为音译、意译两种形态之外，还特别注意了那些看似普通的常用词语，且将常用词分为有梵本对应和无梵本对应两个部分进行讨论。所谓有梵本对应，是指在梵本律典中可以找到汉译词语的对应部分。所谓无梵本对应，则是指在现存梵本中没有对应的成分，其汉译词语是译者根据汉语或者上下文的语意添加的；或者是指该律文的梵本未存，既然暂时无法找到其对应的梵本，也就不可能找到与汉译词语对应的成分。这样的分析有助于理解汉译律典词语产生的不同来源和方式。

本成果以梵汉对勘为最基础和最核心的方法，运用语言接触理论，对梵汉律典语料进行详细地对勘，进行汉语史意义上的分析。（1）将汉译律典

（加上异译或平行文本）与梵文原典进行对照，尽量找出每一个词语在原典中的对应成分，确定每一个具有梵汉对应关系的词的原文义；（2）选择具有代表性的词语（含音译词），包括名物词（专名词）、疑难词和常用词，进行语言分析，并解释梵文词的形态成分在汉译中的表现；（3）分析梵本的一些重要语法现象及其与汉语语法之间的关联，探讨原典对汉语句法是否存在影响关系。本成果不仅解释疑难词语的含义，而且梳理常用词语的演变历程，以揭示律典在中古汉语史研究方面的独特价值，进一步深化中古汉语史和佛经翻译史的研究。

在中古汉语史领域，运用梵汉对勘的方法，来推进汉译佛经的语言研究，尚未成为主流。坚持运用梵汉对勘的方法，是本成果的特色之一。首先，本成果详细梳理了可以用来对勘的梵汉本律典语料，包括敦煌出土的汉译律典文献，为本成果乃至今后的研究提供了一份非常有益的语料清单。其次，在此基础上，本成果遵循梵汉对勘的基本原则，对中古汉译律典中的词语进行分析，取得了以下若干进展性的认识：

其一，对音译词的确认和还原。中古律典中有一批较为独特的音译词，与其他不同时期的汉译佛经中的音译形式均有较大的差异。要明晰其对应的原语以及与各种不同的音写形式进行比较，就有必要依赖梵语原典。义净所译根本说一切有部律典中罕见的音写形式，比如，弥耻罗（Mithilā）、毛嗢揭罗演那（Maudgalyāyana/目连）、舍利弗呾啰（Śāriputra/舍利子）、薜室罗末拏（Vaiśravaṇa/毘沙门）、沟伽畔/薄伽伐多/薄伽畔（Bhagavat /薄伽梵）、阿瑜窣满（āyuṣmat/具寿）等，这些音译形式的出现与译者秉持的“中天音旨”“正梵音”等梵语语音观念有关，也与译场人员所处的方音区域有关，还与译场的运作形态有关。梵本律典还可以帮助确定汉文本中的音译词的正误。“婆”“娑”二字在汉译佛典中经常出现混淆的现象，不太容易判定。《药事》卷十三中的人名“婆啰迦”对应梵名 Sāraka，应为“娑啰迦”。有了梵本《药事》，就可以判定“婆啰迦”之误。除音译的专名词之外，中古律典中还有一些意译的专名词也较为独特，比如，广肩胸（Urasā/城名）、妙童女（Kanyakubjā/人名）、金色花/少女花（Karṇikāra-puṣpa/花名）、雍菜花（Kadambakā-puṣpa/花名）、黑头虫（Kṛṣṇaśiraska-/Kṛṣṇa-śiras-，喻指忘恩负义之辈）、猴狢/野干/野犴/犴犴（Śṛgāla/动物名）、黄苽/胡瓜

(Trapuṣa/瓜名/人名)、金挺/[金铤](Bhallika/人名)、削石城(Takṣaśilā/城名)、无斗城(Ayodhyā/城名)、瑞鸟(Śakuni/鸟名/国王名)、支车(Angīratha/国王名)等,在对勘梵本之后,其意义就能充分显现了。经过对勘亦可知,梵授(Brahmadatta)、梵受(实为梵授/Brahmadatta)、梵寿(Brāhmāyur)、梵德(实为梵授/Brahmadatta)、副枝(Praśākha)、斛饭(Droṇodana)、镜门(Ādarśamukha)、随枝(Anuśākha)、影胜王(Bimbisāra)、马胜(Aśvajit)等人名都是意译词。此外,对那些既有音译,又有意译,甚至音义兼训的专有名词,梵汉对勘提供了比较可靠的解释,比如,能治医王(Jīvaka/耆婆)、野干/野犴/犳犴(Śṛgāla/悉利伽罗)、黑耳(Kāla-karṇī/伽罗羯你)、葡萄(Mṛdvīka/篾栗坠)、菖蒲(Vaca/嚩极)、削石城(Takṣaśilā/怛叉尸罗)、无斗城/无战城(Ayodhyā/阿踰阇/阿喻馱也)、瑞鸟(Śākunī/舍究尼/石俱宁)、广大(Meru/弥楼)、自在友(Viśvāmitra 尾施婆蜜多/湿随/湿波)、力军(Balasena/婆罗仙)等。对佛经中的那些意译人名的判断尤其要注意。对"黄苽"(Trapuṣa,胡瓜/瓜名/人名)、"村落"这类较罕见的人名译法,其出现的频率低,并不是译者在行文中临时创造出来的,也不能随意看成不是佛教史实中实有之人。比如,"黄苽"(Trapuṣa,胡瓜/瓜名/人名)是多部佛经中都提到的两个有名商人之一,其原名在佛经中有多个译名,《破僧事》中译成"黄苽"还体现了该词的时代性,因为"黄苽"正是在隋朝时期传入中国的。

其二,对疑难词语的意义解释。中古汉译律典描述了印度古代社会生活的多个复杂层面,相对于一般的佛教经部和论部文献而言,律典译本中的词语更加丰富多变。律典中的疑难词语数量较多,音译、意译或者音义兼顾的形式均有。有些可以根据译本的上下文意(语境)或者平行文本中的对应词语阐释其意义;有些无法单纯靠汉文本就可解释的,尤其是那些貌似可以"望文生义"而实际意义相差较远的词语,更需要相应的梵本原典。利用梵汉文本的对勘来解读这些疑难词语的含义,有助于确定中古律典词语之正诂,使原本文句不通、语义模糊之处文从字顺,疑义冰消。根本说一切有部律典中的疑难词语仅看其字面意,容易望文生义,只有结合梵文原典之后,才能得其正解。本成果选释的 204 个词语中,就解释了不少的疑难词语,比如,"逆拓"对译动词√vi-kruś-,意为"叫喊、喊闹"。"木象"是指用木头等制作的机关孔雀，对译梵语名词 yantra-。“三辛粥”是指用荜茇、胡椒、干姜三种辛热药物（vyoṣa/kaṭu-traya/try-uṣaṇa）所煮的粥。“济拔”对译动词√sam-ud-dhṛ-，意为“救助、营救”。“起逆”对译动词√vi-rudh-，意即“造反、反叛”。“学该”是“博学该通”的缩略方式，对应梵语 pāraga-，意为“博学精通”。“侍怙”对应梵语 upasthāya-，意指“服务、服侍”。“押官”对应梵语 rāja-bhaṭa，意为“卫队”。“亲支”对译名词 bāndhava-，意为“亲人、亲戚、朋友”。“托娠”对应梵语 kukṣim avakrāntaḥ，意指“投生、投胎”。“无课”是“无有课税”的省略，对应梵语 a-śulka-，意指“没有赋税”。“输脚”对应梵语 tarpaṇya，意指“劳役”。“猜觉”对译动词√praty-abhi-jñā-，意为“认识到、了解、知道”。“切报”对译动词√ā-ruc-，意为“报告、告诉”。“皴涩”对应梵语 utpāṇḍa-utpāṇḍuka-，意指“皮肤起皱、开裂而不光滑”。“腹充”对应梵语短语 āśita-jāta-，意指“肚子饱了”。“襞摞”对译动词√sam-ā-dā-，意为“收集、聚集、堆放”。“体胤”对译名词 putra-，意为“儿子、子嗣”，引申指“后嗣、后裔、继承人”。“极努”对译梵本中的 mahatā vegena，有“极力、急速、剧烈”的意思。“鞭骸”“鞭挞”对译动词√abhi-dru-，意为“攻击、殴打、鞭打、鞭笞”，而“摣掣”这一隋唐新词对译的也是该梵语动词√abhi-dru-，表示“攻击、进攻、打垮”的意思。“肥充”对译梵语表达方式 upacitatva-māṃsa-śoṇita，指“血肉肥充”，意为“增肥、变肥、变胖”。这些词语中，有些仅仅见于中古汉译律典，称得上是“独特译语”现象，就词语的时代性而言，它们尤其值得关注。比如，仅见于《破僧事》中的“私涉”一词，对译动词√vi-abhi-car-，指男女方面的情事，意即“私通”。而相关联的梵语动词 pari-√car-，指男女之间的亲密行为，义净用“游喜”“娱乐”“交”“嬉戏”“戏会”“强私”“私通”“共宿”“作诸欢乐”“来相就”“[共] 作欢乐”“纵逸游戏”等多种形式，来对译该动词 pari-√car-的多种变化形式。仅见于《破僧事》中的“隐腹”一词，对译梵语表达形式 layaṃ gataḥ，指胎儿在腹中隐藏起来。此外，“四典”“四明”“四论”“四明论”“明典”，对译的梵名是 veda-vedāṅga-，指四部吠陀及其衍生系列的典籍。梵语 bhadramukha 或 bhadra，译为“贤首”或“贤”，表示对世俗男女的礼貌称呼，可用于第二人称的单数或复数。“总集病”“三集病”“三合病”，对译梵语 saṃnipāta，指“风、黄、痰三者的聚合”，实际指由三种体液共同导致的人体疾病。“见风”是［大］小便的隐语，其梵语表达形式为 prasrāva-＋动词√kṛ-，意即“拉小便”。这几个词语的翻译说明义净对古代印度的阿输吠陀（生命医学）的基本理论和文化观念自然是了然于胸的，因此，他才能用“见风”这种罕见的词语来表达其背后隐含的文化含义。与义净译经中的大量译注一样，这些词语都体现了他对印度文化的精深理解。

其三，归纳同词异译的现象。同词异译是人类所有翻译活动中的常见现象，在不同时代、不同译者、不同文献中是如此，即便是在同一译者的同一部经文中也不乏这类情况。一方面，在源头语和目的语中，同义词比比皆是。另一方面，译者为了使译本呈现词语的丰富多变也有意识地避免使用单一化的译语。梵汉对勘有助于我们去认识和归纳同词异译的现象。中古律典中的这类现象不在少数。比如，梵本中用来描述继承王位时的一种表达方式 rājyaṃ＋√prati-iṣ-，意即“获得/接受王位”，相应的汉译词语就有“绍继”“绍”“绍立”“绍位”“正绍”“绍嗣”“登嗣”“继嗣”等，均表示“继承、获取（王位或法位等）”。梵本中的 preṣya-dāraka 或 dāsī/dāsa，意指“自家奴仆所生的孩子”，相当于“奴二代”，相应的汉译词语就有“家生”“自奴”“家生奴”“家奴”等。梵语 sphuṭita-pāṇi-pāda-，指“手脚开裂”，常译作“脚劈”“脚劈破”“脚劈裂”等，而将梵本中原有的 pāṇi-（手）一词省略了。梵语 divā 或 āditya，指“清晨、太阳刚出来的时候”，相应的汉译词语有“旭上”“地了”“侵明”“明清旦”等。梵名 naimittika-，指“占卜师、预告未来的人”，相应的汉译词语有“占事”“占事人”“历数者”“相师”“占相师”“相人”等。梵语 strī，指“女人”“女性”，相应的汉译词语有“艳女”“倡艳女”“婇女”“美人”等，多指漂亮的女人。这些汉语词汇中作为形容词的那些成分（艳、倡艳、婇、美）都是汉译时的添加，因此，汉语词汇中的那些表示感情色彩的语素或许并不是梵语词语原本所具有的，往往是译者（和译场的参与者们）根据汉译本的语境需要而添加的。其目的或许是为了使该词与普通的称呼相区隔。义净将“女人”（strī-）根据不同句子的语境将其译为“艳女”“倡艳女”“婇女”“美人”等，既表明了译者对中国本土文化和词语的熟谙，也反映了译者在将异域文本转换为汉文本的时候，注重增加同一词语的多元色彩，以增强中土读者对译本的接受度。同样地，梵本中的 peyā，译成了“粥”“微粥”等。peyā 一词中本身没有“微”的含义，“微”是译者以汉文化为背景的创造。“微”在中土文献中常表谦称，婆罗门谦称自己奉送给世尊的粥为“微粥”，纯属汉民族交际礼貌的体现，也含有对对方的敬意。这类谦辞的出现在汉译根本说一切有部律典中，表明了译者在翻译时的本土文化色彩。译者之所以选择此类谦辞，也是为了使译本贴近中土读者的阅读习惯和文化心理。还有一个梵语词的翻译也能说明这一现象，kālagata-一词意即“去世”，其译语有“身歿”“掩随他世”“命过”“崩”“命终”“背丧”“亡没”“终殒殁”等，其中，将 kālagata-对译为“崩”的译法不是梵语影响的结果，而是中土汉文化的产物，因为在古代印度（天竺）kālagata-一词的使用并不存在身份的差异。这些译词背后所隐藏的文化转换或本土思想的呈现也是尤其应该注意的。

此外，还有一批同素异序词语，多出自一些相同的梵语词。比如，梵名 āvarta-，译为“涡漩”和“漩涡”。阳性名词 pāśa，译为“绳绻”和“绻绳”，指“圈套、圈索”。梵语 sūryāstaṃ-gamana、ratri 或者 vikāla，均义指“黄昏、日暮”，相应的汉译词语就有“曛黄”“黄曛”“曛暮”“冥宵”“向冥”“逼暮”“投暮”等，其中的“曛黄”和“黄曛”既是同素异序词语，也是仅见于义净汉译律典中的独特译语。这些对同词异译现象的分析，也有助于归纳译者在翻译过程中的一些具体手法及各自的特色。对梵汉词语的词义认知是本成果最突出的成就之一。

本成果第六章“根本说一切有部律典译本的句法处理”重点是对梵汉律典中的句法转换等语法现象进行分析。中古律典译本中比较有特色的语法现象，已经得到汉语史学界的多方关注。但相关译本的句法仍有不少的可探讨余地。义净在根本说一切有部律典的翻译时，不仅涉及词语的转换，更涉及句子形态的转变，或将原典中的陈述句改为疑问形式，或将原典中的疑问句式改为并列式等形态的陈述句，或将原典句子的详细进行颠倒，或将原典的长句段进行简化。这些都需要在仔细对勘梵本原典文本的基础上，方能有深入的认识，并且去发现中古律典梵汉文本之间的“错位”现象。所谓“错位”现象至少包括三种：其一，用中土的术语去取代梵本中的域外名物，即“格义”手法。其二，译本中的词语并未有梵本中的确切对应词语，但有迹可循，是对梵本意义的大致归纳而来。其三，译本中的词语是汉译时纯粹由译者添加的。由“错位”而产生的词语有轠伤（砸伤）、浑麄（粗糙）、裥文（交错相间的彩纹）、押领（主持）、擿拨（振动扇风）等。在梵汉对勘的过程中，也能发现汉译本对一些梵语词的义项之补充现象，而现有的《梵英词典》并未提供这些义项，甚至一些词语也未被收录在梵语词典之中。比如，表示“劳役、差科、输脚”意思的 tarpaṇya 一词可添补到《梵英词典》之中。manartha-与“缨拘”对应的另一个义项“拘押、抓住”可以补充到《梵英词典》之中。动词√ā-mreḍ-的义项“重新启动、再度发动”也可以增补入《梵英词典》中。

简而言之，梵汉佛经（包括经、律、论三藏）的翻译是一个非常复杂的动态过程，不仅涉及两种语言的转换，还涉及文化、心理、社会、宗教、伦理等许多复杂的精神层面。即便就语言层面而言，出自不同文化背景的胡汉译者们在其中所起的作用，还需要在更多的梵汉文本对勘的基础上，进行深入地、仔细地厘清。

三、成果的学术创新、应用价值以及社会影响和效益

目前汉语史界还没有对汉译律典语言进行综合研究的论著，研究者也很少利用梵语律典。尽管在具体的研究过程中，梵汉对勘仍会遭到不少的质疑，但梵汉对勘至少利用了两种（或两种以上）语言的文本，这与仅利用单一性的汉译文本相比，二者之间的差距是不言而喻的。因此，中古汉语史以及佛教文献研究界已经有部分学者认可并采用这一方法来从事相关的研究，陆续取得了一些有价值的成果。梵汉对勘除解释疑难词语的意义之外，还对考察译者（或译场）的翻译方法、理解梵汉文本的性质差异等多方面，有不可忽视的意义。因此，正确理解梵汉对勘的方法和意义，无疑是深化中古佛经语言研究的基础之一。

本成果以梵汉对勘为最基础和最核心的方法，其创新性的学术价值主要体现在既分析出梵语对汉译的影响，又通过纵向比较不同时期翻译的多种律典，揭示其相关时代性、地域性的语言特点，对目前中古汉语史研究提供梵汉对勘的实证语料以及词语的解读，为探索中古汉语的词汇与语法演变的规律提供实证分析。本成果不仅对难词僻语、新词新义和名物词加以考释，而且对常用词的选用和演变加以分析，从实证的角度进一步丰富了有关语言接

触的理论。本成果所提供的新语料将有力推动中古汉语史、梵汉对音的研究，对佛经翻译史、中印文化交流史、印度物质文化史等相关领域也颇具意义。本成果不仅强调梵—汉文本之间的对勘，而且注重汉译律典本身的版本流变，归纳不同的刻本与写本系统中的异文，这种综合性的考察无疑比以往多以《大正藏》版本为准所得出的结论要可靠一些。

本成果出版之后，可供汉语史、语言学、佛教学、古典文献学、辞书编撰、中印文化交流史等领域的专业学者参考，同时为社会上一般的佛经爱好者提供一本较为权威的阅读佛经的工具书，从而产生积极的社会影响和效益。

管理学

《国有控股金融机构治理研究》概要

李维安*

在后危机时期，特别是步入“十三五”规划之年，作为金融行业微观基础的银行、证券公司和保险公司等金融机构的治理状况，受到了前所未有的关注。本成果在充分把握中国公司治理系统行政型治理和经济型治理二元并存特征的基础上，搭建了一个中国国有控股金融机构的二元治理结构分析框架，同时围绕公司治理风险这一核心概念，构建了一个囊括超级股东、股东行为、股东相对谈判力、董事会权力配置等重要概念的逻辑体系。在此基础上，对中国国有控股金融机构的股东治理、董事会治理、外部治理、治理风险和治理评价进行了研究，同时对银行、证券公司和保险公司三类具体金融机构的治理进行了探讨。

一、研究的目的、意义及方法

1. 研究目的

自 2008 年金融危机以来，金融机构治理与治理风险防范等问题越来越受到各方的重视，各国涌现出了众多有关金融机构治理的理论研究成果和政策措施建议。中国国有控股金融机构的公司治理也经历了一个从无到有、从初步建立到逐步完善的过程。然而，到目前为止，虽然国有控股金融机构明确了出资人的权利与责任界限，建立了董事会、监事会、经理层等治理结构，但由于金融机构的重要性和特殊性，中国的金融机构特别是国有控股金

① 李维安，南开大学教授，博士生导师。

融机构的人事任免、经营目标与资金配置等方面依旧受到政府及其代理人的过度干预和影响。这种情况可能引发金融机构经营决策中的治理风险，进而削弱金融体系整体的稳定性。基于上述背景，本成果的首要研究目标在于厘清中国国有控股金融机构公司治理体系中“行政型治理”和“经济型治理”二元并存和演化共生的关系框架；并在此基础上聚焦于国有控股金融机构中政府“超级股东”的行为模式和董事会的权力配置，探究国有控股金融机构内部治理、外部治理的优化和完善路径；同时建立一套科学的公司治理评价体系，以提高监管者和金融机构自身的治理风险防控能力，从而有效实现金融机构服务于实体经济的重要职能。本成果也是对笔者在 2002 年主持的国家社科基金项目“我国金融机构风险控制与治理结构改革的研究”中提出的公司治理是中国金融机构改革的主线研究观点的进一步深入和拓展。

2. 研究意义

（1）理论意义。第一，本成果在充分把握中国公司治理系统中“行政型治理”和“经济型治理”二元并存特征的基础上，搭建了一个中国国有控股金融机构的二元治理结构分析框架。该框架不同于单纯以“经济型治理”为主的传统公司治理理论，而是强调政府组织在参与金融机构公司治理时特殊的行为动机和行为模式，二元治理结构下的治理主体、治理风险等基本概念体系均不同于标准公司治理理论。这个框架不仅可以服务于本成果中对国有控股金融机构的研究，而且为国内针对一般企业的治理研究和国际上针对公司治理系统进行的国别比较研究提供了重要的理论拓展。第二，在对国有控股金融机构所处制度环境和公司治理机制特殊性充分把握的基础上，本成果围绕公司治理风险这一核心概念，构建了一个囊括超级股东、股东行为、股东相对谈判力、董事会权力配置等重要概念的逻辑体系，为中国金融机构的公司治理研究提供了一个可以基本达成共识的研究平台，也为国际学术界的进一步探讨奠定了基础。

（2）现实意义。第一，对于政府股东而言，本成果能够厘清“行政型治理”边界，指导政府股东改善金融机构“行政型治理”和“经济型治理”的配置结构，降低或消除“行政型治理”对金融机构内部治理机制有效运行造成的负面影响，促使政府能够着眼于长期、长效的市场化、规范化制度建设，优化金融机构宏观的治理环境，提高金融体系整体的公司治理质量，进而为全面深化改革、加强供给侧结构性改革做出贡献。第二，对于监管机构而言，有助于使其认识到国有控股金融机构治理风险的本源在于二元治理结构下政府超级股东行为的特殊性，所以本成果将完善国有控股金融机构公司治理的重点放在金融机构股东、董事会、监事会等内部治理结构的同时，还关注了股东和监管者的相对谈判力，探讨如何在金融机构之外提高监管机构对治理风险的识别能力及其自身相对于超级股东的谈判力与执行力，从而将内外部治理相结合，遏制超级股东的负面效应，弱化金融机构整体治理风险诱因。第三，对于国有控股金融机构本身而言，本成果在考虑国有控股银行、保险公司、证券公司三种金融机构治理差异的基础上，以理论研究部分构建的概念体系为剖析工具分别对这三种金融机构的治理机制进行深入分析，同时对这三种金融机构分别建立相应的治理评价体系，发现各自相应的治理缺陷，提出相应的治理完善措施，将强制性治理转换为自主性治理，将治理风险控制在一个可接受的范围内。

3. 研究方法

本成果研究中使用了问卷调查和实证研究等方法。大量金融机构治理原始数据主要是通过与监管部门合作、发放调查问卷的方法获取。在实证研究中，注重用系统的观点综合考虑各种因素的影响，比如研究外部治理时，本成果改变了过去仅仅研究外部治理对风险承担影响的模式，综合考虑内部治理以及多元外部治理的情况，从而系统地分析了外部治理与内部治理影响中国金融机构风险承担的机理。此外，在研究金融机构的股东行为时，在中国国内较早地导入了实验经济学的研究方法，用实验方法研究股东之间的相对谈判力、超级股东的干预行为等。

二、成果的主要内容和重要观点

本成果篇幅总计 60 余万字，包括十章。第一章为研究问题的提出，第二章为国有控股金融机构股东治理研究，第三章为国有控股金融机构董事会治理研究，第四章为国有控股金融机构外部治理研究，第五章为国有控股金融机构治理风险研究，第六章为国有控股上市金融机构治理评价研究，第七章为国有控股商业银行治理研究，第八章为国有控股证券公司治理研究，第九章为国有控股保险公司治理研究，第十章为研究总结与启示。第一章是问题的提出，是本成果的导论部分。第二章、第三章分别对国有控股金融机构的股东治理和董事会治理进行了研究，侧重于金融机构的内部治理。第四章则研究了国有控股金融机构的外部治理问题，其中也包括金融机构内外部治理关系的研究。第五章、第六章则为国有控股金融机构的治理风险与治理评价研究。第七章至第九章从不同性质或类型的金融机构的角度，分别对国有控股商业银行、国有控股证券公司、国有控股保险公司三类金融机构的治理进行了研究。需要说明的是本成果只选择了金融机构中的银行、证券公司和保险公司三种类型，主要考虑其资产规模及其对经济发展的影响较大，随着研究的深入，其他类型金融机构治理问题也会纳入研究范畴。本成果的主要内容和重要观点概括如下：

1. 主要内容

第一，本成果基于以政府行政干预为特色的治理模式和从“行政型治理”向“经济型治理”转型这一历史背景，深入研究了国有控股金融机构治理系统中二元治理结构的成因与特征，并建立国有控股金融机构的二元治理框架体系。本成果回顾了中国国有控股金融机构所处的制度背景和国有控股金融机构公司治理模式的演进历程，提出了政府超级股东这一概念，从人事任免、经营目标、资源配置三个方面入手，分析了政府对国有控股金融机构的干预及超级股东的行为模式，探讨了政府超级股东以超出股东的权限谋划和分配金融资源的行为及其同金融市场内在运行逻辑的冲突，并通过实验研究的方法探索能够缓解这一冲突的有效治理机制。

第二，本成果对金融机构超级股东的正负面影响与股东的相对谈判力，董事会权力配置与董事会治理有效性，以及外部治理与内部治理如何有效互动等现实问题进行了深入研究。在股权安排方面，由于战略投资者和其他性质的股东相对于政府股东的谈判力较低，所以在股东治理中其他性质股东的意志难以得到体现，这是国有控股金融机构的突出问题所在。在董事会治理方面，董事会成员的权力配置不能真正体现出资人的经济利益导向，使得董事会“形似而神不至”。在外部治理方面，本成果关注了外部监管和政府干预等金融机构特有的机制：“政监资”未完全分开导致监管独立性较差，难以对超级股东形成有效的制衡；而政府干预则提升了金融机构风险承担水平。

第三，本成果在国有控股金融机构股东行为和董事会治理研究的基础上，探讨了现阶段中国国有控股金融机构治理风险的特殊性、生成机理与防范，以及其与金融风险的关系等理论问题。金融机构自身特殊的经营目标、复杂的委托代理关系及其特殊的产品特征决定了金融机构的治理结构容易造成难以察觉的治理风险累积。因此，防范和化解治理风险成为金融机构治理研究的前沿问题。

第四，本成果基于中国金融机构治理的特殊性，构建了中国金融机构治理评价指标体系，对中国上市和非上市国有控股金融机构的治理状况进行了系统的评价并基于评价结果实证检验了治理的有效性。本成果运用从2008年开始连续九年发布的中国上市公司治理指数对上市金融机构的公司治理状况进行了全面和典型的评价，重点分析了国有控股上市金融机构的治理状况并提出了完善的建议；同时，设计了针对非上市银行、证券公司和保险公司的治理评价体系，并利用该体系对中国银行、证券公司和保险公司进行了全行业治理状况的诊断和分析。这些治理评价体系的建立，为监管机构出台防范治理风险的政策，以及各类金融机构的治理改革提供了依据。

第五，本成果在上述理论研究的基础上，为服务现实应用、体现研究的价值，提出了中国金融机构治理改革与发展相关的政策建议。这些政策建议从其适用对象来说，既有针对监管者完善治理及其监管的具体措施，也有针对银行、证券公司和保险公司等不同类型金融机构提升治理水平的对策建议；从其内容范围来说，既有金融机构治理总体方面的，也有金融机构股东治理、董事会治理、外部治理等方面的内容。

2. 重要观点

第一，金融机构治理是国家治理体系的重要方面。大国经济需要大国金融，中国经济的强盛离不开中国金融的崛起。从微观层面来说，金融机构的健康发展是现代高效金融体系的根本，而公司治理建设是中国金融机构体制改革的主线。金融机构治理是国家治理体系的重要组成部分，其中有两个层面的含义：一是国家治理涵盖了包括银行、证券公司、保险公司等在内的金融机构的治理问题，侧重点是金融机构自身的治理问题；二是金融机构可以参与到经济治理、社会治理和政府治理的过程中。无论是自身治理层面，还是参与治理层面，金融机构治理都是国家治理体系的有机组成部分，为实现国家治理能力现代化目标提供基础。

第二，治理风险是金融机构最大、最根本的风险。2008年金融危机的爆发提醒人们关注金融机构风险和治理问题。正是治理问题的累积，造成了治理风险的集中爆发。所以，金融危机爆发的根本原因是金融机构公司治理缺陷导致的治理风险。金融机构的治理体系具有特殊性，这种特殊性来源于金融机构自身特殊的经营目标、复杂的委托代理关系、政府管制、特殊的资本结构、特殊的金融产品等；同时，金融机构在自身治理和对业务对象治理的双重治理问题中，面对过于复杂的委托代理关系和信息不对称，容易造成治理风险累积。将着力点放在金融机构治理风险上，是指导各类金融机构改革和发展的主要方向。

第三，中国金融机构治理呈现二元治理结构特征。中国金融体系和公司治理系统经历了与其他国家不一样的发展历程。在中国金融业发展初期，从治理特性上来说，金融机构治理以政府行政干预为主要特色，呈现出与“经济型治理”或“市场型治理”完全相反的方向，即“行政型治理”。随着中国金融机构改制、股份制改革和海内外上市工作的推进，金融机构治理逐渐从“行政型治理”向“经济型治理”转型。而“经济型治理”这种治理模式以现代公司制度为前提，以股东主导型产权制度为基础，以资本市场为导向，注重自下而上流程运行的治理方式。目前，“行政型治理”与“经济型治理”的二元并存是“中国式”金融机构治理最基本的现状和最重要的特征。

第四，中国金融机构治理有效性有待进一步提高。近年来，随着中国金融机构治理实践的开展，治理理念的普及，以及监管部门治理监管工作的推进，中国金融机构治理合规性明显改善，治理结构和机制已经建立起来，但有效性依然偏低。例如，公司治理评价结果即评价指数显示，上市金融机构特别是国有控股上市金融机构的中小股东权益保护、董事会运作效率、独立董事制度、经理层激励约束等反映金融机构治理有效性的分指数相对较低，这些方面治理状况仍有待进一步改善。本成果基于公司治理评价结果即评价指数，从总体视角对各类金融机构治理进行有效性的检验发现中国金融机构治理在风险承担、偿付能力和财务业绩等方面总体上发挥了有效作用；但基于分指数和各个具体治理机制的实证研究显示，中国金融机构股东治理和董事会治理等机制没有发挥有效作用。

第五，金融机构的政府超级股东治理目标多元化。政府作为国有控股金融机构的股东，除了存有经济目标之外，还有政治目标等，因此倾向于在全社会范围内谋划金融资源的配置，从而在实质上突破了其作为股东的有限权利，形成了国有控股金融机构的超级股东。多年的评价结果显示，国有控股上市金融机构的中小股东权益保护分指数一直相对较低，这显示出超级股东在公司事务中发挥了更大的作用。不可否认的是，超级股东为金融机构的平稳发展提供了保障，将其经营风险控制在了较低的水平，从而规避了金融海啸的冲击。然而，在后金融危机时期，“行政型治理”有回潮的趋势，此时，应更加关注超级股东带来的股权不相容性风险、偏离资源最优配置和预算软约束等负面效应。

第六，金融机构超级股东下董事会权力配置错位。治理能够有效发挥作用的基础是科学的股权结构安排。国有控股金融机构通过上市并将少数股份出售给国外机构投资者稀释超级股东股权来倒逼中国金融业的改革。但多元化后，国有控股金融机构高管的最终任免权仍掌握在政府而非金融机构的董事会手中，而且金融机构的超级股东对金融机构反而拥有更大的控制权，特别是后金融危机时期，这种态势得到了进一步的强化。治理评价指数显示，近年来国有控股上市金融机构的董事会治理水平处在相对稳定的状态且在治理各维度中处于较低水平，这说明国有控股金融机构董事会治理已经遭遇了瓶颈，超级股东下的董事会按照既有的思路已经难以显著提升治理水平。

第七，金融机构外部治理的作用需要进一步加强。公司内部治理以所有权为主线，外部治理以竞争为主线。在中国一般公司治理实践领域，内部治理受到更多学者的关注。但金融机构与一般公司存在较大差异，外部治理的内涵更加丰富和重要，包括资本监管、市场约束、政府干预和特许权价值等内容。本成果发现，资本监管和市场约束发挥了一定的降低风险承担作用，但政府干预则显著增加了金融机构的风险。因此，为了更好地防范和化解金融机构风险，需要进一步强化外部监管和市场约束，监管等的强化不但不是外部治理的倒退，反而是外部治理的优化，但需要注意政府行为的边界。

三、成果的学术创新、应用价值以及社会影响和效益

1. 学术创新

本成果的学术创新主要体现在以下几个方面：

第一，本成果在充分把握中国公司治理系统中“行政型治理”和“经济型治理”二元并存特征的基础上，搭建了一个中国国有控股金融机构的二元治理结构分析框架，同时围绕公司治理风险这一核心概念，构建了一个囊括超级股东、股东行为、股东相对谈判力、董事会权力配置、治理风险等重要概念的逻辑体系。该框架和体系是在对已有零散金融机构治理研究的总结和提炼并结合中国金融机构治理实际情况基础上构建的；该框架可以引领未来金融机构治理领域的研究，同时对一般国有企业治理问题的研究也可以提供一定的借鉴和参考。基于上述理论框架和逻辑体系的分析，厘清了政府超级股东的治理边界，有利于指导政府股东改善金融机构“行政型治理”和“经济型治理”的配置结构，降低“行政型治理”对金融机构内部治理机制造成的负面影响。

第二，在考虑中国国有控股银行、证券公司、保险公司三种最重要的金融机构公司治理差异的基础上，以本成果所搭建的理论框架为指导，将本成果构建的包括超级股东、治理风险等的概念体系作为剖析工具，分别对这三种金融机构的公司治理结构与机制进行深入分析。具体来说，研究了金融机构的股东治理、董事会治理等核心的内部治理问题；也研究了金融机构的外部治理，进而分析如何从外部减少超级股东的负面效应，如何消除金融机构整体治理风险的诱因；最后还从内外部治理相互关系的视角探讨了如何提高金融机构治理机制的有效性，如何提高监管机构对治理风险的识别能力和自身相对于超级股东的谈判力与执行力。

第三，本成果在监管机构和金融机构层面对治理风险的防范等问题进行了创新研究。金融机构的特殊的治理结构容易造成难以察觉的治理风险积累，当治理风险达到阈值时便会以金融风险事故的形式爆发，进而导致其自身陷入困境、破产，甚至引发委托代理链条上其他利益相关机构的倒闭，严重威胁社会经济生活的各个链条。因此，金融机构最大、最根本的风险是治理风险。

第四，本成果在考虑金融机构治理环境与治理机制等方面特殊性的基础上，以金融机构治理风险优化理论为指导，建立了更加科学、更具现实性和适应性的金融机构治理评价指标体系，并基于所构建的指标体系对中国上市金融机构和各类型金融机构的全行业样本分别进行了系统评价。治理评价是通过运用科学的评价方法，以指数形式反映其评价对象的治理状况。在上市公司开展治理评价研究的较多，而对于非上市公司进行大样本评价的研究并不多见，特别是针对金融机构进行评价的研究鲜有。通过评价能够发现其相应的治理缺陷、识别其治理风险，进而提出更具有针对性的治理完善措施，使其将强制性治理转换为自主性治理，把治理风险控制在一个可接受的范围内。本成果针对不同类型金融机构的治理评价研究丰富了一般公司治理评价理论和方法体系。

第五，在研究方法方面，本成果将实验经济学中的比较制度范式与实证、调研和案例分析相结合，以实验室微观经济系统来模拟金融机构现实的治理环境，一定程度上验证了理论创新的现实解释力。目前国际上金融机构公司治理方面的研究大多是基于大跨度、大样本的实证研究，而中国国有控股金融机构数量少且大部分为非上市公司，因此金融机构治理信息的获取相对困难。所以本成果另辟蹊径，为国有控股企业内部治理特别是股东治理的理论研究开辟了一条新的路径。金融机构治理的实验研究与已有的一般公司治理领域的大样本实证和案例研究等经典方法形成有益补充。

2. 应用价值

本成果的应用价值主要体现在宏观和微观两个层面：

（1）宏观层面上，本成果为预防金融体系的政策性、制度性系统风险提供参考，从而可以促进金融业的健康发展，进而服务实体经济。2017 年 4 月 25 日，习近平总书记在中共中央政治局第四十次集体学习时强调，“金融活，经济活；金融稳，经济稳。必须充分认识金融在经济发展和社会生活中的重要地位和作用，切实把维护金融安全作为治国理政的一件大事，扎扎实实把金融工作做好”，并就维护金融安全提出“深化金融改革，完善金融体系，推进金融业公司治理改革”等任务。国有控股金融机构超级股东、外部治理和治理评价等问题的研究有利于防范和化解金融风险，健全现代金融体系，提高金融服务实体经济效率和支持经济转型的能力。

（2）微观层面上，本成果为提高中国国有控股金融机构治理水平提供借鉴，最终促使其提高竞争力，实现其从“做大”到“做强”的转变。金融机构是金融业的重要微观主体。2010 年“两会”政府工作报告中提出“要继续完善国有控股金融机构公司治理，改善经营管理机制，提高风险管控能力”，正式将深化国有控股金融机构公司治理改革提上了日程。李克强（2012）在《求是》杂志上撰文指出，要健全金融体制，加强金融监管，防范金融风险，继续深化国有控股大型金融机构改革。金融机构治理是其发展壮大的“内功”，只有修炼好“治理内功”，才能在制度层面保障其做大做强。

3. 社会影响和效益

基于本成果的相关研究共计 25 篇论文先后在《经济研究》《中国工业经济》《经济学（季刊）》《金融研究》《保险研究》等期刊发表，受到社科基金专刊关注。截至 2017 年 5 月 1 日，相关论文被公开下载总计 37 134 次，被公开引用总计 694 次。论文先后获得孙冶方金融创新奖、天津市第十三届社会科学优秀成果奖一等奖、山东省第二十七次社会科学优秀成果奖二等奖。成果完成人做客新华社高端访谈节目《金融讲堂》，主讲“公司治理”；关于治理理念与思维的文章分别在《光明日报》《人民日报》等发表。成果完成人率领的课题组每年发布的治理指数被誉为我国上市公司治理的“晴雨表”，课题组还专门针对上市金融机构状况进行分析。研究成果还多次被应用到金融机构的治理实践中，例如，基于本成果形成的对策建议报告先后获得中国银监会、中国保监会、中国证监会的采纳或者领导批示。课题组还与中国上市公司协会开展公司治理合作研究；与世界银行国际金融公司合作开展公司治理教师培训；为中国工商银行开展公司治理评价工作；为“天津市金融机构董事高级研修班”的学员进行培训；参与亚洲开发银行技术援助课题“完善中国企业的公司治理、合规管理和企业社会责任”；还为长城资产管理公司、中国银河证券股份有限公司、天津市农商银行等国有控股金融机构做治理等方面的培训。为提高中国金融机构治理质量和提升监管机构监管水平发挥了一定的智力支持作用，获得了较高的社会评价并取得了较好的社会效益。

《农民收入超常规增长的要素配置与战略协同研究》概要

温 涛*

一、研究的目的、意义及方法

1. 研究目的

本成果基于农民收入增长总量、速度与质量有效结合的视角，探索如何构建中国农民收入超常规增长的战略模式，并确保其科学运行，旨在为进一步深化中国经济社会体制改革，加快转变经济发展方式，大力推进城乡经济社会一体化发展与和谐社会建设提供理论与实证支持。为实现这一研究目的，本成果必须实现以下具体目标：

（1）设定农民收入超常规增长对资源要素配置要求的理论模型，并构建基于中国现实背景的理论分析框架与应用方法体系，探索实现农民收入超常规增长的要素组合与要素匹配。

（2）通过建立基于微观个人能力、成本收益与福利改进的数学模型进行统计调查分析，并结合宏观经济政策的绩效评价，以明确制约中国农民收入增长稳定性、持续性的主要影响因素及制度障碍，从而为科学设计农民收入超常规增长战略提供理论与实证支持。

（3）从应用数学模型角度构建中国农民收入超常规增长的利益相关主体行为模型，获取相关主体之间的相互关系，为各类主体行为规范提供全新的

* 温涛，西南大学教授，博士生导师。

制度约束和管理激励。

(4) 设立农民收入超常规增长战略形成的基础性条件，确立其与国家整体发展战略的协同驱动框架，并立足于建设农民收入超常规增长的长效机制层面，为中国经济发展方式转变与和谐社会构建提供全新的战略思路和政策指导。

(5) 最终为建立基于数学推导的、科学严谨的、符合现代经济学和管理学研究规范以及融合交叉学科分析范式的中国特色农民收入增长理论奠定基础。

2. 研究意义

农民收入增长问题是经济发展理论和多数发展中国家工业化进程中普遍面临的一个根本性问题。理论逻辑和历史事实无一不清楚地表明，中国国情下农民收入可持续增长，对中国经济和社会发展具有特殊的重要意义。但中国农民、农业、农村的经济资源在推动中国经济以独特的"中国模式"创造"中国奇迹"的同时，尤其是20世纪90年代后半期以来，农民收入增长和农村经济发展出现了与国民经济发展不相适应的景象。在既定经济发展格局下，实现农民收入增长及结构优化、缩小城乡经济差距，已经成为困扰国民经济发展的难点。因此，在当前中央高度重视"三农"发展，致力于解决制约经济发展的深层次矛盾和问题、推进统筹城乡发展的现实背景下，本成果研究农民收入超常规增长战略，科学论证其有效运行的要素集聚、组织保障与制度激励问题，旨在为各级政府部门制定加快农民收入增长，并确保其稳定性、长效性和超越性的政策提供决策依据，并为进一步深化中国经济社会体制改革，加快形成城乡经济社会一体化格局，大力推进经济发展方式转变与和谐社会建设提供经验启示。具体来说，本成果的研究意义在于以下四个方面：

(1) 农民收入超常规增长是促进共同富裕、实现城乡经济社会一体化发展与社会和谐的内在要求。

(2) 农民收入超常规增长依赖于生产要素的科学集聚与优化配置，同时也是转变经济发展方式的现实要求。

(3) 农民收入超常规增长是一项系统工程，关系到国民经济发展全局，必须立足于国家整体发展战略的高度科学规划、精心布局。

（4）农民收入超常规增长的要素配置与战略协同研究既是经济社会发展的内在要求，也将丰富具有中国特色国民经济管理研究的理论成果，完善中国特色的社会主义市场经济理论体系。

3. 研究方法

本成果遵循“理论研究→实证研究→政策研究”的逻辑思路，主要运用文献分析、理论分析、统计调查、计量分析、博弈分析和制度分析等手段，深入探索农民收入超常规增长的要素配置及行为选择，充分揭示其面临的现实障碍及成因。具体运用的研究方法如下：

（1）在进行农民收入超常规增长的理论内涵与实现机理研究时，主要运用文献分析、辩证分析、系统分析和数理推演等方法。

（2）在进行我国农民收入增长及城乡收入差距的变动趋势与区域差异研究时，以收入分配理论、消费理论和空间经济学理论为基础，综合运用多种统计分析方法。

（3）在进行我国农民收入增长宏观经济政策及其要素配置效应研究时，以经济增长理论和要素配置理论为基础，基于生产函数分析框架运用空间面板模型、分位数回归、工具变量等方法。

（4）在进行我国农民收入增长的微观主体行为及其要素配置效应研究时，以农户行为经济理论为起点，采用的是以博弈论为基础的委托—代理理论方法和新兴古典经济学的超边际分析框架。

（5）在进行我国农民收入超常规增长的基础性条件与要素壁垒研究时，以要素配置理论为基础，结合产业经济学、社会学分析范式，并采用多种统计预测和计量分析方法。

（6）在进行我国农民收入超常规增长战略及区域差异化构建研究时，以战略管理理论、区域经济理论分析方法为基础进行充分论证。

（7）在进行我国农民收入超常规增长战略关联体系及其协同驱动研究时，以协同理论和方法为基础进行理论整合、模型构造与检验，并以此为基础构建一个基于农民收入超常规增长战略与国家整体发展模式协同的战略框架。

（8）在进行确保我国农民收入超常规增长的制度与政策创新研究时，采用的是以制度经济学中制度创新理论为基础的制度主义演绎分析范式，并结合前述研究成果进行归纳的方法。

二、成果的主要内容和重要观点

1. 主要内容

为了实现上述研究目的，本成果全部研究内容由理论研究、实证研究和应用对策研究 3 大部分构成，分为 8 个子课题，并进一步分为 12 个具有内在逻辑联系的研究专题。其总体框架和基本内容具体构成如下：

（1）理论研究“农民收入超常规增长的理论内涵与实现机理”。

理论研究是本成果的基础和出发点。本部分力求系统地把握农民收入增长尤其是超常规增长的客观规律，并由此设定农民收入超常规增长的资源要素配置合理性测度模型，进而构建基于中国现实背景的农民收入超常规增长理论分析框架与应用方法体系，从理论分析层面上为设计农民收入超常规增长战略提供客观依据。

整个理论研究部分构成子课题 1“农民收入超常规增长的理论内涵与实现机理研究”。该子课题涵盖本成果的第 1～4 章，主要内容包括 3 个研究专题：1）农民收入增长的理论综述与经验模式；2）农民收入超常规增长的理论内涵及测度标准；3）农民收入超常规增长的要素匹配及其实现机理。

（2）实证研究“农民收入超常规增长的要素配置及现实障碍考察”。

实证研究是确保科学构建农民收入超常规增长战略的关键性环节。一方面，本成果力求通过实地考察、统计调查与个案分析，明确制约中国农民收入增长速度及其稳定性、持续性的主要影响因素以及相关政策的成效，从而为有效解决现实问题并科学设计农民收入超常规增长战略提供实证支持。另一方面，本成果致力于对我国农民收入增长尤其是超常规增长的利益相关主体及其行为进行深入研究。力图通过对各主体行为动机、行为特征、行为互动、行为冲突等方面的分析，探索其相互作用的微观基础，把握其相互关系的形成原理，并由此明确如何进行各主体的行为规范，从而有利于我国农民收入超常规增长战略的最终形成。此外，本部分还将实证分析我国农民收入超常规增长的生产要素需求和现实经济运行所能提供的要素供给能力，明确战略形成的基础性条件，并进一步从制度层面分析农民收入超常规增长面临的现实障碍，为后续政策研究奠定基础。

整个实证研究部分包括 4 个子课题，涵盖本成果的第 5～9 章。子课题 2 为“我国农民收入增长及城乡收入差距的变动趋势与区域差异”，主要内容包括 2 个研究专题：1）农民收入增长的总体态势与结构变化分析；2）农民收入的区域差异及城乡收入差距分析。子课题 3 为“我国农民收入增长宏观经济政策及其要素配置效应”，子课题 4 为“我国农民收入增长的微观主体行为及其要素配置效应”，子课题 5 为“我国农民收入超常规增长的基础性条件与要素壁垒”，均单独成为一个研究专题。

（3）应用对策研究“农民收入超常规增长的战略设计及配套制度和政策框架”。

应用对策研究是本成果的重点与归宿，体现本成果的主旨。首先，立足于理论研究和实证研究的结论针对性地进行我国农民收入超常规增长战略及其保障体系设计；其次，进一步根据我国各地区经济、社会发展差距较大的现实背景，重点探索我国农民收入超常规增长战略的区域差异化构建；再次，根据国家整体经济社会发展战略的实践要求，着力构建农民收入超常规增长战略的协同框架，以期为确保我国农民收入超常规增长战略的科学性提供有效战略指导；最后，提出确保农民收入超常规增长的制度创新方向和框架，从农民收入“量”与“质”同步提升的双重层面、结合国内外成功经验与本国具体国情提出推进农民收入超常规增长战略实施及其长效机制确立的具体政策建议。

应用对策研究部分包括 3 个子课题，涵盖本成果的第 10～12 章。子课题 6 为“我国农民收入超常规增长战略及区域差异化构建”，主要内容包括 2 个研究专题：1）农民收入超常规增长战略及保障体系设计；2）农民收入超常规增长战略区域差异化构建。子课题 7 为“我国农民收入超常规增长战略关联体系及其协同驱动”，子课题 8 为“确保我国农民收入超常规增长的制度与政策创新”，均单独成为一个研究专题。

2. 重要观点

（1）借助改革开放释放的强大动力，中国从一个低收入国家跻身中等偏上收入国家行列，使起点极低的农民收入水平及结构明显改善、成绩斐然，但“不平衡、不协调、不可持续”的痼疾尚未破题。从宏观政策层面看，政府的高度重视、政策激励和要素注入，使近年来农民增收取得了明显成效；

但城乡和地区之间资源要素动员能力的差异，导致城乡居民收入差距和农民内部收入不平等问题尚未有效缓解，亟待科学规划促进要素优化配置，实现全面小康建设的目标。从微观主体角度看，实现农民收入增长目标，不仅取决于农户自身行为抉择，而且关系到企业、金融机构和政府等核心利益相关主体的行为互动，归根结底要求通过各方行为激励相容促进创新要素进入农业、农村，引导农户逐步走向现代农业发展轨道。实践经验表明，在既定的城市化、工业化发展战略下，以现行农民收入增长模式和速度，距离城乡经济社会一体化和全体人民共同富裕的目标依然遥远。推进农民收入超常规增长，则是"缩差共富"的关键性举措，对于推动中国经济社会均衡发展具有重要战略意义。

（2）"新常态"下，中国要规避"中等收入陷阱"，斩断困扰经济可持续发展的死结，促进经济发展方式转变并实现城乡一体化发展，迫切需要着力布局和推进体现时代发展内涵的农民收入超常规增长战略。众多发展中国家长期徘徊于中等收入阶段的教训表明，保持持续增长并创造出足以打破既定稳态的发展动力，有赖于突破既有体制性障碍的战略决策。新时期下基于这种高度的中国农民收入超常规增长，应该具备全新的内容：其一，在国民经济稳步增长的同时确保农民收入快速增长；其二，国民收入分配向农民倾斜，实现农民收入增速持续超过经济增速和城镇居民收入增速；其三，农民收入增长保持稳定状态，其核心在于能够缩小城乡收入差距，建成惠及广大农民的全面小康社会；其四，农民收入增长要确保其可持续性，有利于突破"中等收入陷阱"，进而有效促进消费增长与扩大内需战略顺利实现；其五，在既定时期实现城乡居民收入无差别发展目标，最终实现农业现代化、城乡一体化和国民经济均衡发展。

（3）中国农民收入超常规增长依赖于生产要素的科学集聚与优化配置，这既是突破既有农业、农村、农民发展资源要素严格约束的必然选择，同时也是转变经济发展方式的现实要求。1949 年以来，工农产品价格"剪刀差"使农业与农村经济资源不断向城市工业经济主体输出。经过半个多世纪工业化和城市化进程，目前仍然有超过 30％的人口依赖仅占国内生产总值不到 10％的农业为生。可见，农业资源要素明显不足，农民收入增长受到严格的资源约束。而这种资源要素抑制的长期积累正是当前中国农民收入增长问题产生的根本原因之一。此外，无论是工业反哺农业，还是城市支持农村，落实到具体政策实施，资源要素的有效配置均是关键所在。生产要素的科学配置不仅是农民收入超常规增长的前提，也是实现经济结构优化，加快经济发展方式转变的核心环节。

（4）中国的农民收入超常规增长不仅取决于从国家到农户自上而下的条件塑造、决策优化、行为规范，也取决于乡土社会中“精英俘获”的现实；若舍此，奢谈中国农村制度和战略的变革、调整及资源优化配置。既有农村经济制度和乡村治理机制的现实格局在一定程度上致使农业、农村生产要素的集聚与配置形成“精英俘获”，进而导致农民内部收入不平等加剧。农村要素市场的“精英俘获”机制反映了国家治理体系和国家治理能力在市场经济中遇到的考验与挑战。因此，要从根本上实现全面深化改革中国家治理体系和治理能力现代化的总目标，必须在深刻而复杂的经济、社会、历史、政治和文化等诸多背景下厘清精英与农户、组织、企业、政府的关系，以及国家在村庄治理、市场参与和农村发展中深刻而复杂的关系，使各方协同、公平共进。

（5）农民收入超常规增长是一项系统工程，关系到国民经济发展全局，不再是可以给经济当事人带来即时有形收益的短期性政策激励，而应当是着眼于“三农”可持续发展和城乡经济社会长治久安的顶层设计与整体战略规划。总体战略目标必须从局部关注部分群体收入绝对增长向国家的长治久安转变，通过转变农业发展方式实现农业现代化和确保粮食安全，彻底打破城乡利益格局以保证社会公正性不断提高，真正能够步入城乡一体化经济社会发展的建设轨道，让广大农民更好地共享改革发展成果。战略的核心任务应当明确为，未来30多年保持农民收入年均实际增速不低于7%，同时确保其高于同期国民经济整体增速，并超越同期城镇居民收入增速两个百分点及以上，在21世纪中叶达到发达国家城乡收入比的平均水平，最终确保实现城乡居民收入均衡增长和城乡一体化发展。而战略的具体实施，要求政府纠正既有战略错位和政策不公，真正转变自身职能，既根据战略重点培育农业核心竞争力并努力创造农业和非农产业就业创业机会，也加强国民收入分配的合理调节，同时做好农民财产权利保护工作以提供有益的战略补充，最终形成合力以助推战略目标的实现。

（6）由于资源禀赋、经济运行效率以及制度基础等方面的差异，加上不同地区农业、农村和农民所处发展阶段的不一致，客观上要求农民收入超常规增长战略推进不能采取“一刀切”的模式，必须因地制宜、因情而变。在农业发展基础较好的粮食主产区、现代化大农业和都市农业发展地区，应当基于不断推进农业现代化为核心构建农民收入超常规增长战略，以农业专业化和创新驱动为双核，努力打造现代农业产业链、价值链、供应链，着力构建现代农业生产体系、经营体系、产业体系、支持体系，坚持工业反哺农业、城市支持农村，确保农民收入超常规增长，最终实现城乡发展一体化。在农业资源禀赋较弱、发展基础较差和小规模经营普遍的西部山地、丘陵及连片特困地区等，应当基于特色效益农业与新型城镇化双轮驱动为核心构建农民收入超常规增长战略，积极引导农户根据自身要素禀赋选择特色效益农业发展的品种、方式和外出务工的地区及行业，大力促进农村产业融合深度与非农产业就业能力同步提升，以培养职业农民和农民工市民化为突破口，破解城乡二元结构，实现农民收入超常规增长。

（7）农民收入超常规增长与当前政府着力推进的农业现代化、新型城镇化、经济发展方式转变、民生导向经济社会发展战略密切关联，五个战略协调推进才能保证国家整体战略目标的一致性，最终确保全面小康建设、城乡一体化发展目标的实现。农民收入超常规增长既涉及农业生产要素的科学配置和农业现代化发展，也涉及非农产业的要素反哺与结构优化，更关系到国民经济的均衡增长与社会和谐稳定。因此，促进农民收入超常规增长必须立足于国家整体经济社会发展战略的实践要求，根据中国各地区经济、社会发展现实格局进行科学规划并提供有效的战略指导。协同驱动国家的各项重大战略，确保广大农民最大限度地参与到国家发展中来，让其更多地分享经济增长、社会发展的好处，这无疑也是构建和谐社会、实现可持续发展的题中之义。

总之，在中国，“农民收入超常规增长”上升为国家战略，是客观的、必要的，更是刻不容缓的。要在未来30多年乃至更长的时间内保持农民收入的超常规增长，任重道远。客观上要求国家进一步深化改革进而创造有利于市场竞争的宏观政策环境，并承担更多的社会管理和基本公共服务职能。同时，改革应重点涉及金融、财政、产业、土地等更多领域，通过以顶层设计与全面配套的方式深化农村金融改革，加大财政对农民增收的战略性投入，运用现代产业管理理念和方式促进农业现代化，实施激励现代要素进入农业、农村的科技政策，激活土地价值保障农民财产权益，彻底改造就业、创业环境促进农民增收发展，进而逐步形成社会创新性和中国特色，最终公平传递发展的红利惠及广大农民，实现农民收入长期、稳定、可持续的超常规增长。

三、成果的学术创新、应用价值以及社会影响和效益

1. 成果的学术创新

（1）本成果将农民收入增长问题纳入了规范的经济学、管理学、社会学和法学等学科相结合的分析范式内。在当前中国经济社会发展现实背景下，农民收入作为农民自身核心权益，既是经济学、管理学关注的焦点，也是社会学研究的重点，更是法学致力于突破的关键环节。因此，本成果在规范的经济学、管理学、社会学和法学研究范式内对构建中国农民收入增长战略进行研究，不仅具有研究范式上的创新，而且也是对这一问题在上述学科领域的有益探索。

（2）本成果从全景视角深入探索了要素集聚与配置对农民增收的作用机制和实际效应，能够为相关研究提供充分的实证依据。全面厘清物质资本、人力资本、技术进步等传统要素和社会资本、组织创新、制度变革等新兴要素对农民收入增长的作用机制、效率组合及协同效应，不仅能够为这一主题的理论研究形成实证依据，而且能够为相关政策研究提供有效的技术支撑。

（3）本成果运用理论与实证相结合的手段，充分揭示了农村经济制度和乡村治理机制现实格局下，农业农村生产要素集聚与配置的“精英俘获”机制。本成果关于“精英俘获”机制的分析和研究在一定程度上揭示了乡土社会中正在发生的趋势性变化，同时也涉及了乡村治理和运行中的理论和实践问题，对相应的制度安排提供了宝贵的思想材料。实际上，无论是扶贫项目、基础设施建设、公共管理、村委选举还是农户信贷中的“精英俘获”机制，无外乎是精英农户追求自身利益最大化的结果性表现，甚至可称之为经济学研究中的人类追逐财富的欲望所产生的后果。在这一层面上来讲，本成果在这种特定经济假设影响下形成的分析，以揭示中国农村要素市场的“精英俘获”机制及其程度和范围，反映中国农村地区的“精英”及上层建筑的

真实状态，并且对于理论之于现实所展开的政策讨论，或许能让人们产生更深刻的认识，因而具有一定创新。

（4）本成果利用行为经济学理论框架，从效用函数和交易费用入手建立应用模型，对农民收入超常规增长的利益相关主体行为动机及其特征、行为互动及其冲突进行研究，从理论上拓展了农民收入问题研究的分析框架。本成果将中国农民收入增长假设为一定宏观经济、社会环境及其相应制度背景下，各利益相关主体在特定的交易环境中的"交易"结果；而将利益相关主体及其管理部门之间的关系视为委托—代理的博弈关系，这不仅使利益相关主体行为的研究建立在更加符合实际情况的基础上，而且也使研究从数学层面上更加容易揭示农民收入增长面临的问题及其成因的本质特征。

（5）本成果内容的整体性和系统性，有利于保障战略设计和政策研究的针对性和有效性。研究并不限于对农民收入超常规增长战略的原则性讨论，而是对其理论内涵、实现机理、主体行为、要素配置、基础性条件、制度障碍、区域差异、保障体系以及战略协同驱动等进行了比较系统、全面和规范的数理和实证分析，有利于保障我国农民收入超常规增长战略与国家整体经济社会发展战略的目标一致性，从而能够对解决问题提供有益的政策思路。

2. 成果的应用价值以及社会影响和效益

本成果在研究过程中陆续在《经济研究》、《管理世界》、《中国农村经济》、《数量经济技术经济研究》和 *Agricultural Economics* 等期刊公开发表阶段性成果 80 多篇，其中 8 篇阶段性成果先后被中国人民大学复印报刊资料《农业经济研究》《社会主义经济理论与实践》《国民经济管理》《金融与保险》以及《高等学校文科学术文摘》全文转载。相关阶段性研究成果获得了教育部高等学校科学研究优秀成果奖（人文社会科学）二等奖 1 项、三等奖 1 项，另外还获得省级社会科学优秀成果一等奖 1 项、三等奖 2 项。5 项阶段性成果被省部级领导批示；10 多项决策建议和提案被省级政府、政协及相关部门采纳；1 项成果受邀参加全国人大农村金融立法调研协调会，并为全国人大做主题报告。先后有 30 多位博士、博士生及 40 多位硕士参加课题研究得到锻炼。其中，7 人获得省部级优秀博士硕士学位论文奖，2 人入选"万人计划"、2 人入选"百千万工程"国家级人选，主要成员先后获得相关主题国家级项目 10 多项，产生了广泛的社会影响。

《水资源协商管理与决策》概要

王慧敏*

一、研究的目的和意义

水作为战略性生产要素，水资源的节约保护是缓解当前水资源短缺的基本途径，关系着国计民生和国家安全。中国水资源情势正发生深刻变化，表现为水短缺危机、水污染严重、水生态迅速恶化、水灾害频发和水管理缺位等。面对严峻的水资源形势，中国从1998年开始了“从工程水利向资源水利、从传统水利向现代水利的可持续发展水利转变”的治水思路，水资源管理进入了从“开源”为主的供水管理到“开源与节流”并重的需水管理阶段。然而，随着气候变化和人类活动的加剧，水资源变化的不确定性与水资源计划控制式管理的矛盾愈演愈烈，传统的基于确定性的水资源短缺的调度、控制已难以适应不确定性加大的环境变化；传统模式下集中式决策的治理体制也难以满足日益复杂的水资源问题。客观基本水情和严峻的水资源形势，给中国水资源管理带来新的更大的挑战，水资源管理改革势在必行。

当前中国的水资源短缺不仅仅是资源本身的短缺，更是管理制度上的短缺，管理制度的短缺又加剧了资源短缺，这已经成为影响流域人水和谐与区域稳定的不利因素。水资源冲突经常以跨行政区边界的形式发生在流域层面。流域作为一个整体性较强、关联度很高的水资源生态系统，却往往被不同的行政区域所分割管辖。流域水资源冲突由于涉及流域内多个行政区域决

* 王慧敏，河海大学教授，博士生导师。

策者而具有明显的流域跨界特征，已成为中国水资源管理中的棘手问题。因此，探讨水资源协商管理的相关理论和方法，研究如何通过合作与协商决策来解决水资源冲突、实现水资源合理分配，进而指导中国水资源管理的实践工作，是现代水资源管理面临的重要课题之一。

二、成果的主要内容和重要观点及对策建议

1. 主要内容

在中国推行最严格水资源管理制度、建设水生态文明和节水型社会及保障国家水安全的水利变革发展新时期，本成果突破原有的水资源冲突管理及分配思维定式，坚持以人为本、生态文明的治水理念，以制度循环理论为依托，确立合适的水资源协商管理模式和实现路径。本成果明确指出水资源协商管理必须以提高水资源用水效率、改善水资源用水方式、协调用水主体利益为目标，以水资源可持续利用为指导，通过人人关系的协调来实现人水关系的和谐。这场水资源管理改革不似以往治水变革过分注重人水关系的和谐，而是以期通过人人关系的调整适应人水关系的改变，实现水资源协商管理的目的；这场变革在人水关系既定下会更多地考虑水资源管理过程中各用水主体适应性协商行为与主体规则变迁的内在规律，从决策科学角度探讨基于多主体合作的水资源协商管理现实路径问题。本成果发现实现协商管理需要做好三件事：一是为协商管理做好制度安排；二是为更有效地协商做好科学决策和政策选择；三是为规范地协商管理做好管控工作。因此，本成果构建了水资源协商管理的“现实需求—制度安排—行动决策—政策选择—智能监控—实践应用”研究框架，沿着这一框架展开以下研究：

第一，协商管理现实需求。系统梳理了国内外水资源管理体制、机制、经验与问题，发现中国现行水资源管理制度存在的不足，包括多头管理缺乏沟通与合作、缺乏水管理与社会经济发展顶层设计与系统规划、公众参与水资源管理程度低、水资源法律法规体系不完善等。进而指出中国推行水资源协商管理的必要性，特别应关注协商稳定与适应性、协商效率与服务性、协商公平与协调性、协商权威与法制性、协商效果与集成性。为此，本成果认为水资源协商本质是对涉水多元主体的利益协调管理，体制问题、法制问题和市场问题是协商管理的核心问题。为了实现协商管理共容利益目标，本成

果提出现阶段水资源协商管理的现实路径是将决策科学与制度经济学结合，通过宏观协商制度安排与微观主体行为决策的互馈行为促进协商。

第二，协商管理制度安排。水资源协商管理制度安排主体涉及政府、市场、公众等，研究考虑这些主体与水资源协商管理的关系，分析这些主体在水资源协商管理的角色定位与利益关系。引入“多中心”合作思想，构建水资源协商管理制度安排框架。重点考察：（1）建立多主体合作模式，即结合政府、市场和公众，在尊重各方主体利益的基础之上，以互惠和共享为指导，协调水资源协商管理中多主体间利益关系的合作模式；（2）多利益主体学习机制，着重分析各利益主体在水资源协商管理过程中心理行为、行动选择等个人学习机制，并通过合作博弈方法考虑多主体之间在行动中的交互学习行为，促进各方选择适合水资源协商管理有效落实的行动方案，实现利益共享，风险分担；（3）制度安排的规则设计，主要探讨能够有效促进各利益主体选择合适行动方案的相关影响因素，包括选择的机会成本、外部环境因素、行动收益预期等，通过这些因素的规则设计来调整个人行为。最后，以水权转让为例具体细化水资源协商管理合作机制与规则设计问题。

第三，协商管理行动决策。水资源管理行动需要利益相关者参与协商，达到个体或集体利益目标。本成果以水资源冲突为背景，分别从公平和效率角度探讨水资源管理协商主体行为的个体利益决策和集体利益决策问题。首先，为了保证冲突协商解决的公平性，通过建立个体利益模型，按照可行的破产分配准则将短缺的水资源分配给各个行政区域，得到水资源分配协商方案集合并进行稳定性分析。其次，考虑冲突协商解决的效率性，将合作博弈理论用于流域内用水合作的研究，建立水资源冲突共容利益协商决策的联盟模型，将水资源合作看作模糊联盟进行协商的群体决策分析。

第四，协商管理政策选择。落实水资源协商管理需要具体的政策措施相配合。水资源协商管理政策不仅仅是为了解决眼前已有的水问题，更要对未来可能发生的变化采取前瞻性的减缓和适应措施，因此需要考虑未来区域水资源系统可能的变化，更深刻了解水资源问题的可能发展趋势，以分析水资源协商管理需求。因此，本成果借助“压力—状态—响应”框架，从协调水资源与经济、生态、国家安全关系出发，探讨水资源协商管理政策需求。在水资源协商管理制度安排框架指导下，分析水资源协商管理政策选择的协商研讨机制，给出政策选择的一般程序；借助一般均衡政策选择工具，通过构建不同政策情景，模拟分析政策可能影响，选择出能够有效协调人人关系、促进水资源协商管理落实的满意政策。本成果从体制、法治和市场三方面分析水资源协商管理面临的一般政策和相关的操作细则。本成果强调，在体制方面通过制度创新、多元主体参与、宣传教育等方式强调转变政府职能，加强服务型政府建设的重要性；在法制方面主张完善中国跨界调水法律制度、明细农业水权交易法律关系、建立环境保护法律诉讼体系等来依法进行水资源协商；在市场机制方面通过完善水市场契约机制、构建水生态服务价值核算体系和水生态基金管理体系等创新市场手段辅助协商管理的有效进行。

第五，协商管理智能监控。水资源协商管理落实的核心内容是过程管理，关键节点是监管能力建设，这需要健全一系列配套制度和建立相应的技术支撑体系，这些均离不开科学完善的监控手段和全面准确的信息服务。本成果借助“互联网＋”建立水资源协商管理监控系统体系和决策支持平台体系，通过运用水资源管理物联网系统和水资源管理大数据中心，实现数字智能化的水资源协商管理信息监控。另外，还要加强水资源协商管理的监管体系，一是引入公众参与机制，通过构建云管理网络平台，促进水资源协商管理公众参与常态化。二是在形成广泛的公众参与基础上，还需从实际出发设计动态考核机制。机制构建应考虑考核指标时空差异性、考核数据可靠性、考核过程监管稳定性等问题。三是以社区为载体的全民水文化建设，广泛宣传水文化，提倡全民参与的水资源协商监管，实现全民节水爱水行为。

第六，协商管理实践应用。实践应用主要结合中国不同区域的水资源特点和突出问题选取具有一定的代表性案例。新疆哈密是典型的西北缺水区域且农业用水粗放，本成果主要探讨该区域内产业间的水权转让协商问题；漳河流域是华北跨界水资源冲突非常紧张的区域，本成果主要分析协商主体个人利益和集体利益协调问题；鄱阳湖流域属于华中丰水地区，但由于时空分布不均常面临洪涝干旱问题，本成果更多地探讨大数据在水资源协商分配中的应用以及协商政策选择问题；云南是西北干旱频发地区，本成果主要运用协商决策支持平台体系解决干旱缺水应急协商分水方案问题。通过这些实践案例，本成果践行水资源协商管理制度实施方法技术的可靠性，并给出具有推广价值的对策建议。

2. 重要观点及建议

在水资源协商管理与决策应用实践基础上，本成果针对水资源协商管理主要问题提出以下重要观点及对策建议：

（1）着力构建水生态系统服务资产核算制度。水生态系统服务资产核算的目标是摸清社会经济活动与水生态系统间的耦合关系，完善现代水利统计体系，为水资源协商管理与决策提供绿色、共享、开放的智慧水利数据平台。着力开展以下几方面工作：1）构建跨学科、跨部门的统一工作平台，联合拟定核算方案，核算方案应遵循“四个兼顾”原则：兼顾国际共性与中国个性、兼顾实物量与价值量、兼顾存量与流量、兼顾当期核算与预期测算。2）将水生态系统服务资产作为国民经济核算体系的卫星账户，围绕供给服务、调节服务、文化服务和支持服务，从水资源使用账户、水产品账户、气候调节账户、水质账户、水利服务账户、水文化账户、生物多样性账户等七方面设立综合核算账户。3）多尺度量化评估水生态系统服务资产的实物量及价值量，编制水生态系统服务资产总值表、投入产出表、资产负债表，建立水生态系统大数据共享平台，推进智慧水生态建设。

（2）着力实施国家水生态基金管理制度。该基金主要用于水污染、水生态补偿的先行垫付和国家赔付，着力运用基金方法来辅助水资源协商管理。需抓好“募投管退”四个环节：1）基金募集制度。完善财税体制改革，在国家年度 GDP 收入中划拨一定比例作为国家投入。2）基金投资制度。业务投资在初期建议占基金资本金的 90%，主要包含两种方式，即申报审批投资与预警监控投资。发展投资在初期建议不超过基金资本金的 10%，主要用于具有稳定收益项目的投资，用于基金资本金的保值增值。3）基金运作规则。首先，采取准市场运作机制，符合基金会投资内容事项，若相关利益主体尚未投资到位，基金会具有直接投资的权限；在明确相关利益主体权责后，基金会具有依法向相关利益主体收缴投资资本金及投资期利息的权利。其次，对于责任主体无法明确的重大涉水问题，基金会具有直接赔付的责任，资本金由基金会自行承担。再次，大力推进水灾害保险制度，降低基金会投资压力。最后，构建投资绩效评估制度。4）基金退出机制。提前收回主要是相关利益主体的自主投资到位，申请基金会投资收回，由运营中心评估相关费用损益情况，在相关利益主体缴付相关费用后投资提前收回，但同时保留第三方评估机构对投资过程的监测评估服务。到期退出是指无相关利益主体提出申请，但投资时限达到基金会投资管理限定，执行到期退出。由第三方评估机构进行投资绩效评估与累积影响评估，由运营中心评估盈亏情况，剩余资金进入基金会资本金，将投资考评结果备案，上报年度董事会审议。

（3）着力建设多元化主体参与协商的考核机制。水资源协商管理的实施需要全社会参与，水资源管理的政府职能转变应着眼于民生，通过建立多元主体参与的服务监管体系，提高水资源协商监管能力与公共服务力。1）考核主体的多元性、代表性和广泛性，构建公开、民主和透明的监管考核过程体系，确保监督与考核工作落到实处。2）公众参与监管考核的方式要具有灵活性、动态性和适应性，确保考核结果的公平性和透明度，提高考核公信力。3）合理建立符合地方水情的监管考核评估指标，加强政府、公众、民间机构等多方的沟通，既要考虑易操作的量化考核指标，还要考虑能落实的体现制度建设、执法成效的定性考核指标。4）建立公众意见反馈机制，增加公众满意度，从而避免公众参与流于形式。

（4）着力构建云管理服务监管体系。1）构建云管理资源分配体系，提高公众参与监管效率。具体包括：一是成立资源云管理机构；二是聚集公众参与云资源，形成公共资源库；三是对公众资源云进行合理分类；四是合理建立任务、分解任务；五是构建安全、稳定、可靠的资源配置检索系统。2）借助云管理平台，完善公众参与流程、公众参与激励机制和公众参与反馈机制，同时要建立公众参与活动结果的申述制度。3）充分发挥云管理服务体系作用，推进公众参与水资源监管工作。充分发挥网络舆论、拓展信息公开渠道、重视意见领袖作用，提高网络舆情监测、突发事件应对、内容与话题写作、互动与语言沟通、政务微博营销等技巧，促进网络舆情的理性化，形成健康的、强势的水资源节约保护主流舆论。4）完善公众参与法律法规，保证公众参与的自由、公平、公正。政府应加快有关公众参与水资源监管的立法工作，确定公众参与的法律地位，建设网络公众参与的程序性制度，规范公众参与网络秩序。

（5）着力打造社区水文化建设平台。水文化建设是普及宣传保障水资源协商的广泛驱动力。建议着力打造社区水文化建设平台，具体工作：1）建立健全“互联网＋居委会＋物业公司＋居民”的智慧社区自适应管理模式，主要包括构筑物建设与技术平台搭建。2）建立健全“舆论引导＋大数据预测＋全媒体推进＋线上线下联动”的智慧社区 O2O 管理模式，主要包括舆论引导机制、大数据预测机制、全媒体推进路径选择机制、线上线下联动机制等。3）典型推广机制。以共性与个性相结合、目标导向与受众意愿相结合、建设推广与管理培训相结合为原则，以典型示范、分类推广、政府引导、市场运作、社区自主、逐步推进为思路。典型推广机制的核心是典型示范区建设、柔性推广路径。

三、成果的学术创新、应用价值以及社会影响和效益

本成果主要创新与贡献之处表现在：（1）在已有水资源协商方法基础上，引入决策科学方法，将制度经济学与决策科学相结合，给出现阶段水资源协商管理有效的实现路径；（2）借鉴新制度经济学奥斯特罗姆的多中心合作理论，构建符合国情特色和水情特征的水资源协商管理制度安排框架，给出协商机制和规则设计，丰富发展水资源管理理论与方法；（3）分别建立了水资源协商个体行为和协商集体行为利益决策模型，给出协商解决的一致性方案，提升了协商效率；（4）构建水资源协商管理的政策选择程序，搭建基于“互联网＋”的水资源协商管理监控系统体系，为解决水资源协商管理规范化结构化与非结构化问题提供了技术支持；（5）深入分析水资源协商管理过程中的不足，探讨并给出具有前瞻性和可行性的水资源协商管理体制、法治化治理路径和准市场经济调节机制等方面的有效方法；（6）以问题为导向，选择不同特征水资源问题的区（流）域，践行水资源协商管理制度实施方法技术。

本成果依据中国不同区域水资源特点问题，在鄱阳湖流域、漳河流域、新疆哈密、云南等地开展实践研究，研究成果得到了水利部、环保部以及河北、河南、山西、江西、云南、新疆维吾尔自治区等省份及所在的相关流域机构的肯定和认可，并产生了巨大的经济效益、社会效益和生态效益，同时为全国不同区域和流域的推广应用起到良好示范作用。比如在漳河流域的实践，从漳河流域水资源实际出发，分析了漳河流域多主体间水资源空间调配协商决策方法及技术体系，为漳河流域动态调整与合理配置水资源提供了科

学的决策支持，指导解决了漳河上游水资源协商管理的关键问题。2013—2016 年，漳河上游管理局进行了多次集中调水，各灌渠都发挥了巨大的经济效益，特别是邯郸跃峰渠调水对邯郸市农田灌溉、水力发电、工业用水及东部生态水网用水都产生了很大影响。在实践中所形成的水资源协商管理制度体系及水量调配及协商管理技术已辐射到多个地区，具有广阔的推广和应用前景。再比如在鄱阳湖流域的实践，建立了一套便于应用且合理的分水思路和方法，提出了用水总量控制下水资源初始分配关键技术，完善水量协商分配及控制的监管技术体系，并在江西省五大流域与鄱阳湖环湖区的水量分配中应用，对指导鄱阳湖流域水资源规划、经济规划、调节政策起到了很好的决策支持，推动了江西社会经济的和谐及可持续发展。

综上所述，本成果针对水资源协商管理的制度安排体系、行为决策方法、政策选择程序与智能监控体系，结合不同水问题突出的流域或区域进行了研究，丰富和完善了水资源管理理论体系，对中国水资源协商管理的落实、中国水资源可持续利用的推动具有重要的应用价值。本成果不仅将为中国最严格水资源管理的政策制定提供理论参考，也将为中国制定“十三五”水利相关发展规划提供科学的决策支撑。

艺术学

《中国戏曲剧种研究》概要

朱恒夫*

一、研究的目的

本成果试图解决以下问题：全国的戏曲剧种能够合并成多少种类型？它们各自的发轫之地在哪里？一个剧种是如何传布外地的？又是如何形成一个新的剧种的？影响一个剧种的兴旺与消亡的因素到底有哪些？若是社会的因素，如何因势利导，或如何避害趋利？若是戏曲本身的因素，又如何扬长避短，以保持自己的生命力？多数剧种的剧目内容与艺术形态都是所在地区的文化养成的结果，那么，地区的文化——生产方式、宗教、民俗、语言、道德观念、审美观念等等，是如何使得一个剧种形成自己独特的风格的？全国主要的剧种各自的风格又是什么？在全球化、工业化、城市化的进程中，剧种如何避免死亡的危险？怎样既能保持自己的特色，又能与时俱进？

二、成果的主要内容和重要观点

1. 戏曲剧种的定义及内涵

“剧种”一词，较为晚出，据现存文献，它第一次出现在洪深写于1947年的《抗战十年来中国的戏剧运动与教育》一书[①]，但真正将它作为戏曲种

* 朱恒夫，上海师范大学教授，博士生导师。

① 洪深：《抗战十年来中国的戏剧运动与教育》，中华书局1948年版。“就在那年的年尾（指1937年12月31日），‘中华全国戏剧界抗敌协会’成立于汉口，……参加者包括一切剧种——话剧之外，还有文明戏、平剧、楚剧、汉剧、陕西梆子、山西梆子、河南梆子、滇戏、桂戏、粤剧、蹦蹦，以及杂剧如京音大鼓、梨花大鼓、相声、金钱板、戏法、武术等。”现在易见的是洪深：《洪深文集》（第四卷），中国戏剧出版社1959年版，第128页。

类的概念来运用的，大约始于上海在1950年创办的《戏曲报》。[①] 然而，关于什么是剧种，至今也没有一个确切的为人们所公认的定义。之所以这样，是因为戏曲剧种不仅数量庞大，而且在各个剧种的来源、艺术表现形态、流行区域等方面的情况极其复杂。就数量来说，从20世纪50年代起到今日，从来就没有一个确切的说法。就现存剧种的问世时间来说，则先后不一。有产生于宋元的，有产生于明代的，有产生于清代的，有产生于民国的，也有产生于20世纪下半叶的。在名称上，也没有一个统一的命名规则，有的反映其发祥地与主要流行地域，有的表现其音乐声腔形态，有的是根据其表演方式，有的则以民族来划分，等等。

没有确切的定义，便带来了下列问题：将许多同为一种艺术表现形态的戏曲形式划分成若干个剧种；将本来不具备戏曲艺术特质的戏剧形式纳入戏曲的范畴之内；本应为多个剧种的戏曲形式却共用一个剧种之名；等等。而要较为完满地解决这些问题，唯一的办法，是根据戏曲的艺术性质与它多姿多彩的表现形态，下一个比较科学的定义，然后将此定义作为判别剧种的标准。

本成果经过深入的研究后认为，剧种的定义是：有着个性鲜明的主体性的声腔音乐、系统的表演程式与由人演唱的民族的戏剧形式。

“种”本是生物学的概念，指生物在生态和形态上具有不同特点的分类的基本单位。移用到戏曲上，就是戏曲种类的意思。戏曲何以要有“种”的区分，是因为戏曲不像话剧、舞剧、歌剧那样只是一种艺术表现形态，戏曲在它的内部，存在着多种艺术表现形态。

就声腔音乐来说，有单声腔、双声腔、三声腔和四声腔及以上之分。

单声腔的音乐，其旋律、色彩，决不会同于或近似于其他的声腔，由它们所构建的剧种音乐体系，应该说，个性一定是鲜明的。问题是一些单声腔的剧种在向外埠传播之后，会繁殖出许多子孙，它们除了在语言上不同于母体剧种之外，唱腔曲调基本上是一样的。如常锡滩簧成长为戏曲剧种后，在长江三角洲地区孕育出了申滩、苏滩、湖滩、杭滩、姚滩、甬滩等。严格地说，它们不能算作独立的剧种，而只能算作常锡滩簧的分支流派。[②] 像这样

① 《戏曲报》，1950年2月18日，第2页。

② 朱恒夫：《滩簧考论》，上海世纪出版集团2008年版，第29页。

的情况还很多，如柳琴戏、五音戏、茂腔、淮海戏、泗州戏等，它们有一个共同的妈妈，就是“肘鼓子”。尽管它们在成长之时，吸收了当地的艺术尤其是音乐的营养，但是它们的基因是改变不了的。以此类推，一些道情戏、秧歌戏、花灯戏、花鼓戏等，都应该重新核定其性质，是属于剧种，还是属于某一剧种的流派。当然，我们不能说所有的道情戏、秧歌戏、花灯戏、花鼓戏只能归类为一个道情戏剧种、一个秧歌戏剧种、一个花灯戏剧种和一个花鼓戏剧种。有两种情况不能归类：第一种情况是，如果它们在源发之时，相互之间就没有过交集与影响，一直在各自的轨道上行进，名称虽相同，种类上却不能归属于一个。第二种情况是它们虽然同源，但是它们在发展的过程中，分道扬镳，且愈走愈远，性质上发生了变化，自然也不能归结于一类。

对于多声腔组合的戏曲表现形态，是否已经构建成剧种，则应以声腔有没有高度融合并形成统一的风格为核定的标准。如由昆、高、弹、胡、灯五腔组成的川剧，毫无疑问，是一个剧种，因为它的五个声腔，不再以独立的形态呈现在舞台上，而是或以高腔为主其他四腔为辅，或用多腔共和的唱腔设计方式来共同表现剧目的内容。也是由多声腔组合的今日被称为“婺剧”的戏曲表现形式，和川剧就大不一样了，因为它的七种声腔——高腔、昆腔、乱弹腔、吹拨腔、徽腔和滩簧调、时调，没有高度融合成一个有机体，更没有形成统一的音乐风格。这种名为剧种实际上并非剧种的情况不止于“婺剧”，在全国现存的剧种之中，至少有十多个，例如瓯剧值得重新检讨。[①]

有无系统的表演程式是判别一种戏剧表现形态是否为戏曲剧种的另一个重要标准，因为程式是戏曲表演艺术独具的特点和风格，是戏曲表演艺术极其重要的基本功，依凭着它们，才能塑造出戏曲舞台的人物形象、刻画出鲜明的人物性格，也才能让戏曲观众获得美感。戏曲的程式性表演大多是优美的，它们不是原态的生活动作与表情，而是从原态生活动作与表情中进行艺术性的提炼、概括出来的；它们又是根据中国广大百姓的审美趣味经过反复的摸索、锤炼而成的，最符合中华民族的美学原则。程式之于戏曲，不是要

① “瓯剧”的剧目是按声腔来搬演的，如中国新闻社 1986 年拍摄的“瓯剧”剧目为：《阳河摘印》（乱弹）、《凤冠梦・一讼》（徽调——皮簧）、《借扇》（高腔）、《酒楼杀场》（乱弹）、《定情》（乱弹）等。见李子敏：《瓯剧史》，中国戏剧出版社 1999 年版，第 2、239 页。

不要的问题，也不是多与少的问题，而是整个剧种的所有剧目的表演动作，都应该是程式的。否则，就不是戏曲的剧种。而许多已经名为剧种的戏剧形式，其表演仍然停留在生活形态的动作与表情的层面上。

由人来演出，也应是戏曲剧种的一个原则。皮影戏、傀儡戏，虽然许多剧目在人物造型上，仿照戏曲人物，有生、旦、净、丑等，其唱腔也运用流行于当地的某一种声腔，剧目内容更是袭用戏曲，但它们却不能算作戏曲剧种。其理由有三点：一是它们的唱、做、念、打仅是对戏曲的模仿，没有独立的声腔和表演体系；二是不论操作皮影、傀儡的戏师的技术是多么的高超，皮影、傀儡的表演还是机械的、被动的，只有“技术”，而没有多少“艺术”；三是皮影戏、傀儡戏形成之后，基本上就是一种定型的戏剧形态。任何一种戏曲形式，其艺术都是在不断变化的，像一条河流，不时地与其他河流交集、融合，使生命之水常新。当然，将皮影戏、傀儡戏改由人来演出，在原有声腔的基础上不断创新、丰富，形成鲜明的个性，并构建自己的程式性表演体系，自然就嬗变成戏曲剧种了，如陕西的合阳线腔与华阴老腔。

2. 种剧与种剧系统

诸种戏曲形式因其艺术形态的不同而被分为不同的种类，而种类的差异皆由于“种子”的不同。现存戏曲剧种的总量虽多，但是“种子”却不多，只有弋阳腔、昆腔、秦腔、皮黄腔等。当然，有的剧种不是由一个种子而是由几个种子融合在一起，共同孕育成一个新的生命。

有着弋阳腔这一生命基因的剧种有：京腔、新昌调腔、宁海平调（调腔）、瑞安高腔、松阳高腔、徽剧、岳西高腔、贵池傩戏、安徽夫子戏、福州戏、闽西汉剧、闽北四平戏（庶民戏、说平戏）、闽南四平戏（官音戏、饶平戏）、大腔戏、赣剧、九江青阳腔、盱河戏、东河戏、吉安戏、抚河戏、湖北清戏、湘剧、祁剧、武陵戏、辰河戏、粤剧、潮剧、琼剧、桂剧等。

弋阳腔何以会传播南北并繁殖出这么多新的剧种呢？原因有三：一是没有严格的曲律，不需丝弦伴奏，易于在底层社会传播。二是声音高亢激越，质朴粗犷，适合于庙会草台的演出。三是凭借有着“保平安”功能的目连戏这一载体而得以到处流传。

有昆腔基因的剧种有：昆弋腔、永昆、甬昆、湘昆、徽剧、广东正字戏、芜湖梨簧戏、江西东河戏、闽西汉剧、桂剧、粤剧、川剧、福建词明戏、河北高腔、辰河戏、湘剧、山二黄、吉安戏、巴陵戏、新昌调腔、山东莱芜梆子、武陵戏等。在这些剧种中，有的是在苏昆流传到其他地方后，因受当地方言的影响有所改变而形成的，但是整个声腔面貌和基本剧目还是昆曲的；有的则是吸纳了昆腔音乐的营养，与其他声腔融为一体，成了新的声腔。

昆腔在魏良辅于嘉靖年间改造成“水磨调”，又经梁辰鱼用此新腔搬演了《浣纱记》等剧目后，由发祥地苏州不断地向外扩展，几十年之后，便风靡全国，成了菊坛霸主。不仅文人绅士迷恋它，一般民众也喜欢它。当然，由于它曲律严格、表演的程式化程度较高，非经过数年的训练而不能掌握，所以，昆腔多是由在城市中的职业戏班的艺人演唱，而很少被由乡民组成的半职业戏班运用。昆腔受到人们欢迎的原因大概有三个：一是魏良辅改造成的新腔集中了南北曲的优长之处，将当时流行于社会的乐曲中的最美的乐素抽绎出来进行打造，具有整个民族音乐的特点。因此，不论南北，也不论士绅村氓，皆喜欢其曲调。二是到了明中叶之后，和平日久与丰饶的物质生活使人们喜爱柔靡、低婉的音乐，而昆腔恰好具备了这样的特点。三是统治者将昆腔奉为正音而打击其他声腔的倾向性态度，无疑影响着民众的审美观。

秦腔与皮黄腔有着血缘关系，皮黄腔中的西皮腔就来自秦腔，所以，它们有着很多的共同点。二者能够到处传播，是基于下列三个原因：一是二者皆为板腔体音乐结构，而板腔体音乐比起曲牌体音乐更易于被人们掌握。二是两者唱腔的总的风格都是慷慨激越、雄浑旷远，具有一种阳刚之气。三是两者在兴盛时期的剧目的题材多是表现历史与战争的，从夏、商、周直到明代，每一个朝代的历史大事件和每一场大的战争都有所表现。这也吻合了乾隆之后人们由回顾辉煌历史的方式来增强民族自信心与以战争戏来激荡民族血气的心理。

综上所述，戏曲的剧种主要有高腔系统、梆子系统、皮黄系统、昆腔系统等。另外，还有由说唱曲艺如道情、滩簧、肘鼓子而形成的道情戏、滩簧戏与拉魂腔等，由民间歌舞而嬗变成剧种的秧歌戏、花灯戏、花鼓戏等，由巫教、道教、佛教的祈禳、还愿的娱神仪式演变成的傩戏、端公戏、打城戏等。只有将剧种之“种”提挈出来，才能在纷繁复杂的众剧种中厘清戏曲的发展轨迹与各个剧种的来龙去脉。

剧种的形成一般是自发自为的，但也有的是通过行政的力量而产生的，如20世纪50年代之后产生的被称为新剧种的辽南影调戏、蒙古剧、吉剧、新城戏、黄龙戏、龙江剧、高山剧、通剧、海门山歌剧、奉贤山歌剧、彝剧等。这些戏剧形式，有的在其发展过程中，以大剧种为榜样，建成了自己的声腔体系和程式性的表演体系，成长为真正的剧种。如龙江剧，虽然是在“二人转”的母体中分蘖出来，但是形成了有别于二人转的音乐、表演的风格，并有了自己的代表性的剧目《双锁山》《荒唐宝玉》等。也有的没有按照戏曲的艺术特征来打造自己，始终没有突破歌舞小戏或仪式戏剧的框架而发生艺术的质变，尽管行政力量曾揠苗助长，但这些“苗”却没有成长起来，始终没有进入“剧种”的层次。

由于各地的历史发展过程与经济、地理、宗教、文化以及民族的不同，所产生、传播的戏曲剧种也不一样。相对来说，长江流域和东南沿海地区的剧种要多一些，黄河流域与西北部地区则要少一些。经济与文化发达的地区，“种剧”或者说能繁衍出许多裔亲剧种的祖剧要多一些，历史也长一些，而经济与文化欠发达的地区，由说唱、歌舞与原始宗教仪式嬗变而成的戏曲剧种要多一些，历史则要短一些。尽管行政区域与文化区域、经济区域、宗教区域、民族聚居区域等不完全一样，然而，从人们的认知习惯来考虑，只有从行政区域的角度来看剧种的分布情况，其描述才会不至于混乱。本成果以中国省级行政区域为坐标，来考察剧种在各地的状况。

剧种在各地的状况，可以从两个层面来描述，一是本地生发了多少剧种，二是在本地流传着多少外来剧种。什么剧种能有资格称为“外来剧种”？我们设定了一个条件，就是在近半个世纪中，曾经有该剧种的剧团长期驻扎本地演出，或者有该剧种的业余班社经常性的演出。譬如，我们说“越剧”是北京的外来剧种，是因为北京从20世纪60年代一直到80年代，除了“文革”期间，一直有一个越剧团。说“两夹弦”是河北的外来剧种，是因为河北广平县曾经有过两夹弦专业剧团。而所讨论的剧种，基本上都是明清以来产生、流传的，尽管有些剧种在近几十年中已经消亡了。

“外来剧种”从源发地传播到外埠去的原因是什么呢？任何一个剧种的戏班，大都有冲州撞府到许多地方演出的经历。然而，能够长期吸引外地观众并扎下根来，却很不容易。就全国的剧种来看，一个剧种能成为五个省域以上的“外来剧种”的，不到十个，排在前几位的有京剧、越剧、评剧、黄梅戏、豫剧等，所谓的“五大声腔”是也。本成果就以这“五大声腔”为例，来看看是哪些因素变成传播面较广的“大剧种”的。其因素既有外在的环境，所谓外因，也有内在的条件，即所谓内因，归纳起来，主要有三点：一是声腔美听，能拨动广大区域内的人甚至海内外绝大多数华人的心弦。二是剧种的源发地所在的文化区域较为广阔，剧种在这一文化区域内传播，没有任何语言、风俗、音乐及其他审美上的障碍。三是随着移民而流布到新的地方。

3. 诸剧种的形成、发展与艺术形态

戏曲形成之日，就是剧种的产生之日。戏曲剧种何以迟至北宋年间才产生？主要的原因是之前因重农抑商的政策，城市化的进程缓慢，城市的规模没有得到扩展，没有形成一个市民阶层，从而没有出现形式众多的为市民阶层服务的通俗文艺和通俗文艺的演出场所。瓦舍勾栏对于戏曲的形成，起了关键性的作用。在瓦舍中演出的有诸种伎艺，它们相互竞争，也相互学习，渐渐地，出现了一种新的表演形式，就是将在瓦舍中演出的多种伎艺融合在一起，让观众从这一种表演形式中不仅领略到唱、做、念、打以及其他形式的艺术，还能享受到一个情节曲折、思想丰富、人物形象鲜明的传奇性的故事。可以这样说，没有瓦舍勾栏的产生，也就没有诸种艺术的融汇。总之，戏曲的第一个剧种宋杂剧是在歌、舞、音乐、表演、说白、叙事文学等条件成熟的情况下，在商业繁荣的城市文化的温床上，经过瓦舍勾栏这一“锅炉”的冶炼熔铸而形成的。

宋杂剧在北宋的首都汴京兴盛之后，随着戏班的增多和它艺术影响的扩大，自然地，就会向外地传布。永嘉杂剧，也叫“温州杂剧”“南曲戏文”“戏文”等。何以称之为“杂剧”？当是彼时最高的戏剧表演形式“杂剧”从汴京或杭州流传到永嘉，结合了本地的俚歌、小戏、舞蹈等艺术，多表现当地的人和事，使得外来的杂剧本土化，故有是名。汴京或杭州的杂剧何以能够在永嘉扎下根来并嬗变为一个新的剧种？大概有下列的原因：首先是城市规模较大，经济富饶。其次是文化较为发达，并有艺术传统。最后是有着和平的社会环境。

永嘉杂剧兴盛之后，便向外埠传播。向北到了杭州、海盐、余姚、昆山，向西到了弋阳等地，向南则流传到了福建的泉州、漳州、兴化等地。在受到当地观众的欢迎后，便驻留演出，天长日久，融进了当地的文化和运用当地的方言土语、民歌俗曲、传说故事，渐渐地嬗变为新的剧种，即杭州腔、海盐腔、余姚腔、昆山腔、弋阳腔、兴化戏、梨园戏等等。

兴化戏也就是后来被称为莆仙戏的这一剧种①，既受到汴京杂剧的影响，又基本袭用了永嘉杂剧的剧目。它属于曲牌体音乐，用兴化方言演唱，其曲牌共有665支，加上变体、犯调、集曲等，多达1 000多支。到了明代，由于兴化长期处于和平的环境，人民生活安定，经济不断发展，戏曲剧种之间交流频繁，使得兴化戏渐渐进入了繁盛时期，搬演的剧目数量之大，令人骇叹。至清代，兴化戏依然兴盛，尤其是在康熙二十二年（1683年）取消海禁之后，兴化的经济蓬勃发展，为兴化戏的进一步发展提供了较为丰裕的物质条件。从20世纪30年代末，到1949年，受战争的摧残，兴化戏每况愈下，最后能够坚持下来的戏班也只有三四十个。1949年后，由于执政党与政府对戏曲的重视，兴化戏和其他剧种一样，迅速复苏。“戏改”之后，许多戏班经过重组后改成国营或集体体制的剧团，其中，莆田县（今莆田市）的实验剧团和仙游县的鲤声剧团因多方面的原因，艺术力量较强，它们在文化部门的统一领导下，按计划有步骤地对剧目、表演、音乐、舞美进行改造，并建立专职的编剧、导演和舞美制度，同时，用新的思想观念和新的戏剧理论对艺人进行教育，产生了如《团圆之后》《嵩口司》《春草闯堂》等一大批优秀剧目。

和兴化戏的孕育过程一样，泉州的梨园戏也受到汴京杂剧与永嘉杂剧在剧目、表演等方面的影响，并吸收了后者的艺术营养，但仍在声腔音乐和表演上保持着自己的特色。经过漫长时间的演化，大概在宋末元初时成长为戏曲剧种，当地人名为“梨园戏”，而外地人因它在音乐、唱白等方面有鲜明的泉州色彩，故称之为“泉腔”。

元杂剧，这是一个约定俗成的称谓，其顾名思义，是产生与兴盛于元代的杂剧。然而，准确地说，应该称之为“北曲杂剧”，因为它的声腔曲调是

① 1952年经福建省文化局批准，民间俗称的“兴化戏”更名为莆仙戏。

以北方的乐曲为主的，再说，在元代之后，它依然存在。元杂剧在其发展过程中，经历了从形成到兴盛，然后再由兴盛到衰弱的两大时期。兴盛的原因在于：首先是城市的繁华为杂剧的发展提供了较为丰厚的物质条件与大量的市民观众。其次是凋敝的农村经济与儒家伦理道德体系的破坏为杂剧提供了大量的女性艺人。再次是仕途被堵绝的文人成为从事编剧工作的“书会才人”。

明代是戏曲的又一个黄金时代，其兴盛状况的主要表现是自发产生与由大剧种分蘖出来许多剧种。在万历四十五年（1617 年）之前，曾经流行的戏曲声腔有弋阳腔、海盐腔、余姚腔、四平腔、昆山腔等。之后，明代流行的剧种至少有 60 个。当然，主要的剧种为昆剧、弋阳腔、海盐腔等。

在中国戏剧的大家庭中，傩戏是极其重要的成员。不仅历史悠久、种类繁夥、分布较广、观众众多，还因其所具有的强大的宗教功能，与人们的生活甚至生命紧密地联系在一起。旧时的傩戏几乎遍布全国城乡，就是今日，大部分省份仍有留存。由于傩戏所在地区的政治、经济、教育、宗教、民族等背景不同，所以，不同地区的傩戏会呈现出不同的形态，连名称也因此而不一样。可以根据其组织者的身份和演出的场所将傩戏划分成四种：民间傩、宫廷傩、军傩与寺院傩。傩戏的功能主要是驱邪纳吉、祛病消灾；它的演出不是在戏台上，也不固定在一个地点；家族的祠堂、家庭的堂屋、打谷场、道路等等，都是它表演的场所；它的演职人员除了巫师外，更多的是愿主家庭的成员或一个家族、一个乃至数个村庄的成员；它的演唱内容，是叙述体与代言体相结合，以前者为多；它的演唱程序都与“神”有关，一般分为请神、娱神、神灵驱邪、送神四大段；它通过面具来塑造神灵、英雄、凡人与魔鬼的形象。傩戏的代表性剧种有撮泰吉、地戏、阳戏、傩堂戏、香火戏、藏戏等。傩戏的价值在于：一是它表现了下层民众的宗教观、伦理观、政治观、历史观，融入了底层百姓对人生、社会、天地的认识，表现了他们对生活的态度，以及在叙述故事时对大量的民俗画面所做的生动的描绘，能为宗教学、伦理学、历史学、民俗学、方言学等学科提供在一般文献中难以见到的资料。二是它活生生地表现了地域文化，能够让读者了解到一个地方的文化精神。三是它融进了许多民间故事与历史传说，是一座内容极其丰富的民间文学宝库。四是它的许多艺术形态值得今天的戏曲借鉴。

弋阳腔兴盛之后不久，约在明代初年，就开始从江西向外埠传播。那么，是哪些原因使得弋阳腔广传远播呢？一是它传播到一个地方后，能够运用当地的方言土语和俚歌俗曲。二是它不受曲谱的规范约束，可以在大的框架内自由行腔，这让音乐修养不高的普通民众易学易传。三是它无须丝竹伴奏。四是弋阳在旧时为交通枢纽，亦为商人辐辏之地，弋阳腔借助便利的交通和富有的商贾而走向四方。五是它借助人们迷信目连戏的功能，用目连戏做载体而迅速蔓衍。弋阳腔在清代一般被称为“高腔”，衍生出许许多多小的裔氏剧种，就其影响比较大的来说，有浙江的西安高腔、侯阳高腔、新昌高腔、松阳高腔等，安徽的青阳腔、岳西高腔等，福建的闽剧、大腔戏、闽西汉剧等，湖南的湘剧、祁剧、辰河戏等，四川的川剧中的高腔等，江西的赣剧、孟戏、东河戏等。

梆子腔，因演唱时用两根硬木梆子击节作声而得名，是清代花部地方戏中形成较早、裔亲剧种较多、影响较大的一个声腔剧种体系。梆子腔传播至外埠的途径主要有三条：一是由优秀的梆子腔戏班在冲州撞府时播撒种子，而最著名的或者说对秦腔传播至外埠贡献最大的莫过于魏长生和他所在的班社了。二是陕西梆子随家乡商贾而流传外地。三是梆子腔随着陕西人口向青、宁、新、藏等地迁移而传播。梆子腔是早期的板式变化体的戏曲声腔，而板式变化体是采用单一曲调不同板眼和旋律变化来表现戏剧内容的声腔体系，它比曲牌联套体要单纯、灵便得多，易于被人们掌握。此外，其内容适时，文辞通俗。因此，新兴的梆子腔得以广泛流传，在陕西、甘肃、山西、河南、河北、山东、安徽、江苏、四川、云南、贵州等地，音随地改，吸收当地民间艺术的营养而衍变为各种梆子腔。有的成为独立的剧种，如豫剧、河北梆子、山东梆子；有的成为多声腔剧种的组成部分，如滇剧的丝弦、川剧的弹戏（乱弹、盖梆子），它们构成了梆子声腔系统，简称梆子腔系。[①] 梆子腔的代表性剧种有陕西秦腔，山西蒲州梆子、北路梆子、中路梆子、上党梆子，河南梆子，河北梆子，山东曹州梆子、章丘梆子、莱芜梆子、枣庄梆子等。

京剧虽然形成于北京，但不是北京当地土生土长的剧种，它以流播到京城的徽班为基础，融合徽、汉二调，汲取当时流行于京城诸腔的艺术成分，

① 马彦祥、余丛：《“戏曲声腔、剧种”概说》，见中国艺术研究院戏曲研究所、山西省文化厅戏剧工作研究室编《梆子声腔剧种学术讨论会文集》，山西人民出版社 1984 年版，第 104 页。

逐渐衍变而成。京剧发展到清同治、光绪年间，渐成兴盛之势，涌现了一批有影响力的名角。到了民国初年，生、旦、净、丑行当进一步细化，老生行则成为梨园界时尚的风向标。受其影响，武生、小生、青衣、老旦、铜锤花脸、架子花脸、文丑、武丑等行当纷纷出现名家，相互竞争，争奇斗艳，造成流派纷呈的新局面。自顺治朝始，清廷对戏曲就给予相当的重视，到同治、光绪年间，清皇室对京剧的青睐，不仅提高了京剧艺人的地位，也促进了京剧艺术的繁荣。京剧艺术迅速向南、向东北、向西南等地流布，形成了外江派，逐渐成为全国性第一大剧种。

京剧的发展史，实际上是京剧音乐的变革史。京剧将原为板腔体的汉调和徽调融为一体，形成了成熟化的音乐体系，使自身成为板腔体音乐的代表和集大成。

在众多的流派创始人中，梅兰芳是独特的存在，他在扮相、表演、唱腔等各个方面取得了显著的成就，并且达到了完美的程度。他丰富和发展了京剧青衣的表演艺术，将京剧旦角的表演艺术推向了新的高峰；他创作、编演了多部古装新戏、时装戏，为传统京剧艺术在现代社会的生存和发展所进行的积极探索，加快了 20 世纪戏曲现代化的进程；他总结了自己的表演艺术理论，为中国戏曲表演美学体系的建立和完善起了积极的作用。

淮剧是江淮地区一个重要的地方戏剧种，流布于江苏的盐城、淮安、泰州、连云港，安徽的滁州、蚌埠，以及上海等地。它历史悠久，萌发于清代中叶；在 20 世纪初进入上海后，得到了现代都市文化的哺育，养成了现代的品格；它行当齐全，表演程式丰富；它的唱腔富有特色，或慷慨悲凉，或柔美悠长；它剧目丰富，新老剧目有三千多部。它在现代戏曲史上曾发生过重要的影响：上海市人民淮剧团于 20 世纪 60 年代编演的《海港的早晨》、90 年代编演的《金龙与蜉蝣》，江苏省淮剧团于 20 世纪八九十年代编演的《打碗记》《奇婚记》《太阳花》，泰州市淮剧团于 2003 年编演的《祥林嫂》，等等，都在一度时间成了全国戏曲界的样板剧目。尤其是《金龙与蜉蝣》，引发了许多剧种编演“都市剧”的浪潮。

秧歌戏主要分布在山西、陕西、河北、山东、内蒙古以及东北三省等地。各地的秧歌戏多以兴起或流行地区的地名命名，如繁峙秧歌、朔县秧歌、祁太秧歌、泽州秧歌、太原秧歌等等。从发展进程来看，秧歌戏大都起源于当地的民歌，并且盛行于岁时节日民俗活动中的社火演出。在清代地方戏曲兴起时，才逐渐从社火花会中脱离出来而独立演出。最初的剧目都是以小旦、小丑的“两小戏”或以小生、小旦、小丑的“三小戏”为主，剧目情节以反映民间生活为主要内容，如《王小二赶脚》《探闺女》《安安送米》《休妻》等。后来的发展和壮大都是受到梆子等大戏的影响，并且在艺人的努力改进之下向大戏靠拢，而最终形成民间戏曲的样式。①

道情戏是由说唱道情演变而成的戏曲剧种。“道情”源于唐代道观内所唱的“经韵”，也称“道歌”，后吸收词调、曲牌，演变为在民间布道时演唱的“新经韵”，用渔鼓、简板伴奏，有诗赞体和联曲体两种。诗赞体道情多流布于南方；联曲体道情主要流布于甘肃、陕西、山西、河南、安徽、山东等地。到了宋元时期，逐渐发展成为唱白结合的曲艺形式——道情鼓子词。明清时期，流行于陕西、山西、河南、安徽、山东等地的说唱道情，先后与当地的戏曲艺术（秦腔、梆子戏等）结合后发展成为各地道情戏。影响较大的有陇东道情、陕西道情、晋北道情、永济道情、洪洞道情、太康道情及蓝关戏、八仙戏、渔鼓戏等。道情戏的音乐唱腔本是曲牌联套体，在其发展过程中，陕、甘等地的道情戏发展为板式变化体结构，并保留了某些曲牌的固有特点。

拉魂腔分布于苏、鲁、豫、皖接壤地区，曲调优美，唱腔丰富，人称“九腔十八调，七十二哼哼”，故有摄人魂魄的“拉魂腔”之称。② 拉魂腔的源头和发源地，历来说法不一。拉魂腔的发展经历了唱门子、跑坡和戏曲阶段。民国初年，出现了很多比较有规模的柳琴戏班。随着大量班社的建立和伴奏手段的日益完善，柳琴戏全面进入成熟期并开始进入城市，走向繁荣。1949 年后，在政府的扶植下，柳琴戏迅速发展。拉魂腔唱腔色彩丰富，结构独特。它的组腔方法既不同于板腔体戏曲，也不同于联曲体戏曲，而是用基本腔、色彩腔、民歌小调三种多具个性和色彩的曲调相互穿插、功能互补来组构喜怒哀乐、轻重缓急的多种唱段。

清代及以后，皮影戏和木偶戏在自身发展的同时，在所在地区文化和艺

---

① 孙红侠：《民间戏曲》，中国社会出版社 2006 年版，第 47 页。

② 拉魂腔，柳琴戏的俗称。亦称“拉后腔”“拉呼腔”“拉喉腔”“拉洪腔”等，形成于清代中叶以后，主要分布在江苏、山东、河南、安徽四省接壤地区。

术的培植下，演化出许多新的戏曲剧种。据统计，仅 1949 年后，由古老的皮影戏嬗变成由真人在舞台上演出的剧种就有 18 个之多，由木偶戏演化发展而来的新剧种也有 4 个。[①] 新中国成立后共新增剧种 58 个，其中由皮影和木偶演化而成的剧种就有 22 个，所占比例达到了 37.93%。

评剧是一个流传于中国北方的戏曲剧种，是中国五大戏曲剧种之一，主要流行于北京、天津、河北及东北各省，为广大民众所喜闻乐见。评剧不仅在北方拥有庞大的观众群，而且也赢得了上海等南方城市观众的喜爱。其代表剧目《花为媒》《刘巧儿》等可谓家喻户晓。在评剧的形成和发展过程中，成兆才这位戏曲的全才人物做出了卓越的贡献。1949 年后，大多数评剧班社改制为国营或集体性质的剧团，一批新文艺工作者也加入了评剧队伍，出现了专职的编剧、导演、音乐、舞美、化妆等人员，同时对舞台美术、音乐、唱腔进行了幅度较大的革新，使评剧艺术呈现出一个崭新的面貌。其代表性剧目有《花为媒》《杨三姐告状》《杜十娘》《回杯记》《秦香莲》《马寡妇开店》《刘伶醉酒》《包公三勘蝴蝶梦》《朱痕记》《刘巧儿》《小女婿》《金沙江畔》等等。

滩簧是一种由说唱曲艺嬗变为戏曲剧种的表演艺术形态，有二百多年的历史。它肇始于无锡、常州地区，源起于该地的吴歌。在其发展的过程中，深受弹词、说因果、唱春、宣卷、昆剧以及其他花部剧种的影响。始由乡民对唱山歌而发展为有“二小”（小丑、小旦）、或“三小”（小丑、小旦、小生）角色的对子戏，然后进入了角色五六个、艺人职业化的“小同场戏”。清末民初，各地滩簧班社纷纷进入上海，在上海这一商业化并有浓厚艺术氛围的大都市的温床上，催育了能上演故事曲折、人物众多的“大同场戏”。而到了 20 世纪 40 年代，尤其是 50 年代之后，各地滩簧经过形式到内容上的革新，进入了“剧种戏”阶段。常锡滩簧滋生出苏滩、申滩、姚滩、甬滩、湖滩等等，也就是后来的苏剧、沪剧、姚剧、甬剧、湖剧等，常锡滩簧则称为锡剧。

花鼓戏是中国地方小戏声腔系统中一个历史悠久、影响广泛、特色鲜明的戏曲剧种类型。主要流行于湖南、湖北、安徽的大部分区域，以及河北、

① 张庚：《当代中国戏曲》，当代中国出版社 2009 年版，第 107～111 页。

陕西、广东的局部地区。流布于不同区域、具有各自艺术特征的花鼓戏，通常被冠以地方名称，如湖南花鼓戏又可分为常德花鼓戏、岳阳花鼓戏、衡阳花鼓戏、邵阳花鼓戏等等。一些规模较大的花鼓戏剧种，由于流行区域内的民间艺术、民俗和乡音土语的差别，从而形成了不同的艺术流派，如长沙花鼓戏分为西湖路子、宁乡路子、益阳路子、长沙路子和醴陵路子。在花鼓戏流行的省份，大概都有类似的状况。

灯戏、花灯戏是流行于中国西南云南、贵州、四川、重庆地区的重要民间戏剧形式。自古以来云南、贵州、四川三省山川相连，有水陆交通之便，在公路、铁路、航空交通未开之时，四川是中原通往云南、贵州的重要通道。三省民众迁徙往来，互为邻里，语言相近，民风相似，在区域文化、民间艺术方面也互为交流影响，形成了一些共性特征。从三省都广泛流行的民间花灯、灯戏来看，在民国以前，四川的川北调、梁山调（大筒腔）已流传到贵州和云南部分地区，在当地花灯戏的形成过程中或多或少地有所影响。经过数百年的发展，如今四川、贵州、云南盛行的灯戏、花灯已有各自的艺术特征。

采茶戏是中国地方戏曲声腔系统中一个重要的类别，形成于清代中、后期，主要流行于长江流域的江西、湖南、湖北、安徽以及南方的福建、浙江、广东、广西等省区，其剧种繁多，流传广泛，规模庞大，拥有深厚的群众基础。由于受各地方言及民俗文化的影响，采茶戏在流传过程中有着不同的称谓，通常冠以各地地名，如赣南采茶戏、黄梅采茶戏、粤北采茶戏、芦山采茶戏等。在众多采茶戏中又以江西、福建、广东、湖北四地的采茶戏最为著名。

越剧诞生于浙江省嵊县（今浙江省嵊州市），其源头即是由农民在劳动生产中自娱自乐的“田头歌唱”发展而成的“落地唱书”。约至清同治年间，落地唱书已走向外县。进入“杭嘉湖”之后，由唱小书、短本书改为唱长本书，并从传书、卷本、唱本中改编了《双珠凤》《玉蜻蜓》《珠蟒袍》《玉连环》《赖婚记》《金龙鞭》等新书目。1906 年三月初三清明节，嵊县东王村的李世泉、钱景松、高炳火等艺人，应村民们的要求首次正式登台，在村中心香火堂前搭建的草台上演出了《十件头》《倪凤煽茶》《双金花》《绣荷包》《卖青炭》和大戏《赖婚记》，使落地唱书正式走上舞台而嬗变为戏曲。越剧进入上海后，在大都市文化的哺育下，迅速成长。施银花等人创造的“四工调”，为女子越剧的发展奠定了基础。1942 年 10 月，以袁雪芬为代表的年青一代，对越剧进行全面改革，革除旧戏班陋习、聘请专职编导和舞美，据统计，“新越剧”时期编演的新剧目，多达 300 多部[①]；在融合各种艺术所长的基础上，形成了体验与表现相结合的优美抒情的剧种风格；在各戏曲剧种中，最早建立起正规的编、导、演、音、舞、美高度综合的艺术机制。越剧的流派唱腔是在越剧“尺调腔”及其反调“弦下腔”出现之后逐渐形成的，流派由剧目、唱、念、做等多种艺术因素构成，不同流派都有自己的代表性剧目，其风格则集中体现在所塑造的典型艺术形象中。诸流派的领头人分别为袁雪芬、范瑞娟、傅全香、徐玉兰、尹桂芳、戚雅仙、王文娟、张云霞、吕瑞英、金采凤、陆锦花、毕春芳、张桂凤等。

二人转形成于唱乞艺术莲花落，其音乐主要以莲花落音乐为基础。就二人转的发展来看，可以分成传统二人转和当代二人转两个阶段。传统二人转的艺术粗糙、简朴；当代二人转指从 1949 年后具有戏曲剧种性质的二人转。二人转的表演特色为“不隔语、不隔音，最要紧是不隔心”，“宁演欢了，别演蔫了”，“看二人转不浪，不如回家睡凉炕”。吉剧、龙江剧、龙滨剧是以二人转为基础而创建的。

黄梅戏是安徽、湖北的主要地方戏曲剧种。关于黄梅戏的来源，至今仍存在着争论。[②] 在黄梅戏发展史上，有两个班社对黄梅戏的发展贡献较大，一是蔡仲贤的蔡家班，另一是丁永泉的丁家班。20 世纪 30 年代，黄梅戏进入安庆市区演出，其意义为：一是扩大了传播的范围，二是能够吸收高素质的演艺人才，三是大幅度地提高了艺人的收入，四是黄梅戏在市民的审美观念引导下，自觉地使自己与城市文化合拍。当然，真正使黄梅戏大发展的还是在 1949 年后。1952 年，黄梅戏艺人带着《路遇》（《天仙配》中的一折）、《打猪草》等剧目到上海演出，显示了剧种的艺术特色，引起了社会各界广

---

① 中国戏曲志编辑委员会等编：《中国戏曲志·上海卷》，中国 ISBN 中心 1996 年版，第 123 页。

② 王兆乾：《黄梅戏音乐》，安徽人民出版社 1957 年版；陆洪非：《黄梅戏源流》，安徽文艺出版社 1985 年版；王长安：《黄梅戏志》，中国戏剧出版社 2006 年版；汤金城：《关于黄梅戏源流和振兴湖北黄梅戏的几个问题》，《黄梅戏艺术》1992 年第 2 期；秦之：《黄梅戏源自何处》，《黄梅戏艺术》2007 年第 3 期。

泛的注意。翌年，上海电影制片厂拍摄了由石挥导演、严凤英和王少舫主演的戏曲电影《天仙配》。电影上映后，在全国城乡掀起了经久不息的黄梅戏热潮，戏中的歌曲“树上的鸟儿成双对”竟成了流行歌曲。1958 年，安庆市黄梅戏剧团和安徽省黄梅戏剧团先后改编了传统剧目《女驸马》，在获得观众高度认可后，于第二年由上海海燕电影制片厂与安徽省电影制片厂联合搬上银幕，再次引起轰动。黄梅戏的影响进一步扩大，真正达到了“家喻户晓，人人皆知”的程度。

4. 戏曲剧种的危机与发展策略

自 1949 年到现在，戏曲诸剧种的命运可以分为截然不同的两个时期。从 1949 年到 1982 年，是戏曲的极度繁盛时期；而从 1982 年之后，则是戏曲的逐步衰败时期。极度繁盛的表现主要有五个方面，一是剧种增多，二是剧团大量增加且按照现代的戏剧组织体制来构建剧团，三是建立起了完整的戏曲教育体系，四是创排了数以百计的能够经得住时间考验的剧目，五是群众的参与性前所未有。造成极度繁盛的原因约有三点：一是党和政府高度重视戏曲，二是整理或新编的剧目在内容上与时代精神合拍，三是艺术上能在继承的基础上创新，吻合了人民群众的审美要求。

20 世纪 80 年代初，在经历了三年左右的传统剧目热演的风潮之后，戏曲诸剧种开始衰萎，而且日趋严重。衰弱的表现为：一是许多剧种衰亡或名存实亡，二是国营戏曲剧团大量瓦解，三是戏曲人才后继乏人。戏曲为什么会衰弱？一是戏曲业界没有真正将戏曲看作是大众的艺术，二是艺术质量不断下降，三是以经济立国与城镇化的发展方针削弱了戏曲观众的基础。

戏曲衰萎的迹象出现不久，就引起了党和政府的高度重视。自 1982 年以来，党和政府与戏曲界在振兴的工作上采取了五个方面的措施，减缓了戏曲下滑的速度，其措施主要有：一是将许多剧种列入国家或省市级“非物质文化遗产代表作名录”，在法律的规制下加以保护；二是通过设立各种奖项以及举办各类戏剧节等手段来激发各地戏曲院团编创新戏、探索富有时代美学精神的内容与形式的积极性；三是通过各种途径培养戏曲人才；四是政府出钱买单让百姓看戏；五是重视戏曲理论研究，鼓励学术界探索戏曲艺术的发展规律。

怎么样才能真正地振兴戏曲诸剧种？笔者在经过广泛调查与认真研究之

后，提出如下建议：（1）允许戏曲艺术形态多元化；（2）既要让戏曲重新回到市场，政府又不能撒手不管；（3）要努力打造出融入时代美学精神的“新杂剧”。

在这新旧交替的转型期，戏曲诸剧种虽然衰萎不振，但由于它是真正的民族艺术，因而中华民族绝不会将它丢下，而会携带着它，一起度过重重难关。只要我们以不抛弃、不放弃的态度和屡败屡战的毅力，凭着中华民族无比的智慧，利用它艺术的开放性和包容性，一定会给它找到在城市化背景下的生存之路。

三、成果的学术创新

本成果第一次对中国历史上与现实中的戏曲诸剧种的产生、发展的过程进行了系统的论述，对所论剧种的兴盛及衰弱的原因做了较为深刻的分析，并揭示了它们的美学特征。

本成果论及几乎所有的剧种，有的做了详细而深入的讨论，溯其源流，述介其艺术形态和代表性剧目；有的则做一般性介绍，让读者了解其概貌。因此，本成果将学术性、知识性、工具性融为一体。

由于所用资料很多是撰写者采风所得，因而本成果不仅有大量的第一手资料，还有基于新资料而提出的新观点与新的结论。从某种意义上说，它在一定程度上推进了戏曲剧种的学术研究。

策划编辑：王宏霞
责任编辑：陆　敏
装帧设计：肖　辉　彭莉莉

图书在版编目（CIP）数据

国家哲学社会科学成果文库概要．2017/全国哲学社会科学规划办公室编．—北京：中国人民大学出版社，2018.3
（国家哲学社会科学成果文库）
ISBN 978-7-300-25623-8

Ⅰ.①国… Ⅱ.①全… Ⅲ.①哲学－科学研究－成果－介绍－中国－2017 ②社会科学－科学研究－成果－介绍－中国－2017 Ⅳ.①C12

中国版本图书馆 CIP 数据核字（2018）第 046550 号

国家哲学社会科学成果文库概要（2017）
GUOJIA ZHEXUE SHEHUI KEXUE CHENGGUO WENKU GAIYAO

全国哲学社会科学规划办公室　编

中国人民大学出版社 出版发行
（100080　北京中关村大街 31 号）

涿州市星河印刷有限公司　新华书店经销

2018 年 3 月第 1 版　2018 年 3 月第 1 次印刷
开本：710 毫米×1000 毫米 1/16　印张：25.5
字数：369 千字　印数：0,001－1,100 册

ISBN 978-7-300-25623-8　定价：158.00 元

邮购地址 100080　　北京中关村大街 31 号
中国人民大学出版社读者服务部　电话（010）62515195　82501766